法律和社会科学

LAW AND SOCIAL SCIENCES

第14卷 第1辑（2015）

苏力 主编 侯猛 执行主编

法律出版社
LAW PRESS·CHINA

法律和社会科学　　第14卷第1辑（2015）

投稿信箱：lss_2006@yeah.net
本刊微信号：LSS_2014
主办单位：北京大学比较法和法律社会学研究所

法律和社会科学　第14卷第1辑(2015)

目　录

LAW AND SOCIAL SCIENCES

Volume 14 Number 1 2015

Contents

Dialogue

《法律和社会科学》(2015)
第 14 卷第 1 辑,第 1 ~29 页

为什么自愿守法

——自动化社会行为的发生机制研究

葛 岩 秦裕林 林喜芬*

摘要:基于理性人假设的威慑模型与基于社会人假设的自愿守规(守法)模型,均可用来解释遵守法规的行为。在自愿守规模型中,守规行为又可分为控制式的和自动化两类。以红灯效应为例,本文分析了自动化社会行为的发生机制,介绍了社会存在、认知心理、神经和生理遗传等多种研究路径对自动化社会行为的解读,讨论了使用基于自动化行为机制来促成自愿守规行为的策略。

* 葛岩,上海交通大学凯原法学院、上海交通大学人文艺术研究院社会认知与决策实验室、上海交通大学社会认知与行为科学研究院、上海交通大学媒体与设计学院教授,电子信箱:yge@sjtu. edu. cn;秦裕林,上海交通大学凯原法学院、上海交通大学社会认知与行为科学研究院教授;林喜芬,上海交通大学凯原法学院副教授。

本研究由上海交通大学文理交叉重点项目基金支持(10JCZ01,13JCRZ03)。作者感谢深圳大学法学院应飞虎教授,他主持的《跨学科视野下的规制》研讨会(2014 年 3 月 22 ~23 日)使我们能够就本文初稿与参会者交流;作者感谢深圳某工业设计公司工程师刘钢程、上海交通大学人文艺术研究院社会认知与决策实验室博士研究生安龙飞,他们协助制作了文中使用的图片。

一、背景与问题

设想一种或可称作“红灯效应”的场景:午夜时分,一辆汽车通过十字路口。当红灯亮起,车停了下来。假定马路上没有其他车辆或行人,不存在发生交通事故的危险,这位驾驶者为什么会选择遵守交通法规?

就对这一问题的解释而言,威慑模型(Model of Deterrence)在西方法学界占居主流地位。①该模型假定人以利益最大化为目的,能理性权衡行为选择所带来的收益和损失:守法带来更多好处,选择服从;违法带来更大利益,选择违法。因此,提高违法的成本是抑制违法、鼓励守法的有效策略。②该模型还预测,行为人对惩罚严厉程度和确定程度的评估会影响涉法行为选择——惩罚严厉且被捕获率高,违法行为会减少,反之则会增加。③据此,场景中的驾驶者若看到不远处的警察,或想到无处不在的监控摄像装置,便会做出守法选择。

如果修改场景,假定街上没有警察,未安装摄像机,驾驶者会选择停车吗?若仍可能选择停车,驾驶者既无守法收益,亦无违法损失,他为什么要这样做呢?对此,威慑模型无法提供有力的解释。

在一些批评者看来,威慑模型不但无法解释许多涉法行为,④也还

---

① Tyler, T, Procedural Justice, Legitimacy, and the Effective Rule of Law, *Crime and Justice*, Vol. 30, 2003, pp. 283 – 357.

② Becker, G, Crime and Punishment: An Economic Approach, *Journal of Political Economy*, Vol. 76, No. 2, 1968, pp. 169 – 217. Kahan, D, Social Influence, Social Meaning, and Deterrence, *Virginia Law Review*, Vol. 83, No. 2, 1997, pp. 349 – 395. Polinsky, M. A. and Shavell, S, The Economic Theory of Public Enforcement of Law, *Journal of Economic Literature*, Vol. 38, 2000, pp. 45 – 76.

③ Nagin, D., Paternoster, R, The Preventive Effects of the Perceived Risk of Arrest, *Criminology*, Vol. 29, 1991, pp. 561 – 585. Tyler, T., Jackson, J., Bradford, B, Psychology of Procedural Justice and Cooperation, In *Encyclopedia of Criminology and Criminal Justice*, by G. Bruinsma and D. Weisburd (Eds.). Springer-Verlag, pp. 2 – 16.

④ Sutinen, J. Kuperan, K, A Socio-Economic Theory of Regulatory Compliance, *International Journal of Social Economics*, Vol. 26, No. 1 – 3, 1999, pp. 174 – 193.

存在其他一些局限：其一，提高捕获违法者的概率意味着司法成本的增加；其二，经验证据显示，即便大幅度提高投入，效果也时常不彰；①其三，对动机的研究表明，若把由内在动机（如喜欢、自愿）驱动的行为与物质奖惩直接联系起来，在很多情况下，内在动机会受到侵蚀。②同理，在我们描述的场景中，若监控设备无处不在，公众行为与奖惩激励密切联系，守法的内在动机就可能被侵蚀，个体与社会之间的信任关系可能受到损伤，公众对社区、社会、官民关系可能产生负面看法，③甚至可能认为提高捕获违法者概率的措施（如增加监控设备）侵犯了公民的某些基本权利（如隐私权）。④

有理由相信，在调整个体的社会行为时，一方面，法规范，尤其是以国家强制力为后盾的法律，从来都不会单独地发生作用。一些社会学家和法社会学家对此已有较充分的说明。帕克（C. Parker）曾使用规制空间（regulatory space）的概念来解释法规范与社会、文化、心理等规则之间的关系。他相信，人群中原本便存在着诸多规范化秩序（normative ordering），如家规、学校规章、商业活动惯例、公司运作程序、黑帮亚文化等，这些规范化秩序均会在不同层面上规范个体行为。法律法规所进入的规制空间绝非空白，相反，它是一片由形形色色的社会规范所管控的社会空间。因此，在对法规进行设计，对法规效果进行预测、评估

① Paternoster R, The Deterrent Effect of the Perceived Certainty and Severity of Punishment: A Review of the Evidence and Issues, *Justice Quarterly*, Vol. 4, 1987, pp. 173 - 218. MacCoun, R, A Psychological Analysis of Drug Prohibition, *Psychological Bulletin*, Vol. 113, No. 3, 1993, pp. 497 - 512.

② 此类研究的综述见冯竹青、葛岩：《物质奖励对内在动机的侵蚀效应》，载《心理科学的进展》2014 年第 4 期。

③ Sunshine, J., Tyler, T, The Role of Procedural Justice and Legitimacy in Shaping Public Support for Policing, *Law and Society Review*, Vol. 37, 2003, pp. 513 - 548. Tyler, T., Fagan, J, Legitimacy and Cooperation: Why do People Help the Police Fight Crime in Their Communities? *Ohio State Journal of Criminal Law*, Vol. 6, No. 1, 2008, pp. 231 - 75. Tyler, T., Schulhofer, S. Huq, A, Legitimacy and Deterrence Effects in Counter-Terrorism Policing: A Study of Muslim Americans, *Law and Society Review*, Vol. 44, 2010, pp. 365 - 401.

④ What's Wrong With Public Video Surveillance?, https://www.aclu.org/technology-and-liberty/whats-wrong-public-video-surveillance.

和解释时,这些业已存在的规范对社会行为的调整作用也须纳入考量之中。[①]苏力曾考察过国家法与乡规民约等社会规范之间的冲突问题,探讨了基层社会民众对国家法与民间法的法律选择问题。他发现,这些冲突现象在转型社会中普遍存在,不可避免。[②]另一方面,即便就法规范本身而言,在调整社会关系和社会行为时,它也不会仅仅依赖于威慑模式。如在刑法规范中,威慑模式仅是其中的一种规制或制裁理念,除此之外还有复仇模式(Retribution Model)、恢复模式(Rehabilitation Model)和剥夺模式(Incapacitation Model)等。[③]

面对威慑模型的上述局限,参考心理学和社会学诸多新发现,我们试图为涉法和守规行为的动机提供更为多元的解释。为了表述的方便,我们将这些解释统称为自愿守规模型(Model of Voluntary Compliance)。[④]该模型假定,社会规范、道德观念、对立法和执法者合法性的认知(perceived legitimacy)、对立法和执法程序正义性的认知(perceived procedural justice)、个体声誉维护(reputation management)、性格特征以及偶然情境因素,均可能激发(或抑制)守法或违法行为。[⑤]

从自愿守规的视角观察红灯效应,现场虽没有警察和摄像头,但人行道上却可能会有熟人路过。若驾驶者不愿他人看到自己违规,声誉

---

① Parker, C, Reinventing Regulation within the Corporation: Compliance-Oriented Regulatory Innovation, *Administration & Society*, Vol. 32, 2000, pp. 529-565.

② 苏力:《法律规避和法律多元》,载《中外法学》1993年第6期;苏力:《再论法律规避》,载《中外法学》1996年第4期。

③ Gabriel Hallevy, *The Right to Be Punished: Modern Doctrinal Sentencing*, Springer-Verlag Berlin Heidelberg, 2013, Chapter 2.

④ May, P, Regulation and Compliance Motivations: Examining Different Approaches, *Public Administration Review*, Vol. 65, No. 1, 2005, pp. 31-44.

⑤ Tyler, T., Jackson, J., Bradford, B, Psychology of Procedural Justice and Cooperation, In *Encyclopedia of Criminology and Criminal Justice*. In G. Bruinsma and D. Weisburd (eds.), Springer-Verlag, pp. 2-16. May, P, Regulation and Compliance Motivations: Examining Different Approaches, *Public Administration Review*, Vol. 65, No. 1, 2005, pp. 31-44. Cummings, R., Martinez-Vazquez, J., McKee, M., Torgle, B, Tax Morale Affects Tax Compliance: Evidence from Surveys and an Artefactual Field Experiment, *Journal of Economic Behavior & Organization*, Vol. 70, 2009, pp. 447-457.

管理（reputation management）动机便可能促使其刹车。①如果再度修改现场条件，假定该场景发生在午夜，人行道上空无一人，损伤个人声誉的可能并不存在，那么，该驾驶者还可能刹车吗？若有可能，为什么？

第一种可能：驾驶者的确想到些什么。在价值观念和社会规范层面，驾驶者或许想到"我应该遵纪守法"（道德感），"这是我的公民义务"（公民意识），"我从来都是一个遵纪守法的人，这次也不应例外"（自我—规范），等等。在心理层面，由于心理惯性，即便在无人监控的条件下，他也许仍会想到"万一被捉住会惹上麻烦"（惩罚威慑），"别让人家看到我不守规矩"（声誉维护）。第二种可能：驾驶者什么都没有想，下意识地踩下刹车。换言之，他的选择未经理性思考便自动发生。

我们更关注第二种可能性，试图回答：（1）在社会行为选择中，自动化行为是否普遍存在？（2）若回答是肯定的，其发生机制是什么？（3）对自动化行为的研究是否有助于理解自愿守规行为，从而帮助设计旨在激发遵纪守法行为的策略？

二、自动化社会行为普遍存在

20世纪70年代，认知心理学家将人的信息加工过程划分为两类：控制式的（controlled）和自动化的（automatic）。自动化过程无须投入

---

① 若将守规视为一类社会合作行为，进化研究者、行为经济学家和人类学家大多同意，血亲关系之外的合作和利他行为源于直接、间接和社会网络互惠。直接互惠关系局限于个体和个体之间的互动——我帮助过你，你便更可能帮助我。但在间接互惠或社会网络互惠关系中，互惠者之间的互动是间接的——我帮助了你，他人注意到我的善举，视我为遵循社会规则的好人，日后我获得他人帮助的可能性便会增大。在社会网络中，个体不但需要持续关注他人的行为是否符合社会规范，以便选择日后的合作者，也需要保持自己循规蹈矩的良好声誉，以提高他人日后帮助自己的概率。在此意义上，人类根深蒂固地成为热衷于臧否他人的物种，声誉管理也因此根深蒂固地成为普遍存在的行为动机。参见 Trivers, R, The Evolution of Reciprocal Altruism, *Quarterly Review of Biology*, Vol. 46, No. 1, 1971, pp. 35 – 57. Axelrod, R., Hamilton, W, The Evolution of Cooperation, *Science*, Vol. 211, No. 4489, 1981, pp. 1390 – 1396. Nowak, M., Sigmund, K. Evolution of Indirect Reciprocity, *Nature*, Vol. 437, No. 2, 2005, pp. 1291 – 1298.

专门的注意,难以由意图来抑制,导致自动化行为;控制式信息加工过程须投入注意才会发生,须由意图推动,导致控制式行为。①例如,当看到一张人物照片,观察者可以迅速并自动化地判断出该人物的性别,她或他的情绪状态(欢乐、愤怒或面无表情),而且,观察者无须有意识地考虑其判断的依据。但当面对一道简单的算术题时,如 78 × 64,观察者则必须集中注意力,提取已有知识(如乘法口诀),花掉不短的时间,而且需要在明确解题意图的推动下才能获得答案。②

几乎在同一时期,认知研究者还发现,记忆可分为显性(explicit)和隐性(implicit)两类。显性记忆清楚呈现于意识中,对判断的影响很明显。例如,面对问题"马达加斯加是否位于亚洲"时,没有相关的显性记忆便无法做出回答。相比之下,隐性记忆则不为意识觉知,难以测量。研究者为此设计出一些测量隐性记忆及其影响的方法,如启动效应(Priming Effect)测量、③隐性联想测量(Implicit Association Test)等,④为探讨隐性以及对行为的影响提供了可能。

社会心理学家进一步发现,隐性记忆,自动化信息加工过程在社会认知中也普遍存在(如群体间的刻板印象、态度评价、自尊等)。隐性

---

① Payne, B. & Gawronski, B, A History of Implicit Social Cognitive: Where Is It Coming From? Where Is It Now? Where Is It Going? In Gawronski, B. & Payne, B. (Eds.) *Handbook of Implicit Social Cognition: Measurement, Theory, and Application*, Guilford Press, 2010, pp. 1 – 15.

② [美]丹尼尔·卡尼曼:《思考,快与慢》,胡晓姣、李爱民、何梦莹译,中信出版社 2012 年版,第 1 ~ 14 页。

③ 当被试曝光于特定启动物后,其对后续判断会受到影响。例如,以几乎知觉不到的速度向被试显示单词"奶油"(启动物),被试记忆中一组与之有语义、视觉、触觉或其他经验联系的记忆内容——例如"面包"——也被激活。被试未必意识到这种激活,但当要求被试使用"面"字完成一个双字的词汇时,被试给出"面包"的可能性便会增加。若使用"化妆"做启动物,我们猜想,给出"面膜"或"面霜"的概率会更高。这便是所谓启动效应。启动物通过扩散激活机制激活与启动物有关联的隐性记忆,这些不请自来的记忆内容可能影响后续行为。

④ Greenwald, A., McGhee, D., Schwartz, J, Measuring Individual Differences in Implicit Cognition: The Implicit Association Test, *Journal of Personality and Social Psychology*, Vol. 74, No. 6, 1998, pp. 1464 – 1480.

记忆一经激活，便可能在无觉知状态下影响判断和行为，①因此有了“隐性社会认知”（implicit social cognition）的概念。②

20 世纪 90 年代至今，隐性社会认知的研究有了长足的进展，证实了隐性记忆内容可激活社会行为，其中以在真实环境中进行的现场实验为理解自动化社会行为，特别是守规行为，提供了最具说服力的案例。

例如，英国纽卡索大学心理学系在休息室为教师提供饮料，饮料旁标记建议付费的标准，希望使用者自觉在“诚实盒”（honesty box）中投币付费。在休息室的周历上，贝特森（M. Bateson）等人分别使用人眼和花朵照片，以观察人眼对付费的影响。实验发现，周历展示人眼的一周，人们会放入更多的钱，且历十周不变（图 1）。③ 再如，日内瓦公交车站亭设有分类垃圾箱，并张贴有要求人们遵守环保法规、自觉分拣垃圾的广告。福兰瑟（D. Francey）和博格姆勒（R. Bergmüller）在广告上分别使用人眼和花朵照片。他们发现，在使用人眼照片的候车亭里，等车的市民会花更多时间分拣垃圾。④这些对所谓“注视效应”的研究显示，或因人眼与声誉考虑的隐形联系，人们在无觉察状态下，启动效应便沿循单一联想模式诱发出自愿守规（合作）的行为选择。

自动守规（合作）机制在政治选举领域的影响也获得了实验支持。美国的市、县级选举投票率很低，如何激励公众参与投票是提高选举代表性的重要问题。以 2011 年佛罗里达州西角市市长选举为契机，帕那格珀罗斯（C. Panagopoulos）向注册选民随机邮寄鼓励投票的明信片

---

① Payne, B. & Gawronski, B, A History of Implicit Social Cognitive: Where Is It Coming From? Where Is It Now? Where Is It Going? In Gawronski, B. & Payne, B. (Eds.) *Handbook of Implicit Social Cognition: Measurement, Theory, and Application*, Guilford Press, 2010, pp. 1 – 15.

② Greenwald, A., Banaji, M, Implicit Social Cognition: Attitudes, Self-Esteem, Stereotypes, *Psychological Review*, Vol. 102, No. 1, 1995, pp. 4 – 27.

③ Bateson, M., Nettle, D., Roberts, G, Cues of Being Watched Enhance Cooperation in a Real- World Setting, *Biology Letters*, Vol. 2, 2006, pp. 412 – 414.

④ Francey, D., Bergmüller, R, Images of Eyes Enhance Investments in a Real-Life Public Good, *PLoS One*, Vol. 7, No. 5, 2012, pp. 1 – 7.

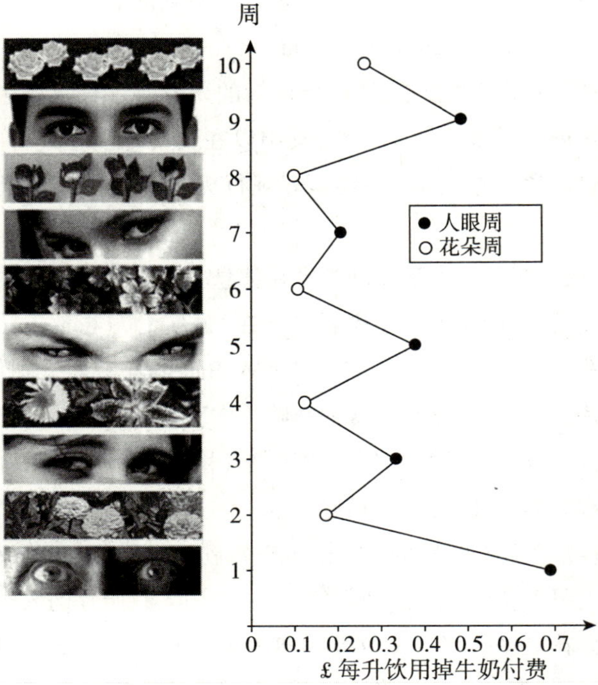

图 1　人眼照片带来饮料付费增加(Bateson, et al. ,2006)

13,540 张 (图 2)。其中,出现人眼、美国国旗、象征佛罗里达的棕榈树照片的明信片各 1500 张,无图案明信片 9042 张。结果显示,收到不同明信片的选民实际参与投票的比例显著不同:人眼:5.0% ,国旗:3.7% ,棕榈树:4.0% ,无照片:3.9% ,收到人眼明信片的选民更可能参加投票。①

同样针对政治选举,研究者还发现了一类被称为"环境启动"(contextual priming)现象。例如,真实选举数据和控制实验都表明,在设于教堂的选举站投票,选民更可能支持保守主义的立场——反对堕胎、同性恋权利等提案;②在设于学校的选举站投票,选民更可能支持

① Panagopoulos, C,I' ve Got My Eyes on You:Implicit Social-Pressure Cues and Prosocial Behavior, *Political Psychology*, Vol. 35, No. 1, 2013,pp. 23 - 33.

② Rutchick, A,Deus Ex Machina:The Influence of Polling Place on Voting Behavior, *Political Psychology*, Vol. 31. No. 2, 2010,pp. 209 - 225.

图 2　国旗和棕榈树明信片(Panagopoulos, 2014)

增加教育预算,而这一些均在选民无明确意识状态下自动发生。①

在对自动化守规行为研究中,最诙谐的案例或是经济学家克卜姆(A. Kieboom)为阿姆斯特丹奇佛尔(Schiphol)机场男厕小便池的设计。便溺在池外是男厕管理中常见的麻烦。许多厕所安排专门人员清理地面,设计出不同方案以引导守规行为。阿姆斯特丹方案没有采用正面(“上前一小步,文明一大步”)或负面(“射不准,说明你短,说明你软”)等常见于中国的文字说服方式(图 3 – A)。该方案在便池中安

---

① Berger, J., Meredith, M., Wheeler, C, Contextual Priming: Where People Vote Affects How They Vote, *PNAS*, Vol. 105, No. 26, 2008, pp. 8846 – 8849.

放苍蝇图案(图 3 – B),并成功地使溅出量减少了 80%。[①]男性对准视觉目标小便的行为倾向或许与生俱来,因此曾有设计师利用这一男性本能倾向制作出性含义明显的便池(图 3 – C)。该设计或许有效,但会

A. 以社会目标为激励的说服策略

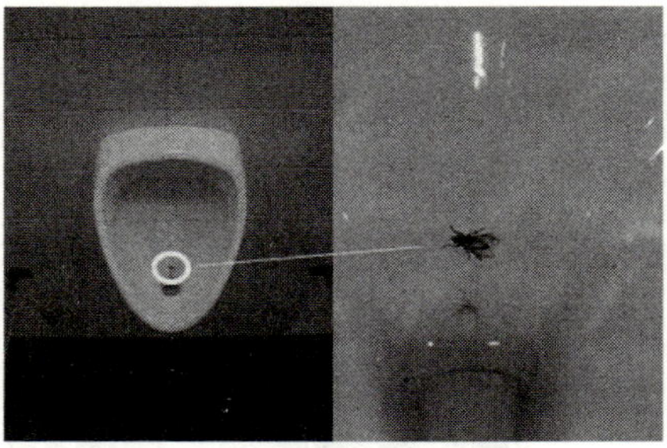

B. 以自发行为为激励的诱导策略

C. 以性本能为激励的诱导策略

图 3　小便池设计

① Thaler, R., Sunstein, C, *Nudge* (*revised & expanded edition*), Penguin Books, 2009, p. 4.

招致一些人反感。相比之下,阿姆斯特丹方案既利用了本能又不具道德侵犯性。小便时对准视觉目标是自发行为,无明确社会意义,且通过自动化加工完成,这使阿姆斯特丹方案成为通过自动化行为机制来实现社会目标的有趣案例。

此外,对自动化行为的研究还为判断守法或违法行为提供了新颖的证据。1999 年 2 月,四个纽约白人警官枪杀了一名未持武器的黑人青年,但所有被告均获无罪释放。法官相信,该青年试图逃跑并从口袋中掏出东西,虽事后知道掏出的是一只钱包,但基于现场情境,警官们有理由判断自己面临险境,开枪行为有其合理性。这令人权和少数族裔保护组织出离愤怒,指控该判决为种族偏见,并发动了颇具声势的社会抗议。以此案为契机,佩恩(B. Payne)发表了一篇广为引用的实验报告。报告显示,比之白人照片,当使用黑人照片做启动物时,白人被试能更快地辨识出武器,并更可能把日常工具误认为是武器。研究者解释,由于根深蒂固的种族偏见,黑人照片在记忆中自动激活黑色人种与武器、暴力的隐性联想,造成误判。[①]这或可表明,警官开枪是自动化行为,而自动化行为不受意识控制,故意杀人的指控因此失去根据。虽然警察的开枪行为因在下意识状态下发生而未受法律追究,但种族偏见无疑是错误的。观念形态的偏见固然不该用法律手段解决,但法律对偏见驱动下的杀人行为竟无所作为,随之而来的社会抗议也就不足为怪了。

20 世纪认知心理学最重要的进展之一是双重加工(dual-processing)理论的提出与深化。[②]对于何为"双重",不同研究者的表述既有重叠亦有区别,如系统化—启发式(systematic-heuristic)、控制式—

---

① Payne, B, Prejudice and Perception: The Role of Automatic and Controlled Processes in Misperceiving a Weapon, *Journal of Personality and Social Psychology*, Vol. 81, No. 2, 2001, pp. 181 - 192.

② Chaiken S, Trope Y (Eds.) (1999). Dual-Process Theories in Social Psychology. New York: Guilford. Bargh J. (1989). "Conditional Automaticity: Varieties of Automatic Influence in Social Perception and Cognition". In Unintended Thought, in J. S. Uleman, J. A. Bargh (eds.), Guilford, pp. 3 - 51.

自动化(controlled vs. automatic)、显性—隐性(explicit vs. implicit)、有意识—无意识或前意识(conscious vs. unconscious or pre-conscious)等。整体上,该理论试图说明,两种认知与判断方式在人类思维中并行存在,非理性的、无意识的、情绪化的因素渗透在信息加工、决策或行为选择的各个环节中,诱发人类的控制式和自动化行为,包括遵纪守法的社会行为。①巴夫(J. Bargh)和查特兰德(T. Chartrand)概括说:"有意识、有意图地规范行为、评价、决策或情绪状态,须付出相当的努力,速度相对缓慢,会很快消耗原本有限的(认知)资源,因此,有意识的自我规范行为只能稀少地,在有限的时间内存在。而另一方面,无意识或自动化过程——如我们在此描述的那样——却是无意图的,不费力的,而且非常迅速,其中,不乏随时随地发生者。最重要的是,它们无须费力便能够持续且有保障地引导个体(行为)。"②

三、自动化社会行为的发生机制

从隐性社会认知角度再看红灯效应,驾驶者在选择刹车的瞬间,有可能什么也没有想到。红灯,作为社会行为启动物,在无意识或前意识状态下激活了隐性记忆联想(implicit association),可能是对惩罚的惧怕、对个人名誉的关注,也可能是对遵纪守法社会规范理念的服膺。究竟哪些动机,通过什么样的机制激发了自动化行为,是研究者需要回答的重要问题。

一般认为,自动化行为能否发生取决于启动物与特定隐性联想在

① Eliot R. Smith and Jamie DeCoster, Dual-Process Models in Social and Cognitive Psychology: Conceptual Integration and Links to Underlying Memory Systems, *Pers Soc Psychol Rev*, Vol. 4, 2000, pp. 108 – 131.

② Bargh, J. Chartrand, T, The Unbearable Automaticity of Being, American Psychologist, Vol. 54, No. 7, 1999, pp. 462 – 479.

记忆中的联想强度(association strength)。[①]这种强度从何而来?研究者通常把联系形成机制分为两类:(1)有意图的,即始于某种意图,通过有意识地不断重复而形成的自动化联系,其联系强度与重复频度有关,如学习打字,操练网球,专家通过反复训练形成的对专业问题的直觉判断;(2)无意图的,即通过隐性学习,不知不觉的经验积累,或者通过个性、遗传等非意识控制因素形成来形成自动化联系,其联系强度受制于十分复杂多样的原因。[②]

相应地,在最宽泛的意义上,相关研究可概括为两类:一类沿循隐性社会认知的心理学进路,聚焦于显性记忆、隐性记忆启动控制化行为、自动化行为的机制;另一类则从更为多样角度和广阔的视野出发,分别从社会—经济—文化、认知规则、神经基质与机制和进化与遗传四个层面,立体化探讨自动化行为的发生机制。

(一)自动化行为发生机制的认知心理学解释

此类研究繁多,以珀鲁吉尼(M. Perogini)等人提出七种隐性记忆作用于社会行为的模式为例:(1)"单一联想模式"(simple association pattern),指隐性记忆直接诱发特定行为;(2)"调节模式"(moderation pattern),指隐性记忆经过调节后影响行为;(3)"添加模式"(additive pattern),指隐性记忆以添加形式协助显性记忆对同一行为产生影响;(4)"交互/多重模式"(interactive or multiplicative pattern),指隐性记忆与显性记忆互动后共同对行为产生影响;(5)和(6)"双重分离模式"(double dissociation pattern),"部分分离模式"(partial dissociation pattern),指隐性记忆与显性记忆以彼此分离的方式诱发不同加工形式下的行为;(7)"双重添加模式"(double additive pattern),指隐性和显

① Fazio, R, On the Automatic Activation of Associated Evaluations: An Overview, *Cognition & Emotion*, Vol. 15, No. 2, 2001, pp. 115 – 141.

② Bargh, J. Chartrand, T, The Unbearable Automaticity of Being, American Psychologist, Vol. 54, No. 7, 1999, pp. 462 – 479.

性记忆以相互添加的方式诱发不同加工形式的行为(图4)。[①]

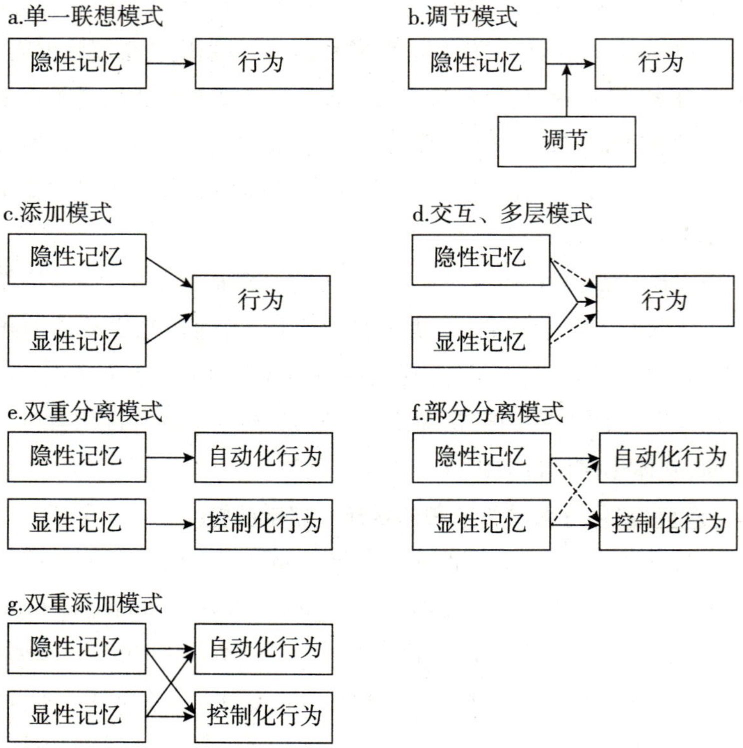

图4　隐性记忆影响行为的七种模式(Perugini, et al. ,2010)

若使用这些模式来分析红灯何以启动守法行为:(1)当记忆中与红灯有关的隐性联想(红灯→惩罚威慑,或道德观念,或社会规范,或声誉管理,或前述多种联想→行为)与守法选择之间有足够强劲的联系时,驾驶者就可能沿循"单一联想模式"自动化地选择停车。(2)"调节模式"的实现需要调节变量。假定驾驶者有守法习惯,看到红灯,有下意识停车的可能,又假定当天在下雨,驾驶者十分小心,下雨便可能

① Perugini, M. , Richetin, J. , Zogmaister, C, Prediction of Behavior, in Gawronski, B. & Payne, B. (Eds.) *Handbook of Implicit Social Cognition: Measurement, Theory, and Application*, Guilford Press, 2010, pp. 255 –277.

成为调节变量,提高停车的概率。反之,如果驾驶者去和久不见面的好友约会,兴奋急切的情绪或会成为调节变量,降低停车的概率。在此模式下,调节变量是外在环境因素,可能会强化或切断隐性记忆与停车行为之间原本存在的关联。(3)在"添加模式"中,无论隐性记忆和显性记忆都可能诱发驾驶者的停车行为,且行为的类型(自动或控制式)一致。(4)在"交互/多层模式"中,隐性和显性记忆会发生交互作用。驾驶者须明确想到什么(如不久前朋友出了车祸),同时某些隐性记忆(如很久以前闯红灯被罚的经历)也在无意识中加入选择过程,停车行为才可能发生。在此模式下,若是某类记忆单独存在或另一类记忆未介入判断,停车行为便难以出现。(5)分离模式描述了较为复杂的现象。在双重分离模式中,隐性和显性记忆指向不同加工方式的行为。可以设想,红灯和交通事故的隐性联系会激活下意识地踩下刹车的动作倾向,同时,妻子生病,想尽快回到家中的念头也盘桓不去。前者启动自动化行为,后者启动控制式行为。两种行为目标和启动机制彼此分离且平行进行。(6)在部分分离模式中,记忆与行为启动的关系更为复杂。依据该模式,在两种记忆中,一种可能会诱发特定的一类行为(如显性记忆诱发控制行为),另一种记忆可能同时诱发两类行为(如隐性记忆同时诱发自动和控制行为)。在红灯效应中,若红灯与停车行为之间有较强隐性联想关系,红灯出现,驾驶者便可能自动刹车。同时,这种隐性联想关系也可能激发驾驶者,使其明确想到"我一直是守法的,这次也不应例外",进而通过控制式行为刹车。再如,假定驾驶者明确知道经过的十字路口安装了摄像机,因此选择刹车。这时的显性记忆(摄像机)导致的只是控制式行为(刹车)。在该模式中,行为类型和目标也可能是对立的。例如,若该驾驶者明确知道该十字路口没有摄像机,他可能选择守法,也可能选择违法。做出何种选择,取决于一瞬间的权重。(7)双重添加模式描述隐性和显性记忆并存,且二者均能启动自动化与控制式行为的情境,即驾驶者看到红灯可能无意识自动停车,也可能明确想到不该违规,违规可能受到的惩罚,而有意识地选择停车。

整体上看,如果把自动化守规限定为由隐性记忆在无意识或前意识条件下发生的行为,其与上述模式均有不同程度的关系,但在“交互/多层模式”“部分分离模式”和“双重添加模式”中,自动化行为的启动更可能有显性记忆介入,“单一联想模式”“调节模式”“添加模式”和“双重分离模式”与自动化守规现象的联系更为紧密直接。

此外,如交互模式所描述的那样,在多数情况下,隐形记忆诱发的社会行为难以完全逃脱显性记忆的影响,“有意识的理性利害权衡”与“自动激活的社会规范、道德感”有可能同时介入涉法行为的选择过程,二者交互作用的情境十分常见。①克赤勒(E. Kirchler)等人对遵守税法的行为的实验提供了一个颇具启发性的案例。他们发现,影响守法行为最重要的变量分别是,对政府惩罚效率的认知和对政府可信赖程度的评价。前者可能是有意识的利害权衡(例如个体曾因违法受到过严厉惩罚),也可能是经验积累而来的隐性记忆;后者通常由经验和观察积累而来,常是隐性的,并可自动激活。研究发现,两变量独立作用或二者交互作用都可以带来守法行为,但对惩罚效率的高估带来被迫性守法,对可信度的高估带来自愿守法。若同时低估政府效率与政府可信度,则会礼崩乐坏,产生普遍违法的“滑坡效应”(slippery slope)(图 5)。②

(二)自动化行为发生机制的多学科解释

1. 社会、经济和文化层面

从社会、经济和文化层面解释认知与行为有着久远的传统。“社会存在决定意识和行为”是多数社会科学家接受的假设,对此方面的讨论颇多,其整体有效性也毋庸置疑。

从联想强度的角度去看,特定社会、文化或经济的信号与行为之间

---

① May, P, Regulation and Compliance Motivations: Examining Different Approaches, *Public Administration Review*, Vol. 65, No. 1, 2005, pp. 31 – 44. Short, J., Toffel, M, Making Self-Regulation More Than Merely Symbolic: The Critical Role of the Legal Environment, *Administrative Science Quarterly*, Vol. 55, 2010, pp. 361 – 396.

② Kirchler, E., Hoelzl, E., Wahl, I, Enforced versus Voluntary Tax Compliance: The 'Slippery Slope' Framework, *Journal of Economic Psychology*, Vol. 29, 2008, pp. 210 – 225.

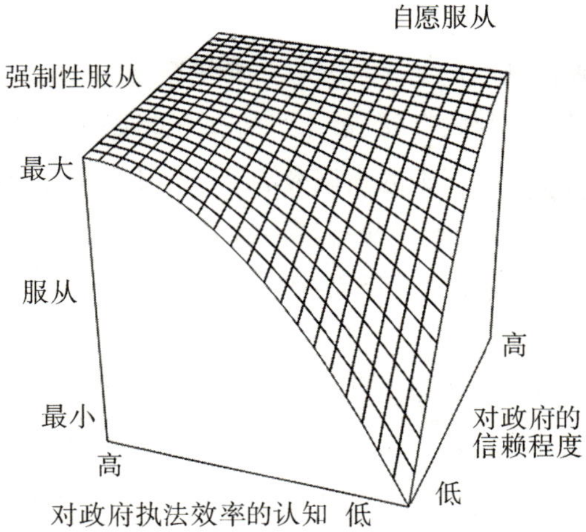

图5　守法行为的滑坡效应(Kirchler, et al. ,2008)

的联系经过不断强化之后,就可能诱发自动化行为。如威慑模型那样的建立在理性人假说之上的理论模型也可从这一角度得到解释:在儿童成长过程中,如果特定行为反复受到家长、教师的惩罚,日积月累,在从事该行为愿望出现时,儿童也可能自动化地或不加思考地对愿望加以控制,实现从有意识控制到无意识服从的转变。

2. 认知规则层面

20世纪中期始,心理学家开始挑战经济学的理性人假说。不少研究者相信,人类认知自有其规则,这些规则时时带来认知偏差,偏离理性和自我利益。在红灯效应中,因马路上没有其他机车和行人,排除了交通事故的可能;因没有警察和摄像头,排除了违法惩罚的可能;因人行道上没有路人,排除了名誉损伤的可能。由于尽早到达目的地意味着收益,选择停车很难从自利和理性来做出解释。

认知规则研究与自动化研究有着密不可分的联系。无论是框架效应、锚定效应、禀赋效应,还是代表性偏见、损失规避,认知规则多在无意识状态下影响着人的行为与判断。以框架效应为例,对同一问题的解决方案,若采用强调损失或强调收益两种不同表述方式,虽然二者的损失与收益相当,人们仍更可能选择强调收益的方案。①换言之,此类选择显然不是理性判断的结果。从认知心理学的扩散激活理论去看,由于记忆内容以网络形式存储,节点之间有着意义、类别或情绪上的联系。解决方案表述中对损失的强调激活了记忆中与之紧密联系的损失规避心理倾向,后者在无意识状态下便诱发了行为人对强调收益方案的选择,无论收益和损失的实际关系如何。

3. 神经层面

20世纪90年代,神经学方法被引入认知与行为的研究之中,社会神经科学(social neuroscience)随之出现。二十余年来,研究者已能粗略辨识出不同脑区与特定社会认知功能的联系,并大体勾勒出人脑中负责控制式和自动化信息加工的脑区分布,为理解从社会认知与行为的神经基质和机制打下了基础。②

以"具身认知"(embodied cognition)为例,该现象指人在形成社会判断时常会自动伴有的身体或情绪感受,这种感受与判断的社会性质交互作用,标示出判断的正面或负面的向度。例如,有行为实验发现,与手持冷咖啡相比,手持热咖啡更可能带来对人际间关系的温暖感受。③研究者相信,在心理成长期,婴儿会在"对他人身体温度"和"与他人关系紧密程度"之间建立起记忆联系——母亲与婴儿的身体接触最多,母亲由此成为婴儿最信赖的人。行为研究对于这种"物理温暖"(physical warmth)和"社会温暖"(social warmth)联系机制的解释只能停留在推测阶段,但社会神经科学却提供了更为深入的解释。通过使用功能性核磁共振扫描,研究者比较了实验被试者在阅读以温暖笔调描述朋友和家庭关系的文字时和体验有热度的物品时的脑区活动。结

---

① Tversky, A., Kahneman, D, The Framing of Decisions and the Psychology of Choice, *Science*, Vol. 211, 1981, pp. 453 - 458.

② Adolphs, R, Cognitive Neuroscience of Human Social Behavior, *Nat. Rev. Neurosci*, Vol. 4, 2003, pp. 165 - 178. Lieberman, M, Social Cognitive Neuroscience: A Review of Core Processes, *Annu. Rev. Psychol*, Vol. 58, 2007, pp. 259 - 289.

③ Willimas, L., Bargh, J, Experiencing Physical Warmth Promotes Interpersonal Warmth, *Science*, Vol. 322, 2008, pp. 606 - 607.

果显示，在两种条件下，被试者的腹侧纹状体（ventral striatum）和中脑岛（middle insula）等脑区的活动有明显重叠，为"物理温暖"和"社会温暖"找到了共同的神经基质和联系机制。①通过使用类似技术，德瓦尔（C. DeWall）等人发现，"生理疼痛"（physical pain）与"社会疼痛"（social pain）激活的脑区也有重合部分，常见止痛药乙酰氨基酚（ancetaminophene，如扑热息痛）竟也能降低"社会疼痛"感。②查普曼（H. Chapman）等人还发现了生理味觉与道德评价之间的关联，即对味觉的自动化生理反应能与道德判断产生联系。某些违反道德或社会惯例的行为会带来与对恶劣味觉反应类似的恶心感，极端时，还会伴有呕吐。③ 摩尔（J. Moll）等人的研究则显示，"物理恶心"（physical disgust）（如见到腐败的食物）和"社会恶心"（social disgust）（如见到某些违反道德规范的行为，特别是性行为）在额叶和颞叶激活明显重合的部分，透露出前额叶（prefrontal cortex）和框额叶（orbitofrontal cortex）在道德判断和道德归因时的重要作用。④

涉法行为选择问题的神经学基础是许多研究者的兴趣所在。⑤通过比较一般人和罪犯、精神变态者、精神疾病患者，研究者发现反社会行为（特别是暴力行为）与神经结构和功能变异有密切联系。框额叶（orbitofrontal cortex）、背外侧前额叶（dorsolateral prefrontal cortex）、颞上回（superior temporal gyrus）、杏仁核—海马区（amygdala-hippocampal

---

① Inagaki, T., Eisenberger, N, Shared Neural Mechanisms Underlying Social Warmth and Physical Warmth, *Psychological Science*, Vol. 24, No. 11, 2013, pp. 2272 – 2280.

② DeWall, C., MacDonald, G., Webster, G., Masten, C., Baumeister, R., Powell, C., Combs, D., Schurtz, D., Stillman, T., Tice, D., Eisenberger, N, Acetaminophen Reduces Social Pain: Behavioral and Neural Evidence, *Psychological Science*, Vol. 21, 2010, pp. 931 – 937.

③ Chapman, H., Kim, D., Susskind, J., Anderson, A, In Bad Taste: Evidence for the Oral Origins of Moral Disgust, *Science*, Vol. 323, 2009, pp. 1222 – 1226.

④ Moll, J., de Oliveira-Souza, R., Moll, M., Ignacio, F., Bramati, I., Caparelli-Da'quer. E., Eslinger., P, The Moral Affiliations of Disgust: A Functional MRI Study, J. Cog Behav Neurol, Vol. 18, No. 1, 2005, pp. 68 – 78.

⑤ Rilling, J., King-Casas, B., Sanfey, A, The Neurobiology of Social Decision-Making, Current Opinion in Neurobiology, Vol. 18, 2008, pp. 159 – 165.

complex)、脑岛 (insula)以及前扣带回(anterior cingulate cortex)是研究反社会行为时最受重视的脑区。①

斯柏策(M. Spitser)等学者观察了人在做出守规选择时的神经基质。他们发现,在可能遭到惩罚的条件下,若被试者选择遵守社会规范,脑区中的侧框额叶(lateral orbitofrontal cortex)和右背外侧前额叶(right dorsolateral prefrontal cortex)活跃程度会提高,而侧框额叶的已知功能之一是评估"情绪感受"和"选择带来的好处"之间的关系,②背外侧前额叶的已知功能之一是推动决策的执行。他们还发现,在有惩罚存在的条件下:(1)被试会更多地考虑他人利益;(2)有马基雅维利人格倾向者的侧框额叶和右脑岛特别活跃;(3)该类被试在有惩罚存在时会做出考虑他人利益的选择,无惩罚存在时则相反。③这些发现说明,在做出是否服从社会规范(这里是公平)的判断时,被试通过侧框额叶评价得失并做出决策,由背外侧前额叶推动实施决策。不过,虽然惩罚威慑更可能令人守规,但个体间有明显差别。更为自我、更加机会主义的马基雅维利主义者对利益得失有更多权衡(侧框额叶更加活跃),需要更多努力才能完成考虑他人利益的决策(背外侧前额叶更加活跃),且会伴有不愉快的感受(脑岛更加活跃);而非(弱)马基雅维利主义者的这些脑区活动则相对较弱。这暗示出后者在守规时付出了较少的认知控制努力,且未有明显不悦感。④

使用脑成像技术,格林尼(J. Greene)和帕克斯通 (J. Paxton)观察

---

① Yang, Y., Glenn, A., Raine, A., Phil, D, Brain Abnormalities in Antisocial Individuals: Implications for the Law, *Behavioral Sciences and the Law*, Vol. 26, 2008, pp. 65–83.

② Kringelbach, M, The Human Orbitofrontal Cortex: Linking Reward to Hedonic Experience, *Nat. Rev. Neurosci*, Vol. 6, 2005, pp. 691–702.

③ Spitzer, M., Fischbacher, U., Herrnberger, B., Grōn, G., Fehr, E, The Neural Signature of Social Norm Compliance, *Neuron*, Vol. 56, 2007, pp. 185–196.

④ 过往研究还提供了许多情绪感受涉入守规选择的证据,如表征恐惧、警惕等负面情绪的杏仁核在守规选择中也有强烈活动。研究者相信,该脑区的活动标志着对他人困境的情绪感受能力。精神变态者缺少这种能力,故增加了反社会行为的概率。Blair, R, The Amygdala and Ventromedial Prefrontal Cortex in Morality and Psychopathy, *TRENDS in Cognitive Sciences*, Vol. 11 No. 9, 2007, pp. 387–392.

了守规（诚实）与违规（说谎）的神经基础，借以检验关于诚实选择的两个流行假说：(1)“意愿说”(Will)，认为诚实选择是积极抵御诱惑的结果，需通过控制式加工完成；(2)“从容说”(Grace)，认为诚实选择仅在诱惑不存在时发生，因此由自动化过程实现。他们发现，无论有无利益诱惑，做出诚实选择时，脑区均未显示额外的控制活动；而说谎时，负责控制的前额叶明显活动加剧。这一发现支持“从容”说，表明诚实选择更可能在自动化条件下发生。[①]当人们“违心做事”“违心说话”后常会抱怨“活得真累”；当人们“无视诱惑”“诚实待人”后常会想到“云淡风轻”。该发现在一定程度上解释了这些有趣的现象。

4. 生理与遗传层面

人类的认知与行为模式究竟是与生俱来的，还是后天习得的？或者说，哪些行为与生俱来的，哪些由后天习得？对这些关涉人性的基本问题的研究有着久远的传统。20 世纪最具影响力的社会理论，无论是自由主义、马克思主义、社会主义或是纳粹主义，都有各具特点的解答。可以肯定的是，一些生理因素，如代谢物质，会明显影响人类的社会行为。例如，催产素可以提高人们对陌生人的信任程度和对他人不良行为的容忍程度，并能增加为陌生人捐款的可能。[②]而催产素的受体发生变异的女性，结婚的可能性会降低，即便结婚，其离婚的概率也比其他女性高出 50%。[③]由于生理因素对人类行为的影响在无意识状态下发生的，这类发现对于理解自动化行为的重要性自不待言。

如果说，源于社会环境的自动化行为与环境中形成的隐性记忆有关，由生理因素导致的自动化行为与隐性记忆是否存在关联呢？如果不是通过隐性记忆激活，这类自动化行为的发生机制又是什么？

---

① Greene, J. Paxton, J, Patterns of Neural Activity Associated with Honest and Dishonest Moral Decisions, *PNAS*, Vol. 106, No. 30, 2009, pp. 2506 – 12511.

② Kosfeld, M., Heinrichs, M., Zak, P., Fischbacher, U., Fehr, E, Oxytocin Increases Trust in Humans, *Nature*, Vol 435, 2005, pp. 673 – 676. Barraza, J., McCullough, M., Ahmadi, S., Zak, P, Oxytocin Infusion Increases Charitable Donations Regardless of Monetary Resources, *Hormones and Behavior*, Vol. 60, 2011, pp. 148 – 151.

③ 上海交通大学 Bio – X 研究院师勇咏教授面告。

研究遗传与社会行为关系问题的方法之一是使用双胞胎样本。同卵双胞胎基因一致,异卵双胞胎基因有别,且无论同卵异卵,一对双胞胎通常在同样的社会环境中成长,因此,比较二者能够相对准确地分辨出遗传与环境在社会行为塑造中各自的贡献。使用174对同卵双胞胎和148对异卵双胞胎,菲利普(J. Philippe)观察了遗传与合作等亲社会行为的关系。据称,42%的亲社会选择可由基因解释,23%可由共享环境解释,其他部分可由环境差别解释。①克鲁格(R. Krueger)等人发现,利他行为与共享(家庭)环境、独特(非家庭)环境以及包含正面情绪的个性特征有重要联系,反社会行为则更多与基因、独特(非家庭)环境以及包含负面情绪、缺少控制能力的个性特征有关。②

一些有关社会行为与具体基因类型(genotype)之间关系的研究更加引人注目。例如,人们普遍相信,童年受到虐待者成年后犯罪概率会增高。相应数据表明,与童年期未受虐待的成人相比,童年期有被虐经历的成人违法概率提高约50%。然而,这类研究带来了另一个问题:为什么大部分童年受过虐待的成人仍能正常行为?使用1037个样本,卡斯皮(A. Caspi)等人在23年间(样本3岁到26岁)进行十次追踪测量以解答这一问题。他们发现,通过神经传递的单胺氧化酶(monoamine, MAOA)能够调节童年受虐与成年反社会行为之间的关系。在MAOA获得高度表达的个体中,即使童年期受到了虐待,成年后仍很少发生反社会行为;在MAOA未获充分表达的个体中,不幸的童年经历更可能带来成年后的反社会行为。③ 该发现为理解童年受虐与成年违法之间的基质和机制提供了新颖的遗传学解释。

另有研究试图将基因与更具体的社会行为联系起来,如基因与宗

---

① Philippe, J, Genetic and Environmental Contributions to Pro-social Attitudes: a Twin Study of Social Responsibility, *Proc. R. Soc. Lond. B*, Vol. 271, 2004, pp. 2583 – 2585.

② Krueger, R., Hicks, B., McGue, M, Altruism and Antisocial Behavior: Independent Tendencies, Unique Personality Correlates, Distinct Etiologies, *Psychological Science*, Vol. 12, 2001, pp. 397 – 402.

③ Caspi, A., McClay, J., Moffitt, T., Mill, J., Martin, J., Craig, I., Taylor, A., Poulton, R, Role of Genotype in the Cycle of Violence in Maltreated Children, *Science*, Vol. 297, 2002, pp. 851 – 854.

教的联系。通过比较165对同卵双胞胎和100对异卵双胞胎样本，孔尼格（L. Koenig）等人发现，宗教感与反社会行为之间存在中等程度的负相关关系，与利他行为之间存在中等程度的正相关关系，宗教感与反社会行为之间的关系受到基因和环境的共同影响。①在过去十年间，另有学者对政治行为的生理基础做过引人注目的研究。他们使用双胞胎样本发现，在很大程度上，基因可以解释被试对自由主义或保守主义意识形态的选择，但基因对党派归属的影响力则无定论，一些研究显示父母的党派归属对子女的影响很大，另一些则强调基因的作用。佛勒（J. Fowler）等人还找到了几个影响具体政治行为的基因。他们发现，MAOA对参与投票行为有显著解释力；5羟色胺（5HTT）既可解释对政治投票的参与，也可解释对宗教活动的参与。他们相信，基因对政治捐款、参加政治集会、向政府部门写信、竞选公职等政治行为的解释力均超过环境因素。②

概言之，过往研究显示，自动化行为的形成机制可在社会—经济—文化、认知规则、神经以及生理遗传等不同层面获得立体和深入的解释。源于不同进路的发现说明了自动化行为的普遍性，也说明了自动化行为根植于多元因素的复杂交互作用之中，有着不同的形成机制。

四、激活自动化遵规守法行为的策略

虽然对自动化社会行为的研究已经取得了令人瞩目的成果，但从实验室成果到社会管理的实际应用，仍然面临着许多难以解决的问题。

遗传层面和神经层面的研究显然有助于理解自动化行为的深层原因，通过药物从生理层面矫正行为的实践也并不罕见（如对抑郁症的

---

① Koenig, L., McGue, M., Krueger, R., Bouchard, Jr. T, Religiousness, Antisocial Behavior, and Altruism: Genetic and Environmental Mediation, *Journal of Personality*, Vol. 75, No. 2, 2007, pp. 265 – 290.

② Fowler, J., Schreiber, D, Biology, Politics, and the Emerging Science of Human Nature, *Science*, Vol. 322, 2008, pp. 912 – 914.

治疗)。有关职业训练对人脑影响的研究还显示,长期训练不但会改变神经功能,也可能改变神经结构,在出租车司机、运动员、调香师、同声传译员、芭蕾舞者等许多专业人士那里都发现了这类结构性改变。① 然而,通过药物、基因修复或者具有明确社会目标的神经改造来矫正社会行为,不但面临技术上的困难,也会面临社会和道德伦理等方面的障碍和风险。谁来决定什么样的行为需要矫正?什么样的人或人群是需要矫正的对象?矫正的结果更符合谁的利益?这些不仅是医学问题,也是政治和伦理议题。通过社会规范的建构,道德观念的普遍提升也是推动自愿守规的必要途径。然而,它绝非能一蹴而就,乃是牵扯诸多历史、文化、政治和社会因素的系统工程。

因此,就自动化社会行为研究成果的应用而言,更具可操作性的工作也许是通过深入理解亲社会行为的激发机制,在现实条件下发现激发亲社会行为,抑制反社会行为的信息线索,并依此制定出诱发遵纪守法行为的策略。芝加哥交通管理的一个案例为这种策略的制定提供了极富启发性的案例。

北美五大湖之一——密执安湖横陈芝加哥东部,湖畔的北湖滨大道(North Lake Drive)是一条包含多个S形弯道的高速公路。虽然路边、路面上有许多限速标志,超速驾驶导致的交通事故仍不断发生。据行为经济学家泰勒(Thaler)和法学家桑斯坦(Sunstein)介绍,为解决这个问题,交通管理部门在弯道开始前的路面上画出横向白线,离弯道越近,线条越密集(图6)。依据认知原理,速度知觉不仅与速度有关,也与参照物有关。横线密集程度的不断增加让人感到速度不断加快,驾驶者多会因此自愿或自动减速,不知不觉中,遵守了限速法规,减少了交通事故。

芝加哥案例中,交通法规和驾驶行为可看作两种事物。法规可以仅用限速标志向人们呈现,也可辅之以不断增加密度的白色横线。芝加哥案例说明,增加辅助线使法规与驾驶行为之间建立起更符合认知和行为规律的对接方式,推动法规和个体行为之间更为顺畅的“对

---

① Lassagne, F., Merat, M:《大脑职业化》,载《新发现》总第102期。

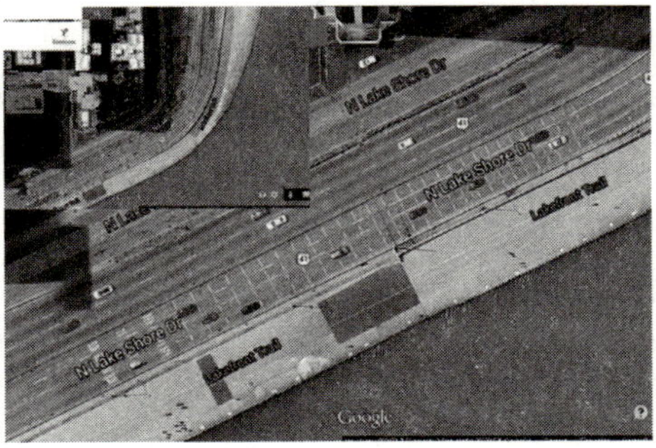

图 6　芝加哥北湖滨大道路面设计(自谷歌地图)

谈”,为法律这一公共产品建立起更人性化的“界面”。①

再如,钮卡索大学允许市民自由出入,校园内停放的自行车常常被盗。尼特尔(D. Nettel)等人在自行车停放处悬挂了人眼图片,并附有“自行车窃贼:我们注视着你”的警示文字(图 7),为期 12 个月。与过去的统计数据比较,该现场实验表明,悬挂人眼图片区域的自行车被盗率降低了 60%。研究者认为,人眼与“被注视”感受之间的强劲联想关系对犯罪行为发生了抑制作用,②为如何使用自动化行为原理,对采用成本很低的方法来控制违法行为有着启示作用。

图 7　注视效应降低自行车偷盗率(Nettle, et al. , 2012)

---

① 有关社会管理中认知界面的设计理念,参见葛岩、秦裕林、林喜芬:《从硬干预到软干预:认知界面的意义》,载《中国社会科学报》(心理学版)2015 年 2 月 16 日。

② Nettle D, Nott K, Bateson M,“Cycle Thieves, We Are Watching You”:Impact of a Simple Signage Intervention against Bicycle Theft, *PLoS ONE*, Vol. 7(12), 2012, e51738. doi:10.1371/journal. pone. 0051738.

在目前正在进行的一项研究中,上海交通大学的一个研究小组还试图观察认知原理在新技术采纳,政策接受的影响。转基因食品是否有害?专家、名人、一般公众对此辩声滔滔,乃至影响到行政和立法部门的决策。反对者认为转基因食品有害于健康,且将贻害子孙,是西人亡我中华的阴谋;支持者认为严格管理下的转基因食品无害,且是解决食物不足困境的出路。支持者还要求迅速推进转基因食品的研发推广,该技术控制在外国公司手中已构成对国家食品安全的威胁。不久前,中国政府决定加快推进转基因食品的开发研究,在政策制定层面,相关争论似已尘埃落定。若假定这一政策是正确的,则实施中需要公众的广泛接受,我们猜想,改善该技术与公众之间的沟通方式,使之更加符合公众的认知原理,会提高对新技术的接受程度。

在一项由秦裕林、安龙飞和葛岩正在进行的测试中,我们要求参测者对虚拟市场上出售的"转基因大豆"和"基因改良大豆"做出选择,之后还须回答选择的原因:(1)弄不明白是怎么回事,随便选了一个;(2)转基因不好,所以选了基因改良大豆;(3)市场上的转基因食品是安全的,不知道基因改良食品怎么样,所以选了转基因大豆;(4)自然的食品才是好的,但要求必须选择一个,所以这样选了。我们推测,在我国文化中,人们相信基因对生命存在与延续十分重要,不该随意变化。而在汉语中,与"转"相比,"改良"排除了完全改变的涵义,且有"趋于向好"的喻示。因此,比之于"转","基因"与"改良"交互作用会激发相对正面的联想。实验中,基于原因(2)和(3)做出选择的参测者对转基因食品已有稳定的预设态度,技术的名称不会影响其选择;基于原因(1)做出选择的参测者或会在无意识状态下受到名称的影响;基于原因(4)做出选择的参测者则或会权衡两个名称,做出"非最坏的"选择。与预测相符,基于原因(1)、(4)的参测者压倒性选择了"基因改良大豆"(图8)。意欲推广转基因技术的人们可能始料未及,名称——新技术与公众接触的认知界面——竟也会成败攸关。

事实上,依据隐性社会认知原理,通过自动化机制改善社会治理的实践的理念已在一些发达国家获得民间和政府的广泛重视。2008年,

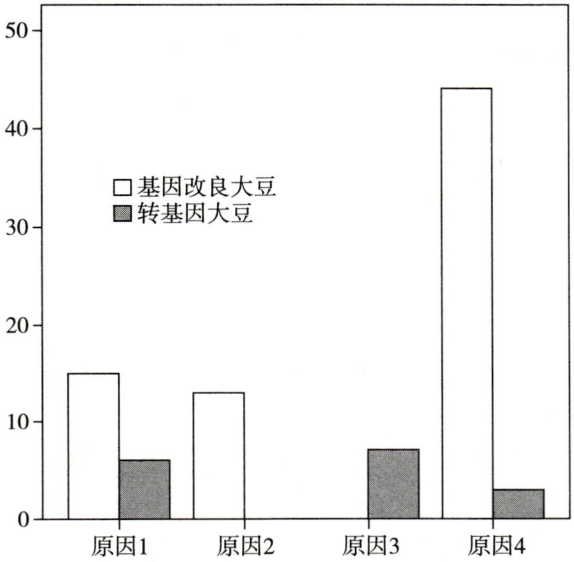

图 8　基于不同原因对于转基因和基因改良大豆的选择

综合学术研究成果，芝加哥大学商学院的泰勒和哈佛大学法学院的桑斯坦合作出版了以《助推》(Nudge)为名的科普著作，①引发了媒体和社会的广泛关注；奥巴马团队雇用了行为学家艾瑞里(D. Ariely)充当竞选顾问，研究影响选民的策略；美国政府聘用桑斯坦为信息与规制事务办公室主任，尝试在政府信息传播与规制设计中运用认知科学成果；英国还建立专门的政府机构，聘用泰勒为顾问，帮助政府使用认知科学的原理来实现社会治理目标。

五、结语

人类的行为选择可被视为一个连续体：一端是显性的、控制式加工过程，可以从理性利害权衡的角度加以分析；另一端是隐性的、自动化

① Thaler, R., Sunstein, C, *Nudge* (*revised & expanded edition*), Penguin Books.

加工过程,在无明确觉知控制下的情况下发生,理性利害权衡的角度难以做出完整的解释与分析。遵规守法行为也不例外。我们试图说明,红灯引发的不一定是理性权衡的产物。作为一个现代社会中为人所熟知的生活实例,红灯效应的喻示出个体守法遵规行为选择的多样心理机制,也表明了治理者在制定规则,规制行为时需要做出更复杂、更人性化,许多时候也会是更有效率的心理学考量。

值得思考的还有一个更具根本性的问题:在红灯面前,基于理性权衡的选择与并非基于理性权衡的选择相比,哪一种行为选择方式在生活中更为普遍?或遵纪守法的自动化行为与理性权衡下的守法选择在现实中孰轻孰重?对此,不同理论家给出了倾向迥异的回答。

在不久前出版的《思维:快与慢》中,心理学家卡尼曼把人脑象征性地划分为两个系统。系统1的运作通常是自动化的,它使用最易提取的信息并形成判断,迅速且经济,但易于形成偏见或对理性形成系统性偏离;系统2更具控制式特征,它审慎、逻辑化,它监督系统1的运行,富于批判性地加工信息,形成判断,但其过程缓慢、效率低下,耗费更多的认知资源。这位诺贝尔经济奖得主相信,系统1掌控更多的日常决策和行为选择,系统2会不时地向系统1妥协,且多由后者主导,为后者充当解释者和辩护者。① 假定这一认知与行为选择模式普遍有效,注重与系统1相关的自动化守法研究便是十分重要的。

在17年前发表的《社会规范与法律:经济学的进路》一文中,法律经济学的旗手波斯纳法官比较了社会规范与法律中的相同和不同部分,也分析了人们服从社会规范和法律的机制。他相信,与法律相比,与自动化行为有关的社会规范难以由政府制造或改变,因为很多时候,遵守规范行为是自我执行的(self-enforced),由情感来驱动的(enforced by emotions),通过“社会性排斥”这种温和的惩罚形式获得强化。经父母、教师和一系列社会机构的努力,一些社会规范还可能在儿童时期就开始逐渐成为获得内化的心理习惯,通过耻辱、羞愧等情绪来激励守

---

① [美]丹尼尔·卡尼曼:《思维:快与慢》,胡晓姣、李爱民等译,中信出版社2013年版。

规,控制违规。然而,波斯纳的本意却不是要指出社会规范的优势。他相信,社会规范对行为的控制只在较小群体中效果明显,在更大的群体中则效果堪疑。他认为,高度内化的规范使人们在不知不觉中服从惯例,从而消减了自由选择的空间,而法律则要求对行为选择做有意识的推理,使用成本收益的利害权衡来抵御违规的诱惑。因此,守法行为应该是理性选择的结果,但不是对选择的剥夺。波斯纳还指出,许多自然形成,自动约束个体行为的社会规范是有害的(如由荣誉感、羞耻感驱动的决斗的习俗,如仅对个别群体有利的行为规范),法律不应附和而是要克服这样的规范。①这位法经济学研究的奠基人批评了自动化(内化)行为对自由选择的剥夺,支持由理性意识控制的守法选择。

卡尼曼关注人类普遍的认知与行为模式,波斯纳强调法律在规范行为时的优势,两种观点各有其说服力。落脚于中国,在法治或礼制争辩中,在我们身处的道德观念和社会规范礼崩乐坏的历史环境中,波斯纳的观点或有着更为直接的意义。不过,本文从更普遍的人类认知与行为角度出发来观察守规问题。在为波斯纳的分析鼓掌的同时,我们的问题是:人类能够时时处处做出理性的,得到充分控制的利害权衡吗?在行为选择中,我们能够摆脱由文化习得并被内化(culturally internalized)的价值、情感和规范吗?能够避开由进化—遗传嵌入(evolutionally and genetically embedded)的生理特征、认知规则吗?若不能——大多数认知与行为研究者做如是想,当设计和实施法规时,非理性的、无意识的、自动化的、更接近实然状态的行为选择就有充分理由被纳入思考之中。

① Posner, R, Social Norms and the Law: An Economic Approach, *American Economic Review*, Vol. 87, No. 2, 1997, pp. 365 – 369.

《法律和社会科学》(2015)
第14卷第1辑,第30~56页

"争"出来的公正
——对赣南一村落林权改革的法律人类学考察

赵旭东　何利利*

摘要:本文通过分析一起发生在赣南一村落中的林权纠纷事件,指出公正观念的表达过程可被归结为一个"争"和"实践"的过程,在"争"的过程中体现着对公正的诉求过程。公正与否的意义,最后并不一定表现为争的双方相互衡平的结果,强调这种公正与否的意义主要是在"争"的过程中达成的、在相互"争"的过程背后就蕴含着人们对于公正观念的实际表达。最后指出无论是"争",还是公正表达,都是一种具体而现实的实践。

一、引言

2006年的8月和2007年1月下旬,我们有幸获得参与福特基金会资助的"林业改革的社会经济

---

* 赵旭东,中国人民大学人类学研究所教授,博士生导师,电子信箱:zhaoxudong@ ruc. edu. cn;何利利,中国农业大学人文与发展学院硕士研究生。

影响监测和评估”之江西调研课题研究的机会，在江西吉安地区遂川县下属的一个乡镇，对从2004年开始进行集体林权试点改革的状况进行了详细调查。[1] 我们关注的重点主要是从社会学和人类学的学科角度来研究国家的林业改革政策究竟对当地人的社会生活造成了什么样的变化和影响。

在调查过程中，我们注意到国家所推行的自上而下的林业改革并不能获得预期政策效果。很多林农对这项改革感到不理解，觉得没有任何实质上的意义改变，更主要的是有不少林农都在直接或间接地表达着他们心中对这次林改是非好坏的判断。在他们看来，目前的林改主要就是换了一个绿皮的林权证书本本，其他的什么都没有解决，比如林改以前有山场纠纷的现在还是一直有，也并未获得解决；以前山场盗伐的少，现在反而更多了；以前搞不到足够的指标，现在仍存在很大的指标问题等。

在林业改革政策自上而下的推行时，这个过程中自然也出现了大量反对的声音。在调查的过程中，我们发现林农这种反对声音尤其有趣，他们不是直接地跳出来大声声讨，而是以自己独有的方式来表达对整个林改事件的困惑和不满。而关注人们在历经这一过程性事件中的公正态度的表达，是很有研究意义的。

一般认为，公正的观念是在相互冲突中表达出来的，当出现了纠纷或者矛盾，必须要出现一种力量来改变现有的这种状态或者恢复为原有的状态。赵旭东根据在华北一村落的法律人类学考察认为，在中国的乡土社会中，如果先不考虑国家权力向民间社会的渗透及其影响，一种由互惠关系所建构出来的秩序或许是一种大家都乐于服从的约束性义务。[2] 如果遵从了这样的原则，相互都可以从中受惠；如果冒犯了，冒犯者就会受到习俗的惩罚。因而，也可以说，互惠的原则实际上是乡

---

① 课题组成员有：赵旭东、熊春文、杨青青、何利利、王敏、訾小刚、李怡亭、郭慧琳、齐钊。该论文有不少访谈资料来自课题组全体成员的共同成果，在此表示感谢。

② 赵旭东：《权力与公正：乡土社会的纠纷解决与权威多元》，天津古籍出版社2003年版。

土社会秩序维持的基础。这种对相互都有利的“作为互惠的正义”的追求,也成为人们社会行动出现的前提。并且,互惠关系具有差序性,在其背后可以推论存在着一种可以评判公正与否的“差序的正义”的观念。相互关系上的“差序格局”落实到正义观念上就是人们以关系的亲等差疏来判定正义与否。儒家思想的核心观念是重在“人情”两字,并试图以“差序格局”的思考方式来实践其所倡导的“五伦”。如果依照差序格局中关系距离的远近而获得相对应的利益,这样的结果就应当是正义的,否则就是不正义的。差序正义,其核心含义是指,在对一个人的所作所为做出评价时,当事人所依据的是对方与自己关系的远近以及能够给自己带来的好处或便利的多少。

对于公正的研究有着不同的评价标准体系,比如情理、法理,或者衡平的感觉乃至更为深入的互惠性正义原则,公正原则不具备一时一地的确定性,更不具备广泛的普适性。大部分的学者还是强调公正的原则与社会上的主流观念是一致的,即都认为中国社会是一个差序格局的社会,理应强调以情理或礼法的儒家伦理作为公正的一般原则。

以上对于公正的研究大都是从形式层面来探讨中国人的公正观是什么,缺乏对公正观念具体的表达过程的探究,本研究试图弥补这方面的缺失,并将关注点放到林改这样一个具体的动态的历史性改革事件中,认为人们的公正观念具有表达的共同性特征,可以借由一些关键性事件很好地表达出来,以此来探讨基层社会人们公正观念的表达过程和表达的一般形式。

二、竹村:一个赣南村落

竹村①是赣南林区的一个普通村落。顾名思义,这个村庄的生活与竹子有着极为密切的关系,从调查来看,该村的森林资源主要是以毛

① 为研究便利掩其真名并为其取新名为“竹村”。

竹资源为主，几乎占到了全村山林总面积的60%还多。第一印象也很深刻，刚一步入这个村庄，便不由自主地将整个村子与生长茂密、郁郁葱葱的毛竹联系在一起了。

竹村属于江西省遂川县衙前镇，村里共有265户1017人，11个村民小组。全村共拥有山场面积20,300亩，其中自留山2160亩，责任山17,530亩，村集体经营610亩，是名副其实的林业山村。全村人口1012人，265户，非农业人口14人，劳动力580人，外出务工的有210人。竹村以“李姓”为大姓，还有其他比较大的姓氏，如刘、丁、张、肖、彭诸姓。全村分为11个村民小组，各个村民小组就分布在通往遂川县城的公路两旁，依山傍水，交通十分便利。

竹村地理位置属于赣南，大多数的村民都是客家人。对于客家人而言，他们的传统就是耕读传家以及敬畏祖先，这种传统曾经是凝聚村落共同意识的核心价值体系。基本上每个稍大一点的姓氏都会有自己的祠堂，祠堂的装饰基本上统一，都是中间一个天井的建筑格局，厅堂正中供奉祖先的牌位，所有的起支撑作用的厅堂的柱子上都有各种的对联，字里行间都是儒家的思想。在衙前村的李氏祠堂里，我们看到位居中间的柱子上刻有这样一幅对联，十足的儒家教导：“尚志修身为圣贤学问，忠肝义胆是豪杰心肠”。位于外侧的一幅长长的对联一样没有出乎儒家的教诲：“德被本全乃克建天地无双事功愿后昆明体达用，忠臣孝子方足算古今第一人物缅先代勒鼎铭钟”。这些都只是一个村落里一个姓氏的一个祠堂里一小部分的文字记录，在这些陆离班驳的文字下面，你会油然而生一种切实的传统式微的感受，至少在历史上曾经有一个时代，是通过这些文字在教化着村民，是他们能够凝聚在一起，不至于因为社会的纷争而分崩离析，也是这些文字鼓励着村里的个人超越一己之私，达至圣贤所教导的道德目标。

但这些教化形式似乎都无法在当下现实的情境中遭遇到，宗族祠堂已经破落，很少再有人将祠堂看作村落的中心，许多的事务也不必在祠堂中解决，特别是那些不断发生的林地纠纷，更使得过去强调秩序、讲求和解的家族团结意识难于寻觅了。

三、大禾坑山场之争与公正的表达

大禾坑山场,坐落于衙前竹村遂新公路边,总面积有1753亩,自建国初至农业合作化运动期间,一直属于村集体所有林。1962年大禾坑山场被落实到洋金坑生产队经营管理,到1973年,上级政府号召兴办林场发展林业生产。经当时上芫大队党支部、管委会研究,决定兴办一个林场,并将洋金坑生产队经管的大禾坑山场全部划拨给队办林场作造林基地使用。由此,大禾坑山场又从小组山场转变为村集体所有的山场。

1973年大禾坑山场被收归为大队林场之后,队办林场开始雇请浙江籍民工清山营造杉木林200多亩,当时还建筑一栋简易木棚作办公场地。1974年,大队党支部、管委会又组织了一个生产队的社员劳力对该山场进行投工投劳,并营造杉木200多亩。这两年间共造杉木林431亩。经过集体林场的几十年精心管护,这431亩人工杉木林已全部成林,即将得到丰厚回报。

在1988年,竹村委会为完成对大禾坑剩余的1300多亩残次林的改造,村办林场又申请世界银行贷款,投资数万元清山造林。经过两年多的艰苦营造,于1990年春完成了对剩余山场的改造任务,新造杉木幼林1300多亩。至此,大禾坑山场已全部由集体林场投资造林完毕。以后十几年间,集体林场又对新造的杉木林进行补种,斩山抚育,实行了长年累月的精心管护。30多年过去之后,当年由竹村全体社员投工投劳流血流汗营造的431亩杉木林已全部成林,即将获得可观的经济效益;大禾坑山场新造的1300多亩幼杉也长势喜人。

2000年8月,竹村委会为偿还巨额债务,决定对大禾坑已成林的431亩人工杉木林进行砍伐,并召开了党员、小组长、村民代表联席会议,宣布了砍伐方案及和与三个小组(上陂组、下紫阁组、龙窝组)的农户关于大禾坑山场的杉木林利润分成方案。与会的党员、小组长、村民代表当时大惑不解:明明是集体林场营造的林木,怎么要和这三个小组的农户进行利润分红?与会人员当场质问村干部,并要求村委会对此事作出解释。

2000 年 9 月公开此事后,绝大部分的村民表示强烈震惊和极大反对,由此而产生的村委会与农户之间的矛盾异常尖锐。经与会的村民代表们进一步了解情况,并查阅了十几年前的村委会会议记录本,发现了事实的原委:原来在 1984 年,当时的村支部、村委会的领导人借进一步完善林业生产责任制之机,于 1984 年 4 月 26 日由村支部牵头召开了一个只有六人参加的“支委扩大会议”,将属于集体林场所有的大禾坑大部分山场承包给上陂、下紫角、龙窝三个小组的农户单独经营管理,并与之签订了“责任山承包合同书”,而其中上陂小组的农户又承包了大部分的山场。其他八个村民小组的农户及当时的党员、村民小组长、村民代表对此事一无所知。

2000 年 10 月 3 日,竹村的其他八个村民小组 100 多户主村民联名向县人民政府、县林业局山林纠纷办、衙前乡人民政府递交了《衙前乡竹村彭屋、上紫阁、乌竹、和朝、洋金、小龙口、廖屋、牛塘八个村民小组要求村委会收回大禾坑集体山场经营管理权的联合申述状》。上级政府也派了调查组到竹村调查此事。但由于历史和客观的原因,并没有对此纠纷作出明确的裁定。只是把大禾坑山场列为“有争议和纠纷山场”,并批复:“在没有解决纠纷和争议之前,此山场的林木不准砍伐和生产”,并调销了该年度大禾坑山场林木采伐许可证,山场纠纷因此悬而未决,一直拖到如今。

2005 年 11 月 22 日,竹村的这八个村民小组联名向遂川县人民政府、遂川县林业局提交要求村委会收回大禾坑集体山场经营管理权的行政复议书,以各小组组长为村民代表,主张:要求村委会立即解除大禾坑山场与各承包户的“责任山承包合同书”及“山林联营协议书”,收回上述山场的经营管理权,村办林场所造的林归村集体所有;1974 年各生产队(组)投工投劳造的林归各生产队(组)所有,山林界址按当年各生产队(组)清山造林界址为准。

可以说,大禾坑山场的纠纷缘起于国家最近二十多年来的林改政策的变迁,是由于国家的林业改革政策造成的历史性遗留问题,原本是由村集体兴办的大队林场拥有的山场资产,经过国家林业政策的变革后,由集体所有走向了必须落实到家户承包的方式,山场也由集体的规模化经营变成了碎片化的家户经营。

从1981年开始,国家开始逐步落实家庭联产土地承包责任制,而在林区则已初步落实了自留山的分山到户,国家规定每人自留山场的面积约为1~2亩。一直到1984年,为了落实"林业三定"的政策,竹村感到必须要将村里剩下的山场全部划分到户的行政压力,也必须履行国家的行政号召。因此村里这一次的责任山落实到户主要还是在20世纪60年代初在竹村开展的"四固定"的基础上,再适当进行山场面积的调整划分,即不是在全村范围内进行山场面积的统一的重新调整,只是在固定到各组所有的山场面积里再重新将山场承包到各自户里,这种维持"四固定"的山场分配方式,由此也就造成了组与组间山场规模的极大的不均等,随着山场资源的经济效用对农户生计的作用日益明显和重要,更容易引发日后的争夺山场资源的冲突。毫无疑问,大禾坑山场的纠纷爆发的背景就缘于此种情况。一位村民告诉我们:1962年的"四固定",就是那个山离那个组较近,就归那个组管。我们村靠里头的组人口住得比较散,附近的山多,分的山就较多;靠外头的组,像我们组人口住得比较密集,分的山比较少。里边的山多,一家能有几百亩,外边一个组的山才能抵里边两三家的山(依据2007年8月20日对上陂组村民肖荣吉的访谈)。

竹村共有11个村民小组,①全都分散在竹村到其所属的县城遂川县城的于新公路的两旁。靠里头的组,是指离县城方向较近的组,靠外头的组,则指离衙前镇政府较近的组。分到大禾坑山场的C方的那三

① 我们将竹村的11个组,根据其是否为大禾坑山场的承包方关系,将是承包方关系的三个小组简称为C方,非承包方关系的另八个小组简称为NC方,将发包的竹村委会简称为M方。C方包括三个组:上陂组、下紫阁组和龙窝组,是靠近衙前镇政府所在地的三个组。NC方包括另外八个组:彭屋组、上紫阁组、乌竹组、和朝坑组、洋金坑组、下龙口组、廖屋组、牛塘坑组,是距离衙前镇较远的组。

个小组就是靠外头的组，而 NC 方的另八个组所处的位置则偏里边，离县城的距离较近。

为什么有些组的山多，有些组的山很少？我们这组因为人口少，所以分的山场较多，我刚插门到这边的时候，整个组才五六十个人。六几年分山时，“四固定”，上头规定这片山归这个组，那片山归那个组所有。那时不是分，是搞固定，不搞面积，就固定哪个山场给谁。八几年分山的时候也不是全村打乱了重新分的，而是每个组各自按照人口重新分。（廖立根，NC 廖屋组，8 月 22 日）

大禾坑山场自 1973 年开始就被收归为上芫大队林场来经营，当时队办林场集体投工投劳营造山林，同时还将一部分山场承包给了外地民工来营造山林，共计造了有 431 亩的杉木山场，这些都是竹村集体共有的资产。

在 1984 年，当时竹村的村支部、村委会的个别领导人为了进一步完善和落实林业生产责任制（“林业三定”），同时为了均衡村内各组间山场资源过于不均的现状，决定将属于集体林场所有的大禾坑的大部分山场划分给了 C 方的上陂、下紫阁、龙窝三个小组的农户们单独来承包经营，并与之签订了“责任山承包合同书”，而其中上陂小组的农户又承包了大禾坑的近 2/3 面积的山场。据说 NC 方的其他 8 个村民小组的农户及当时的党员、村民小组长和村民代表们对此事是一无所知。

四、不同利益方的界说

这 1700 多亩有争议的林地问题，也被称为是“大禾坑山场事件”，是这个村的历史遗留问题，这个事件跟那块山场紧密地联系在了一起，随着这次 2004 年林改的推进，这个问题也变得越来越突出，成为了村里当下的一个公共话题，几乎是每一个村民都知道。接下来会有很多的访谈都是围绕这个纠纷事件来展开的，可以看出站在不同的角度上会得出对同一事件的不同见解,也表明了这是一个存有极大争议的纠纷事件,内中涌动着不同方争夺各自利益的博弈策略,以及他们对于整个事件的发展过程的公正与否的不同界说。在大禾坑的山场纠纷中,有争议双方的代表及事件的主要当事人,为了维护各自的利益,他们对整个事件表达着各自不同的看法。

(一)M方的界说

为什么当时竹村会考虑将集体所有的林场划包给C方的这三个小组呢?当时负责经办此事的是竹村的村支书肖前顺以及村主任李光潮等人。

肖前顺从1984年到1994年任竹村的村支书,上陂组人,是对大禾坑山场进行发包的最主要负责人。他认为当时的分山还是算公平的,上头的文件精神强调一定要分下去,村里一点都不能留,乡里领导还来督查工作了,村里也是比较紧迫和矛盾的。分到山的这三个小组的山场很少,曾经反映到县里过,所以村委会就决定就把大禾坑的山分给他们。当时,大禾坑的山是光秃秃的,在这之前已经被砍光了,其中有两个小组(下紫阁组和龙窝组)当时甚至还不愿意要大禾坑的山,村里做了不少说服工作才同意。肖前顺还指出,这个分山的决定当时也是征求了不少人的意见,开了不少的会,主要还征求了上一届的两个主要村领导的意见,一个是前支书李兴发,另一个是村长丁庆周。李兴发提议不用全都打乱了重新分,这样可以减少工作量,大家也都觉得如此可以,还开会通过了的。现在甚至连那个老村长丁庆周也在闹,但是肖前顺认为当时他是知道的,也是同意的。肖前顺坚持认为这次分山做得还是挺公正的,他说自己当时任村书记,别人说他以权谋私,但他不认为这样,因为他说自己没有那么大的权力,要是有的话就可以把山场全都就分给他自己所在的组,实际却不是,他自己家的山场也就那么一点点。作为上陂组的一员,肖前顺还表达了自己作为一个普通村民的看法:"现在那些人(指另外的八个组)就是眼红了,看着山上的树木大了,有利了,就都想来要"。在2000年之前都没什么问题,那时他们时常上山砍些小树来卖,还间伐过,也没有出现争议和反对。肖前顺认

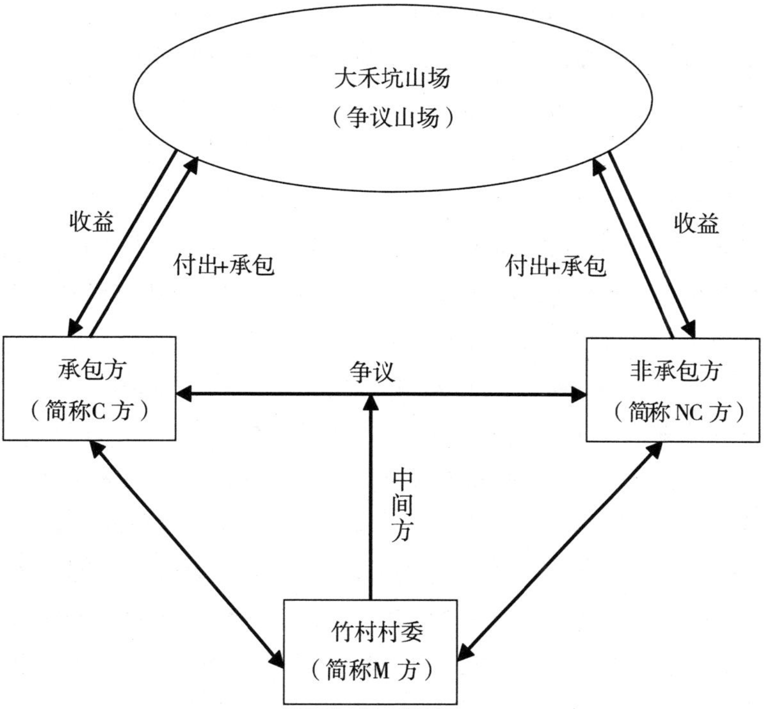

图1　大禾坑山场纠纷关系图

为，现在他们手里面握有承包证，证明这山场就是他们的了：

1986年、1987年，在我们村里，在大禾坑有个村办林场，有1724亩，一切手续都很全，应该是合法的。当时林场的负责人就是村委会，林场就是搞几个人来管理，后来又通过协议，又把山场分到村民手里，是你经营，你管理。当时分的时候，应该还算公平，如果要说是完全公平，那只能打乱重分。分的时候有几个小组（指承包到山的三个小组）应该说是还吃了一点亏，因为当时山上木头还不能砍，现在，那树大了，他们（八个小组）就眼红了。到法院，也是一样（指不会让分了山场的几个小组把山场给退回村里重分）。我认为这根本就不存在山林纠纷。山林纠纷，应该是分山以后马上有反应，才叫山林纠纷。这就好比你把东西保存好了，他们就想要。他们说他们也种树了，就要分，不能这么说，那时还没有落实生产责任制，全村的劳动力统一调配，你可以到这里做也可以到那里做。我们还到其他地方修铁路、修公路,我们总不能到那个(指修过的铁路、公路)地方也和他们要铁路、公路吧?这没什么道理呀。1984年分了之后,没有发生过火灾。在这二十多年中,也上山砍过,当时村里统一组织上山间伐,没有人反对。我们自己也上山砍那些小树,卖的钱属于我们自己,他们没有反对。这要分我们这山是2000年左右,反正就是这几年。县里给的指标,有一千多方,准备把那块山场都砍掉,那时他们就有意见了,这以前就没有纠纷。那次林业局来,说给我们发证,因为这次林改是在稳定的基础上进行。落实生产责任制是在1981年,1984年是在调整、稳定的基础上进行的。1981年搞的比较匆忙,有一些(工作)还没有完善。(1984年)有些村民开会时说把山场全打乱按人头重分。我是1984年4月开始在村里工作的,当时我工作时间不长,认为如果这样调整的话,工作量太大。我们开了好多会呀,当时有个姓吴的副乡长、姓蒋的书记,下乡下到我们村,他们对我们说:"老乡呀,你们还没分完啊?要把山场全分到户。"他们要求村里一点也不能留,搞得我们当时好矛盾。当时出主意的有村里的两个老书记,一个姓丁的,现在还在,还有一个姓李的,现在不在了,重要的会议我都要请他们,当时两个老书记我都请来了,当时姓李的老书记出了个主意,他说:"这样你看行不行,反正现在有那文件精神,一定要分下去,为了减少工作量,原来的不动,把那些还没落实的(小组)让他们分,把那块就分给他们"。我当时觉得这个方法还可以,当时就有一个小组(上陂组)很同意,他们说就是分荒山,我们也要分,两个小组(下紫阁和龙窝)不太同意,因为当时那山光秃秃的,他们觉得要现在有树的山比较好。我们就给他们做工作,对他们说,现在有木头可砍,砍了那也不是光秃秃的吗?那两组的多数人也就同意了。现在那姓丁的老书记也在闹,但当时他也同意当时的方案。他们去年联名告状,现在法院已经把它转到(县里的)纠纷办了,林业局马上就要落实了,因为这山场界址已经确定了,如果(林业局)不(给我们)发证我们就要上诉。林业局说,我们这个是有效的,第一次的时候还没有把情况了解清楚,(林业局)不发(给我们)证,它要拿出个理由啊。是不是错了,错在了哪里,要有个根据。他们有些人说,当时我是书记,是我以权谋私,不是这样的啊,当时我有那么大的权力的话,干嘛不把这块山场分给我们组,我自己还就那么一点点。下紫阁的山场很少,这要说到六几年的时候,当时搞“四固定”,具体我也不大清楚是哪四固定,那时我还小。好像是房屋、山场、田地固定下来不动。当时分生产小队和生产大队,分开来好管理,“四固定”以后就不动了。落实生产责任制的时候,1981 年也是以“四固定”为基础来分的。1984 年的时候,多数小组对山场的划分就有意见,全县也就有问题了,对有争议的就进行调整,完善,当时是在这种情况下进行的。下紫阁个别户没有的,这是他们小组内部分的,村里不会把山场落实到户,让小组分,分完后,把表格拿上来,我们把表格拿上去,上面再给我们发证。现在这次林改,也是以稳定为基础,进行调整。和八四年相比,这差别相对来说要小一些。当时开完会发证也没有出现什么争意,不然当时的林权证是不可能发下去的。就在这 2000 年出现了问题。(依据和肖前顺的访谈,C 上陂组,2006 年 8 月 23 日)

李光潮,也是当时经办分山事件的村领导和主要知情人,和朝坑组人。李光潮是我们此次林改调查的主要知情人之一。据他讲,大禾坑山场原来是归洋金坑组的,1974 年生产队办了一个林场,就又将大禾坑收回村里统一经营,大禾坑山场的左边是温州老板造的林,右边是生产队造的林,1984 年林业三定时分山到户,自己是村长,肖前顺是书记,上陂、龙窝、下紫阁组分到的山场少,所以要求再分一点,村里就决定把大禾坑分给他们三个组,当时其他组都没有意见,还留了 50 亩给李光潮假承包,其实是给村里留了一点地,后来这留的 50 亩被牛塘的人偷砍了。大禾坑的木头到 1993 年都大了,可以间伐卖钱了,其他组看着这 1000 多亩的山场就眼红了,开始闹开了。其实 1984 ~ 1985 年关于大禾坑的那片山场问题是有会议记录的,但是丢了,上面有村委签名,十一个村民小组长和党员也都参加了。还有 1993 年时也就此事专门开了会议,也有记录,村委会那里有档案。1993 年那个时候村委领导是肖扬均任支书和韩正生任村主任,那时上面有规定有纠纷的山场不能砍。到2000年时,这个冲突更剧烈了,一直到现在的林改,这个山场纠纷还是没有解决。

由此看来,李光潮认为,现在的大禾坑山场的纠纷的主要起因还是经济冲突,当时分山的决定和做法也没有错,都是开会通过了的,都有各组长、村民代表和党员来参加了开会,还有会议记录,只不过后来给弄丢了。另外八个组不对,不该眼红人家的东西,当时分给这三个组时都没说什么,没有争议,等到山上材料大了有利益了,就来争人家的。

那一千多亩地,原来"四固定"在洋金坑,是由村里全民投入去造林,那时还是幼林,经济利益冲突还不大。慢慢地木头长大了,关键现在是经济冲突。1984年有个规定,进行体制改革,一个是计划生育,另一个是"三固定"(指林业三定)。那时候规定村里一点都不能留山地,全都要分山到户。当时的村委由七个人组成,肖前顺是书记,他家就在李世民(现任竹村支书)家的对面,我是村主任兼副书记。上陂、下紫阁、龙窝得了这一千多亩山场。当时是因为这三个组人口增长过快,山场太少了,这三个组就提出申请把这些山分给他们,他们说,原来四固定是按照各生产队人数(乘以全大队人均山场面积)来分配山场的,但是这些年来,上陂、下紫阁和龙窝三个生产队的人数增长较快,人均山场减少,因此这次分山到户,他们理应多分一些,而不能仅在生产队范围内进行分配。当时把山分给他们的时候同意是三七分成的(责任山合同书上注明按山价进行三七分成),这都通过了会议的。那三个组确实比较特别一点,进坑(大禾坑)的右边山场全都是上陂的,左边的山场分给了下紫阁和龙窝。这样那1700多亩山场全分给了这三个组。这中间有50亩是我和肖扬均(李光潮的妻弟,于1993年、2000年至2005年间任竹村支书)进行了假的承包,因为当时的政策要求全都分到户。这个事情现在说起来我是有责任的。但实际上我当时也是执行村委的决定,那50亩假承包的山场现在新造的全是杉木。(李光潮,NC和朝坑组,8月15日)谁最先挑起这个纠纷的?李光潮回忆说:

九几年开始间伐的时候开始挑起的,那时候林场垮了又重组建了一个林场。因为最先那个林场在均分到户时就垮了,1986 年或 1987 年时又重新组建了新的私人联合的林场。1993 年时闹得很厉害,具体情况我不清楚,那时我已经不在村里面干了。我是 1989 年退下来的,不太清楚。1994 年我又上任,但那时那事已经平息了,在 1993 年时关于此事开过村民代表大会。1993 年时,肖扬均是村支书,韩振生是村主任。当时 1993 年闹得很厉害,说是全村的劳力集体造的林,你们这三个组不能独吞,这是其他八个组的意见。这三组说自己有林权证,就该自己占有。但八个小组的人说这山是分给你们的,但林不是你们单独造的。当时的村民代表大会都没能解决这事。就这事当时还开了村民小组会议,党员会议和村民小组长会议都记到了一个本上,后来肖前顺把那个本弄丢了,谁知道他是不是故意的。“人,全世界的人都是这样一个字,但这个人做出来的事情却很不一样。”(影射肖前顺弄丢记录本不好)举个例子说吧,邻居之间互相吵架,在自己的空地上围上一堵墙,还占了一部分路,把路变窄了。那占了路的人还说这占了的地方本来就是我的,把路变窄了也一样可以过。要我说路的原样是怎样就恢复成原样,不能占用原来的路宽。说这农村的笑话可就多了。(李光潮,和朝坑组,8 月 15 日)

除了当时经办大禾坑分山的两位主要的村委干部,我们还访问了竹村的历届村委干部,他们也纷纷表达了对大禾坑山场纠纷的看法。我们首先访问了韩正生,他是洋金坑组人,是竹村先前的村干部,1985 ~ 1999 年曾经是村里的会计,1989 年开始担任村主任,1994 年至 1999 年 12 月担任村书记。他说,大禾坑山场 2001 年争得最激烈,当时书记是肖扬均,主任是李世兴,1984 年把大禾坑分给了三个组,1987 ~ 1988 年村办林场收回来搞了集体管理,村户联营,种植杉木用材林,三七分成,老表得七。当时开了村委会,村里党政干部都是知道的,但村民不知道 1700 亩山场已经分给三个组了。那是 1987 年,乡里下文件,鼓励村办林场,竹村是第一个开始办林场的,村里和小组合作造林分成。村里和小组合作造林的协议共有 1500 多亩,其中不全是大禾坑山场的,里面还有 700 亩是属于洋金坑组的山场,1989 年村办林场在和朝坑还造林了五六十亩。2000年村办林场解体了,林场存在时场长和会计都有,负责整个竹村的林业,抚育和管护,一直都没砍。解体后,村委代替了林场班子。1984年分大禾坑山场时,上陂组的肖前顺是书记,李光潮是村长,下发林权证时有两个填表的人,一个是张声宽(龙窝组),另一个是李玉福(下紫阁组),李玉福的姐姐嫁给了肖前顺,为怕事情泄露出去,所以也分给了这两个组,但这1700亩山场中,上陂组占了一半还多,想要解决这件事的折中方案就是造林方和分到的一方都要一部分。

肖扬均,曾于1993年、2000年至2005年期间担任过竹村的村支书,在谈到这一千多亩山场的纠纷时,说:

1984年时上面有个林业体制改革的文件,山场的组与组之间的差别较大,那个山场以前是林场,是集体的。那时村里就决定把那些山场分给那时山场较少的人。上下紫阁相比,上紫阁的山场比下紫阁的山场要多,当时也是那山场少的几个组的组员要求和村里面决定的。那个时候的民主不如现在,这个山场就这样落实到了这三个小组。现在另八个组的意见比较多一点。(8月20日)

肖扬均是上陂组的,也是承包了大禾坑山场的一方,作为村庄的曾经的一把手,还是觉得分这个山是做得可以的,比较公道,只是当时的做法不一样,不像现在一样民主。

对于现任竹村村支书李世民的访问中,我们了解到了有关这个村子中1724亩山场的争议问题。他叙述说,1984年统一把山分下去以后,当时的山场都是全村统一造的林,实际上大禾坑那儿由村里统一造的林也就是800多亩,后来把大禾坑的山场分给了三个村民小组,当时村委会是知道这个事的,后来办起了村办林场实行村户连营,三个组和村里分成,幼林三七分成,成林四六分成,个体户拿小头,村里拿大头。现在出现了纠纷,主要是老百姓以前不太重视山场,现在林效好了,山场可以顶钱用了。

由此可见,历届的村委干部都认为大禾坑山场是不应该出现纠纷的,那块山场的权属很明确,当时分山给C方的事是村委会知道并负责实施的,当时也开了会,只是不及现在这么民主,后来村办林场又同

C 方搞起了村户联营实行利润分成，现在起了纠纷主要还是经济冲突，以前不重视山场，多分少分无所谓，现在看到山场的经济效益比以前好了，大家都想来分一点。

（二）C 方的界说

龙窝组的组长回忆说，1984 年分山，按承包山分给了他们龙屋、上陂和下紫阁三个组，当时都没人来争，现在有收益了，人们心理就产生了不平衡，那块山场后来搞了村户联营，现在他们手中还有山场承包合同书和跟村里的协议书。上面写的是三七分成，三属于村，七属于这三个组的村民。

这位组长清楚地记得，纠纷是 2001 年出现的，现在那块山场可以卖七八十万元，真正可以砍的也就是近三百亩林地。如果全村打乱重分，那块山场也是可以分下来的，如果其他八个组一定来要，那只有打官司了。如果大家心平气和地谈，倒也可以给他们分一点。因为那块山场起争议，几个组的人谁也不能上去砍，结果就是无人管理，所以现在那块山上的林木偷的很严重。他们那八个组的人提出现在长在林地上的林木资源属于全村，林地属于这三个组的，这是一个很不合理的方法。

上陂组的村民肖荣吉，今年 66 岁，家里现有 50 多亩的山场。他回忆起当时 1984 年分得大禾坑山场的情景时说，当时他们三个组，上陂、下紫阁和龙窝组的人，就因为六几年“四固定”时山场分配得很不均，导致他们这三个组的山场面积少得可怜。因为人口较多，居住紧凑，组附近的山场较少，固定到组上的山场也就很少，于是每户所分的山场面积很少。由此他们这三个组大概是在 1982 年或 1983 年向县里面告了状，这才迫使村里面不得不重新考虑对他们三个组的公平对待，并同意将村集体所有的大禾坑林场承包给了他们这三个小组。

基本上分得大禾坑山场的 C 方三个组的态度跟村委干部的意见比较一致，都认为自己承包的山场是正当的，是有凭有据的（有责任山承包合同书和村户联营协议书），说 NC 方的人不对，不应该来跟他们争山场，看着山场有收益了就眼红他们。C 方提出的解决办法，意见不太一致。有的人认为应该一点都不给 NC 方受益，因为 C 方才是真正的山场承包方;也有的眼看着山场出现了纠纷而不能砍卖林木来获益,同意稍微退让一步,觉得可以适当地通过协商分一点利给NC方。

(三)NC方的界说

当问到NC方的八个组的组员时,我们听到的是另外的一番表述。李光辉,作为我们调查的另一位主要知情人,表达了他对大禾坑山场纠纷的看法:这一千多亩山场分给那三个小组,是其他八个组从来都不知道的事,对此很有意见,这是不公平的。那山场上是集体投工投劳造的林,不能只有分得那山的那三个组受益,我们这八个组也得要受益,受益的方式可以好好协商,否则谁也不能砍掉卖那些树。因为那三个小组一点都不让步,希望这个事件上边能早点来解决。认为现在可以按有山权证的那三个组得40%,村里因为抚育得30%,没有证的得30%的受益比例来协商。李光辉说:

现在全村还有一千多亩山场,山上种的全都是杉木,现在的杉木长得是又大又好,这些杉木是八几年里村里集体种下的。可是现在却出现那一千多亩山场只归村里的三个村民小组所有,据说这些山分给他们是八几年的时候,而我们其他八个组从来都不知道有这事。我们村一共有十一个村民小组,这受益的三个小组是:下紫阁组,上陂组,龙窝组。我们其他的八个组都不同意这事,因为当时这树是大家一起种下的,怎么等到最后树长成了可以卖了却只是归那三个村民小组所有了。为这事2002年还把官司打到了遂川。这一千多亩山场的木头要砍下来卖的话至少有一百多万啊,不过因为我们现在有八个组的人都对此事有意见,所以村里和那三个组也不敢随便去砍那山场,就等着上面来解决好了才能砍树。据说今年年底就可以把此事解决了。我们也希望早点解决,那山上的树长这么大,现在不砍掉一些,新树也没法再长,只能维持暂时的经济价值,很可惜啊,所以还是希望这事上面早点解决的好。要我对此事的解决意见就是:那山场分给你们那三个组可以,但是这些树当年是大家集体劳动种下的,现在树长大了卖出去其他八个组也同样要获利,至于分多少利可以组代表们在一起协商。不然的话,你们这三个组也不能砍掉这些树。村里本来也同意十一个组一起分利,但现在的问题就是这三个组一点都不让步，不然这事早解决了，也不会闹得这么大。现在我们这八个组有一个协商办法就是：有山权证的那三个组得40%，村里因为抚育得30%，没有证的得30%。但是现在他们有证的组就是不同意。现在如果林业局要给那三个组下发新证，我们这些没证的人就要上诉。我估计是1983年、1984年的时候分给那三个组的。村干部也私自承包了那一部分山场，但老百姓都不知道，现在也不给老百姓补贴，老百姓倒贴钱，倒贴力。我当了13年组长，我们上紫阁组是第三组。这事是怎么发现的呢？当时因为村里面欠几十万元款，我就说那片山场上的木头可以砍了来还债。去年上告，上面说作作让步调解调解。（课题组对于李光辉访谈记录，NC上紫阁组，2006年8月9日）

NC廖屋组的村民廖立根，今年58岁，也是纠纷事件的另八组的代表之一，原来在竹村里当了近九年的村会计，是从邻近的横岭乡插门过来的女婿，他一共有四个孩子，现在家里的山场共有二百多亩。他认为，大禾坑的山不能就给那三个组受益，如果这样搞，到时候会起冲突死人的。他非常强调连自己是村里的会计都不知道山被分给了那三个小组，认为分山的这事没有通过什么会议，只有一个虚假的所谓召开了的村支部扩大会议，但却只有五六个人的参加和签字，山就这样被这五六个人给分掉了，这是不行的，这里面有以权谋私的行为。他坚持“我们自己造了林，我们也要受益”。他是这样表述这起纠纷的：

这个大禾坑的下边一片的树是六几年时请浙江的一个姓吴的老板来造的林，上边一片当时是我们村十一个组集体造的林。后来村里的那届干部把树分到另三个组了，我们其他八个组都没有。前几年那三个组的人要砍树，我们其他八个组的人都不同意。现在这个事不能这样搞，搞下来会死人的。我是1989~1998年在村里当了九年的会计，当时是村里人投票选上去的，后来年龄大了就退了。现在村里上了45岁以上的人当时都参加了这个造林。我在村里当会计时，也不知道这山给分掉了。当时乡镇里的曾书记也表态了，说你们这木头不要砍，你们也不要闹，就这样平下去了，不然会打架，打架的话会死人的。我们这八个组的人提出:“我们自己造了林,我们也要受益”。我们是股份制造林,应归我们大伙所有。如果你是私人造的林,你可以私人拥有。我们自己造了林,我们还是要受益,至于受益多少,可以协商。那时候那个村干部不知道是利用职权还是什么,我们八个组的人都不知道。那时候没有通过什么会议,这事最起码应该召开个组长会议。那时候召开了一个五六人的支部扩大会,那年争论时,有人查了一下会议记录发现的,结果那年的会议上什么都没有,只查到了一个五六人的签字,那山就这么被这五六个人给分了。假如当时是张三当书记,他就利用自己的权力去把这个山搞掉了。反正我们是说我们老表自己造的林,肯定要受点益。当时村里要把大禾坑的那个山场全都砍掉,村里当时欠了不少外债,想砍下来还债,结果砍不下来。我们造的林,最后归了集体所有那没意见,但是就归那三个组就有意见了。听说上陂组得那片山得了2/3,龙窝和下紫阁共得了1/3。那时的书记肖前顺就在上陂组。李光潮那时当村长也没什么用,一般书记、村长的权力都不均衡。(课题组对廖立根访谈记录,NC廖屋组,2007年8月22日)

NC牛塘组的刘燕波回忆说,大队的林场当时在大禾坑那儿,那是大队统一造的林。那山在改革开放的时候分给了另三个组,那三个组的山比较少,说要划一点给他们三个组。当时划给他们三个组的时候我们都不知道,现在才知道那片山全都是那三个组的。我个人认为解决的办法就是:原来是集体的,现在还是要归到集体,不能给他们三个小组,要么重新归到村里统一管理,要么分到各个小组去管理。这个事情就要看上级政府能不能给我们解决一下,上面说了有争议的山不让砍,原来遂川县林业局的山调办来说,现在还没作出处理,双方都不能砍伐,要作出处理后才让砍。这个事情一定要抓紧处理,我们老表靠村里,村里就靠上面去解决。如果我们自己去争,就会打架,会闹出人命来。假如政府协调不好,就看村里解决了。

NC方主张,大禾坑山场的分配是私分下去的,他们对此毫不知情,认为打禾坑山场是由全村各组集体造的林,应该大家一起受益,不能就让那三个组独吞,这是不公平的,坚持“我们自己造了林,我们也要受益”。还有的主张应该将大禾坑山场重新收回到村里,不给那三个组来承包。NC方还主要援引国家政策来支持自己的合理主张,认为长期以来,对造林归属问题,国家一贯推行“谁造谁有”的政策,指出早在1961年,中共中央在《关于确定林权、保护山林和发展山林的若干政策规定》中就提出:“人民公社化以来和今后新改造的各种林木,都必须坚持‘谁种谁有’的原则,国造国有、社造社有、队造队有、社员个人种植的零星树木,归社员个人所有。”

由此可见,C方与NC方都各不相让,才让大禾坑的纠纷越闹越大,至今还得不到解决。争议的双方都害怕事态继续恶化而发生集体性械斗,都企盼上一级来尽快公正的处理此事。作为中间方M方的竹村村委,在此事件中扮演着一个矛盾的角色,M方一方面被村民唾弃和直接指责为暗箱操作,搞以权谋私;另一方面也被村民认可为村委所代表的权威,认为村委可以收回争议的打禾坑山场进行集体经营集体收益。

五、“争”的目的

在对大禾坑山场事件给予了描述性分析之后,有一个十分有趣的事件浮现出来,即人们确实是在竞争、在相互角逐,但竞争的对象并非真正一定是实体的物,即实际的物质利益。换言之,物质的利益可能是退隐其次的,真正重要的是在其争逐的物的背后蕴含了丰富的文化隐喻,很多时候都表现为在争自身所谓的面子、争荣誉等。

从生活方式上看,过去林区的农民们与非林区的农民在生活方式上并没有什么差别,主要还是以田谋生,将田地的拥有视为是一个家庭最重要也必争的主要财产,田产有祖宗田和族田之说,将田地内化为个人人格独立的必要组成部分,而林地却时常被忽略。一个村落的个体在其真正独立生活开始,势必要获得一份从父母那里分来的田产之后,这才被认可为个体的真正独立与成熟。因此,在这种意义上说,田地被内化为成熟个体的人格的一部分,丧失了基本足够的田地,人格也因之缺失了一部分而不完整。

而在现今的林区,林农们已确实获得了一般农民所没有的林地资源,其生活方式对山场的依赖程度也越来越明显,越来越重要。或许能够类比的推论,林地的重要性也已慢慢内化为林农生活和人格的一部分。由此,对林地的争夺,争夺山场,就不仅仅是去争夺山场的经济效益,争夺的背后最主要还是在进行人与人间的面子和尊严的较量,林地的重要意义也由此发生了转换,向着人格象征意义的巨大转换。

在分山到户之前,林农们对林地完全没有什么自主权,那个时候林地还主要由国家和集体来掌控。20世纪80年代分山到户至20世纪90年代期间,林地的市场还是控制得较为严格,林地不得随意流转买卖,林木资源的售卖也得经由专门的部门负责收购和销售。因此,林地对于人们生计的重要性在那时也尚不明显。再加上国家政策的反复不定,人们对于政策存有很强的猜疑,没有长期稳定的信任感,导致人对林地资源的掌控欲望不旺盛,林子在很多时候成为了林农可有可无的附庸物。这个时期的林农主要盘算的是山场可见的短期经济效益,如何寻求法子尽快将山上的树木变成补贴家用的现钱是他们最关心的事情,这也是乱砍滥伐最为严重的时期,林农不将山场看成同田地一样可以进行长期的投资和规划,认为现在的山场只是名义上归自家,但没有实质性的获益权利,普遍表现出对国家林业政策的不稳定看法。

20世纪90年代末至此次2004年的林改,林业市场开始逐渐放活。为着搞活林业的市场化经营,各个地方也陆续调整了当地的林业发展政策,林农开始逐渐尝到山场到户的真正甜头,对山场的重视程度逐渐高涨。随着林地资源的经济重要性日益凸显,林农生计的一部分开始固定由山场收益组成,“靠山吃山”的效用彻底显现了出来。有很多林农现在都说,山场很重要,没有了山场吃什么呢,山场是不会轻易卖的,将来要传下去给自己的儿子,如果山场都没有了,那他们当农民的意义也就没了。如果没有了山场,就只有可怜的几分地,势必得出去打工才能过活,但是家里有一些山场,靠着光卖卖山上的材料还是可以生活下去的。现在如果一家被剥夺了山场的话,势必会引发大动干戈之势,甚者直接对簿公堂。

可见，在林业改革中所涌发的大量纠纷中，不仅仅是争夺表面上的山场的经济利益，更深层的背后原因是这些纠纷触及了人们的生存底线，破坏了作为林农生存之本的“命根子”，打碎了支撑人们脸面的基础之一，用林农自己的话来说就是，“没有了山场，还在这儿当什么农民”。

在山场纠纷中，往往是老一辈觉得没法完成的事情，都还要继续委托自己的下一代接着争回山场，还不惜花费大量的人力财力委托在外拉得上关系的人情来帮忙争取：

当我们问及李祚浩这个事情的解决有什么办法？他说他告诉了他在遂川县公安局的侄儿，那块山场也有他的一份。另外，他还让他在吉安工作的四儿子李良宾回来处理。他很坚定地说，“我后代这么多人，肯定能争回来。毛主席给我们的，我一定要给后代一个交待。”问及那块山场究竟有多大价值时，他饶有兴致地回忆说，当时分给他的头一年，他就收了30多担木梓。到1959年就荒了，因为实在太远，没法管理。那块山场相距李祚浩家有10华里，走路得一个半小时。（课题组对李祚浩访谈记录，2006年8月15日）

围绕着李祚浩的纠纷，事情的始末大概是这样的，李祚浩所住的地方在1953年和竹村曾同属一个选区，但现在分属衙前村。这样的归属变化引起了一个长达几十年的林地纠纷。现在，使李祚浩与竹村村民发生纠纷的那块山场距离他家很远，而且也已经荒废很久了，目前的经济效益并不大。不过，74岁高龄的他还一直寄希望于一定要争回那块山场，不光靠自己，还要靠自己在外的关系和下一代人，可见山场对他的重要性不只是经济效益这么简单，“人争一口气，树活一张皮”，因此不能随便就让人把山场给分了去，他还觉得就算这块山场自己不要了，也不能给外面的人，要给也要给自己所在的村。

六、“争”的基本原则

在大禾坑的纠纷事件中，我们可以看见在不同方对各自利益争夺

的界说中,各方使用了各自不同的策略。总体来说,从该事件中可以发现纠纷的争夺策略中蕴含有以下两个原则:

一是“争”本身具有等级结构。在相互争夺的行动中,人们的利益之争呈现出等级序列来,即争是有地域和范围上的限制的,具有一定的层次性。具体而言,这种等级结构表现为具有一定的差序性,当纠纷涉及个人的利益及面子时,争仅限于个体之间的相互之争;当纠纷涉及组与组间的利益时,个体之争便扩展为组间相争;而当纠纷的利益扩展到村级与村级组织之间时,更大范围的村落相争便逐步被卷入进来。必须说明的是,在划分这种等级结构时,并非是严格单一的划分,往往是随着一个事件的发展过程而逐步升级为其他层次的争,是一个涉及不同层次之间的争的相互交融的过程。根据费孝通的“差序格局”①,我们同样可以说在人们相互争夺利益的过程里,表现出的是一种“差序性的争”的格局。个人以己为中心,按着与自身关系和利益的密切程度,由内向外的层次扩展,卷入争当中的主体也发生着变化。由此,以个人为中心,争的主体也逐步从个体之争往外一层层扩展为组群、族群到村落共同体之间的相互争夺。

前文已经谈到,由于山场是属于一个家庭共有的财产,并未在家庭内部进行详细的分割,故与山场有关的纠纷往往发生于家庭与家庭之间,真正发生在家庭内部的个人或小家庭之间来相互争夺山场的纠纷是很少的。“争”山场的事件主要还是以家庭作为基本单位,再到组、村乃至更高的群体层面之争。

二是“争”具有历史情景性。“争”的行为具有场域性,与特定的情境有关,并往往与历史相勾连。在一定的历史时刻和情景下,有些东西是不用去争夺的,没有那么重要的实质意义,包括物质利益或者象征意义,如名誉和面子,去争的话,可能还会犯错,比如集体化时期的林地。但是一旦场景转换,此时不同以往了,过去没有引起争议的物件陡然变成了各方竞相争逐的目标,当时不争的东西现在却成了各自必争的,这

---

① 费孝通:《乡土中国　生育制度》,北京大学出版社1998年版,“差序格局”。

是与历史情境紧密相关联的。由此在分析大禾坑的纠纷事件的来龙去脉中,林业改革的历史背景也就变得至关重要了。

大禾坑山场的纠纷,可以说是一种内部的冲突,即村落内部的冲突,主要的纠纷当事人既是全村的每个村民,也是以组为单位的村级小组组织。村民 NC 方,即未分得打禾坑山场的八个村民小组,是挑起此纠纷事件的主要不满者,按照他们的意见来说,这个山场纠纷最初是由以某些个别村干部的权力手段搞以权谋私的交易,先将由村集体在 20 世纪 70 年代造的林低价卖给外地的老板,村干部从中捞了些渔利,之后又秘密地分给了村内的其他三个小组,这中间也存在着一些暗中交易,其中当年的村支书所在的小组分得了那块山场的一大半,而当时参与填表的人都与在任的村干部有亲戚关系。当年参与此事的村长也分得了 50 亩的山场。这样的分法是不公正的,显然不能得到大家的认可。

这些村民的意见代表着显然是现在纠纷事件中的主要争夺方,他们的主要理据是认为自古以来就没有这样分山的,将那块山场的历史溯源到最早的解放初期的“打土豪、分田地”时期,说按国家的政策,那块山场自 20 世纪 50 年代以来至 80 年代一直都是由村集体所有和经营的,一直都是全村的劳力进行投入。不可能就这么的成了那三个小组的山场。甚至认为当时的村委领导擅自行私,没有召开会议通报全村,严重损害了全体村民的切身利益,现在要求村集体收回山场重归集体所有,山场的所有收益由全村共享。

对他们而言,首先,山场自古以来的历史是最有说服力的根据,这个历史中蕴含了丰富的国家政策、地方法规以及当地的实践传统,不能否认和颠倒过去至今的历史做法。其次,在现今的历史背景下,国家的政策倡导经济效益最大化,放活林地资源的流转政策和市场,可见林地资源的经济效用无论在官方层面还是在村民日常的生计层面上都是越来越重要的,山场对于林农的重要性便一下子凸显出来,这是 NC 方村民必须要奋力去争取的经济利益。

NC 方的村民认为,无论是山场的过去历史,还是林改的现在政策,他们都是情理在握,历史和政策都承认“谁造林谁收益”“共同造林共同收益”的原则，他们是历史上的共同造林者，理应在现在享受那块山场的收益。为了争夺这一块山场，我们还不难发现，作为纠纷发难者的NC方，一直或私下或公开地谈论当时村委干部的不公，并将此所谓的谋私不公的行为在纠纷的申述状中大书特书加以强调，他们的激烈斗争就是要以此表达他们对这种不公正做法的不满和发泄。随着纠纷的进一步延续，我们发现纠纷的矛头从最初的针对村委领导转变为对另三个小组的不满，认为这三个小组靠的都是村委会的裙带关系，如果放任那块山场落入那三个小组手中，就是对整个村庄过去造林历史的否认，这是坚决不行的，在当地林农看来，争也就是争这个理。

而另一方主要当事人C方在谈到这个纠纷时，也总是在饶有兴致地详述山场过去的历史状况，那时没有人去理会山林的好坏和多少，分多分少、分好分次都没有人来争，以前的林子主要还是国家的和集体的，就是私人的林子，也根本没有人很去在意，国家控制了山场的材料不能随意买卖流通，得国家统一购销和分配赢利，个人需要用材时也可随意去私人的山上砍些材料来使用，完全产生不了个人间的山场争执和纠纷，只在集体层面上如村村之间、乡乡之间、县际与省际之间会有较大的山场之争。

C方一直饱含气愤，认为对过去都完全不理会不争的东西，现在其他的人一看到政策改变便盯着经济效益专门来捣乱，其实真正分给各户的也只有几百块钱，而且事实上C方之所以分得该争议山场是因为过去的政策“四固定”时分给他们的山场太少，之后村委才专门调整弥补给他们的，其他组的人来争就真的是很不对，大家都得要尊重过去的林业政策，不能光C方基于自身利益承认过去的山场分法，到现在政策稍一变，就不尊重了，要尊重历史，不应该是现在NC方那样的尊重法，要尊重就得将全村的山场全部收回再统一再分，否则不能就仅对他们C方进行不平等对待，山场是不可能退回去的，要不就全村各组都一视同仁，平等对待。

“争”的三方各自持守的原则和“理”详见下表。

表　“争”的三方各自持守的原则和“理”

NC方“争”的原则	M方的“理”	C方“争”的原则
历史原则。要尊重山场一直以来的划分历史，即山场过去归属集体所有，现在也理应归属集体，这也是国家政策定好的，不能随便划分到另外的村民小组即C方。	迫于情势压力的分山，当时情势紧急，上头要求必须赶紧落实“分山到户”的政策，不允许还留有村集体林场，导致工作方法有些粗糙，不够民主。	历史不公。新中国成立初期的“四固定”政策当时随便“固定”了很少的林地给他们，与NC方比较，他们的人均山场少得可怜，平均户均山场面积还不及对方每户的十分之一。
政策原则。根据“谁造林谁收益”、“共同造林共同收益”的政策，他们是合法的历史上的共同造林者，理应在现在享受那块山场的收益。	没有暗箱操作和以权谋私，专门就分山召开了小型会议，合程序合法。	经营收益原则。明明现在我们是山场的正式使用权人和经营者，为什么最后要必须同NC方来共同协商获利？
衡平原则和人情原则。都是一个村的，都也近亲近邻，低头不见抬头见，不用把矛盾大为激化，对谁都没好处。可以不退回山场给集体，但是要协商分红，各组都能参与分成获利，不能让C方独吞。		补偿和衡平原则。由于历史划分不公，当时没有很好地照顾到C方的利益，要很好地衡平C方与NC方的山场分配，所以村集体应适时给予他们新的补偿，这是各方都理应享有的平等权利，所以重新分得村集体的林场是理所应当的。NC方反对，那就重新收回山场全村统一均分好了。
鸣冤原则。从未开过会，一直被蒙在鼓里，这是靠与村委干部的裙带关系谋取的不当之利，对他们很不公平，一定要争回来。	理应不出现纠纷，纠纷的主要缘由是经济冲突，都眼红想来分一勺羹。	合法合策。当时的分山是在国家“林业三定”政策促成下完成的，程序正当，是经由村委会的合理授权而承包下来的，有正式的山场承包责任书。而且，过去明明都不争的东西，现在为什么要争？凭什么来大动干戈地争？这是平白无故地在眼红，人心隔肚皮，明摆着来捣乱。

续表

NC方“争”的原则	M方的“理”	C方“争”的原则
面子原则。这是很不公平的暗箱操作,不惜上访和打官司,动用各种私人关系,无论如何一定要争回来,怎样也得给个说法,不能就这样被蒙骗了。		必须守住面子。自己分得的山有理去争取,有理去维护,NC方仗着人多势众,以为我们就好欺负,要不让人欺,这个脸面还必须是要守的。NC方仗着人多就来随便哄抢我们的山,这个脸面不能给他们。

可见,双方当事人NC方和C方是各持理据,都认为自己这方在“理”,自己的申述才是公正的,纠纷双方所坚持的“理”和标准,实质上就是他们自身所持有的公正观念,因为只要当事人觉得自己有“理”了,必然认为自己的行为是公正的。

归纳起来,不难发现双方据理力“争”的共性:一是双方各自都在坚持公正表达的历史性原则居第一位,即认为公正不公正得由历史来说话,历史以来的状态是怎样就应该维持怎样,要尊重和维护过去的历史状态。二是双方都积极主动地采纳国家的政策话语来维护自己利益争夺的权利,都希望将自己的争夺行为纳入到国家政策认可的合法渠道,即要合“国法”,双方都在不同程度上认同国家以往的历史政策,主要是“四固定”政策和“林业三定”政策,都以政策的历史情境性作为争夺的主要武器。三是都注重在“争”的过程中维护各自的利益,这个利益不一定是经济利益,更主要是这里的“争”隐喻着个人和集体的利益背后的面子之争。

《法律和社会科学》(2015)
第14卷第1辑,第57~78页

房产对中国人有多重要
——幸福研究的法政策运用

赵　雷*

摘要:对中国综合社会调查(CGSS)的数据进行分析显示,拥有自己的住房是影响我国国民幸福的最重要的因素之一,强于遭受入室抢劫和入室盗窃,仅次于婚姻、健康和雇佣状况。剥夺国民房产则将导致国民幸福在幸福急降区域的急速降低。美国的个人住宅豁免制度和次贷危机下的房产强制拍卖的经验、教训和相关研究能够有效保护房产,对中国通过制度设计防止国民幸福骤降给出了有益的启示。

一直以来,中国政府及其主导的法规和政策着眼于发展经济,三十年改革,经济大发展,但是一个伴随的严重的副作用就是各种社会矛盾的积累,人们生活压力增大,使得人们好像变得越来越不幸福。而近来人们越来越多的对幸福的关注,显示社会开始反思中国的政治经济政策,开始关注经济发展之外的非经济目标。有学者主张政策和法律的制

* 赵雷,中国海洋大学法政学院讲师,电子信箱:lezhao@umail.iu.edu。作者在此感谢人民大学社会学系和香港科技大学调查研究中心允许使用中国综合社会数据调查的数据。

定,应该并且能够促进国民幸福,[①]在当今的中国,在诸多社会矛盾逐渐积累、人们普遍经受更大的生活压力的时候,法律和政策如何提升国民的幸福这一命题值得法律学者深入研究。结合中国现实,对幸福相关因素进行分析,具有直接的、重要的法律政策意义。

一、幸福急升/降区域

人类关于幸福的研究源远流长,亚里士多德、边沁,乃至当代的经济学者从各种角度讨论了人类如何追求幸福。大致来看对幸福的当代讨论,基本上从两种意义上展开,一种幸福研究的进路考虑的是愿望或偏好满足意义上的幸福,[②]另一种幸福研究的角度考虑的是实现人群或人类个体的主观心里愉悦状态,考察主观的幸福与否的感受。[③] 现代心理学从哲学学科中分化出来后,学者对幸福的研究逐渐形成实证、经验性研究的传统。一般来说,现代的幸福研究认为影响幸福感的因素可以分为内部因素(个人人格等心理学因素)和外部因素,而具有法律政策意义的幸福研究主要关注影响幸福的外在因素,比如近来学者越来越多地通过大样本的公共调查数据、主观幸福问卷调查来评估幸福的外在影响因素。[④] 20世纪后半期以来的幸福研究显示,幸福问卷调查,尤其是大样本的幸福问卷调查,仍然是幸福研究学者最常用的,也或许是最可信赖的研究方法。对于影响幸福的诸多外部因素中,受关注最多的是经济收入与幸福的关系,增加收入增加幸福似乎是常识并在民众意识中根深蒂固,实际上这也大概是各国政府包括中国政府

---

① generally Paul Dolan & Tessa Peasgood, Measuring Well-Being for Public Policy: Preferences or Experiences?, *J. Legal Stud*, Vol. 37, 2008, S5.

② Id. at 5 – 6.

③ generally Daniel Kahneman, Evaluation by Moments: Past and Future. In Daniel Kahneman and Amos Tversky, (eds.) *Choices, Values and Frames*, 2000, pp. 693 – 708.

④ See for example, Rafael Di Tella & Robert J. MacCulloch, Some uses of happiness data in economics, *Journal of Economic Perspectives*, Vol. 20(1), 2006, pp. 25 – 46.

大力发展经济的初衷。但是,越来越多的研究结论却使人对经济收入与幸福的关系产生了怀疑。简单地讲,越来越多的研究显示经济上的富裕并未带来幸福的相应增加。比如20世纪70年代著名的“抽奖研究”,该研究关注获得彩票大奖的人,对他们的调查发现他们在中奖前后的幸福水平并没有显著的改变。① 换言之,经济收入的增加,并不必然带来幸福水平的提高。这一研究显然具有重要的意义,因而也成为当代幸福研究的奠基性的研究之一。随后的研究确认了经济收入与幸福存在一定的正相关的关系,即收入增加会带来幸福相应的增加。但是发现,在控制了个体特征等无法观察的固定效应之后,随着收入的提高,收入与幸福之间的关系虽依旧为正相关,增加收入所带来的幸福增加量(即幸福增量,或边际幸福感)却不断变小。②

经济学家伊斯特林(Easterlin)最先研究幸福感伴随经济收入的增长在一定范围内快速增长,经济收入达到一定程度后幸福感增长趋缓甚至停滞的现象,因而该现象被称作伊斯特林悖论。对伊斯特林悖论存在不同的理论解释,其中相对收入理论(relative income theory)和适应水平理论(adaptation level theory)是两种最主要的解释。相对收入理论认为,人们总是习惯于和其他人比较,人们之间的攀比会降低幸福感。所有人的收入都同比例上升的话,那么人们的主观幸福感将变动不大。③ 根据相对收入理论,社会比较是把自己的处境和地位(包括能力、观点、身体健康状况等)与他人进行比较的过程。其中水平比较

---

① Generally Philip Brickman, Dan Coates & Ronnie Janoff-Bulman, Lottery Winners and Accident Victims: Is Happiness Relative? *J. Personality &Soc. Psychol*, Vol. 36, 1978, pp. 917, 922 – 925.

② Ada Ferrer-i-Carbonell & Paul Frijters, How Important Is Methodology for the Estimates of the Determinants of Happiness? *Economic Journal*, Vol. 114, 2004, pp. 641, 641 – 59. See also Andrew Clark. Fabrice Etilé. Fabien Postel-Vinay. Claudia Senik & Karine Van Der Straeten, Heterogeneity in reported well-being: evidence from twelve European countries, Econ J, Vol. 115, 2005, pp. 118, 118 – 132.

③ Ada Ferrer-i-Carbonell, Income and well-being: An empirical analysis of the comparison income effect, *Journal of Public Economics*, Vol. 89, 2005, pp. 997, 997 – 1019. Also see Luttmer, E., Neighbors as negatives: Relative earnings and well – being, *Quarterly Journal of Economics*, Vol. 120, 2005, pp. 963, 963 – 1002.

是个体和与其在各方面相似的他人之间进行的比较;概言之,该理论认为个人的效用与自己的收入水平正相关,但是与社会的平均收入水平(攀比水平)负相关,当社会变得更富裕时,攀比水平也会随之提高,从而使得总效用水平保持不变。① 适应性理论则认为,幸福是由预期和实现程度之间的差距决定的。随着收入的增加,人们的预期也会上升,幸福的愿望曲线也发生了变化,当人们适应了新的收入后,幸福感会逐渐趋于平稳,甚至停滞。②

我们更关心的当然是中国国民的幸福。值得警惕的是,具体到中国,多项研究都显示,我国国民的幸福感在过去十几年间,不但没有随着经济的增长而增加,反而存在下降趋势。学者瑞特乌贺夫(RuutVeenhov)对中国国民幸福的调查显示,中国国民在 1990 年的幸福指数为 6.64 (其中数值为 1 显示幸福最小,而数值为 10 时幸福最大),1995 年幸福指数上升到 7.08 但 2001 年却下降到 6.60。③ 同样地,中国学者的类似调查显示 2005 年仅有 72.7% 的城乡居民感觉生活是幸福的,这一数据比上年下降了 5 个百分点。④ 换言之,中国的国民幸福指数并没有随着国民经济的持续发展而持续上升。因而经济持续快速增长并不能保证国民幸福的持续增加。⑤ 尤其是近几年来,中国作为世界上人口最多的国家,作为第二大的经济体,在经济快速发展的同时,而人民的幸福感却在下降,这一现象值得深入分析。

关于幸福增加的停滞点,田国强等人的研究发现幸福相对于收入(限定非收入因素后)的弹性是递减的,在收入水平攀升到一万美元以

---

① Richard A Easterlin, Will Raising the Incomes of all Increase the Happiness of All? *J Econ Behav Organ*, Vol. 27, 1995, pp. 1, 35 – 47.

② Philip Brickman & Donald Campbell, Hedonic Relativism and Planning the Good Society, in Mortimer H. Appley (eds.), *Adaptation Level Theory: A Symposium*, 1971, pp. 287 – 302.

③ 田国强、杨立岩:《对"幸福—收入之谜"的一个解答:理论与实证》,载《经济研究》2006 年第 11 期。

④ 戴廉:《"幸福指数"量化和谐社会》,载《瞭望》2006 年 3 月 16 日(周刊)。

⑤ 陈统奎、刘劭:《从 GDP 到 GNH:中国经济增长但人民并不幸福》,载《新民周刊》2005 年第 41 期。

前弹性变化不大。所以,可以认为在社会经济发展的早期、上升阶段,或收入水平较低的时候,收入的增加对幸福的影响效果非常明显。但是当居民平均收入增加到约为 2 万美元时,收入一旦超过这个水平,弹性为负,也即单纯的增加收入不再提升幸福。董灿华等人的研究也显示,家庭收入低于平均水平的大学生其幸福水平与家庭水平相当和高于平均收入水平的学生的差异有显著性,而家庭经济水平相当于平均水平与高于平均水平的学生之间的差异无显著性。①因而,或许可以初步假设,在我国家庭收入的平均水平大概可以看作收入—幸福悖论之幸福停止增长或趋于非常缓慢增长的可能的拐点。

我们大概可以认为存在如下这样一种幸福/收入曲线(图 1)。②从该曲线看,从幸福水平的零点,幸福随着经济收入的增加而增加,但是经济收入增加到一定水平时(临界点),幸福水平几乎不再增加。从收入为零到临界点这一范围,幸福水平急速增加或降低,本文称之为幸福急升/降区域。

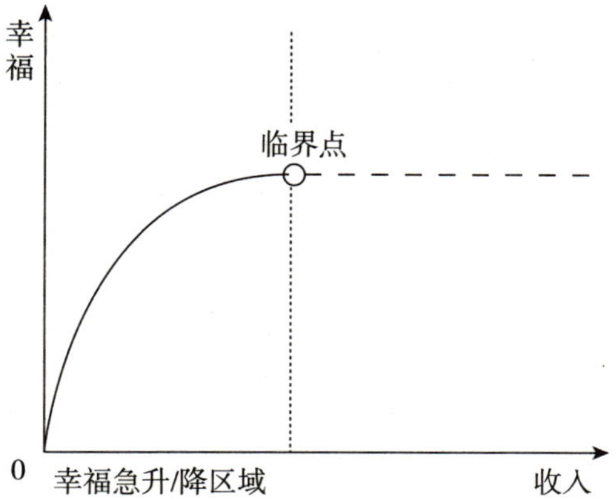

图 1　幸福/收入曲线

① 任志宏、叶一舵:《国内外关于主观幸福感影响因素研究述评》,载《福建师范大学学报》2006 年第 4 期。

② 有学者对收入与幸福的关系近一步细化,认为达到临界经济收入后,如果允许收入闲置,则收入增加时,幸福水平基本维持不变,而在收入没有闲置的情况下,收入增加同时幸福水平会有下降,该现象在本文中忽略不计。

值得关注的是法律学者逐渐展开的幸福与法律的研究。比如,采用调整性收入作为幸福测量的指标与政策的制定的研究,幸福研究成果在税法、侵权法上的应用等。① 鉴于以经济发展作为法律、政策制定的唯一标尺带来的弊端及幸福学研究的进展,英国等国家开始把幸福研究应用于政策的制定。② 杜兰和皮斯古德等人的研究提出,在公共政策层面,测量个人的主观幸福至少和测量个人的经济收入是同样有效的评估途径。③ 幸福研究的成果还有助于法律、政策评估工具的制定,一个较好的评估工具应当确保该评估的概念是适宜的(比如,经济收入还是个人主观幸福);该评估方法是一个好的测量该概念(收入或幸福)的方法;并且该评估可以提供信息以供政策和立法的决策。④相对于以测量经济收入作为主要目标的法律政策的评估工具,适当考虑了主观幸福的法律政策评估方式,虽然未必是尽善尽美,但可能更有优越性,尤其是当幸福不再难以准确衡量。⑤ 学者指出幸福的评估与测量,虽然还不能像速度和重量那样准确的给出具体数值,来比较两个不同个体的幸福差异,但是,对某一特定的人群的比较,或同一个人的不同时期的幸福确实是可以较为准确的评估与测量的。⑥ 因而,可以预期幸福研究对改善法律、政策的制定将具有良好的推动作用。

如果说现有的幸福研究存在不足的话,其缺陷之一可能是幸福的

---

① generally supra note 1; also see Jonathan Haidt, J., Patrick Seder &Selin Kasebir, Hive Psychology, Happiness, and Public Policy, *Journal of Legal Studies*, Vol. 37, 2008, pp. 133, S133 – S156; see also Andrew Oswald & Nattavudh Powdthavee, Death, Happiness, and the Calculation of Compensatory Damages, *Journal of Legal Studies*, Vol. 37, 2008, pp. S217, S217 – S252. See also David A. Weisbach, What does happiness research tell us about taxation, *Journal of Legal Studies*, Vol. 37, 2008, pp. S293, S293 – S324.

② UK Department for Environment, Food and Rural Affairs (Defra) 2005, at http://www.defra.gov.uk/publications/2011/03/25/securing-the-future-pb10589/, last visit Apr. 16, 2013.

③ See supra note 1 at 24 – 25.

④ Id.

⑤ Krueger, Alan & Schkade, David, The reliability of subjective well-being measures, *Journal of Public Economics*, *Elsevier*, Vol. 92(8 – 9), 2008, pp. 1833 – 1845.

⑥ Id.

法律应用的研究大多着眼于幸福的提升。这样的一种研究定向当然是很正常的,正如经济学的研究是要增加经济效率、促进经济发展一样,任何政策、法律关注正面的幸福提升的效果正常不过。但是现有研究对提升国民幸福的指导意义还未发展成熟,对政策法律指导意义仍处于探索阶段,加快幸福的法律应用的研究进展,有必要探索不同的研究进路。

笔者试图变换一个角度思考法律和幸福的关系问题。幸福作为一个动态的变量,增加幸福固然不易,但现有的法律政策在避免幸福减少的角度却可能是相对有所作为的。在中国现阶段,在人民幸福感没有增加反而下降的现实情况下,如果说增加幸福的手段遇到了瓶颈,那么研究防止减少幸福的手段同样是有益的,甚至可能具有更加现实的意义。

着眼于图 1 的幸福与居民财富或收入之间的关系模型中的幸福急速升/降的区域,幸福水平这一区域急速变动的规律应该可以为政策法律的制定所应用。本文中,笔者着眼于居民住宅所有权这一关系民生的重要问题,本文提出并验证,基于中国的现实,住房所有权的丧失、健康、就业等是影响国民幸福的主要因素之一;并且,本研究通过对相应数据的分析寻求对房屋所有权的丧失对幸福的影响进行量化,并把该量化值与其他一些可能的重要的幸福影响因素,比如健康、就业、是否犯罪受害人等进行比较,以图对丧失住房所有权对幸福的影响提供真实、直观的背景资料。在此基础上,本文试图探索幸福研究在中国有关法律政策层面的意义。结合西方国家的不动产和破产法律政策,本文提出,维护中国居民的幸福感,法律政策应该加强对其住房的所有权的保护。具体来说,法律应当保护中国国民在资不抵债时其首要住房不受强制拍卖。并且,结合西方国家的研究与中国的现实背景,本文进一步提出,在住房抵押贷款的情况下,法律和政策的第一选择也应当保护个人首要住房不受强制收回和拍卖,而应当鼓励贷款银行和贷款人的协商解决,或者由国家提供特别基金避免断供时的居民住房的强制收回,即对居民首要住房断供的情况,要采取“破产重组“的方式,尽量避免“破产拍卖”。保护中国国民的首要住房的所有权可以最大限度地保证国民的幸福,促进社会的和谐与进步。

二、研究方法

幸福研究可以用回归分析的统计工具来发现特定的影响因子,即发现特定的变量与人群幸福的相关性,比如,拥有住房是否影响、怎样影响人群的幸福。并且探索不同变量对幸福影响的大小程度。本文中,幸福假定为一种个人效用(utility),进而本文假定个人幸福可以作为个人效用的代理,同时选取其他几个幸福的潜在影响因子,幸福与拥有住房情况等变量可以表达为如下的等式:

$$\text{Happiness} = F(H, M, He, E, C)$$

其中,H 代表住房所有权, M 意指婚姻关系, He 意指个人健康, E 意指是否受雇佣, C 意指犯罪受害情况。中国综合社会调查(CGGS)的数据提供了中国居民被访问者的自我认定的幸福感,因而本文可以通过回归分析估计相关的幸福数值。本文假设中国居民、受访者的幸福分布基本为正态分布,而住房所有权的系数为正值。本文采用的理论模型假设幸福取决于多因素,而收入是影响幸福的因素之一。

本文使用由人民大学社会学系和香港科技大学调查研究中心共同主持展开的中国综合社会调查的调查数据(CGSS,2006)。2006 年是地产房价达到阶段性高峰的年份,同时由于房地产热开始快速升温,而工资收入等并未跟上,住房问题开始突显。该调查采用的是四阶段不等概率抽样。各阶段的抽样单位分别为:以中国的区(县)为初级抽样单位,以街道(乡镇)为二级抽样单位,以居民(村民)委员会为三级抽样单位,随机抽取家庭住户,再在每户随机抽取 1 人。本问卷共收集问卷 10, 151 份,访问样本来源与全国 28 个省份,样本的代表性良好。本文的研究对象是个体的主观幸福感, 询问受访者“总体而言,您对自己所过的生活的感觉是怎么样的呢?您感觉您的生活是?”,受访者可以选择“非常不幸福、不幸福、一般、幸福、非常幸福”中符合自身情况的答案。受访者的回答被分别依次编码，其中，非常不幸福编码为 1，非常幸福编码为 5。

关于拥有住房的情况，问卷调查的问题如下，您现在这座住房的所有权情况是：租住单位房（问卷答案代码 1）、租住公房（问卷答案代码 2）、租住私房（问卷答案代码 3）、自有私房（继承与自建，问卷答案代码 4）、已购房（部分/有限/居住产权问卷答案代码 5）、已购房（全部产权，问卷答案代码 6）、集体宿舍（问卷答案代码 7）、借住亲戚、朋友的住房（问卷答案代码 8）、其他（问卷答案代码 9）。因为本文的模型关注的是有或没有住房的所有权，所以对原问题的答案进行归类编码，其中答案为问卷代码 4、5、6 的认定为拥有自己的房屋所有权，在本文中编码为 1，而剩余的所有问卷答案归类为没有住房所有权，编码为 0。另外，雇佣、健康、婚姻等变量也分别进行类似的重新编码。

中国国民的幸福感当然还可能受到除自有住房状况之外其他因素的影响，其中婚姻情况、身体健康情况、雇佣情况、健康状况、是否严重犯罪的受害者对幸福的影响等一干因素可以作为对照，本文关心的是住房所有的状况究竟对人群的幸福感的影响究竟有多大，和上述其他变量相比是否影响更大。本文首先甄别对国民幸福的具有显著影响的一干因素。其次，因变量的测量采用等级测量，因此模型拟合方法应用次序逻辑斯蒂回归（ordered logit regression）的方法探测各因素怎样对国民幸福产生影响。最后通过敏感性分析的方法，本文试图量化、查明各因素对幸福感影响的大小。

本文预计住房、雇佣、健康、犯罪受害等因素对中国国民的幸福具有显著影响。并且进一步预计拥有住房、拥有稳定的全日制工作、享有健康的身体对国民的幸福正相关，即显著增加幸福，而遭受犯罪侵害对国民幸福负相关，显著减少幸福。最后，本文比较住房拥有情况、雇佣情况、健康情况、犯罪受害情况，预计拥有自己的住房对国民的幸福影响强烈，本文的预计将通过随后对数据的不同处理加以验证，详见表 1 至表 4。

表 1　变量描述统计

变量	定义或编码	样本数	最小值	最大值
幸福感	采用 CGGS 定义		1	5
住房自有情况	无:0	1650	0	1
	有:1	4363		
有/无稳定工作	有稳定全日作:3	4452	1	3
	稳定半日工作:2	391		
	无稳定工作:1	437		
健康情况	不健康:0	2208	0	1
	健康:1	7943		
入室盗窃受害	无:0	652	0	1
	有:1	9499		
入室抢劫受害	无:0	116	0	1
	有:1	10,035		
婚姻配偶情况	无:0	584	0	1
	有:1	9567		

表 2　主体间效应的检验

源	Ⅲ型平方和	Df	均方	F	Sig.
校正模型	247.060a	7	35.294	73.863	0.000
截距	1246.087	1	1246.087	2607.790	0.000
工作	33.407	2	16.704	34.957	0.000
婚姻	52.938	1	52.938	110.787	0.000
抢劫受害	1.124	1	1.124	2.315	0.128
盗窃受害	3.330	1	3.330	6.302	0.012
健康情况	85.442	1	85.442	178.811	0.000
住房拥有	38.257	1	38.257	80.063	0.000
年龄	4.389	1	4.389	9.186	0.002

续表

源	Ⅲ型平方和	Df	均方	F	Sig.
误差	2519.133	5272	0.478		
总计	65,570.000	5280			
校正的总计	2766.193	5279			

注：R 方 =0.089（调整 R 方 =0.088）。

表 3　次序逻辑斯蒂回归分析

	均值	系数	P 值
房屋所有	3.410	0.547	0
婚姻	3.241	1.180	0
雇佣	3.362	0.846	0
健康	3.320	0.912	0
受害：入室抢劫	3.349	-0.306	0.159
入室盗窃	3.403	-0.299	0.002
Pseudo R2	0.027		

注：显著性基于集群标准误差。

表 4　住房拥有情况对幸福感的影响效果

	平均幸福分值	幸福改变量（百分比）	95% 可信区间	
有自有住房	3.509		3.275	3.345
无自有住房	3.310	0.1（5.67%）	3.487	3.530
事实婚姻	3.454		2.968	3.087
事实离婚	3.027	0.227（12.36%）	3.439	3.469
有全日工作	3.477		3.456	3.498
无工作/临时工	3.156	0.290（9.23%）	3.088	3.223
没受入室抢劫	3.431		3.417	3.446

续表

	平均幸福分值	幸福改变量(百分比)	95%可信区间	
遭受入室抢劫	3.267	0.164(4.78%)	3.132	3.402
没受入室盗窃	3.437		3.422	3.452
遭受入室盗窃	3.317	0.120(3.49%)	3.261	3.374
健康好	3.514		3.096	3.157
健康差	3.126	0.388(11.04%)	3.498	3.530

注　* $p < 0.05$。

三、实证结论分析

表1显示本研究的各变量的描述统计。表2显示本研究关心的各变量的单变量分析。方差分析模型的检验显示拥有住房情况变量的方差分析的F值为80.063,P值为0,因此所用模型具有统计学意义。本文有意识地选择对幸福感会有显著影响的变量,比如婚姻、雇佣情况等,统计分析结论不出意外显示各变量的方差分析模型的检验都具有统计学意义,支持各因素都会对幸福形成显著影响的预估。

表3显示次序逻辑斯蒂回归分析结果,该结果验证拥有住房与国民幸福的正或负的关联。其中,我们首要关心的住房和幸福关系的参数的估计值为正,该参数表明住房所有和居民幸福感存在正相关的关系,拥有房产的居民比没有房产的居民要幸福,中国人群中拥有住房的人的比例越高,则人群的幸福感就越强。作为一种初步的分析,本文并没有进一步分析住房面积大小对居民幸福感的影响,因为拥有豪宅和蜗居,与拥有棚户区的棚户对幸福的影响显然是不同的。但是,即使是这样,本文的结论支持只要失去自己的住宅,国民的幸福感就会大为降低,哪怕该住房仅是普普通通的“蜗居”,因而该数据较好地支持了本文的假设。

其他数据的逻辑斯蒂回归分析系数显示拥有一份稳定的工作和拥有婚姻伴侣、自我感觉健康良好显著增加幸福感，而犯罪受害的发生显著地降低幸福。

但是，有关影响幸福的几个因素对幸福的影响大小的比较或许可以更直观地显示住房拥有情况相对于国民幸福的意义。本文从 CGGS 问卷中有意筛选的几个因素都是影响中国国民幸福的有力竞争者，但是次序逻辑斯蒂回归分析系数的数值大小并不能很容易地直观地加以解释为对幸福影响的强弱，因而有必要通过敏感性分析，把住房和幸福的关系放在一定的对比中理解这一自变量的变化对我们关心的幸福感的影响。表 4 显示各变量对应的幸福感的得分。表 4 显示，拥有住房的受访者，相对于不拥有自己住房的受访者（租房者），报告了显著高的幸福得分，该数值区别为 3.509 和 3.310，差值为 0.199，即不拥有住房幸福感下降 5.67%（在 $p<0.05$ 水平显著）。

类似地，表 4 显示出婚姻状况、雇佣、工作状况，健康状况、是否曾经遭受入室抢劫显著影响国民幸福的数值。其中，有婚姻（伴侣）的幸福感分值 3.454，无婚姻（伴侣）的幸福感分值 3.027，无伴侣使得幸福感降低 12.36%（该区别在 $p<0.01$ 水平显著）。有稳定全日工作的幸福感分值是 3.477，无稳定工作的幸福感分值是 3.156，无稳定工作使得幸福感降低 9.23%（在 $p<0.01$ 水平显著）。同样，自我健康感觉良好的国民幸福感分值是 3.514，自我健康感觉较一般或较差的幸福感分值是 3.126，自我健康感觉不良使得幸福感降低 11.04%（在 $p<0.01$ 水平显著）。同时，遭受入室抢劫使得幸福感降低 4.78%，遭受入室盗窃使得幸福感降低 3.49%。概括起来，本文显示拥有自己产权的住房对中国国民的幸福感具有显著的影响，其影响效果冲击弱于婚姻、雇佣和健康，而比遭受入室抢劫和入室盗窃对国民的幸福感的冲击要强。本文也与已有的研究结论一致，比如李涛等人根据国家统计局的数据，报告了不同产权的住房对居民幸福的影响强度大致与本文的结论相当（5%），[①]科

---

① 李涛、史宇鹏、陈斌开：《住房与幸福：幸福经济学视角下的中国城镇居民住房问题》，载《经济研究》2011 年第 9 期。

恩报告了入室盗窃受害可以降低幸福感约8%,而健康情况的下降变化可以降低幸福感约10%。[①] 布兰奇福劳(Blanchflower)的研究显示良好的健康状况与幸福感的正相关。[②] 而迈尔斯的研究验证了婚姻、亲密关系对幸福感的提升,使居民变得更幸福。[③]

有必要简单分析一下本文可能的局限。本文中有趣的一点是几项自变量对幸福影响效果的排序。常理来看,婚姻对幸福的影响应该显然强于住房对幸福的影响,健康和雇佣状况对幸福的影响强于拥有住房大致也符合常识,这几种自变量对幸福影响的排序应该是准确的。值得注意的是,各变量影响的绝对强度。本文显示婚姻、健康和雇佣三个变量中,即使是最弱的雇佣因素对幸福感的影响强度(9.23%)似乎也远强于住房所有对幸福影响的强度(5.67%)。该数据是否准确?回答这个问题有必要简单分析本文的效度问题(validity),也即本文的研究设计是否准确测量了各自变量对幸福感的影响。综合来看,CGSS的数据考查的大致是居住于自有房屋的国民和居住于非自有房屋的国民的幸福感的差别,在这个意义上是准确的。但如果我们关心的是本来已经拥有房屋或已经基本拥有房屋(按月支付房贷)而由于资不抵债、断供而从自己拥有住房到失去自有住房的国民,由于经历了失去住房这一事件的冲击,可以预计其幸福感的降低可能更为剧烈,因而本研究的住房对幸福感的影响的效果可能比现实中有住房到失去住房的这些人幸福感的降低要弱。因而由于数据本身的局限,不能排除本研究的观察结论对失去住房对幸福的冲击的观察可能存在轻微的偏差。

---

① Mark Cohen, The Effect of Crime on Life Satisfaction, *J. Legal Stud*, Vol. 37, 2008, pp. S325, 325–352.

② David Blanchflower, International Evidence on Well-being, NBER Conference Paper on Nationwide Time Accounting: The Currency of Life, 2007.

③ David Myers, Close Relationship and Quality of Life, in Daniel Kahneman etc. (eds.) Well-Being, *The Foundations of Hedonic Psychology*, 1999, pp. 374–391.

四、美国的个人破产法对居民首要住房所有权保护的范例及启示

"债务人(破产时的)住宅豁免就是他的城堡"①这一法律格言在美国社会影响深远,这一格言的背后是美国联邦破产法和各州通过的住房豁免法案,即允许住房所有人在资不抵债、宣告破产的时候,该债务人无需把其全部的个人财产折价支付债务,而是可以保持一定数量、类型的个人财产及首套住宅免于破产清算的法律。

最早对联邦范围内的美国居民提供一定的住宅豁免保护的是美国联邦破产法。在18世纪后期,美国国会首次认识到宅基地豁免的必要,并在1791年通过第一宅基地法案保护联邦联邦居民的宅基地和一定的个人财产免于破产清算。②第一宅基地法案的目的是"保证一个家庭拥有最基本的生活所必需的居住的地方,因为即使是最谨慎的、睿智的人,也不总是可以避免这些不幸的经济灾难状况的发生"。③ 此后,美国国会针对住房豁免通过了多次修改。1978年国会通过"破产法"对联邦破产豁免法案规定如下:如下财产根据本节的规定可以被豁免:债务人为其依赖人(子女配偶)作为居住使用的主要住房的房地产或个人财产的权益总和,或债务人和其依赖人的墓地的价值不超过21,625美元的

---

① In re Englander, 156 B. R. 862, 863 (Bankr. M. D. Fla. 1992).

② See Senator Andrew Johnson, The Homestead Bill, Speech in the Senate of the United States (May 20, 1855), in *Political Documents Speech*, 1940, pp. 26, 1 - 16. [hereinafter Speech of Andrew Johnson]. The language of the first homestead bill merely provided, "[T]hat four hundred acres of land be given to each of the persons who, in the year 1783, were heads of families at Vincennes, or the Illinois country, or the Mississippi, and who, since that time, have removed from one of the said places to the other." Another section of the same act provided, "That the heads of families at Vincennes, or in the Illinois country, in the year 1783, who afterwards removed without the limits of said Territory, are nevertheless entitled to the donation of four hundred acres of land made by the resolve of Congress."

③ Id.

财产。①

虽然联邦破产法具有广泛的效力范围,但实际上破产的债务人和债权人的权利在很大程度上适用各州自己的法律规定。② 各州为了吸引投资与人才,纷纷提供比联邦破产豁免法更慷慨的住宅豁免规定。最早的地方宅基地豁免法律规定出现于19世纪中叶,得克萨斯州于1839年通过比联邦法更慷慨的住宅豁免规定,以吸引新的定居者,③这是最早见于法律的地方住宅豁免法案。两年后,佐治亚和密西西比州通过法律采纳了类似的住宅豁免规定,而到1858年的时候,几乎所有的州都立法规定了自己的住宅豁免法律。④

以建立住宅豁免最早的得州为例,得州的豁免法规规定如下:成年债务人或其家庭的住房应当免于因其债权人的索债行为而被强制出售,除非该债务是:全部或部分用于购买该住房;拖欠税款;法院另有命令或书面协议等。⑤ 豁免同样宽泛的还有佛州的住宅破产豁免法,并且该规定直接规定于州宪法。佛州宪法第10条第4款规定如下:"城市市区内1.5英亩、市区外150英亩以内的用于其或其家人的居住土地和住宅,免于任何强制拍卖程序……并且,如果房屋所有人出售该房屋,只要该收

---

① 11 U. S. C. A. § 522(d)1.

② Ryan P. Rivera, State Homestead Exemptions and Their Effect on Federal Bankruptcy Laws, *Real Prop. Prob. & Tr. J.*, Vol. 39, 2004, pp. 71, 73 – 76.

③ Paul Goodman, The Emergence of Homestead Exemption in the United States: Accommodation and Resistance to the Market Revolution, 1840 – 1880, *j. am. hist*, Vol. 80, 1993, pp. 470, 477.

④ Alison D. Morantz, There's No Place Like Home: Homestead Exemption and Judicial Constructions of Family in Nineteenth-Century America, *Law & Hist. Rev.*, Vol. 24, 2006, pp. 245, 246.

⑤ Tex. Const. art. 16, § 50(a) (Vernon 1993 & Supp. 2005),相关条文如下

Article 16, § 50:

(a) the homestead of a family, or of a single adult person, shall be, and is hereby protected from forced sale, for the payment of all debts except for:

(1) the purchase money thereof, or a part of such money purchase;

…….

(8) the conversion and refinance of a personal property lien secured by a manufactured home to a lien on real property.

入在合理的期限内用于购买新的唯一的住房，该收入同样享受豁免。但政府房产税、房产评估费用或房屋、土地购买、装修等过程中新产生的费用不适用豁免。"[①]其他各州也规定了类似的、数量不一的豁免数额。

总结美国的住宅豁免法律来看，美国的法律规定债务人的房产一旦可以被认定为是该债务人的首要住宅时，就可以获得破产豁免。[②] 当然，住宅豁免只是说住宅免于强制拍卖，并不是免除债务，债务人仍然需要承担债务。只是债务需要通过债务人的工资等其他收入来偿还。此外，宅基地豁免时一般不适用于提供抵押贷款或用作抵押担保物的住宅。[③]

美国各州通过住宅豁免的立法初衷是保护家庭的住宅免于一个不可预知的经济状况的侵袭，[④]鼓励个人进行大胆的投资，确保房主不因为担心失去自己的住宅，因而在生产、投资和经营活动中畏手畏脚。[⑤] 美国国会 1978 年的修法基于类似的立法目的，"本法意图给债务人提供足够的财产豁免和其他保护措施，以确保该债务人在破产程序后可以重新开始生产活动"。[⑥] 根据该法，债权人甚至可以将非豁免的财产转化为豁免财产，只要豁免的财产不超过豁免限额，该转化即为合法。[⑦] 此

---

① Orange Brevard Plumbing & Heating Co. v. LaCroix, 137 So. 2d 201, 205 – 06 (Fla. 1962).

② In re Kimball, 270 B. R. 471, 479 (Bankr. W. D. Ark. 2001) (citing In re Jones, 193 B. R. 503, 506 (Bankr. E. D. Ark. 1995).

③ Ohio Rev. Code Ann. § 2329. 66(A)(1)(b) (Anderson 2002).

④ Paul Goodman, see supra note 32, at 477.

⑤ Id.

⑥ H. R. REP. NO. 95 – 595, at 117 – 18 (1977), reprinted in 1978 U. S. C. C. A. N. 5963, 6078.

⑦ See H. R. REP. NO. 95 – 595, at 361 (1977), reprinted in 1978 U. S. C. C. A. N. 5963, 6317; S. REP. NO. 95 – 989, at 76, reprinted in 1978 U. S. C. C. A. N. 5787, 5862. The House and Senate reports stated, "As under current law, the debtor will be permitted to convert nonexempt property into exempt property before filing a bankruptcy petition. The practice is not fraudulent as to creditors, and permits the debtor to make full use of the exemptions to which he is entitled under the law." Ford v. Poston, 773 F. 2d 52, 54 (4th Cir. 1985).

转化程序,可最大限度地发挥他的宅基地豁免的制度初衷。[①] 同时该法典为各州提供了选择退出条款(opt-out provision),即各州可以选择适用联邦破产住房豁免法,或适用自己的更慷慨的地方豁免法。

美国的住宅豁免法案无疑是一种基于社会福利考虑出发的法律政策,客观上具有提升社会福利、国民幸福的作用。基于中国的国情出发,美国的住宅豁免法案或许是一种特别适合中国国情的法律政策,对解决中国的现实问题具有现实的意义。中国是一个非常崇尚"安居"才能"乐业"的国度,在现今强调民生的社会背景下,在追求国民幸福的终极目标下,类似的法律政策尤其具有意义。

首先,在中国现阶段,正如 CGSS 的数据显示的那样,住房所有权,"居者有其屋"是个人幸福的主要影响因素,因而,保护个人的住房所有权具有重要的社会民生意义。而住房作为幸福的主要影响因素实际上是必然的,因为住房是债务人甚至是他或她的家庭生存所必需的财产,衣食住行是人类的四项基本需要,又以住和食为更基本的需要,为人类存活所必需。一旦丧失住房,这些社会的主要劳动力量,就可能掉入赤贫的泥沼,正像本文的调查数据显示,会陷入幸福快速滑落的幸福急降通道,会极端不幸福,一个国民不能幸福生活的社会,绝对不是理想的、我们追求的社会。并且,拥有住房也是保护人的尊严的必要要求,相信包头棚户区一家三代居住在简易房的场景让许多人心酸,而毕业生"北漂""蚁族"的经历同样事关人作为人的基本尊严。尊严得不到保障的国民,他们不但不会幸福,并且他们的基本生活质量乃至工作质量也无从保障。其次,正像美国的住宅豁免的立法初衷一样,必要的基本的住房所有权也是债务人恢复自己经济上独立和在未来赚取收入所必需的条件。住房是基本的生产资料,是个人恢复生产能力的基本"原材料",即使不考虑人格尊严这一精神层面的需要,拥有住房也是个人保有生产

---

① See H. R. REP. NO. 95 - 595, at 361; S. REP. NO. 95 - 989, at 76. The rationale behind this policy is that "[t]he result which would obtain if debtors were not allowed to convert property into allowable exempt property would be extremely harsh, especially in those jurisdictions where the exemption allowance is minimal." 3 Collier on Bankruptcy § 522.08 (Lawrence P. King ed., 15th ed. 1982).

能力的基础物质要求。保有住房,个人的再生产能力才能得到较好的保证,在我国,鉴于最近房价的一路高歌猛进以及社会保障、经济适用房建设的滞后,相比西方一些发达国家、一些社会保障相对完善的国家,这一问题可能尤其严重。在中国,住房可能是工薪阶层,也即社会的主力劳动力量的最主要的财产,尤其是对这些正处于经济、生产活动的活跃、上升期的国民来说,他们保持活力、专心于生产活动对中国整个社会的生产具有重要的意义。相反,这些人轻易失去必要的住房可能严重影响社会生产,对中国的社会经济发展,乃至社会的稳定形成冲击。最后,必要的住房所有权豁免还是保障债务人的家庭,一家老小的必要生活,避免个人经济上的破产和不幸转移为社会负担的必需。现代社会,一个人的经济上的不幸,可以引起家庭这个社会单元的不幸。破产导致的流离失所,无家可归可能是一家老小大人孩子整个家庭的无家可归,而社会不可以也不能无视个人和家庭的不幸。而与其由社会被动承担这一后果,不如及早进行制度设计,从源头上化解个人住宅破产清算的问题。

并且,在中国的现实背景下,仅有的对一般债权的豁免保护恐怕不够,同样重要的或许是保护首次购房的抵押贷款买房者的一定形式的住房所有权。中国过去十几年的市场发展,抵押贷款的数量急剧增加,房价的高企和贷款数额的巨大,对借款人形成的沉重的经济和社会压力,以至于社会不得不呼吁不要让住房压断国民的脊梁。① 中国的高房价,至少在一些主要的城市,已经和居民的实际收入严重的背离。因而住房的断供对许多人来讲不是轻浮的臆想,而是危险的现实。而与供房的艰难相比,断供造成的房屋收回或强制拍卖的灾难性后果可能更加严重。中国居民拥有住房,满足生活基本需要的"刚需"和中国的急速上升的超乎寻常的"高房价"的不可调和的矛盾,使得对那些善意的、为满足"刚需"而不得不买房的买房人由于各种原因的断供提供一定的住房保障是合理和非常必要的。

现实的问题是,采取何种方式保护购房者在断供时免于失去其住

① 参见李拯:《别让房子压弯脊梁》,载 http://opinion.people.com.cn/n/2013/0409/c1003-21065253.html,2013 年 9 月 20 日访问。

房。一种可能的方法就是鼓励借贷双方自愿、自行协商解决,但是经验证明缺乏政府介入的自行协商常常是无效的一种方式。①因而从给购房者一个现实可行的机会的角度,应该由法律强制规定在断供时,给予购房者足够的宽限期。一般的贷款合同中,通常规定有严格的还贷期限,比如3个还款周期(3个月),超过该期限则银行就会启动强制收回、拍卖过程。但是,期望断供者在3个月内经济状况好转可能是不现实的。所以更为宽松的、灵活的还贷期限是必要的,比如6个月到一年的宽限期可能是更实际可行的方法。类似于破产重组,双方制定一个在法院或有关部门监控下的还贷计划,经过半年到一年的缓冲期限应该可以帮助绝大多数的购房者重新履行其正常的付款还贷义务。

另外一种方法就是由政府提供免费的特别基金,或无息、低息贷款,帮助符合条件的买方贷款人,在一定期限内补交房贷。美国的经验显示,这也是一种可行的途径。

在这个问题上,刚刚经历了人类历史上规模最大的次贷危机的美国提供了很好的例证。如前,美国的住宅豁免法虽然对个人的住房提供人破产豁免,但是对于抵押贷款的债务人断供而引起的房屋强制收回并不提供保护,因此,在这次危机过程中,除了一些炒房客以外,成千上万的普通"刚需"美国人失去了住房。失去住房带来了许多不利的后果,多项研究发现强制拍卖的弊端,债权人选择拍卖抵押住房而往往不是与贷款债务人协商,修改贷款条款以避免更大的损失。比如,格洛普(Reint Gropp)等发现在强制拍卖的情况下,银行贷款人的损失大概在短款数额的30% ~60%之间,也即在断供而银行收回房屋时,银行可能损失约一半的贷款。② 通过研究eLoan、Indymac、Chase、Wachovia等美国主要的贷款银行的的数据,哈佛大学的列维京教授(Adam Levitin)发现银行强

---

① 比如美国的情况显示借贷双方在没有政府、法院介入的情况下,很难使得购房者延期还贷,而保有住房,参见Cong. Oversight Panel, The Foreclosure Crisis: Working Toward a Solution 3 (2009) (discussing reasons for failure of private modification efforts)。

② Karen M. Pence, Foreclosing on Opportunity: State Laws and Mortgage Credit, 88 Rev. of Econ. & Stat. 177, 180 (2006), available at www. mitpresjournal. org/doi/pdf/10. 1162/rest. 2006. 88. 1. 177? cookieSet = 1.

迫收回抵押贷款房和银行与贷款人协商修改贷款协议两种情况下，银行遭受的经济损失比强制拍卖时损失更为严重。① 列维京研究了新泽西州某县的2005年至2008年住宅断供而强制拍卖的情况，发现在强制拍卖的情况下，银行损失近70%的贷款数额。② 列维京教授的结论是，在住房断供时，最好的解决方式是借贷双方的修订借贷合同而不是银行收回房屋、强制拍卖。③ 考虑强制拍卖的情况下拍卖房对市场价格的负性冲击导致的房价下行，常常不充分的广告导致的不充分竞争，强制拍卖过程中的必要的法律程序带来的损失，该研究的结论并不让人惊讶。并且该研究尚没有考虑强制收回拍卖住房带来的其他各种间接的经济及非经济损失，如果这些因素都考虑在内的话，改变断供时由银行轻易地、直接收回并拍卖该房屋的做法恐怕理由更充分。列维京教授在国会作证主张国会应该修法鼓励银行和房屋的贷款人协商解决贷款断供，国会随后通过了帮助家庭保留住宅法，④美国联邦政府提供76亿美元资金建立特别基金，帮助那些由于收入减少而断供的、符合一定要求的买房者支付买房贷款，因而一定程度上防止了由于断供而引起的强制拍卖。⑤

房屋作为个人的基本生活物品，是个人生产力再生产的必要物品。美国的经验显示，在居民对其首套住房短供时，法律规定某种形式的抵押贷款合同的修改、由政府提供某种形式的资金救济，以避免直接、轻易地剥夺买房人的房屋所有权是两利的选择。并且，鉴于幸福研究的数据显示的房屋所有对债务人的重要性，法律禁止轻易地强制拍卖，或至少提供一些必要的维持、周转房屋、维持抵押贷款的继续进行就具有压倒性的理性。当然，如果完全禁止对断供房强制拍卖，会使抵押贷款失去抵押的意义。但是，正如一般资不抵债时的住房豁免一样，避免首套住

---

① Adam J. Levitin, Resolving the Foreclosure Crisis: Modification of Mortgages in Bankruptcy, *Wis. L. Rev.*, 2009, pp. 565, 606-617.

② Id. at 604.

③ Id. at 647.

④ Id. at 649.

⑤ 参见美国财务部网站，Hardest hit fund，http://www.treasury.gov/initiatives/financial-stability/TARP-Programs/housing/hhf/Pages/default.aspx，2013年9月20日访问。

房断供时轻易地收回乃至强制拍卖住房并不是要求完全拒绝抵押合同,只是在最终的强制拍卖之前,给善意、刚需的买房人提供一定的缓冲余地,通过重新修改贷款合同、重组合同以达到双赢的目的,这种方式与企业的破产重组的思路并无二致。

2013春节,李克强总理访问包头棚户区了解国民的生计与幸福问题。对于一家人都拥挤在一间棚户平房的孙某来说,拥有自己的一套真正的住房可能是最大的幸福。在吟咏"安得广厦千万间"、强调"安居乐业"、家庭观念极其重要的中国,居者有其屋是国民幸福的一个基本保障。在我国的现实背景下,法律政策的制定考虑幸福因素尤其必要。法律应当尽量避免个人贷款情况下的个人首套住房的拍卖,而应要求借贷双方的协商解决;要支持首套住房个贷的"破产重组"而不是"破产拍卖",从而为实现居者有其屋的社会理想提供法律支持。中国的现实决定了一旦房子被收取,居民往往就被剥夺了最后的财产,在缺乏社会保障体系的情况下,必然产生严重的社会后果。如果说某些企业,某些行业"太大不能倒",如果这个社会真正的关心民生,关心国民的幸福,那么国民的住房所有权,以及与之紧密相连的国民幸福又何尝不是"太大不能倒"。

幸福感已经成为反映民生的一个主要指标,①幸福是我们几乎所有人都关切的话题,而寻求用法律来应对人们对幸福的渴望也并不意外。另外幸福目标可能是现在弊端多多的唯经济发展、视GDP为唯一立法行政目标的可行的替代。经济优先的法律政策基于一个假设,即经济发展后,人们必然会受惠,但是现实证明该假设未必成立。而幸福定向的法律政策,不是基于某种假设,相反,基于的是对国民幸福水平这一事实的观测,即国民是否确实是受惠于既有的经济、法律和政策。在这样的背景下,研究中国国民的幸福问题,并进而探索其背后的法律政策应用具有尤其重要的现实意义。

---

① Bruno S. Frey & Alois Stutzer, What Can Economists Learn from Happiness Research? *Journal of Economic Literature*, Vol. 40, 2002, pp. 402 - 435.

《法律和社会科学》(2015)
第14卷第1辑,第79~111页

监狱:封闭的“活地”

宋立军*

摘要:许多人可能会想象,监狱是一片死气沉沉之地。在那里,有严格的制度、严密的管理,而规训与惩罚是监狱当然主题。然而,在狱内生存的人们,会根据生活情境,不断地对既有制度进行适应并予以变通。在以“分”为计量的体系下,服刑者以及监狱职员都会拿捏微妙的分寸,以此作为维持秩序、安排生活的标准。在监狱这一封闭场所内,人与人的交往受到物质性、制度性、理念性的因素所制约,但是所有的约束都不能真正束缚住具有精神追求的人们试图改变现状、追求有限幸福、营造良好人际关系的渴求。人不仅仅使制度变活,他们还能在特定的环境下创造活的制度——“活法”。

一、引言

监狱历来是一个神秘的地方,尽管有围墙,但却不是“围城”,因为外界的人根本不想进去,里边

---

* 宋立军,江苏省司法警官高等职业学校副教授,电子信箱:slj405@sina.com。

的人强烈地想出去。[①] 在常人看来,一定是高压的手段使那些"罪恶深重"的人不敢反抗,不能逃跑,只能老老实实地改恶从善,重新做人。

监狱的管理历来严格,在时间安排上方面,可参见福柯在其《规训与惩罚》中摘录了巴黎少年犯监管所的规章,对犯人的一日作息时间有着严格的规定。[②] 以笔者曾经做过田野的某监狱某监区夏天一日为例,由于该监区监舍与生产区在同一楼层,故以哨声来分配一日的特点更加明显。一日生活安排如下:

6:00,哨响。起床、洗漱、整理内务。可以在指定位置抽烟。

6:20,哨响。门岗拉长嗓门喊着:"抬饭了,抬饭的下去了。"杂务组有十个人左右负责去抬饭分饭,将稀饭馒头等分到各小组的桶及盆中。

6:50,哨响。服刑者纷纷到指定位置排队报数。待人数准确后,每人拿着两个碗排队打早餐,并在指定地点吃饭。饭后,打扫吃饭场地。

7:10,哨响。服刑者进入工地劳动。

9:00,哨响。服刑者到楼下排列报数,放风,抽烟。

9:20 放风毕,回楼上车间劳动。

11:30,哨响。杂务组下楼抬饭菜,并分至小组。

11:45,哨响。服刑者下楼排队报数。各自打饭及菜,并吃饭。休息片刻,抽烟。有服刑者因任务未完成,继续到车间干活。

12:30,哨响。下午出工到车间干活。

15:30,哨响。服刑者到楼下排队报数,放风,抽烟。

15:50 放风毕,回楼上车间劳动。

17:00,哨响。杂务组下楼抬饭菜,并分至小组。

17:15,哨响。服刑者下楼排队报数。各自打饭及菜,并吃饭。抽烟。任务未完成者,饭后再干一段时间活儿。

18:50,哨响。准备看中央电视台新闻联播,后看录像片。

---

① 个别因在狱外毫无保障而故意犯罪入狱或不愿出狱以求衣食无忧生活者除外。

② [法]米歇尔·福柯:《规训与惩罚》,刘北成、杨远婴译,北京三联书店2003年版,第6~7页。

21:00,哨响。关电视,洗漱,准备点名睡觉。

对于服刑者来说,每天的时间概念都很模糊,他们无法像自由世界中的人一样,每时每刻都可以看钟表确定当下的时刻。对于他们来说,每天都由哨声或者铃声支配。因而,服刑者的每日时间不是看来的,而是听来的。有服刑者说:"老犯人告诉我们,时间不要问,时间一问,人真痛苦。每天听到铃一响,起床,再响铃上班……时间就等于铃。我们在这里边啊,是没有时间的。老犯人就讲,你别想时间,你就这样过。铃一响就上班,要是这样想,时间就短点儿。"服刑者的监禁生活便在千万遍哨声中度过。日据初期的台湾"监狱暂行规则施行暂行细则"第27条规定:"命令起床、还房、就役、罢役、就寝及其他作息时,应以铃响或柝为之。使其全监一齐开动或停止。"①这一条讲得很清楚,哨声的目的是要"使其全监一齐开动或停止",也就是"一切行动听指挥"的意思。只有这样,才能产生统一不二的秩序。

然而,如果仅凭一张时间表就认定监狱是一个秩序严整的领域,未免太过武断。本文将从两个方面来向读者呈现监狱作为"活地"的特征:一是左右监狱秩序"分";二是狱内日常交往。

二、"分":监狱秩序的计量

如何计量服刑者改造表现的好坏呢?监狱引入了一种计量单位——"分"。

(一)行为规范

在监狱中,我们常会听到这样的表述:"罪犯行为规范的养成。"这个"行为规范"是指司法部部长签发、2004年5月1日起施行的《监狱服刑人员行为规范》,1990年《罪犯改造行为规范》同时废止(以下涉及《监狱服刑人员行为规范》,简称"新规范")。

---

① 吴定叶、黄耀东:《日据初期警察及监狱制度档案》,台湾省文献委员会1979年版,第11页。

具体来讲,“新规范”共包括五个方面:

第一方面,基本规范。主要内容是要求服刑者遵守法纪,服从管理,接受教育,参加劳动,认罪悔罪;还要求服刑者要爱祖国,爱人民,爱集体,爱学习,爱劳动;服刑者还应做到明礼诚信,互助友善,勤俭自强;服刑者应依法行使权利,采用正当方式和程序维护个人合法权益。

第二方面,生活规范。要求服刑者每日生活必须照此进行。如以下几个方面:(1)按时起床,有秩序洗漱、如厕,衣被等个人物品摆放整齐;(2)按要求穿着囚服,佩戴统一标识;(3)按时清扫室内外卫生,保持环境整洁;(4)保持个人卫生,按时洗澡、理发、剃须、剪指甲,衣服、被褥定期换洗;(5)按规定时间、地点就餐,爱惜粮食,不乱倒剩余饭菜;(6)集体行进时,听从职员指挥,保持队形整齐;(7)不饮酒,不违反规定吸烟;(8)患病时向职员报告,看病时遵守纪律,配合治疗,不私藏药品;(9)需要进入职员办公室时,在门外报告,经允许后进入;(10)在野外劳动现场需要向职员反映情况时,在三米以外报告;(11)遇到问题,主动向职员汇报。与职员交谈时,如实陈述、回答问题;(12)在指定铺位就寝,就寝时保持安静,不影响他人休息。

生活规范是整个“新规范”中规定得最为详细的部分。从字里行间中,我们能够体会到,这些规则无不包含着强制、命令或者禁止的意涵。如果说第一部分规则是公民普遍应遵守的规范,那么第二部分规则是完全针对服刑者的。这些内容基本囊括了被囚禁者每天需要处理的事项,就连“如厕”也被规范。同时我们也看到,在这些最常用的规则里,很多内容规制着人与人的关系,使日常秩序成为可能。比如,集体行进时听职员指挥,明确了服刑者与职员的关系是指挥与被指挥关系;生病要向职员报告,明确了谁可以决定服刑者就医;就寝时要保持安静,不影响他人休息,明确了服刑者不得对他人权利进行侵犯。

第三方面,学习规范。服刑者应接受法制、道德、形势、政策等思想教育,认清犯罪危害,矫治恶习;应接受心理健康教育,配合心理测试,养成健康心理;必须尊重教师,遵守学习纪律,爱护教学设施、设备;应接受文化教育,上课认真听讲,按时完成作业,争取良好成绩;应接受技术教育，掌握实用技能，争当劳动能手，增强就业能力；应阅读健康有益书刊，按规定收听、收看广播电视；应参加文娱活动，增强体质，陶冶情操。这些规范意在提高服刑者的综合素质。

第四方面，劳动规范。服刑者应积极参加劳动，因故不参加劳动，须经警官批准；应遵守劳动纪律，坚守岗位，服从生产管理和技术指导；应严格遵守操作规程和安全生产规定，不违章作业；应爱护设备、工具。厉行节约，减少损耗，杜绝浪费；应保持劳动现场卫生整洁，遵守定置管理规定，工具、材料、产品摆放整齐；不得将劳动工具和危险品、违禁品带进监舍；必须完成劳动任务，保证劳动质量，珍惜劳动成果。

第五方面，文明礼貌规范。服刑者要讲公德、讲文明、讲礼貌。对礼貌的内容规定较为详细，如对监狱职员称“警官”，对其他人员采用相应礼貌称呼；服刑者之间互称姓名，不起（叫）绰号；来宾、职员进入监舍时，除患病和按规定就寝外，起立致意；与来宾、职员相遇时，文明礼让等。

（二）计分考核

总的来说，这些规则还比较抽象。必须使这些抽象的条款变得便于操作才行。因而，各监狱会根据“新规范”的相关规定进行细化。如《××监狱罪犯基础分考核实施细则》中规定：

第三条　具有下列行为之一，经查证属实的给予加分：

（一）揭发他犯装病、伪病逃避改造的，加2～4分；（助记码：1－3－1）

（二）揭发他犯超越警戒线或规定的活动区域或脱离互监小组擅自行动的，加2～4分；（助记码：1－3－2）

（三）揭发他犯散布反改造言论、制造混乱、拨弄是非以及拉拢落后、打击积极，侮辱、勒索、诬陷他犯的，加1～3分；（助记码：1－3－3）

（四）揭发他犯练功习武、制造钝器、锐器、万能钥匙或传授制作方法的，加1～3分；（助记码：1－3－4）

（五）揭发他犯违规吸烟、喝酒、纹身、赌博或为其提供便利的，加1～3分；（助记码：1－3－5）

……

第二十六条　有下列行为之一的给予扣分:

(一)相互争吵的,扣 1 ~2 分;(助记码:6 –3 –1)

(二)辱骂威胁其他罪犯的,扣 2 ~3 分;(助记码:6 –3 –2)

(三)违反区域管理规定或罪犯联号有关规定的,扣 1 ~3 分;(助记码:6 –3 –3)

(四)列队集合或出收工途中,手插口袋、讲话、嘻闹、不按口令行走的,扣 0.5 ~1 分;(助记码:6 –3 –4)

(五)背后污辱民警的,扣 2 ~3 分;(助记码:6 –3 –5)

(六)不服从民警安排床位,私自调换床位的,扣 1 ~3 分;(助记码:6 –3 –6)

……

(十一)民警教育时,不如实汇报思想,狡辩、强词夺理的,扣 1 ~3 分;(助记码:6 –3 –11)

(十二)拾到钱物不上交民警的,扣 1 ~2 分;(助记码:6 –3 –12)

(十三)其他违反基本规范的,扣 1 ~3 分。(助记码:6 –3 –13)

这样的细则,几乎将服刑者可能出现的行为全面进行了规范。因而,服刑者除了背“新规范”外,还需要对细则的内容详细掌握,使日常的言行有章可循。从《××监狱罪犯基础分考核实施细则》看,整个细则中带有助记码①的条款就有 185 个。也就是说,至少服刑者在 185 个非常具体的方面要谨慎行事。

各地还根据司法部的《监狱服刑人员行为规范》和司法部于 1990 年公布的《司法部关于计分考核奖罚罪犯的规定》(司发〔1990〕158 号)制定了计分考核细则,使规范更加细化,更具可操作性。

“新规范”出台前,计分考核采用的是百分考核。对服刑者“按月实行考核,在达到百分的基础上,对积极改造的给予奖分,对有违纪行

① 助记码的用途在于,填报加扣分审批表时,可以将具体的条文简写。例如“揭发、制止他犯谩骂、诽谤国家工作人员、不服管理、对抗管教的,加 3 ~5 分”,在填写加分依据时,就写成“1 –2 –3”,这便是助记码。

为者给予扣分；并以奖分、扣分的累计分数作为行政奖罚的依据，实行不同的处遇”，“考核分为思想改造和劳动改造两部分，思想改造满分为55分，劳动改造满分为45分”。也就是说，每名服刑者每月的基础分都是100分，在这个基础上进行加扣分。

“新规范”出台后，原有的计分考核规定进行了改动。以某省为例，计分考核被分为基础分考核和奖励分考核。基础分每月评定一次，按照基础分的高低给予相应的月奖励分。奖励由监狱每月定额划拨。当奖励分累计达到一定分数时可兑现行政奖励（如监狱表扬、监狱改造积极分子、省级改造积极分子等），并成为实施分级管理的主要依据。行政奖励又成为法律奖励（减刑、假释）的依据。

计分考核的方法，在局外人看来十分复杂。而对于局内来说，是需要熟练掌握并严格遵守的。这些显得很复杂的规定，在实际操作过程中还要复杂得多，可以说是一门技术活儿。因为对于分数的控制，决定着监狱的秩序稳定以及服刑者的切身利益，不能马虎。

（三）1分的力量

计分考核最后都要落实到分数上。因而，在特定的时候对特定的服刑者来说，“1分”是相当重要的。我们知道，对于给服刑者多少分，有时还是难免有主观判断在里面的，这也许就是“自由裁量权”。但是这种“自由裁量权”也并非毫无理由随意使用。

有的时候，服刑者单单缺少这1分，如果及时给他/她，那么他/她就可能有减刑的机会，否则就可能拖延一些时日。

服刑者J明天就要减刑回去，他回忆过往的监狱生活，特别感激某职员。

我刚来这个监狱区时，我的产量不高，因而我每个月只能拿10分。但是×队长人很好，假如那个月你正好是表扬嘛，假如是59分啦，你差1分嘛，不要你讲，也不要跟他要，他就给你加1分。（笔者：就是这一分很重要）就是的，差1分就麻烦了，但是他就是给你高兴一下，60分就能表扬，这个精神就来了，所以监狱方面呢，这一块还是不错的……刚刚和你讲的，差1分呢，也给你了，我就在心里很感激他，他会做人。他做事“上路子”,让你感觉到舒服,送这1分,那么我也够了,叫你有希望的感觉。这心里有这想法,他好像也懂得我心里想法一样,好像知道你需要什么。

一名服刑者,只要累积达到60分,就可以拿到一个监狱表扬的奖励,对一些人来说,也就意味着可以减去一些刑期。J很感激这位职员,他能在关键时候多给自己1分。这种感激并没有丝毫的虚伪成分,要知道1分关涉自由。他也佩服这个职员,做事“上路子”。有时候差“1分”,一名服刑者就要多等一个季度甚至半年才有减刑假释的机会。实际上,对于这位监狱职员来说,他很会做人。他把手中的权用活了。这“1分给的恰到好处,好钢用到了刀刃上”。

然而,这“1分”可以多给,亦可以少给。其结局当然是天壤之别的。前者是成人之美,后者是让人长点“记性”。

一位监区领导在服刑者大会上说:

你们的“小算盘”打得精呢,还有多少分多少分就可以有个表扬,还有多少多少分就可以减刑回家了。结果,有的人把分算得1分不多1分不少,感觉分数够了,就放松改造了。这也太功利了吧。对待这样的人,我就要想办法给他点教训。以前我在××监区的时候,有个犯人就是这样,他算得很好了,说是这个月分数拿够了,混日子了,凑个表扬就可以减刑了。打个比方,他差10分就得60分,我们偏给他9分,让他得个59分,结果这个月不能减刑了,要再拖一个季度。

很显然,这位监区领导也善于利用手中的权力,只是少给“1分”,就会有服刑者的“如意算盘”落空。

既然“1分”有时这么重要,那么有的人可能会觉得“牢运”不好,偏偏在关键的时刻差“1分”。D就遇到这种倒霉事:

那时候累,确实的。但是减刑,减得不好。本身我应该是一劳①一表,②到我减刑的时候,一个表扬得59分。为什么差这1分呢?我是流

---

① 劳,即“改造积极分子“的简称,沿用过去的“劳动改造积极分子”的简称,又称“劳积”。

② 表,即“监狱表扬”。

动岗，车间的门钥匙在我手里边呢。（笔者：这个钥匙应该在干部手里吧？）对，被安全科的N科查到了，就扣分。我正常是拿10分的，总分可以拿到62分，最后给我降档，我拿了7分，我本身应该拿两个监狱劳积，余两分。后来扣这3分呢，正好差1分，当时我们队长、指导员，找到当时×大队的副教，叫XJ，然后找到科室，再然后找HQ（副监狱长）。可是没有用，上网了，①分数不能不扣。一劳一表，结果只减一年。②

服刑者D本来应该是两个“积极分子”的奖励，获得更高的减刑幅度，结果变成了一劳一表多59分。这时差的“1分”就意味着少减半年的刑期。

还有更“倒霉”的服刑者，由于他自己的表现差，监狱职员把他盯上了，一个月劳动的分数才得“1分”。例如，服刑者Z在看到自己只得1分时，便去找生产统计服刑者M，M帮他查了。当他看到记录本上，他出工十天的记载时，皱着眉头用惯常的大嗓门叫道：“我干了十天，怎么只有1分呢？”Z很着急。如果这样下去，减刑就没希望了。在他看来，干了十天活，起码要得三分之一的分数——4分吧。他怎么也没想到职员仅给了他1分。于是他找到职员理论。职员说：“我现在比较忙，没有时间。”Z问：“那什么时候呢？”实际上，他并不知道，职员们开会时，领导已经说过：“他不出工，行，每月就给他1分。我们等着Z跳出来。等他跳出来，再狠狠治他。这个无赖！”为什么不给他0分呢？据说如果某服刑者劳动基础分为0分的话，要被送到高危监区去严管。总的来看，Z的行为还没有“恶劣”到这样地步，给他1分，从某种意义上来讲，也是给他改过的机会。

（四）得分的奥秘

在绝大多数服刑者的“小算盘”里，时刻记住两点，一是少扣分，二是多得分。得分也有很多奥秘之处。少扣分靠的遵守监规纪律，也就

---

① 监狱内网通报点名批评。例如：“某监区罪犯××，有某项违规行为，建议监区按规定扣分处理。”

② 否则可减刑一年半。

是别违反行为规范。多得分,主要靠的是吃苦耐劳。

服刑者最关心劳动基础分。从基础分考核实施细则看:基本规范,每月满分6分;生活卫生规范,每月满分3分;生产劳动规范,每月满分12分;学习规范,每月满分3分;文明礼貌规范,每月满分3分。经验告诉服刑者,生产劳动规范是众规范中最硬梆梆、实实在在的指标。每个岗位只要干好本职的事,都会得到相应的劳动基础分。监狱有狱医、统计员、电工、理发员、炊事犯、门岗、生产大组长、杂务犯、协助职员的文员、保管香烟者、抬饭分饭者、照顾老弱病残犯者等岗位。这些人劳动强度要稍小些,分数却并不算低,有的还要超过辛苦踩缝纫机者。

为了能多拿分,早减刑多减刑,有的服刑者会想尽办法多劳动,多挣分。

除此以外,还会有人通过其他途径获得奖励分。在监狱小报上发表文章、参加监狱组织的演讲比赛获奖、打牌比赛获奖等,都可以加一定的分数。

在这种特殊的环境下,有的人想出尽快得分的捷径。

(1)"舔猫×"挣分法。所谓"舔猫×"是指向监狱职员告密的行为。服刑者H说,他上次服刑时,家里偷偷地通过会见室将一些熟菜送进来,有煎好的荷包蛋和香肠。

我们监区几个玩得好的在一起吃饭。我说,今天中午不要弄菜了,我弄一点菜来。中午呢,我就把荷包蛋和香肠端上来了。有一个人,他坏到什么程度?吃饭,他也吃了。一共十几个荷包蛋吧,还有几根香肠嘛。他吃到最后,他偷偷地拿一个蛋去汇报干部。

(2)"说假话"挣分法。虽然不能否认现身说法教育对于在职官员廉政建设的作用,但是我们必须看到必然有作秀的情形。在一系列冠冕堂皇的背后,服刑者更关心的是此次现身说法能增加多少改造分。还有一位服刑者在接受采访对着镜头说:"我第一次坐牢,我不懂法,我出去不会再犯罪了。我要好好做人,我听话,我要听父母的话,我要好好照顾我小孩。"而他私底下却对笔者说,这些都是假话,为什么呢,就是为了加点分。“今天我跟你讲的是真话，出去我肯定还要犯罪。”

(3)“钻空子”挣分法。计分考核规定中有这样的一条：“罪犯参加高等教育自学考试，每通过一门课程加专项奖励分5分。”根据此规定，某服刑者参加了监狱组织的自学考试。他是法律本科毕业的，他报了法律大专的考试，婚姻法他已经考了三次了，每次都过关，最好的一次90多分，过一次就加专项奖励分5分。

(4)“装病”挣分法。“对经监狱医院鉴定符合老、病、残标准的罪犯，应当单独分类考核，主要考核罪犯悔罪表现，个人月度奖励分最高不超过10分(不含专项奖励分)。”鉴于此规定，装残疾。有一位服刑人员装哑巴，憋得实在难过了，睡觉时说梦话。还有的装瘫痪，最后竟然“弄假成真”。

(五)失分寻死

因为分数太重要，监狱里常会有因扣分寻死觅活者。服刑者L一天早上跳栏杆自杀，被人制止。L说：

昨天上午9:25我去打开水，刘××说头疼，他打满了，叫我帮他拎回去，我就帮他拎。[①] 过了一会儿，我一看黑板上，我怎么扣了几分呢，我怎么违规了呢？我一天好不容易干个9分，忽然一下扣个几分。如果我拿不到分，又扣了几分我又要多呆个两三年。我想又要呆两三年，我心里压力太大了。加上前两天打电话听我大叔说那个事，我头脑又开始有压力了，我心里就想，死了算了，家里老妈住院。这个分来之不易啊，你必须拿到9分，要不然又要少减三个月……我还有几年才能出去啊，还要待个两三年，又被扣分了，我头脑中什么都没想，就想着死了算了……我就想这日子过不下去了，我脑子里压力太大了，一直有压力进来，本来一直没扣过分，一下扣了分。加上我妈的事，这些事加在一起，本来一夜就没睡好觉，早上起来又看到扣分里有我名字。我就什么都不想了，我说老R，我要去死。

为了这件事，监区职员做了不少工作，才把L的情绪稳定下来。为

---

① 监区刚刚出台一个规定，那就是每个小组由专人来打水，其他人不得打水。所以L违反了规定，自然要受到扣分处理。

了保护L,也免得让别人说闲话。① 监区让L公开做检查,对全监区服刑者进行教育。正所谓“处理不是目的,要达到教育的目的”。

L说:

干部很同情我,对于这种家庭状况,对我等于是“放一马”,蛮人性的。他们说有什么事放开来谈,我们尽量满足你,不要再做傻事了。反正只要不是违规的,这个劳改队就是这样的,我们下次再把5分补给你就是了。然后我就写了检讨,我也想拿点分早点出去,发生这件事我是有不对,比较冲动,因为我呢,是什么事都闷在心里面。

当事的职员也把“分”看成是整肃秩序的法宝,认为只要扣分就可以限制服刑者做某事。然而,“分”也差点酿成了灾难,差一点消灭一个人的生命。② 救人者被加分,监区领导还是以“我们下次再把5分补给你就是了”作为一种承诺。总之,这事由“分”而起,也只能用“分”来解决。

(六)分数的功能

“分”,是一种规则执行状态的评价体系,更是一种有效的管理手段。因为分可以折成表扬、改造积极分子等行政奖励,而这些行政奖励又与减刑假释等法律奖励挂钩,或者说“分”就是自由。因而,有监狱职员说,只要服刑者在乎分,就好管理了。

“分”,对于许多服刑者而言,那是换取自由的筹码,多一分就意味着离自由更近些,再近些。“分”会使服刑时间变得比原本要短。正因为这个,监狱才会把服刑者所有的行为都与“分”相联系,这可能是最能从形式上显示其公平性、公正性、合法性的方法。在整个监区总体奖励分数确定时,要根据分数将人们分为几等,这无疑就形成了竞争的局面。有竞争,就有敌对和合作,就减少了由于无所事事带来的诸多麻烦。当每一名服刑者都在关心每一分时,监狱职员则只需要将分的分

---

① 有服刑者私下里说:“这样的大事都不处理,都想包下来,不上报,以后别人犯了事,看他们怎么处理。”也有人为L打抱不平:“按规定办,扣分?如果变成了整人的方式就不好了。”

② 如果L是真心想死,且没有人及时制止的话,以当时墙的高度看,有可能造成死伤的后果,那样当时带班的职员就会受到非常严厉的惩罚。

配权握在手中，充分利用服刑者趋利避害的天性，以“分”来牵制着服刑者的言行。

在监狱职员那里，只要运用好分数的正面功能，许多事情似乎都变得好解决了。为了提高产量，可以将劳动分每一分值的对应生产任务提高；为了倡导一种风气，可以对表现好的服刑者多加些分；为了让服刑者“听话”，可以在分数上给予适当的照顾，使其产生感激之情。即使那些刑期很短，不需要分的服刑者，因为某种利益的交往，也会卷入分数的管理中，这一点将在后面详述。

也许有人会问，以“分”来确保规则的执行固然有利于管理，但其“信度”和“效度”又如何呢？关于这一点，北京大学社会学系的查亭亭研究认为，“分”（减刑）的评价体系，很可能导致服刑者虚伪的表现。① 也就是说，“分”实际上是在强化人的功利之心，为了“分”可以不择手段，比如前述所说的一门课程考若干次，便得到若干个“5分”的奖励分。这不能不说是一种“反讽”。没有量化的评价极易陷入过度的主观好恶评判，但是由“分”来量化改造表现，又助长了功利心。

三、狱内日常交往

无论是出于维护法律的尊严，还是为了避免监狱职员任意惩罚服刑者，都需要成文规则来规范人们的行为，以保障监狱秩序。但是人们不可能总是循着成文规则去生活，一些灵活的非正式规则也常被用来建构监狱秩序，也就是说不能完全脱离习惯和传统。② 我们必须看到，监狱中的职员与服刑者都在不断地援引一些不成文的非正式规则，我

① 查亭亭：《减刑制度的异化》，载郑也夫、沈原、潘绥铭：《北大清华人大社会学硕士论文选编2008》，山东人民出版社2008年版。

② Jon Vagg, *Prison systems: a comparative study of accountability in England, France, Germany, and the Netherlands*, Oxford University Press, 1994, pp. 215 – 244.

们或者可以称其为“潜规则”,[①]或者可以将其称为“活法”[②]等。服刑者入狱后,有一个狱内社会适应的过程。在这个过程中,他们必须不断地学会接受监狱亚文化,学会与监狱职员和其他服刑者进行交流,尽快融入到这种特殊制度体系中来,并学会控制好与狱外人士的关系。[③]

(一)服刑者自我保护

当一个人被强制送往一个陌生的地方,与陌生人在陌生体制下生活时,他首先要学会自我保护。显然,这是生存的前提和保障。

K曾经在某法院任职,进入监狱后,他同样需要自我保护。K在监狱中为自己确立了八个字:“保护自己,发展自己”:

因为在这个恶劣的环境下,应该说是鱼目混珠,方方面面的人都有,形形色色,而且很多事情,都是我见都未见,闻都未闻的事情。可以讲,我原来不跟这批人为伍,我没办法介入他们这个层次。那么,我现在到了这个环境,没有办法,必须跟他们为伍。就是要考虑,跟他们相处的过程中,我要学会保护自己。

当然自我保护的方面很多,守住面子、打好底子同样也是自我保护的一种。W,东北人,家境不佳,长年无汇款,无接见。他说:

我自己的这种性格和行为,和我自己的自我保护意识有关。我并不是说好打好骂,我不想叫人招惹我,我也不想招惹别人,他们想欺负我,我个又小,又没有什么背景,别人招惹我,我肯定要起来反抗。他们有些人经济实力比较好的,小岗什么的,有背景的,有人想欺负我。我指着鼻子告诉他,我打不过你,我可以喷你一身血,你有钱,我有血,不信咱俩就试试,我用我的命换你的前程……我要保护自己,不能给他开了头。在监狱,打下什么底儿就是什么底儿。

(二)服刑者间互惠交换的形式及功能

交换是人类得以存在的基础。这一点,得到经济人类学家们普遍

---

① 吴思:《潜规则:中国历史上的真实游戏》(修订版),复旦大学出版社2009年版。

② [奥]尤根·埃利希:《法律社会学基本原理》,叶名怡、袁震译,九州出版社2007年版。

③ Joel Harvey, *Young men in prison: surviving and adapting to life inside*, Willan Publishing, 2007, p. 76.

认同。莫斯在其《礼物》一书中谈到，对于毛利人来说，作为交换的礼物是有灵力的。① 这多少有些类似中国传统文化中的“来而不往非礼也”。在监狱里，交换使人与人之间建立起密切的关系。如果说前面所说的，服刑者与监狱治理方之间基于分数/权力的交换的话，那么服刑者之间也同样存在互惠交换。

第一种互惠交换是资源等价交换。

某监区属于老残监区，大体分为两大群体：腐败组和其他服刑者。两者的交换行为表现得很明显。本来两类人在外界社会上是很少有交集的，但是来到监狱里，就必须相互打交道。一位曾经的官员服刑者分析道：

比如说，服务上，两个组之间有些人就需要互相依靠。我总不能把洗衣服等活交给××（某职务犯罪服刑者）吧。我就要在那些人里找一个。比如我本人，我是夜班岗，你知道这衣服内衣三五天要洗一次，外衣七天八天就要洗一次。就是晾衣服也很难啊。外边晾被子，都得抢地方。那么我白天要睡觉，怎么办呢？就得找个人给我洗衣服。我把衣服给他，给他买洗衣粉，都买好。那么我就给他东西，给他钱。一般来说，如果这个人抽烟，我就会给他开账，开香烟；如果他家庭困难我就给他开些食品等；如果他这些都不缺，我就会给他钱。钱怎么给呢？一是我家里来接见，我和接见室外的讲一声，给他的账上打些钱。如果这样不行，我就让家里给他账上寄些钱，汇款单来了，让他签个字，证明他钱拿到了。前边帮我洗衣服的就是一个老头子，他就不要东西，他要钱，我就这样做的。另一个原因是，洗衣服也是费时间的，有这个时间我可以做点别的事（读书等）。

在劳动中，同样也需要交换。一些家中经济困难的服刑者认为，在监狱里面，只要干活干得快就行，正所谓“只要手艺好，不怕吃不饱”。在监狱里交换的原则基本上都是在同等价格上交换。有个服刑者说：“假如我真正想干的话，在自己活干完的基础上，一个月在1500个左

---

① ［法］马塞尔·莫斯：《礼物：古式社会中交换的形式与理由》，汲喆译，上海世纪出版集团2005年版，第18～24页。

右,折合成金钱的话,一个月500块钱。”当笔者问这位服刑者怎么看待给有钱的人做活这种现象时,他说:“周瑜打黄盖,一个愿打,一个愿挨。你出钱,我出力吧。”这种行为是监规纪律所不允许的。有服刑者向上级举报,可是查下来却没有任何证据,谁也不愿意承认自己参与了“地下经济”。一位服刑者不屑地说:“(省监狱管理局来人)查,但是他能查出来啥呀,这种事情很默契,别说你外地来的干部,就是本地的干部,我也不承认啊,我承认了怎么捞好处啊……就是为了要保证我的正常利益,要不在监狱这么长时间我怎么过呀?”

第二种互惠交换是倾向于精神的交换。

在监狱里的交换,主要是劳动力与金钱或者物资之间的交换。表面看起来这种交换只是各取所需,但有时这种交换也并非简单的服务与被服务关系,很多人在交换过程中也会有精神收获。

R与L是一对搭档,L就是前边因为扣分而寻死的那位。平日里,L会帮助R洗衣服、洗碗等。日久天长,他们在这种互惠式交换中产生了一种类似于父子间的感情。

R说:

我们建立一种感情。我就跟他说,L啊,我们在一块过日子,就是一家人。你记着,我也有不痛快的时候,有时候我可能会说你。但是,你记着,不要生我气,说过就当我没说过一样。你如果能做到这样,我们俩就非常好,以后可以长久下去。在这个过程中,偶尔我会说他。因为有些事,他毕竟没做过。我会说,他心里也是不高兴的,这是肯定的。当时,他就不放在心里。这个就很好。时间长了,他总是要有点感情的。我觉得,我走了以后,我还会帮助他的。因为他的官司还要吃啊……我在帮助别人的同时,我的精神得到了升华。讲玄乎一点,我在这里多一个亲人有什么不好呢?

L说:

他不是身体不好么,腰不好,他有一天找我,我这种家庭状况呢,他也了解。他知道我人也不坏,我缺什么要跟他讲,有东西都一人一半。我反正拿真心跟他处,他能对我怎么样呢,是他的事。别人就跟我说他不好，我也不管，我一开始也有约束感，因为（以前）很少与人交往。R就说，我们就像家人一样，不要有什么顾虑，心里放得开一点……总觉得（他）像长辈一样，他对把我看成小孩，我把他看成长辈。对他有种亲切感，我心里就是舒服，很舒坦的感觉。

如果说这种语言表达可能有虚伪的成分，那么笔者日记中的一段可能更能印证，这种交换的精神性——

A（约56岁）、B（约60岁）和C（约26岁），三人每天都在一起吃饭。显然C是大家所说的“小夭”。[①] 他平时帮助两位年长者洗洗衣服、洗碗等。今天中午吃的萝卜烧肉，肉也相对较多，估计每人三块以上。据服刑者讲，每周大概能有两顿这样好的菜。A将一块肉夹给C。过了一会儿，C也从菜里面夹了一块肉给B。B说：“我不要。”

从相互夹肉这个动作里，我们可以发现，事实上“小夭”的地位并非全部像有些人所说的，完全是受剥削者。“小夭”与被服务者的关系有点像家庭成员的关系，彼此很融洽，彼此相互关照，相互关心，能够取得一种情感上的慰藉，这恰恰是监狱常常忽视的问题。相反，监狱却把这种现象叫“伙吃伙喝”，提出要严厉打击。关于这一点，西方学者早有研究。他们发现，监狱里女服刑者的朋友关系与她们出狱后的朋友关系不同。她们会在狱中扮演不同的家庭角色——“妈妈”“兄弟”“阿姨”等，并以这种“亲属关系”来安排他们的生活。[②]

第三种互惠交换是娱乐性交换。

有时候，资源性交换在某些人身上，也会演化为娱乐性交换。在斯波尔英监狱，服刑者V就是如此。人家一个小时做750～800个TP（产品名），V两个小时才做600个。有人说他这个人做活不定心。一位监狱职员则说，他年纪大一点，眼睛也不好，属于做事情比较马虎的人，就

---

① 小夭，是指那些在监狱里靠“服侍”别人获得对方物质资助的家境较差的服刑者。

② Eleanor Novek, Rebecca Sanford, “*In a Different World: The Ethic of Care and Pragmatic Contradictions in Feminist Research in a Women's Prison*” Paper presented at the annual meeting of the International Communication Association, New Orleans Sheraton, New Orleans, LA, 27 May 2004. see http://www.allacademic.com/meta/p112958_index.html (accessed 3 december 2009).

算生活中的一些细节他也做得不好,这是他的一种生活习惯。但是,他每天还得交任务。怎么办呢?也不知道是顺水推舟的玩笑还是什么别的原因,他宁愿让别人拍屁股以换取产品。有一次,在号房里,某服刑者P看到服刑者V在床上翻东西,当时天气很热,V穿着条长裤头,裤头的屁股那里坏了个洞,露出白胖的肉来。这个屁股可不是一般的屁股,竟然可以换产量呢。

笔者:真的吗?

P:真的,拍一下五百个TP。

笔者:怎么拍?

P:他将短裤脱了,用拖鞋拍。

笔者:你拍过吗?

P:拍过。第一次拍一下,给他五百个TP。后来有一次,拍了九下,给他三千七百个TP。

笔者:还可以打折吗?

P:不是,他每天任务就是三千七百。那次我说我替你交任务,你让我打九下,打完我就到组长那里把我的存货转给他。他的屁股白胖白胖的。如果你想看看他屁股红不红,他会说:"再给TP才给看。"我就说:"你不给我看,我不给你TP了。"这样他就会又让看。

还有一次,他把裤子脱了,撅着屁股在那边让人家打,大概说打一下给多少香烟。有一个劳动组长K看到了这个情景,便往V的屁股上吐了一些口水。转了一圈后,K给了V一支烟。V很奇怪,为什么人家无缘无故给他香烟呢?

尽管V的行为似乎成为监区的笑料,但是,我们如果细细地想一想,在监狱这个资源有限的空间里,如果手"笨"一点,思想"懒"一点,又想过轻松些,"屁股"可能是最没有成本、易于交换的资源了。娱乐性的交换给周边人带来一种戏剧性的效果,让大家在枯燥无味的生活中得到些乐趣。这有点像小品演员一样,让自己丢面子却给大家带来欢笑。但是,如果这世界真的变为"万物皆可售",那么只能让我们在强颜欢笑中平添几分辛酸和苦楚,因为这分明是在交换中"玷污了被买卖的事物,以及买的人和卖的人"。[1]

与开放社会不同,监狱里服刑者之间的互惠交换全赖口头契约。梅因在《古代法》中告诉我们,在古代,口头契约有好几种,"但其中最重要的、并为我们的权威学者讨论到的唯一的一种是用约定[2]的方法来达成的,所谓约定,就是一'问'一'答';即由要求允约的人提出问题,并由作出允约的人给予回答"。例如:"你是否同意在某某地点某某日期送达给我某某一个奴隶?""我同意。"这种一问一答的口头契约,被梅因看成是特定条件下的"一种高度巧妙的办法"。[3] 实际上服刑者之间的交易,也是类似的程式。从监狱里流行的口头契约看,这的确是"一种高度巧妙的办法"。因为在"地下经济"(underground economy)交易中,不能留任何的把柄在狱方那里,如果有书面契约存在的话,就很容易成为证据。此外,长期的相处,人们知道每个人的品行,哪些人是守信的,哪些人不能与之交往,都有公论。更重要的是,通过对口头契约的履行,人们似乎在这个在外人看来邪恶的地方,找到了一种做人的道德——"言而有信"。如果谁不守信用,大家都会瞧不起他,他也会在监区里抬不起头,混不下去。

这种互惠交换之所以广泛存在于监狱中,是有其特殊功能的。无论是服刑者还是监狱职员,都能发现这种互惠交换的好处,那就是多少能促进监区整体秩序的平衡与稳定。

服刑者T说:

从大道理来讲,你吃官司还请人服务是不对的。但是大体经济条件好一点的,能帮助经济条件差的,这些人账上都没有什么钱啊。你看三十个(条件好的)人带二十五六个(条件差的)人的话,这个监区一半人都差不多了。这一半人,基本上就比较稳定了。好像形成一个惯例了,基本上就是这样。我觉得经济条件好一点的,帮助经济条件差一点

① [美]威廉·伊恩·米勒:《以眼还眼》,郑文龙、廖溢爱译,浙江人民出版社2009年版,第230页。

② 中文译文"约定"二字下有重点号,此处省去。

③ [英]梅因:《古代法》,沈景一译,商务印书馆1959年版,第184~185页。

的,这无可厚非。经济条件差一点的,通过自己的劳动来换取物质上的东西,我觉得,这也是好的。监狱怎样从多角度地分析这个事情。如果能有组织的,进一步引导,那就更好了。如果一味地说不允许,那么就可能带来负面的东西也多了。表面上说的很简单,我帮助人家。那我帮助人家还有什么问题啊。但是这块,这么长时间,没有发生什么矛盾。这么长时间了。我吃官司五年了,没见到什么大的矛盾,偶尔小的矛盾是有的,大的矛盾没有。相当一部分人通过自食其力,通过这个,对他经济上带来了好转。甚至我见过,有人就是通过帮助别人劳动积累了万把块钱。

这种平衡和稳定还在于,那些只靠监狱所发的微薄生活费活着的服刑者通过"打工"维持最基本的日常生活,心理会产生平衡感,情绪稳定。对于监狱职员来说,也省去不少麻烦。对于监狱严禁这种为他人"打工"的行为,服刑者有自己的见解——

也讲过,开会讲,不允许,说是互相帮忙可以,不允许用物资交换。可是话说回来了,这里边是现实的。比方,这里边,我也五百(任务),你也五百(任务),你干得慢,你要想完成任务,你就得想办法,这是必然的。我帮你一回,帮你两回,帮你三回。你自己本身就觉得……是不是?以物价交换就没有什么了。大家心理都平衡了。我付出了,我也得到了;你也付出了,你也得到了。这就扯平了。

此外,一些刑期太短的服刑者,他们不大可能减刑,故"分"对他们没有用。他们希望的是劳动成果能变"现"。如果监狱堵住这条路,他们就会用行为表示反对。T说:

有一段时间不允许,监狱不是出文件嘛,不允许产量倒换,倒物品。(笔者:什么时候?)去年吧,搞活动的时候。监区开会不允许了,严打,发现要扣你的分,扣我的分。我不敢要了,那你就开始乱窜。产量马上降下来了。因为现在我做的卖不掉了,我没动力了。我不干了,我请假,身体不舒服。明天又有什么病,天天盯着你们。我说这个地方痛,你看得见吗?你看不见,你带我到医院去看。(笔者笑)查嘛!他们(监区职员)头也大。有一段时间,有个叫刘×,刘队长,搞得工地上不敢进。大家都找他请假，短刑犯多嘛，都是两年以下的，也不要减刑的，都是小年轻的。我凭什么给你干，我又不减刑，我又不拿工资。我身体不好，我要去看病，你看病得给我看吧。

结果表明，这种靠堵的办法行不通。这种从物质到精神全方位的互惠式交换，人们才觉得各得其所、心安理得。面对这种看起来违反规定的行为，监狱职员也常常会“放一马”。服刑者对此也心领神会，他们会以不给职员添麻烦作为回馈。也许有人会说，这是“妥协执法”，[①]但是现实生活不能没有妥协，监狱也不例外。如果不将社会上类似的妥协消灭殆尽，却企图在监狱内革除，显然既不现实，也不利于监狱秩序的维持。

阿尔文·古尔德纳认为：“互惠规范作为一种文化要素，其普遍性和重要性并不亚于乱伦禁忌，尽管同样地，它的具体表述可能随着时间和地点而变化”。[②] 互惠规范既为社会群体提供稳定的功能，同时也为社会互动提供“启动机制”（starting mechanism）。[③] 我们也必须意识到“互惠义务是一条典型的道德原则”，“它既适用于地位相同的主体之间的关系，也适用于地位不同的主体之间的关系”。[④] 由此看来，服刑者间的互惠式交换是人类共同遵循的道德原则，不能简单地做出非此即彼的价值判断。

（三）服刑者间的交往技巧

在监狱中要想生存得滋润些，就得学会“见人说人话，见鬼说鬼话”的本领。X现在是第二次服刑了，他对服刑者之间的交往问题简直可以说是“专家”级的了——

对那些从一定职务上退下来的的人，也就是“腐败”，你要对他们

---

① 张苏军：《监狱“妥协执法”的危害性剖析》，载《现代法学》2001年第1期。

② ［美］阿尔文·古尔德纳：《互惠规范：一个初步的陈述》，载冯钢：《社会学基础文献选读》，浙江大学出版社2008年版，第355页。

③ ［美］阿尔文·古尔德纳：《互惠规范：一个初步的陈述》，载冯钢：《社会学基础文献选读》，浙江大学出版社2008年版，第363页。

④ ［美］詹姆斯·C.斯科特：《农民的道义经济学：东南亚的反叛与生存》，程立显、刘建等译，译林出版社2001年版，第217页。

进行吹捧,因为他们很失落。到里边来,他们更需要尊重。对他们尊重点,他们心里很满足。可能会认为我这个人不错,讲道理,能帮助我就帮助我。然后还有一种呢,在外边有一点势力的,在外面做过什么事情的啊,这些人呢,平等相处。因为我在外边呢,我本人就是经常跟他们沟通,大家怎么做生意的,那么有共同话题的也成为一个圈子。底下的,在外边,什么混子啊,不三不四的,没有什么的啊。这种人呢,一方面小恩小惠,经常给他们吃吃,或者我自己家里来接见啊,买东西啊,给他们点儿,他们对我有一种感激。另外一种文盲,文盲他不会写字,写封信啊,我帮他写写,他有求于我,因此他也会对我表示感谢。还有一种呢,就是不讲道理的。他根本就不知道感激两个字。这种人,敬而远之,保持距离。如果需要我跟他打交道的话,我要看他心情好坏,看他脸色。有的人他不讲道理的,他不懂你是好意还是坏意,他不知道你的目的。这样的人尽量不接触。做到这几点,基本上不会有大的问题了。

X与人交往的原则,在监狱被称为“三六九等分得很清”。按照通俗一点的说法叫做“看人摆菜碟”,“见人说人话,见鬼说鬼话”。这一招很灵。无论在哪里,人们都得有善于揣摩人心的本事。而这种本事,首先来源于观察体验。这反倒有点像人类学家,他们靠观察来分析社会关系,来掌握社会结构。X的分析很深刻,怪不得有人说监狱是一所大学校,它教会人们怎么认识社会。按照X的说法,如果能够与这些“劳改犯”打好交道,到社会上什么人都能打交道。

监狱生活也重视礼尚往来。与自由社会一样,服刑者有时也会出于某种原因请人帮忙。服刑者M负责开账物品的发放,每月一次发放开账物品时,都会固定有几个人帮忙。一次,笔者也参加了帮工的行列。快到吃中饭的时候,M说:“最后两个人啊,发完了就吃饭,吃完了下午再发。”说完,M便给我们每个人发了一支烟,也发给了笔者一支,是一品梅,价钱大概十七八块钱一包的那种。下午笔者有事,没有帮他发。据说,等所有的物品发放完毕时,M给每个人发了一包烟,好像是五块钱一包的那种。当天晚上,笔者用开玩笑的口吻问M:“我也帮你发了,怎么没有我的(烟)呢?”他笑着说:“宋老师,谁让你早走了啊。”

很显然,每次有人帮忙,M都会有所表示,待下次发放开账物品时,这些人才会再次来帮他的忙。这正是生活的常识,而不仅仅是简简单单的交换。监狱中的礼尚往来,常常表现为“即时交易”,防止因一方出狱后无法清偿“人情债”。

(四)关于“关系户”

在监狱里的“关系犯”,又被称为“关系户”,就是和监狱职员有各种复杂关系,特别是与高层领导有关系的服刑者。“关系户”并非只存在于监狱中,社会上也存在这个概念。杨美惠对此定义为:“‘关系户’是个人欠了关系好处的人或集体,对这些人或集体,个人有义务以自己的影响给予帮助。”①

某位监狱职员甚至有些不想多管事了,在他看来,做得越多,越可能得罪“关系户”,得罪了“关系户”就无异于得罪了领导,吃力不讨好。这位职员抱怨道:

你处理这事(有关服刑者的事),不一定就把什么人(监狱职员或者领导)给得罪了。感觉有些变味了,理当在里边吃官司,还生出很多复杂的关系。我对这些看得清楚,也看淡了,主要是我身不在其中。其实你来第二天,我就知道你跟×监有关系,那时我绝不会跟你讲这些话。你跟我说,你跟×监有这层关系,你还是坦荡的,所以才讲了这么多。讲心里话,我也是不想做(过多管犯人的事),把自己的工作做好就行了,再做就会触及一些人,一些领导的关系,那样就不好了,但这不能很好地办到。

有服刑者对笔者讲:“宋老师,我们私底下讲,干监狱的司法警察,也不是(生活在真空),也可以有关系。人情世故的事。良心放正,能帮一把就帮一把……科室细究哪个没有关系户。这社会就是这样的。”该服刑者甚至曾当着狱政科科长的面质问:“你敢讲,你没有关系户啊?”当然狱政科科长也无法回答这个问题,显然大家都心知肚明。

明明知道某某服刑者是关系户,但他是谁的关系户呢?却像一个

---

① 杨美惠:《礼物、关系与国家:中国人际关系与主体性建构》,赵旭东、孙珉译,江苏人民出版社2009年版,第58页。

谜一样,有时很难解开。因为有时候这关系户的来头,连监狱职员也弄不清。某监狱职员说:“有些犯人有什么关系,我们也不知道。也不一定说,有的犯人一定有关系,有的犯人会流露,有的不会。”是的,有时候打招呼的声音可能来自上级,也说不定。有时候可能监狱长会接到上级的一个电话,哪个哪个犯人,关照一下。“你说,他们上下级,能不执行啊?不执行就意味着自己的位置不保了。”

还有一种情形,就是乡土社会中的情感,也难免在监狱这个环境中发挥作用。2008年×月×日,笔者第一次到×监狱。当天正好赶上监狱开减刑大会。当笔者走到挂有“×监狱”大牌子的大门口时,被一阵阵鞭炮声所吸引。有人将鞭炮摆在地上,还有礼花炮,震天雷。缕缕轻烟在一片刚刚拆去房子的废墟上空飞扬。一个穿着警服,却未配警用标志的瘦瘦的人也在燃放。笔者问他是不是这个监狱的职员,他说是。笔者又问,这是监狱放的(烟火)吗?他说不是。“我一个老乡减刑回去了,家里来了车,我顺路回一趟老家。”说着,这位帮助老乡放烟火的职员钻到车里去。随后,车子慢慢地开走。

另一个监狱长邻居家的孩子被打一事,更能说明中国乡土社会中的情感对于狱内人际关系的影响。监狱职员辰“动手”打了服刑者T,这是违反监狱规定的。服刑者T刑满后,向监狱告了职员辰一状。监狱纪委便找辰谈话。令辰惊奇的是,T竟然是一把手监狱长老家的邻居。由于“动手”情节轻微,最后职员辰写了份检查,并向T道了歉,此事就此了结。

监狱长也是人,即使他做再大的领导,他都必须承认T是自己老家的邻居。对于T的遭遇,监狱长如果不闻不问,以后还有脸面回老家吗?如此说来,监狱长出于邻居的情谊,或许曾经暗中帮了T不少忙,只不过职员辰不知罢了。从法律角度来讲,监狱长与T是两类不同的人。但是只要生活在中国,监狱长就得在两个不同的角色中穿梭:在作为服刑者的T面前,他是监狱长;在作为邻居的T面前,他又是邻居。监狱长与T同时陷入了“角色丛”(role set)[①]之中。

---

① [美]墨菲:《文化与社会人类学引论》,王卓君、吕迺基译,商务印书馆1991年版,第74~75页。

这样说来,监狱里的“关系犯”是一个复杂的社会问题,一时是无法回避得掉的。

(五)弱者的抗争

在监狱的强大力量面前,服刑者当然要服从。这就好比士兵对上级的服从:“一种是服从他佩戴的肩章,另一种是服从佩戴肩章的人。”①孟德斯鸠指出:“中国的立法者们认为政府的主要目的是帝国的太平。在他们看来,服从是维持太平的最适宜的方法。”②同样,监狱的稳定也必须是建立在服刑者绝对服从的基础上。

但是,作为弱者的服刑者们,也会想办法追求弱者的抗争。“秩序从来不是绝对的;我们大可谈论意识形态控制、操纵与异化,但我们实际所面对的,却是被贬为退化形式的实质镇压、暴力和反叛。正如在奴隶世界或在集中营内不可能会有完全的沉默,总是存在着反抗与随后的镇压,因此,在秩序表象下,总是存有一些支配与反抗的社会关系。”③也就是说,反抗是无时无刻不在的,只是反抗的形式会因人因时因地而不同。斯科特在《弱者的武器》中指出,很多时候作为弱者的农民,其对强者的反抗是隐蔽性的、策略性的。在监狱这个特殊的环境下,弱者——服刑者也同样需要隐蔽性的和策略性的反抗。④

第一种抗争的表现形式是违规行为。

违规行为是指违反监狱规定的行为,这种监狱规定既可以是明文的,也可以是习惯性的。比如说,不许私藏现金,他却私藏了;不许打架斗殴,他却把人打得鼻青脸肿;不得无病呻吟、小病大养,他却装疯卖傻、自伤自残……诸如此类都属于违规行为。在监狱中,最严重的违规就是脱逃、袭警、杀死或伤害他人等。而出现最多是那些轻微的违规。

---

① [法]雅克·梅耶:《第一次世界大战时期士兵的日常生活(1914～1918)》,项颐倩译,上海人民出版社2007年版,第253页。

② [法]孟德斯鸠:《论法的精神(上册)》,张雁深译,商务印书馆1959年版,第376～377页。

③ [法]阿兰·图海纳:《行动者的归来》,舒诗伟等译,商务印书馆2008年版,第100页。

④ [美]詹姆斯·C.斯科特:《弱者的武器》,郑广怀、张敏、何江穗译,译林出版社2007年版。

最让监狱职员头疼的就是那些“大错不犯,小错不断”的服刑者。

这些轻微的违规,常与“地下经济”活动有关。“地下经济”,原专指漏税行为,在监狱中则指监内服刑者违规的交易行为。例如,厂商或职员协助携带现金、服刑者以违禁物品(如烟、食物等)以物易物的行为等。① “地下经济”活动的作用主要有:一是满足物欲。监狱为低物欲满足度的场所,而人性好刺激,服刑者自然会千方百计从事地下经济;二是表现声望。拥有香烟、酒等物品的服刑者,其威风与声望会相对较高;三是减轻监禁的苦闷与痛苦。服刑者在监内生活苦闷,借由地下经济活动,似可解除一时苦闷。②

从服刑者角度来讲,通过违规他们得到了一些制度范围内无法获取的利益。这种现象在社会上也常见到。“如果人们认为某一法律条款不符合其利益,或者感觉它限制了其个人的自由,或者仅仅简单地觉得它不方便,人们就会试图忽视或者规避这些条款,而且这样的谋略在所有法律领域中有很多。”③

一位服刑者说:“逃跑自杀不能犯。这个小的违规可以做一做,符合本性,冒一点险,万一抓不到呢,这是外面冒险心理的延续。”违禁品进来了,但是如果真正落实了搜身等检查制度,也会很容易发现。但是监狱职员也是人,他们也有难处。一位姓李的职员对笔者说:

> 按照搜身检查来讲,不应该有违禁品带进来,但是几百个犯人你(职员)不可能全部给他脱个光光来查。有可能就有违禁品带进来。如果出事了,就是你(职员)的责任,如果没出,你(职员)就过去了。

服刑者的违规动力还源于监狱职员的违规行为,这就是“上梁不正下梁歪”。监狱职员诸多违规行为,无疑在服刑者中间起到了示范的作用。有一位监区领导在监区长培训期间对笔者讲:“现实生活中我还没有发现过不违规的人,无论是犯人还是监狱警察。”

---

① 王捷:《监狱学经典》,大领航国际文化事业有限公司2004年版,第三章第3页。

② 王捷:《监狱学经典》,大领航国际文化事业有限公司2004年版,第三章第3页。Michael G Santos, *About Prison. Belmont*, Wadsworth/Thomson Learning, 2004, pp. 105 - 107.

③ [德]托马斯·莱塞尔:《法社会学导论》,高旭军等译,上海人民出版社2008年版,第299页。

服刑者K一语道破:

不是说犯人在违规,犯人的能耐是有限的。实际上还是制定政策的这个人,自己在违规。是他们通过各种途径想办法把东西拿进来。各种各样的因素在作怪。不是说我们,我们有什么本事呢?东西怎么能拿进来呢。他要通过外边那道门,还有那(第二)道门,然后通过我们中队这道关。也就是说,他一个人已经过了三道关了。过了三关,要几个人同意呢。习以为常了,见怪不怪了。上边讲的一套做的一套嘛。好像一贯都是这样子的吧。不光是监狱这样子,外边也是这样子。这不是哪个人能改变得了。

监狱里的违规行为,不只是现在,也许自打有监狱那一天,就从没有停止过。一群人生活在狭小压抑的环境中,没有哪个人会心甘情愿"做奴隶"。他们要用自己的智慧超越这个空间,寻找生命的意义,违规就是一种超越。也许违规是人的天性。"循规蹈矩的生活的确会造成某种程度的紧张、挫折和不耐烦",因而"消除这些压力的一个方法就是在特殊场合或特殊系络偶尔把规则扔在一边"①。马林诺夫斯基也认为:"原始人的法律规则为社会力量所维护,(被公众)理解为合理的和必需的,具有灵活性和调解力。""我们真切地感到土著居民对责任和特权的观念,与文明社会几乎如出一辙——事实是在某种程度上他不仅曲解法律而且还时常违反法律……"②如果反过来说也许道理依然成立,那就是说现代社会的人与初民社会的人没什么两样,他们总是在违规中寻求一种生活的意义。

第二种抗争的表现形式是"恨乌及屋"。

前边提到,有时监区职员可能会有自己的"关系户",或者服刑者通过积极表现而受到监区职员的器重,这对于"加速改造"无疑是件好事。但是有时这种与监区职员的特殊关系会给自己带来麻烦。监狱职

① [美]基辛:《文化人类学》,张恭启、于嘉云译,巨流图书有限公司2004年版,第367页。

② [英]马林诺夫斯基:《原始社会的犯罪与习俗》,原江译,法律出版社2007年版,第51页。

员在管理过程中,肯定免不了"得罪"人。而被"得罪"的服刑者一般不会直接报复职员。他们可能会选择相对委婉的方式。其中最有力的委婉方式就是对与这名职员关系好的服刑者进行打击报复。一位服刑者说:"××是某教的人,他不敢惹我,惹我我就给他好瞧的。"言外之意:"你某教不给我面子,休怪我不给你的人面子。"一些服刑者会用这种方式给监狱职员施压。实际上,监狱职员在管理过程中,必定会产生一定的私人感情。某服刑者说过,饲养员和动物呆久了,也会有特殊的感情,更何况是人与人的交往呢?

第三种抗争的表现形式是让他(职员)出事。

这是一种非常直接的报复手段。最近几年,各种制度对监狱职员的管束越来越严格,对职员的处分力度也在加大。上级部门的领导会有意无意地透露出这样的信息:"工作要认真,弄不好就得'扒衣服'(辞退)。"这并非危言耸听,近年来经常有一些监狱职员因为工作严重失职被辞退,甚至因玩忽职守成为阶下囚。对于这种形势,服刑者看在眼里,并善于抓住职员的这条"软肋"。他们中有人公开扬言:"一定要弄出点动静来,让××(职员)扒皮①。"有的只是喊一喊,嘴上痛快,有的则可能付诸行动。服刑者有时会以极端的手段,制造一些重大的监管事故,以使所痛恨之职员被辞退甚至判刑。这是一种以弱转强、以弱胜强的策略,被翟学伟教授称为"弱势权威","在一方缺乏强势时采用一哭、二闹、三上吊等行动来获得柔弱胜刚强的效果"。②

第四种抗争的表现形式是为"权利"而斗争。一位监狱职员很无奈地说:

现在的犯人,在他们的眼中,什么干部啊,就是理所当然的。以前对干部的讲话都是:"我可以不可以?"现在是"你应该这样",这明显变了。外出就诊,我应该出去。自从提出"人性化管理",犯人维权太过分了。以前见到干部,离多远,笔直笔直地让干部先走,现在与干部并

① 扒皮,是指职员被辞退,不能再穿警服。

② 翟学伟:《人情、面子与权力的再生产》,北京大学出版社2005年版,第215~216页。

排走，还抢道呢。监狱职能在弱化，监狱以教育为主，教育有什么用？教育不是万能的。饭菜不好，犯人要找。你敢对犯人动动手，他们就把你告倒。他们还不断地要求休息权利、打太极拳的权利，要求改善伙食……总而言之，他们越来越不像犯人了。

很显然，这些被监狱职员看不惯的行为，正是文明管理下的必然产物。服刑者不再如奴隶一样任人宰割，他们打着"人权"和"人性化"的大旗，进行着局部的斗争，而这种"局部斗争就是反规训"。①

（六）强者的温柔

从理论上或者常识上讲，监狱对服刑者进行惩罚与强制是天经地义的事。但实际上，随着依法治监水平的提高，"一根电警棍顶半个指导员"的时代已经一去不复返了。好多监狱职员抱怨，好多年没见过电警棍了，而新职员则从来也没有使用过电警棍。

也许在一些人眼中，监狱职员之于服刑者，那是天生的强者。他们可以理直气壮、义正辞严，因为他们是绝对的权威，他们代表着法律和政府。但是，长久工作在高墙内的监狱职员，并非铁石心肠的凶神恶煞。

有的职员与服刑者之间会日久生情。服刑者D讲了一件令人感动的事——

端午节的时候，当然我们中国有个传统，要吃粽子，在劳改队来讲，就没有这么幸运了。有的中队会给犯人安排吃粽子。尽管家里惦记着，但也不可能有这个条件，专门为我送几个粽子来。所以说吃个粽子对劳改犯来说就是一个奢望了。今年端午节就发生了这样一件事情，端午节的晚上我当夜班（通宵的）的时候，我们的一个干部，他叫我，说待会儿点名以后，你到警务室来一下，我以为很正常的叫我什么事情。十点以后我就去了，他从桌上的塑料袋里拿出了两个粽子，他说今天端午节，我上班的时候，从家里拿了几个粽子作为自己的晚饭，我特意多带了两个给你。事情很小，不算什么，任何一个

① 刘永谋：《福柯的主体解构之旅》，江苏人民出版社2009年版，第172页。

普通的家庭,两个粽子不算什么的,但是在监狱这个特殊的环境中,他给人的意义就不一样了。最起码我感觉到,这位警官心里还惦记着我,我当时眼泪就掉下来了,很感动……(哽咽,用纸擦泪)在社会上,这事太小了。

人不会无缘无故产生这种情感,包括这位职员与服刑者的感情。原因是D在监狱里研究《易经》,并经常与监狱职员共同探讨易经里的一些人生道理。久而久之,职员与服刑者之间便产生了一种特殊的感情。基于这种感情,监狱职员在值班时给D带来了粽子。

服刑者喜欢经常"放一马"的职员。"放你一马"意指手下留情。"放一马"又可以理解为"睁一只眼闭一只眼"。监狱职员也时常会以此种手段来达到缓和冲突与矛盾之目的。因为如果总是严格按规定办事,"丁是丁,卯是卯",有时会适得其反。"放一马"的功能不仅是稳定服刑者的改造情绪,更重要的是会让服刑者有一种"亏欠"的心理。如果某次放了某服刑者"一马",他便会记在心里,他得寻找机会还这笔债。因为监狱里没有什么资源可以回馈,只能以不给此职员添麻烦为最佳报答方式。一旦该监狱职员日后陷入困境,此服刑者也不会袖手旁观,他一定会挺身而出,或者暗地里帮这位职员的忙,这可能是最好的"还债"时机。一些监狱职员在总结管理的成功经验时,往往也把这一点作为必备技巧。也许宽容的力量能使服刑者更平稳地生活,服刑者一般很知趣,不会得寸进尺。服刑者S说:

他们也就睁一只眼闭一只眼的。他们也知道我,我就这点爱好,平时你看我打打牌,我高兴就玩两把,不高兴我就不玩。这些把柄我还不会给他们留下的。谁赌博了,这个那个的,你找不着我。我并不跟他们这些人搅一块去胡打滥凿的。你看我稀里马哈的,真正遇到什么事时,我不会给他们留任何把柄的。

近些年来,人性化管理被广泛地宣传。"有酬劳动""购物超市""亲情餐厅""亲情同居""狱内结婚""选择发型""心理咨询"等一系列"人性化"举措,在亦褒亦贬的声音中,不断花样翻新。尽管2004

年司法部曾经以内部发文的形式要求各监狱停止"人性化"的提法。① 然而,"人性化"已经成为监狱管理者乃至服刑者的共识。一位监狱职员对我说:"我们讲以人为本,我们是要管理他们,还是要服务他们?我们讲的以人为本,到底是以什么人为本,是以犯人为本,还是以监狱警察为本?我认为是犯人更重要。"服刑者们在"人性化"管理中寻找到了做人的尊严,他们中的大多数人都珍惜这种相对宽松的改造环境。然而,"人性化"给人们的印象就是管理上的"软",这一点无论监狱职员还是服刑者都强烈地意识到。狱方即便对付"混蛋"也不再简单采用"野蛮"的办法。任何事情都有其两面性,因而有人担忧:一味地强调人性化,监狱本应具有的惩罚功能就会弱化,长此以往监狱就不再像监狱了。

四、结语:"活人""活法"与"活地"

许章润先生在其《说法活法立法》一书中写道:"法律之为法而有效,恒在于对一定人文类型既有之多数人的生活常规与一般通义学理的肯认与积累,从而作为一种社会记忆中的生活的智慧,予此多数人的人世生活以人间秩序。换言之,即基于人间秩序的常态、常规与常例,表达出人世生活的常识、常理与常情。从而,法律的规则即为生活的规则,法律的意义即为生活的意义,尽管生活的规则和意义不止于此。"②

许先生的理想是好的,他希望我们的立法者都能制定出符合"人世生活的常识、常理与常情"的法律来。然而,这种理想可能永远也不会实现。除非我们把法律概念不再拘泥于国家制定法,而是同样包括类似于尤根·埃利希所说的"活法"。因为人们的生活除了受到国家制

① 江山告急:《天平的两端——中国监狱"人性化管理"的法制和人权之争》,载 http://blog.sina.com.cn/s/blog_413274af010005s7.html,2010年3月10日访问。

② 许章润:《说法 活法 立法——关于法律之为一种人世生活方式及其意义》(增订版),清华大学出版社2004年版,第54页。

定法的影响外,还一定要受到"非法"的因素影响。过去"很多形式的非官方法(既非国家制定也不被国家明确承认的法)不被称为法律和非法律说法中的'法'。但是,现在,越来越多的法律理论家承认它们是真正的'法'"。① 有一些可变力量参与到法律的运作中,习惯能够改变法律,同样成文法在运用的过程中为了取得预期效果就得有所取舍。② 这样就使"法"无论是创设还是运作都更具多元化,成为名副其实的"活法"。

真正的法存在于普通人的普通生活中,是活在人们心中的规则。人在微观社会交往中总要有些艺术性和策略性,而不是到处充斥着冷冰冰的法。例如,戈夫曼的"社会拟剧理论"、③冯·诺伊曼和摩根斯顿的"博弈论"④等许多关注日常生活的理论都是建立在"人是智慧性社会动物"这一理论假设之上的。

有日本学者介绍:日本在行刑理念上越来越以服刑者与监狱职员情感联系为中心。工厂负责人(监狱职员)被服刑者称为"老爹"。"老爹"像家长一样,与服刑者共同生活,监督服刑者,并照顾服刑者的衣食起居,从而建立起"强烈的情感上的信赖关系","这种信赖已经超过了刑务官与受刑人的身份。为了不给'老爹'带来耻辱,受刑人也会谨慎自己的行为以免违规,并在朋友中施加压力,避免他们违规。这样就保证了监狱内秩序的稳定,即使没有一名刑务官携带武器,也能对人数众多的受刑人实施有效管理"。⑤

---

① [比]马克·范·胡克:《法律的沟通之维》,孙国东译,法律出版社2008年版,第21页。

② Jill D. Harries, Resolving Disputes: The Frontiers of Law in Late Antiquty, in Mathisen, Ralph W., Law, society, and authority in late antiquity, edited by Mathisen, Ralph W. New York: Oxford University Press, 2001, p. 68.

③ [美]戈夫曼:《日常生活中的自我呈现》,黄爱华、冯钢译,浙江人民出版社1989年版。

④ [美]冯·诺伊曼、摩根斯顿:《博弈论与经济行为》,王文玉、王宇译,三联书店2004年版。

⑤ [日]本庄武:《日本受刑人处遇理念的变迁及今后展望》,曹菲译,载陈兴良:《刑事法评论》(第24卷),北京大学出版社2009年版,第202~219页。

在西方社会，监狱秩序也并非全靠硬性的规则来维持。在戈夫曼看来，服刑者在狱内存在两种相互结合的“适应”，即“初级适应”和“次级适应”。“初级适应是指那些由社会个体作出的用以符合秩序制度要求和预期的行为调整。相对照，次级适应是指人们的行动和思考问题的方式所发生的，未经认可但已成习惯性的，与制度预期相反的调整。”“人们将次级适应再次区分为两种：一是那些侵蚀组织惯例的次级适应，二是那些被人们默认的作为社会组织日常运行的正常的调适。”①戈夫曼进一步解释道：次级适应表现为这样一种状态，即个体的角色和自我脱离于体制所承认的范畴。② 也就是说，人们在监狱中接受惩罚往往既要遵守成文规则，又要遵守另一种被大家默认、被普遍遵守的成规。

正是这种由服刑者和监狱职员共同创造的“自生自发的秩序”，使监狱并未造就为纯粹国家意识形态的机器。③

陶孟和先生曾经说过：“制度本来是死的，可以使那制度变为活的，变为有生气的就是人。”④事实上，人不仅仅使制度变活，他们还能在特定的环境下创造活的制度，那就是“活法”。在监狱这个封闭之所，人是活的，法是活的，故监狱注定是一片生机盎然的“活地”。

---

① ［英］马丁·因尼斯：《解读社会控制——越轨行为、犯罪与社会秩序》，陈天本译，中国人民公安大学出版社2009年版，第106~107页。

② Erving Goffman, *Asylums: essays on the social situation of mental patients and other inmates*, Doubleday, 1961, p. 189.

③ Louis Althusser, *Lenin and philosophy and other essays*, trans by Brewster, Ben, Monthly Review Press, 2001.

④ 陶孟和：《孟和文存》，上海书店2011年版，第7页。

《法律和社会科学》(2015)
第14卷第1辑,第112～168页

清代的男风犯罪

陈寒非*

摘要:清代男风案按照犯罪主体和情节的不同可分为强奸幼童案、男子拒奸杀人案、儒师/僧道犯奸案、狎优蓄伶案、容留卖奸案以及特权阶层犯奸案等。通过分析各类男风案例,得出清代司法处理男风案的总体特点是严苛与宽容交织并存。影响司法的因素包括:政策、治安、教化、司法官个人偏好和士大夫对男风文化之认可等多个方面。清代治理男风犯罪首先表现出严苛的一面,试图通过司法对这一社会问题进行严格控制,但由于司法受到上述诸多因素的影响,最终导致失控的局面。这正是引致男风泛滥的重要原因之一,从而加剧了以《大清律例》为核心的法律控制体系的松弛。

一、问题的提出

犯罪是人类社会常见的社会现象,犯罪史是社会史与法律史研究的重要内容。性关乎人的本能,

---

* 陈寒非,首都经济贸易大学法学院讲师,电子信箱:wschenhanfei@163.com。

关乎社会秩序的稳定,有关性犯罪的问题古今都存在,由此产生不少法律规制措施。由于性犯罪主要是在异性之间发生,因此,社会史研究往往将目光聚焦于异性之间的性犯罪等方面,却很少关注同性之间发生的性犯罪问题。事实上,同性之间存在性关系的现象古已有之。在中国古代,由于受到男权主义的影响,妇女地位比较低卑,关于女性之间性关系的相关史料极少,古史典籍付之阙如,学界亦未遑深论。[①] 职是之故,学者所讨论的古代同性性关系主要是指男性之间的性关系,比如本文所探讨的"男风"。[②]

儒家对待"性"大致有两种迥然不同的态度。一方面,儒家认为"万恶淫为首","性"乃祸乱之源;另一方面,儒家对性也给予承认与肯定,认为性乃人之本性。既然性一方面是人之欲望,容易纵欲而远离礼义廉耻,另一方面又关乎生命繁衍和社会维系,因此为了调和这一矛盾,儒家建构起的男尊女卑婚姻制度以及婚姻伦理秩序,成为封建社会家庭的主要形态。儒家伦理对异性之间的性关系尚且如此严苛,形成诸多规则形制,并催生出一整套以礼、律、令为特点的婚姻制度,[③]贯穿于这套制度的核心就是"人伦"观。人伦观念应起源于男女夫妇之伦,此之为人伦之始,这一认识成为历代儒家身体力行的基本思想。

与之相反的是,男性之间性关系不仅无法承载上述功能,而且严重

---

① 以中国期刊全文数据库所收录文献为例,笔者以"同性恋"为题名关键词,精确检索1978~2012年所有文章,经过筛选,共得420篇。再对这些文献以"古代"为条件在结果中搜索,共计48篇,其中,以古代"男风"为主题的文章足有44篇。可见,从学界对古代同性恋的探讨情况来看,主要是集中于探讨男同性恋,极少涉及女同性恋。由于历史文献中关于女同性恋的记载极少,史料的匮乏使得这方面的论述无法深入展开。检索的时间段为2013年8月25日14时30分至16时58分,由于数据库会不断更新,因而不同时间检索的结果会有不同,故有必要在此简单说明。

② 鉴于古代"男风"一词有特定的含义,不完全等同于现在所指的同性恋,古代"男风"主体其实大多是属于双性恋,故本文将主要使用"男风"一词。

③ 中国婚姻制度,导源于礼,而范之以令,裁之以律。违礼则犯令,犯令则入律,入律则有刑。唐宋以降,律令而外,复有格式诏制编敕之类,随代而变,名目滋章,要皆礼为本,辅律而行,是为中国婚姻制度之特色。参见陈鹏:《中国婚姻史稿》,中华书局2005年版,例言第1页。

违背儒家的“人伦”观,因而受到强烈责难。虽然先秦儒家对一般的同性恋现象并未持坚决反对之态度,似乎并未对其产生足够重视,但是对涉及国家政治的君臣男风(如男嬖政治),孔孟等先秦儒家则鲜明表态并持批评抵制态度。[①] 当然,同性恋现象在人类历史上本就存在,霭理士对此进行了生物学、心理学等方面的解释,认为属于“性的逆转”,[②]在人类社会中属于“异态”且仅在极小范围内存在。但是排除这些属于正常比例的同性恋现象不谈,这种违背儒家礼教且受其抵制的同性之爱仍有如此大的影响,乃至在中国历史上特别是在清代蔚然成“风”。

及至宋明程朱理学,一场影响深远的禁欲运动肇始。这场运动禁锢着人的性欲,并一直持续到清末。禁欲主义进入公共道德空间,不仅形成法律之外的无形枷锁,而且成为立法和司法的指导思想。鉴于男风与传统儒家礼教的相背以及所造成的恶劣后果,清代将其上升到律法层面。对比明清关于男性之间性犯罪的律例条文,我们可以得出两个结论。第一,立法进一步严苛化。明代对于男性之间性犯罪的规定比附“秽物入口律”,刑罚为“杖二百”。而清代对男性之间性犯罪的限制是极为严苛的,相应的处罚也极为峻苛(如恶徒伙众强抢良人子弟鸡奸,为首者可“斩立决”)。第二,立法进一步精细化。明代对于男性之间性犯罪的规定并未正式见于律例,而是笼统地比附参引。清代则在作为主要正式渊源的律例之中对此予以明确规定,[③]而且依据主从、服制、良贱等不同的因素定罪量刑,立法更为精细化。然而,与律法严苛与精细相对的是,清代男风现象并未得到有效控制,而是较明代愈炽。如果说明代男风“极盛”,

① 张在舟:《暧昧的历程——中国古代同性恋史》,中州古籍出版社2001年版,第57~64页。

② [英]霭理士:《性心理学》,潘光旦译,商务印书馆1997年版,第296~338页。

③ 根据何勤华教授的考证,清代的法律渊源表现形式是多元的,其中《大清律例》等国家正式法典在审判活动中是得到严格遵守的,并且作为最主要的渊源,同时成案、习惯法、情理、律学著作等也是司法官判案的重要依据。尽管如此,但在适用时,多元的法律渊源又被锤炼成一元的规则体系,以维护统一的社会秩序。参见何勤华:《清代法律渊源考》,载《中国社会科学》2001年第2期。

那么清代可谓之“猖狂”。[①] 清代男风之盛可见于野史、文学作品或文人手记中的描述，不仅存在于皇室贵权阶层，而且在士大夫以及庶民之间也相当普遍。（这一点将在下文详细阐述）我们从《大清律例》中关于男风的律例不难看出男性之间性行为的刑罚化取向，这似乎可以说明朝廷对男风态度的严苛，然而这种严苛并未有效抑制男风在社会上的广泛存在与蔓延。那么，我们要思考的是，律法的严苛为何并未达到理想的抑制效果？司法在处理男风案时具体有何种考量，换言之，哪些因素影响到了司法对男风案的处理？本文对清代司法处置男风案的具体过程进行探讨，试图从司法层面对这些问题进行解释。

尽管男风是一个“非主流”的话题，但近世学人对此亦相继展开过研究。潘光旦对中国文献中同性恋实例进行了梳理。他在对“男风”进行了溯源性考察的同时，还分别列举正史和稗官野史中的一些同性恋实例并进行分析，认为从文献上来看，六朝以后“正史所载既不可得”，因而不得不求诸小说与稗官野史，尤其是明清两代，稗官野史留存于今的既多，同性恋的例子也就比较容易找到。此外，他还对中国文献中对同性恋的原因解释进行了探寻，认为“后天说”中的“环境劫诱说”具有一定地位，而“后天说”中的“意志堕落说”存在问题，“先天说”中“淫恶果报说”与“因缘轮回说”的应该放弃，需要代之以遗传之说。[②] 潘光旦的研究为后世研究男风问题时的资料索取提供了“图谱”，也暗示了资料取向上的单一化特点。这种资料来源的特点直接决定了后世在研究男风问题上难以摆脱既有的窠臼。

王书奴曾系统考察中国娼妓史，认为男色在明代不仅存于天子，而且官吏、儒生均有此好，并总结出明代男色的六个主要特点：“第一，男色以闽中‘契兄弟’、‘契父’为最甚；第二，囚徒戍卒，俱不能

① 王书奴：《中国娼妓史》，上海书店 1992 年版，第 317 页。

② 潘光旦：《中国文献中同性恋举例》，载［英］霭理士：《性心理学》，潘光旦译，商务印书馆 1997 年版，第 716～748 页。

免,知明代男娼嗜好,已普及于民众;第三,此风盛行于江南,而渐染于中原;第四,明代娼妓亦以鸡奸行为,献媚游客;第五,明代燕都男娼叫'小唱',因宁波临清籍贯不同,遂有南北小唱之分;第六,男娼媚丽,儇巧西北逊于东南。"①他随后探讨了清代的男色状况,认为清代男色之风承于明代,猖狂至极,于乾隆朝极盛。清代男色主要有以下三个特点:第一,士大夫所狎男色,半为优伶,其中既有高官者,也有幕僚;第二,北京男娼下处,设备完密,与女闾一样;第三,北京为男娼之中心,其原因包括"从前北京女娼太过陋劣""后起优伶大半北籍"以及"伶人之狎女娼"等。②

香港学者小明雄认为,男风在明代兴盛,不仅为天子之好(如明武宗),而且还是士大夫与庶民之好。他结合自己对中国传统社会同性恋的研究,总结出中国古代传统社会存在一种"隐蔽式恐同性恋"的现象,并对闽南等地同性恋现象的原因进行了概括,认为闽南男色兴盛之因与当地外出航海谋生之习俗有关。③

苏成捷(Matthew H. Sommer)通过大量司法文书档案,从社会形态与观念变迁角度,宏观考察古代性犯罪与法律问题,探讨司法在处理性犯罪问题时的态度与策略。他从中国古代性规范的变迁、强奸罪、同性恋与性别角色、强奸罪、寡妇、娼妓六个方面讨论了古代性别秩序与法律之间的关系。从唐代到清代,性犯罪呈现的总体趋势主要是阶级身份差异逐渐弱化,而道德约束作用日益强化,如清代司法在处理强奸罪中的"良贱"问题时就是以道德上的"贞洁"与"污名"予以衡量,鸡奸罪也是如此。作者另一个贡献是,选择从社会经济发展的角度对性犯罪进行解释,认为鸡奸案件在清代大量出现的根本原因在于,社会经济发展导致不平等性秩序的出现以及无业游民的

---

① 王书奴:《中国娼妓史》,上海书店1992年版,第230页。

② 王书奴:《中国娼妓史》,上海书店1992年版,第317~328页。

③ 小明雄:《中国同性爱史录》(增订版),珠江三角洲出版社1997年版,第25~47页。

剧增。[①]

M. J. Meijer 通过研究《刑案汇览》《刑案汇览续编》《驳案新编》以及《读例存疑》等所载成案，总结出清代男风案四个方面的特点：第一，只要当事人出于自愿，清代法律并未严格区分异性之间与同性之间的婚外性交行为；第二，禁止奸淫可能是出于保护现存婚姻或保护妇女婚前贞节这一动机，而禁止同性之间性交的动机可能归因于对男人会因此而无法履行传宗接代义务的恐惧，但这一动机并未在法律与司法中明确表达；第三，同性恋犯罪更多地会产生一种名誉上的损害以及道德上的谴责；第四，清代的同性恋犯罪往往伴随着杀人、敲诈等行为，即使是自卫而杀人的场合，也不能因此而减轻犯罪者的刑事责任。概而言之，传统中国法律对同性恋犯罪的处理方式似乎更充满智慧且更温和。[②]

Vivien W. Ng 的研究以 17 世纪中国的社会环境为背景，首先探讨了古代文献中的同性之爱（homosexual love），其次探讨了这种同性之爱与儒家意识形态之间（Confucian ideology）的关联，最后分析并讨论了官方对这一现象的回应和处理情况。在 Ng 看来，满清政府在处理同性恋问题时实际上是将其纳入国家治理的轨道之中。满清在取得政权后，继续推崇儒家的“正名”（rectification of names）原则，要求“各安其分，各守其职”，并将这一伦理要求上升至法律规范，采取道德与伦理的双重治理策略。同性之爱打破了这种伦理道德要求，违背了“正名”原则，因而是无法忍受的。从各种司法档案判决中，可以最终发现，清政府反对同性之爱的根本原因就在于它无法承担儒家所赋予的传宗接代以及恪尽孝道的义务，因而它往往比妇女的不贞更无法让人容忍，因为妇女的不贞可以通过其他女性代替，而不会影响到家族香火延续的问题。所以，从某种意义上来说，清代对同性恋的态度是从明末

---

① Matthew H. Sommer, *Sex, Law, and Society in Late Imperial China*, Stanford University Press, 2000, pp. 114 – 165.

② M. J. Meijer, Homosexual Offences in Ch' ing Law, T' oung Pao, Second Series, Vol. 71, Livr. 1/3 (1985), pp. 109 – 133.

"中立"逐渐走向"恐惧"(fear)。①

何志宏通过研究大量的古代文献,尤其是笔记小说、稗官野史,从社会文化史的角度分析了男色从晚明的"复盛"到清代的"兴盛"之中的历史因素。首先,由于时代的特殊性以及延续性的社会文化的发展动力影响下,使得性逐渐具有开放性的趋向。其次,明清两代除了对男色有一种批评的紧张性关系的同时,受"重情"与"博学致知"思潮的影响,对世间百态开始用理性的态度加以思索,从而催生出了一种解放性的力量。最后,柔媚化是明清男色的主要审美观,18世纪以来的优伶更注重个人自我修养,主要是为了迎合士人的审美需要。②

刘达临认为,明代男风兴盛的原因主要表现在三个方面:第一,由于受程朱理学、封建礼教的影响,实行性禁锢。第二,在宗室家庭观念的影响下,对异性之间性行为严格控制可以避免扰乱家庭与宗室的秩序,而同性恋并不会导致血统的紊乱,且不会扰乱宗室家庭秩序,因而加以放宽。第三,男风与法律并不相互抵触,在某些地区还起到一种"团结互助"的作用。清代男风达到前所未有的高峰,也有其深刻的社会、历史原因。概括起来主要有两个:一是清代统治者对性的控制依然严苛,为了保持统治的稳定,同性恋成为一种为统治者默许的性关系;二是清代同性恋之兴起与亡国之恨有很大关系,成为士人逃避政治的办法。清代男风的特点在于:士大夫所狎男色多半为优伶;男妓盛极一时;男风也多发生在士子之间。③

吴存存从文学史的角度对清代男风现象进行研究,认为"清代士人

---

① Vivien W. Ng, Homosexuality and the State in Late Imperial China, in edited by Martin Bauml Duberman, Martha Vicinus, and George Chauncey Jr., *Hidden From History: Reclaiming the Gay and Lesbian Past*, Markham, 1985, pp. 76 – 89. Vivien W. Ng, Ideology and Sexuality: Rape Laws in Qing China, *The Journal of Asia Studies*(1986 – 1998), Feb. 1987, Vol. 46, No. 1, pp. 57 – 70. 应该说,Vivien W. Ng 这两份研究的主要观点大同小异,存在一定的相似性和关联性。

② 何志宏:《男色兴盛与明清社会文化》,国立清华大学2002年历史研究所硕士学位论文。

③ 刘达临、鲁龙光:《中国同性恋研究》,中国社会出版社2005年版;刘达临:《性与中国文化》,人民出版社1999年版。

的狎优蓄童习气是直接从晚明社会盛行男风的潮流中沿续而来的,但清人比明人更为投入,改朝换代的政治巨变没有打断这方兴未艾的行乐风气,它反而更加活跃热烈"。同时,她不赞同以往对清代男风现象兴盛原因之解释,认为清代男风并非是由于官方禁妓后所寻找的一种替代品,而是士人对狎优蓄童行为的热烈兴趣。①

林星群从儒家伦理法思想发展的角度解释清代男风现象,清代司法在处理男风案时体现出儒家伦理法精神。清代男色盛行的原因就在于社会性爱风气的糜烂,加之社会财富多年的聚积,以及清政府的"禁妓令"等,无论是皇室贵族阶层,还是官员士人阶层、坊间庶民阶层都对此乐此不疲。她对清代的男风律例进行类型化概括,认为主要包括保护幼童免遭性侵犯和性迫害、维系良贱之间的鸿沟不得逾越、严惩极具恶性的鸡奸类犯罪行为、限制男子拒奸杀人拟杖流的适用条件、严本宽济地处理洋盗案内被胁鸡奸者五类男风律例的规定。最后,清代法律对男风案的规制受限于儒家伦理法思想。②

从上文所列比较具有代表性的研究文献来看,③近人对男风现象

---

① 吴存存:《清代士人狎优蓄童风气叙略》,载《中国文化》1997 年第 Z1 期。

② 林星群:《清代法律视野下的男风现象》,重庆大学 2009 年硕士学位论文。

③ 除上述比较具有代表性的文献之外,可供参考的相关文献还有:Keith McMahon, Eroticism in Late Ming, Early Qing Fiction: The Beauteous Realm and the Sexual Battlefield, T' oung Pao, Second Series, Vol. 73, Livr. 4/5 (1987), pp. 217 - 264; M. J. Meijer, An Aspect of Retribution in Traditional Chinese Law, T' oung Pao, Second Series, Vol. 66, Livr. 4/5(1980), pp. 199 - 216;张杰编:《断袖文编——中国古代同性恋史料集成》,天津古籍出版社 2013 年版;史楠:《中国男娼秘史》,中国华侨出版社 1994 年版;武舟:《中国妓女生活史》,湖南文艺出版社 1990 年版;矛盾等:《中国古代小说中的性描写》,百花文艺出版社 1993 年版;[荷]高罗佩:《中国古代房内考——中国古代的性与社会》,李零等译,商务印书馆 2007 年版;潘绥铭:《中国性现状》,光明日报出版社 1995 年版;吴存存:《明清社会性爱风气》,人民文学出版社 2000 年版;萧国亮编:《中国娼妓史》,文津出版社 1996 年版;崔荣华:《明清社会"男风"盛行的历史透视》,载《河北学刊》2004 年第 3 期;施晔:《〈闽都别记〉的同性恋书写及古闽男风文化》,载《社会科学》2008 年第 7 期;施晔:《明清同性恋小说的男风特质及文化蕴涵》,载《文学评论》2008 年第 2 期;施文斐:《男风世界中的"欲色"与"至情"——略论〈宜春香质〉〈弁而钗〉中的冲突、调和与规范》,载《名作欣赏》2013 年第 2 期;王博:《〈品花宝鉴〉之男风研究》,浙江大学 2009 年硕士学位论文;吴桦:《中国古代男风视野下的〈品花宝鉴〉研究》,重庆工商大学 2011 年硕士学位论文;魏墨青:《中国古代男色文学研究》,山东大学 2012 年硕士学位论文,等等。

的研究主要存在三个不足之处:第一,研究视角较为单一。学界以往对男风问题的讨论主要选取文学史、文化史以及社会史视角(如何志宏、刘达临、吴存存等人的研究就是从社会文化史的角度展开),鲜有学者从法律史角度对男风问题进行考察。苏成捷、M. J. Meijer等人的研究虽然已经注意到应从司法的角度对这一问题进行考察,然而令人遗憾的是,这些研究在从司法的角度考察时却走向了另一个"极端"——从细处着眼,或者"沉浸"于对清代相关律例的"注解",或者单纯对男风案进行类型化分析,无法在此基础上更进一步推进,反思清代男风成因与司法之间的关系互动问题。这种研究视角的缺位无疑为我们探寻清代男风现象增加了障碍,导致无法揭示男风兴盛背后的真实原因。

第二,研究资料"单一化"。由于受时代和观念的局限,关于男风问题的文献资料主要参见笔记小说、稗官野史,而正史对其记载较少,鲜有提及。因而,以往对男风问题的研究也就无法摆脱资料来源的束缚,资料的局限性也就决定了结论的片面性。例如,潘光旦、王书奴、何志宏和刘达临等人的研究都主要以野史笔记小说为其资料来源,而忽略了一个重要的资料来源,即清代"成案"中所载男风资料。事实上,司法中的"成案"不仅是清代的重要法源,同时也是当时社会生活的真实写照。这也就导致他们的研究或者是立足于男风文献的梳理,或者是从社会文化史的角度进行阐释,无法继续深入到更为宏观的国家治理的层面,而将资料来源扩展到"成案"就能从更加宏观的层面对这一问题进行思考,因为司法对男风案的处理方式无疑体现了国家对这一问题的态度和策略。

第三,从研究内容上来看,学界以往的研究往往立足于对男风现象成因的解释,然而由于上述研究视角和研究资料的局限,这些解释无法突破既有的窠臼。尽管社会文化方面的原因也是一个重要方面,但政治经济等方面的原因可能更为重要,是研究者绝对不能忽视的。因此,在研究内容上,应该综合考量社会文化、政治经济以及法律制度等多方面的因素,特别是要注意清代司法实践对男风兴盛的影响。鉴于此,本文的研究将在前人的基础上进一步推进,从研究视角、研究资料以及研究内容等方面作进一步的拓展,重点分析清代司法对男风案的处置过程以及影响司法的因素。

二、清代司法对男风案处理的基本情况

为了便于深入分析清代司法对男风案的处置情况，笔者拟选取《刑案汇览》《续增刑案汇览》《驳案新编》《驳案续编》《刑部比照加减成案》《刑部比照加减成案续编》《大清律例会通新纂》，以及清代笔记、名吏判牍等文献资料中所载的案例，以此为本文研究的主要资料来源（共计69件，见表1）。需要说明的是，清代成案汇编类的文献资料还有多种，笔者此仅以清代较为重要的案例汇编为基础进行分析，如有疏漏，待日后补充。所幸的是，从当前所掌握的资料来看，清代文献所载男风案例的基本类型较为固定，因此，我们有理由相信其他文献所载案例也无出其右。在此基础上，笔者根据案情的不同将所搜集查阅的69个清代男风案例大致分为七类，下文将分述之。在分析各类男风案的处理情况之后，笔者将进一步总结清代司法处理男风案之特点及影响司法处置男风案的因素。

表1　清代“男风”案汇总

序号	案名	时间及类别	出处
1	男子拒奸扎伤越十日后自碰身死	乾隆元年山西司案	驳案新编
2	男子拒奸擅杀	乾隆二十八年直隶司案	
3	比照因奸将良人子弟杀死	乾隆三十二年直隶司案	
4	鸡奸擅杀并无实据者驳改本律	乾隆四十六年直隶司案	
5	男子和奸羞愧拒奸擅杀	乾隆五十九年广东司案	驳案续编
6	拒奸踢伤雇主身死	嘉庆三年山东司案	

续表

序号	案名	时间及类别	出处
7	诱奸九岁幼童已成	嘉庆元年说帖	刑案汇览
8	强奸幼童未成幼童被父勒死	道光二年案	
9	奸十一岁幼童未成刃伤亲属	嘉庆十七年说帖	
10	鸡奸十二岁幼童未成	嘉庆二十一年现审案	
11	和尚鸡奸业已犯奸十岁幼僧	道光四年奉天司现审案	
12	强奸曾经犯奸之男子	嘉庆二十一年案	
13	强奸男子捆殴致伤未经成奸	道光三年案	
14	轮奸男子未经成奸	嘉庆二十二年案	
15	轮奸男子抠伤谷道	道光三年案	
16	轮奸犯奸男子已成	嘉庆二十四年奉天司现审案	
17	轮奸十二岁幼童已成	嘉庆二十四年案	
18	乘睡刁奸男子惊醒央求寝息	嘉庆二十年山西司现审案	
19	容止人在家通奸	嘉庆十七年说帖	
20	儒师鸡奸学生并僧奸徒弟	嘉庆二十三年说帖	
21	儒师奸拐学徒之妻	道光九年说帖	
22	职官鸡奸剃头之人和奸纠殴	嘉庆二十四年现审案	
23	雇工拒奸无据踢死雇主	嘉庆三年案	
24	职官挟优伶饮酒醉毙优伶	邸抄	
25	开设剃头铺纵令铺伙卖奸	嘉庆二十四年广西司现审案	
26	开设剃头铺鸡奸徒弟复令卖奸	嘉庆二十四年奉天司现审案	
27	客店容留男子鸡奸	嘉庆二十五年贵州司现审案	
28	男扮女妆符咒治病与人鸡奸	嘉庆二十三年说帖	
29	和尚被人鸡奸改扮女妆	嘉庆二十四年奉天司现审案	
30	伙抢被奸男子已成旋被夺回	嘉庆二十三年说帖	
31	恋奸抢夺犯奸年甫十二优伶	道光二年案	

续表

序号	案名	时间及类别	出处
32	免死盗犯在配拒奸杀人	道光五年案	续增刑案汇览
33	鸡奸败露致被奸人被父殴死	道光四年案	
34	因子被人图奸杀死图奸罪人	道光十四年案	
35	男子因无钱资助拒死奸夫	道光四年案	
36	男子拒奸伤人越日抽风身死	道光十三年案	
37	男子拒奸杀人尸亲供认可凭	道光十一年说帖	
38	男子杀奸拒绝他故杀死奸匪	道光十五年说帖	
39	首伙强行鸡奸致被奸人自尽	道光九年案	
40	调奸男子未成追忿自尽	道光九年案	
41	将人鸡奸复行张扬致人自尽	道光十一年案	
42	世袭都骑尉鸡奸犯奸男子	道光六年山西司案	
43	亲王将学戏幼童奸宿	道光十七年云南司案见邸抄	
44	委参领将护军鸡奸	道光十八年安徽司案见邸抄	
45	儒师鸡奸学徒	道光十四年案	
46	同伙两人各抢优人强行鸡奸	道光四年案	
47	将六岁幼孩强行奸污致毙	道光九年案	
48	鸡奸年甫十二同母异父之弟	道光十二年奉天司案	
49	聚集优伶家饮酒吸食鸦片烟	道光十七年十二月邸抄	
50	和同典买良家之子转典为优	道光九年浙江司案	
51	张添佩开设浴堂觅雇赵甫卖奸	嘉庆二十二年山西司	刑部比照加减成案
52	田玉等将靳自来子等窝留卖奸渔利	嘉庆二十一年山西司	
53	张汶通商同石进才轮奸赵陶气儿	嘉庆二十四年直隶司	
54	强行鸡奸已犯奸男子未成	嘉庆二十四年安徽司	

续表

序号	案名	时间及类别	出处
55	图奸幼子未成被殴伤致毙	道光九年河南司	刑部比照加减成案续编
56	贪利与人鸡奸后续奸时拒奸杀人	道光四年河南司	
57	调奸男子未成和息后因人耻笑自尽	道光九年河南司	
58	鸡奸败露在外扬言致人羞愧自尽	道光十一年陕西司	
59	哄诱鸡奸败露致致人羞愧自尽	道光十四年四川司	
60	僧人鸡奸九岁幼僧未成致其毙	道光五年山西司	
61	僧人诱奸已犯奸十岁幼徒	道光四年奉天司	
62	强奸男子未成伤非金刃	道光五年	
63	儒师和同鸡奸弟子	道光十年四川司	
64	轮奸已犯奸男子	道光七年	
65	轮奸年已十二之已犯奸男子	道光十年奉天司	
66	欲图鸡奸未成致人羞忿几欲自尽	道光六年山西司	
67	良人自愿卖子为优后被转典渔利	道光九年浙江司	
68	哄诱鸡奸后开设软棚卖奸渔利	道光十三年河南司	
69	拒奸踢伤雇主身死	嘉庆三年山东司	

(一)强奸幼童案

前文已述,清代律法对于幼童的保护较为严格。总体而言,清律从此前单一的保护幼女,到笼统比附“幼女”条例保护男童,再到后来明确幼童的法律地位,逐步完善。同时,保护幼童律例规定,强奸十二岁以下幼童未成则发遣黑龙江给披甲人为奴;将未至十岁之幼童诱去强行鸡奸者照光棍为首例斩决;强奸十二岁以下十岁以上幼童者拟斩监候,和奸者仍照虽和同强论律拟斩监候。然而,这只是在律法层面上的规定,在司法实践中又是如何处理的呢?下面将结合具体的案例进行分析。

根据前期整理,在本文所收集的69件"男风"案中(见表1),涉及"鸡奸幼童"方面的案件一共有8件(见表1-7、表1-8、表1-9、表1-10、表1-17、表1-47、表1-48、表1-55)。兹举三例代表性案件。

案例一:鸡奸十二岁幼童未成(表1-10)

"安徽司审拟拉柱等强奸钟儿未成一案。查拉柱与钟儿素不认识,嗣该犯与富明奉派赴贡院外围巡逻,同至酒铺沽饮,适钟儿向其讨吃,该犯见其伶俐,言明差竣雇其服役,钟儿应允,拉柱令富明借给钟儿布褂,一同行至贡院地方,时已昏黑,找觅派巡地段无着,商俟次日再找。该犯当与富明相商,欲向钟儿鸡奸,富明因畏该犯素来强横,不听人劝,未向阻止,即在不认识人家大门洞内睡宿,该犯乘钟儿睡熟,将其裤子拉下欲行鸡奸,钟儿惊醒不依,该犯抱住仍欲行奸,钟儿喊叫,未经成奸即被拿获。职等详核案情,该犯之鸡奸钟儿虽未毁裂衣服,惟钟儿年甫十二,无论成奸与否律同强论,该司将该犯依强奸十二岁以下幼童未成例,系旗人发黑龙江当差,情罪尚属允协,应请照办。(嘉庆二十一年现审案)。"①

案例二:鸡奸年甫十二同母异父之弟(表1-48)

"提督咨送杜住儿鸡奸范二格一案。此案杜住儿系范二格同母异父之兄,范二格年甫十二岁,曾被无名乞丐首先鸡奸,后经杜住儿鸡奸。查首先鸡奸十二岁以下幼童之犯,拿获时照例应拟绞侯,则鸡奸曾经犯奸幼童者,应量减一等,拟流。惟范二格系杜住儿同母异父之弟,按奸同母异父姊妹例应附近充军,范二格虽曾经犯奸,究系年在十二岁以下幼童,应酌加一等,将杜住儿拟发近边充军。(道光十二年奉天司案)。"②

---

① (清)祝庆祺等编:《刑案汇览三编(三)》,北京古籍出版社2004年版,第1942页。

② (清)祝庆祺等编:《刑案汇览三编(四)》,北京古籍出版社2004年版,第440页。

案例三:将六岁幼孩强行奸污致毙(表1-47)

“河抚题:张北元儿因见年甫六岁之幼孩张保命儿独在河畔啼哭,起意鸡奸,将张保命儿抱至空窑强行奸污,致张保命儿被奸殒命。核其惨忍情形,与因奸谋毙幼孩无异,未便仅依强奸拟斩,置人命于不论,应即照因奸将十岁以下幼孩逞忿谋杀例,拟斩立决,枭示。(道光九年案)”①

上述三个案例中,案例一是鸡奸幼童未成的处理,案例二是关于鸡奸已犯奸幼童的处理,案例三是关于强行鸡奸幼童致其死亡的处理。就第一个案例而言,由于鸡奸十二岁幼童未成,故比照“强奸十二岁以下幼童未成例”处罚。按例,强奸十二岁以下幼童未成则发遣黑龙江给披甲人为奴,但由于该犯系旗人,故适当予以减轻,发黑龙江当差而不是为奴。这是清代律法对旗人的特殊照顾。

第二个案例中,由于范二格曾经犯奸,故强奸者应该减等处罚,但由于范二格系十二岁幼童,故应该酌加一等,因此加减相抵。然而,本案值得注意之处是,依照“奸同母异父姊妹例应附近充军例”处理。清律承明之旧例,在“亲属相奸”条中规定:“凡奸内外缌麻以上亲,及缌麻以上亲之妻,若妻前夫之女,同母异父姊妹者,依律拟罪,奸夫发附近地方充军。”②《大清律例辑注》云:“依律拟罪者,谓奸夫奸妇,依本律杖一百,徒三年;奸妇止杖一百,余罪收赎;奸夫则发附近充军也。”所以,倘若依照“奸同母异父姊妹例应附近充军例”处理,那么罪犯应该是“杖一百,徒三年,再加发附近充军”,这是较重的处罚。因为,亲属相奸实属违背纲常伦理,于情理法所不容。处罚较重的主要表现在于“充军”。充军创设于宋元,明代正式入律,不属于正刑(笞、杖、徒、流、死),是强制犯人到边远地区屯种或充实军伍的一种刑罚,轻于死刑,重于流刑。③ 明清时期的充军并不以充军为本罪,其本罪如果有杖、徒、流等则先制本罪,再

---

① (清)祝庆祺等编:《刑案汇览三编(四)》,北京古籍出版社2004年版,第435页。

② (清)薛允升:《读例存疑重刊本(五)》,黄静嘉编校,成文出版社1970年版,第1088页。

③ 吴艳红:《明代充军研究》,社会科学文献出版社2002年版。

随宜编发。因此,从其本质上来看,实属在原罪刑罚基础上的一种加重。故薛允升云:“亲属相奸,于凡人杖罪上加拟满徒,已属从重,例于满徒上,复加发充军,是较律又加数等矣。乃独将奸夫充军,奸妇仍拟徒收赎,亦属参差。”①如果仅按“强奸十二岁以下幼童例”处理,那么本案中罪犯杜柱儿应该是“拟绞监候”。而本案中强奸对象为已犯奸之幼童,故减一等处罚,应该判处流刑。但是,司法官员并未如此处理,而是考虑到被奸者是“同母异父之弟”以及“十二岁幼童”,所以应该加一等,比照“奸同母异父姊妹例”处以“杖一百,徒三年,再加发附近充军”的刑罚。这是介于流刑与死刑之间的较为重的处罚,既实现了保护幼童之目的,又打击了犯罪,维护了伦理纲常。

第三个案例是关于强行鸡奸幼童致其死亡的处理。本案与前两个案例不同的是,不仅存在强奸的情节,同时也涉及人命。按照清代相关律例的规定,司法官员面临本案时,可能有三个选择:一是照“将未至十岁之幼童诱去强行鸡奸者照光棍为首例斩决”处理;二是照“强奸十二岁以下幼童因而致死照光棍例斩决”处理;三是照“因奸将十岁以下幼孩逞忿谋杀例”处理。然而,如果仅按“将未至十岁之幼童诱去强行鸡奸者照光棍为首例斩决”进行处理,显然无法评价本案中的“杀人”情节,故不可取,予以排除。而对比另外两种处理方案,照后者处理显然比照前者处理要重。因为依“强奸十二岁以下幼童因而致死”处理,仅处以斩决;而若依“因奸将十岁以下幼孩逞忿谋杀例”处理,结果是斩枭。故司法官员最后决定应照“因奸将十岁以下幼孩逞忿谋杀例”处理(实际上将其视为“谋杀”)。该例于乾隆五十一年,并乾隆五十三年钦奉上谕,恭纂为例,并于嘉庆十四年修改,嘉庆十七年改定。例云:“凡谋杀幼孩之案,除年在十一岁以上者,仍照例办理外;如有将十岁以下幼孩,逞忿谋杀者,首犯拟斩立决(若系图财,或有因奸情事,加以枭示)……”从例文规定可以看出,对于因奸谋杀幼孩之案,无论成奸与否,均处以斩枭,降低了入罪的门槛。所以,“因奸将十岁以下幼孩逞忿谋杀例”要比

① (清)薛允升:《读例存疑重刊本》(五),黄静嘉编校,成文出版社1970年版,第1088页。

"强奸十二岁以下幼童因而致死例"重得多。

从以上三个案例可以看出,清代司法官员在处理涉幼童的男风案时,基本上是严格依照律例进行处理,并在面临多种选择时,往往会选择量刑较重的处理方式,这实际上是加强了对幼童的保护。究其原因,大概是由于幼童心智未开,童稚无知,而幼童在男风案中又是极易受到的侵害的对象。故无论是在律法制度层面还是在司法实践中都对其加以侧重保护。

(二)男子拒奸杀人案

从上述所整理资料来看,男子拒奸杀人案共计14件,分别为表1-1、表1-2、表1-4、表1-5、表1-6、表1-23、表1-32、表1-35、表1-36、表1-37、表1-38、表1-56、表1-62、表1-69。在清代司法中,男子拒奸杀人案的案情往往比较复杂,关涉"男子拒奸"和"杀人"两个方面。清代男子拒奸杀人例共有四条,并且针对年龄、供证、生供、尸亲供认、事先犯奸与否等情况加以区别处理。应该说,司法官员在处理的过程中十分看重杀人者是否事先犯奸问题。这一情节的有无可能会导致截然不同的处理结果。兹举一例加以说明。

案例:男子和奸羞愧拒奸擅杀(表1-5)

广　东　司

一起为报验事。会看得揭阳县民孙双喜拒奸致伤李亨锡身死一案。

先据广东巡抚郭疏称,缘李亨锡开张杂货铺生理,孙双喜时向买物熟识。乾隆五十四年八月初十日,孙双喜至李亨锡铺中买物。李亨锡因其年轻,起意鸡奸。随邀孙双喜在铺后房内饮酒,哄诱成奸。以后乘便鸡奸,已非一次。五十六年正月初八日,孙双喜又往李亨锡家中。奸宿回归,伊母孙赵氏因其无端出外,耳有风闻,用言盘诘。孙双喜不能隐瞒,据实告知。孙赵氏当将孙双喜责打,并投明夫兄孙阿尖,欲赴控究。李亨锡闻知畏惧,央浼伊母舅孙阿安向孙赵氏调处,赔礼寝息。孙赵氏禁止孙双喜,不许复与李亨锡见面,旋随同孙阿尖赴陆凤县碣石地方学习生理。五十七年闰月四月内,孙双喜跟随孙阿尖归家。五月初八日,孙阿尖因事外出,令孙双喜代为看管门户。定更时候,孙双喜站立门首等待孙阿尖，适李亨锡经过看见，询知孙阿尖未回，图续旧好，邀孙双喜至铺饮酒。孙双喜不允，走进房内。李亨锡跟入，拉住孙双喜求奸。孙双喜坚拒不从，声喊。李亨锡即拾桌上小刀向戳。孙双喜躲闪避，夺刀回戳，致伤李亨锡右腰眼倒地。时有邻人孙阿岳闻声，趋救不及。孙阿尖亦自外回家，询明情由，孙阿岳报之。李亨锡之弟李亨镌到看扶回敷治。李亨锡伤重，延至初九日早殒命。孙双喜畏罪潜逃。尸弟投保，报县诣验获犯，讯供通详。屡审孙双喜，供认前情不讳。严诘并无起衅别情，亦非有心欲杀。查例载"男子拒奸杀人之案，如死者年长凶手十岁以外，而又当场见证确凿及死者生供有据，或尸亲供认可凭，无论谋故斗殴，俱照斗杀律减一等，拟杖一百、流三千里。奏请定夺"等语，本案孙双喜现年一十九岁，李亨锡年已五十五岁。李亨锡与孙双喜鸡奸。旋因败露，经伊母舅孙阿安调处赔礼，孙双喜避赴伊伯家中。业经拒绝，李亨锡图续旧好不遂，拾刀向戳，被孙双喜夺刀回戳致死。邻证确凿，尸亲供认可凭。应按例定拟，将孙双喜依"男子拒奸杀人之案，如当场见证确凿及生供有据，照斗杀律减一等"例杖一百、流三千里奏请定夺等因具题。

当经臣部查律载"斗殴杀人者不问手足、他物、金刃，并绞监候。"又例载"男子拒奸杀人之案，如死者年长凶手十岁以外，而又当场见证确凿及死者生供有据，或尸亲供认可凭，无论谋故斗殴，俱照斗杀律减一等，拟杖一百、流三千里。奏请定夺"各等语，细绎例意，男子拒奸杀人减等拟流之案，系专指良人子弟猝遭强暴者而言。盖良人子弟一经污辱，即报玷终身，是以悯其保身之心，稍减其擅杀之罪，宽良人所以惩恶也。若先已被诱和奸，后始悔过拒绝，其中情伪多端，自不可与良人并论。故例无"男子和奸悔过拒杀"之条。臣部遇有先经和奸后复拒杀之案，向俱各按所犯谋故斗杀本例定拟，俟秋审时酌量情节，再行分别辦理。此案孙双喜被李亨锡哄诱鸡奸时已近三载，已非良人子弟可比。迨被伊母责打拒绝后，李亨锡续奸不遂，用刀向戳，该犯夺刀回戳之时，经邻人孙阿岳目击趋救，且死者亦有生供，实属拒奸擅杀。但前已被奸有年，究不得与初次拒奸杀人之良民一例科断。今该抚据孙双喜一犯声请减流，核之情法，均未允协。案关罪名出入，臣部碍难率覆。应令该抚详绎例义，另行妥拟具题,到日再拟等因。

题驳去后,兹据该抚疏称,揭阳县民孙双喜拒奸致伤李亨锡身死一案先经前县许宪审,将孙双喜拟依"男子拒奸杀人之案,如当场见证确凿,又生供有据,照斗杀律减一等"例,杖一百、流三千里,奏请定夺。由府司覆审,详解到臣。经臣核审具题,随准部咨"孙双喜被李亨锡哄诱鸡奸时近三载,已非良人子弟可比。迨被伊母责打拒绝后,李亨锡续奸不遂,用刀向戳,该犯夺刀回戳,李亨锡越日殒命。虽该犯因被母责,遂尔拒绝,尚存羞恶之良。当夺刀回戳之时,经邻人孙阿缶目击趋救,且死者亦有生供,实属拒奸擅杀。但前已被奸有年,究不得与初次拒奸杀人之良民一例科断。今该抚据将孙双喜一犯声请减流,核之情法,均未允协。"应令"详绎例义,另行妥拟具题"等因转饬。遵照去后,兹据该署县史藻移准现署东莞县许宪改拟移覆,由府司详核前来。臣查例载"男子拒奸杀人之案,如死者年长凶手十岁以外,而又当场见证确凿及死者生供有据,或尸亲供认可凭,无论谋故斗殴,俱照斗杀律减一等,拟杖一百、流三千里。奏请定夺"。又"妇女拒奸杀死奸夫之案,如和奸后本妇悔过拒绝确有证据,后被逼奸,将奸夫杀死者照擅杀罪人律减一等,杖一百、流三千里。其因贪利与之通奸、后以无力资助拒殴致死,或先经和奸后复与他人通奸情密、因而拒绝殴毙者,仍各依谋故斗杀本律定拟"各等语,至男子先与和奸,后经拒绝,因被逼奸拒杀人命,是否亦得照擅杀罪人减流,例内并无分别明文。惟男子鸡奸之强和与妇女之被人强和,罪无二致。且查乾隆五十二年河南省确山县钱四拒奸殴死杨国甫一案,部议内称"此案钱四先与年长伊四十二岁之杨国甫合同鸡奸,今将杨国甫殴伤致毙。虽据供'年已长大,自觉无颜,欲行拒绝'起衅。但死者既无生供,当场又无见证,未便遽信该犯一面之词,即依拒奸杀人例杖流"等语,是男子悔过后拒奸杀人,又供证确凿,似可邀请宽减,盖衅起拒奸,与常人争殴致死者不同。是以前将孙双喜照斗杀律减等拟流。咨准部驳饬,详绎例意,男子拒奸杀人得以减等拟流,诚如部示,"系专指良人子弟猝遇强暴者而言"。今孙双喜与李亨锡奸好有年,"究不得与初次拒奸杀人之良民一例科断"。应行遵驳改正,将孙双喜依律拟绞监候等因具题前来。

据此,应如该抚所题,孙双喜应改依"斗殴杀人者不问手足、他物、金刃,并绞监候"律拟绞监候,秋后处决。该抚原题内称"孙阿安系李亨锡母舅调处赔礼,孙赵氏系孙双喜之母听处寝息,均律得容隐,应免置议。孙阿缶救阻不及,亦毋庸议"等语,均应如该抚所题完结。再该抚疏称"查此案前任揭阳县许宪、潮州府景江锦前将孙双喜问拟流罪系因例无分别明文,以致罪名舛错,并非不能审出实情,今已遵驳改正。所有错拟各职名邀请免开"等语,查此案该犯孙双喜拒奸致伤李亨锡身死,虽据该府声称"系因例无分别明文,以致罪名舛错,并非不能审出实情。"但承审各官并不按其情节参酌办理,辄援照"妇女悔过拒奸复被逼奸以致杀人"例定拟,究属拘泥,未便邀免,应将承审之揭阳县知县许宪、核转之潮州府知府景江锦均照"援引拘泥,罚俸一年"例罚俸一年。查案犯并无患病,再此案系刑部主稿合并声明,臣等未敢擅便,谨题请旨。乾隆五十九年四月三十日题,五月初二日奉旨:"孙双喜依拟应绞,著监候,秋后处决。余依议。钦此。"①

此案案情辗转复杂,可谓一波三折。首先,此案先经过揭阳县许宪的处理。许宪认为该案中,由于案犯孙双喜拒奸杀害李亨锡属典型的"男子拒奸杀人"案。"男子拒奸杀人例"第一项规定:"男子拒奸杀人,如死者年长凶犯十岁以外,而又当场供证确凿,及死者生供足据,或尸亲供认可凭,无论谋故斗杀,照斗杀律减一等,杖一百、流三千里。"本案中孙双喜十九岁,李亨锡五十五岁,死者年长凶犯十岁以外;另又当场供证确凿(邻人孙阿缶目击)、尸亲供认可凭(死者弟弟李亨镌供认)、死者生供足据(李亨锡被伤后至九日死亡之前已经承认)。从表明上看,本案完全符合上例之规定,故知县许宪依照此例予以处理。其次,按照清代司法审判制度中的"逐级审转复核制"规定,"徒刑以上(含徒刑)案件在州县初审后,详报上一级复核,每一级都将不属自己权限的案件主动上报,层层审转,直至有权作出判决的审级批准后才终审……徒刑至督抚,

---

① (清)全士潮、张道源等纂辑:《驳案汇编》,何勤华、张伯元、陈重业等点校,法律出版社2009年版,第663~665页。

流刑至刑部,死刑最后至皇帝”。[1] 本案由于在徒罪以上,故“不论被告是否不服州县衙门判决,必须解送上司衙门覆审”,[2]应该送至揭阳县上一级审判衙门潮州府覆审。潮州知府景江锦同意许宪的处理意见,认为应该按照“男子拒奸杀人例”拟杖流。广东巡抚起初覆审时,也同意揭阳县和潮州府的审理意见,故“具题”上报至刑部。然而,刑部提出了异议,将其题驳回去。刑部司法官员认为,该案如果按照“男子拒奸杀人例”进行处理,无疑是忽略了一个十分重要的情节,即“拒奸杀人者已非良人子弟”,这与“男子拒奸杀人例”之保护对象为“良人子弟”存在明显区别,故不能按此例处理。因此,广东巡抚最后将本案改判为照“斗殴杀人律绞监候”,再行具题奏请刑部。刑部最后采纳了这一处理意见,并认为原承审官员“援引拘泥”,将其“罚俸一年”。

从以上分析可知,在“男子拒奸杀人”众多案件中,司法官员看重的是“良人子弟”的贞洁因素。事先犯奸与否,直接关系到案件的处理结果。综合其他“男子拒奸杀人案”来看,司法官员对于这类案件的一般处理方式是“照斗杀律减杖流”或者照“擅杀罪人律”“谋故斗杀各本律”处理。而导致前者与后者差异的重要因素就在于,被奸男子(凶犯)是否为“良人子弟”。不得不说,这是清代司法将妇女“贞洁”观引入男风案的结果,并最终于乾隆六十年由刑部增纂入例(见上述“男子拒奸杀人例”第四项“先被鸡奸后经悔过拒绝”)。从司法功能来看,古代司法不仅有实现社会控制之效,而且还有引导教化之功。“男子拒奸杀人”本属正当防卫,奈何需考虑“良人子弟”与否?非良人子弟(已犯奸)与良人子弟在拒奸杀人行为方面应该一致,为何前者的处罚明显要重于后者。司法这样处理带来的严重后果是:一方面极大地阻碍了已犯奸男子正当防卫权利的行使,因为他即便正当防卫造成他人死亡后的处罚仍然很重;另一方面大大刺激了男风犯罪的发生概率,因为犯罪分子往往会选择已犯奸男子作为犯罪对象(表1所收集的案例中,有很大一部分是

---

① 郑秦:《清代司法审判制度研究》,湖南教育出版社1988年版,第153页。

② 那思陆:《清代州县衙门审判制度》,中国政法大学出版社2006年版,第7页。

以已犯奸男子为犯罪对象,如表1-54等)。由于司法的这种处理策略,所以已犯奸男子在遇到性侵害时如拒奸杀人并不能与"良人子弟"受到同等保护(已犯奸男子在法律上处于不利地位),这实际上间接纵容了男风犯罪。

(三)儒师/僧道犯奸案

在清代男风案中,有一些犯罪主体比较特殊,如儒师与僧道。按照传统文化之要求,他们都应恪守儒家伦理道德规范或是宗教清规戒律。清代律例中并无专门针对儒师犯奸的规定,对于僧道犯奸有专门规定(如《大清律例》之《刑律·犯奸》中有"居丧及僧道犯奸律"以及"僧道官僧道挟妓饮酒例""僧道尼僧女冠犯奸例""喇嘛、和尚强奸致死人命例"①),但是并无关于僧道鸡奸方面的律例。然而,有清一代,儒师与僧道犯奸案比例相对较多,已经成为司法不可忽视的现象。就表1所收集的案例而言,共计9件,分别为表1-11、表1-20、表1-21、表1-28、表1-29、表1-45、表1-60、表1-61、表1-63。再者,加上此类犯罪主体的特殊性,儒师、僧道犯奸是否在司法上有特别处置?对此,有必要分别列举两例作进一步的讨论。

案例一:儒师鸡奸学生并僧奸徒弟(表1-20)

"北抚咨:已革教谕卢嘉会鸡奸弟子卢莲舫、复借端呈控卢莲舫之父异姓乱宗,希图挟制,仍与奸好一案。职等查儒师鸡奸弟子例无治罪明文,惟弟子殴授业师律载加凡人二等,例内则以师弟互犯杀伤分别治罪,系儒师,照殴伤期亲尊长卑幼律,原以师之于弟无服制而有名分,弟子不得干犯师,故照凡斗从重;师可以训责弟子,故照凡斗从轻,例系比照期功定罪,非即与期功服制并论也。若亲属相奸律内,期服如奸姊妹子妇兄弟之女等项,奸夫奸妇各决斩,功服如奸从父姊妹兄弟妻兄弟子妻等项,奸夫奸妇各决绞,强者奸夫各决斩,于犯奸律中罪名綦重,原以服制最恶乱伦,有犯即干十恶,故特立专条,似不得以犯奸无关服制之案率行牵附,致滋出入。今卢嘉会鸡奸弟子,该省以儒师殴伤弟子定例照期亲

---

① (清)薛允升:《读例存疑重刊本(五)》,黄静嘉编校,成文出版社1970年版,第1092页、第1085页。

科断,比引奸期亲服制之律,而又声明师弟究以义合、与本宗服制有间,将该犯于奸兄弟妻兄弟子妻各绞律上减一等,拟以满流,殊不思儒师之奸弟子,固例无明文,而僧道之奸弟子,则事所常有,向俱照僧道犯奸本律枷杖,从未闻有照奸大功服制于绞决上减等者,若如该省所议,则僧道鸡奸弟子,亦当比拟满流,殊多窒碍。即儒师殴弟子,例准照期亲服制者,亦系指以理殴责而言,故故杀及执持金刃凶器,非理殴扎致死应同凡论,非如本宗期亲无论谋故及所殴器械皆与凡人殊也,殴杀即不尽照服制,而谓犯奸竟以服制论可乎?且师弟虽无服制,按礼经事师心丧三年,其恩义与父子等,若意以服制论又当如何比拟乎?检查十三年直隶省马榕奸拐学徒之妻王贾氏一案,依凡人和诱知情为首例拟军,从重改发黑龙江,又二十一年陕西省魏懋书强奸十岁弟子已成一案,依凡人强奸十岁以上幼童例斩候,均未照奸期亲之妻及强奸期亲服属律科罪,以彼证此,可以隅反,第师弟和同鸡奸,罔顾名义,亦未便竟同凡论。职等悉心参核,儒师之为人师表,与本管官之为民父母者相同,律载:军民殴本管官奸军民妻女,则律内载明加凡奸二等,立有专条,似可比照办理。按其相奸之罪,只应于和同鸡奸枷杖例上再加二等,惟该犯以举人诱奸习儒弟子,已属无耻,复因其另行从师,妄控其父异姓乱宗、希图挟制,仍与奸好,情同恶棍,应加重改照棍徒扰害例拟军,以昭炯戒。至被奸之卢莲舫年甫十四,本属幼稚无知,该省声明与卢嘉会同科杖流收赎,亦未允协,卢莲舫应改照和同鸡奸例杖一百,枷号一个月,仍依律收赎,谨酌拟稿尾。

(稿尾)此案已革举人卢嘉会诱奸年甫十四之学徒卢莲舫已成,卢莲舫因学无长进,另行从师,该犯随借端呈控其父卢宗英异姓乱宗,希图挟制卢莲舫仍与奸好,审悉前情,该抚将卢嘉会比照奸期亲服属律,于奸兄弟妻兄弟子妻各绞决上减一等,拟以满流等因咨部。查亲属相奸,律内绞决斩决各条,以其内乱渎伦,罪干十恶,故罪名綦重,似不得以无关服制之案率行牵引。且师弟互犯杀伤,系儒师,照期亲服制,系僧道,照大功服制,本属同例,儒师鸡奸弟子虽例无明文,而僧道鸡奸弟子则事所常有,向来悉照僧道犯奸本例科以枷杖,从无比引大功服属相奸办理之案,未便一例两歧。惟儒师与弟子和同鸡奸,亦未便竟同凡论。查儒师之为人师表,与本管官之为民父母者相同,本管官奸所部民妻女律加凡奸二等,则儒师鸡奸弟子,似亦可比引此律加凡人鸡奸二等科断。该犯卢嘉会以举人诱奸习儒弟子,已属无耻,复日另行从师,借端呈控其父异姓乱宗,希图挟制仍与奸好,情同恶棍,卢嘉会应照棍徒扰害例发极边足四千里充军,被奸之卢莲舫年甫十四,本属和同鸡奸,该抚拟于卢嘉会同科满流,亦未允协,卢莲舫应改照和同鸡奸例枷号一个月,杖一百,年未及岁,照律收赎。(嘉庆二十三年,说帖)。"①

案例二:僧人诱奸已犯奸十岁幼徒(表1-61)

步军统领衙门咨送:僧人幅山将年甫十岁之幼徒何招儿哄诱鸡奸。查何招儿先经被人奸过,是该犯并非首奸之人,似未便照"虽和同强律"拟以缳首,惟此等淫徒,若仅照"僧道犯奸例"加等拟徒,未免情重法轻。遍查律例并无鸡奸十二岁以下、曾经犯奸幼童作何治罪明文,自应酌减问拟,幅山应勒令还俗,比依"强奸十二岁以下幼童、照奸幼女虽和同强绞监候律"上,量减一等,杖一百,流三千里,仍尽僧道犯奸本法,于寺门首枷号两个月。(道光四年奉天司)②

案例一属儒师犯奸案。从案件审理情况来看,清代对于儒师犯奸案主要有两种处理意见:一是比照"奸期亲服属律",于奸兄弟妻兄弟子妻各绞决上减一等,拟以满流;二是比照"本管官奸所部民妻女律加凡奸二等",即儒师鸡奸弟子应在凡人鸡奸的基础上加二等处罚。

第一种处理意见的理由是,儒师与弟子的关系关乎师道伦理之根本。在儒家看来,尊师重道为礼乐秩序的重要内容之一,教师除了授业解惑之外,还应对弟子教化关怀。③ 故荀子认为"天地者,生之本也;先祖者,类之本也;君师者,治之本也","国将兴,必贵师而重傅;贵师而重傅,则法度存",直接将教师置于与天、地、国、亲同等之权威性地位,将其

---

① (清)祝庆祺等编:《刑案汇览三编(三)》,北京古籍出版社2004年版,第1956~1958页。

② (清)许梿、熊莪纂辑:《刑部比照加减成案》,何勤华等点校,法律出版社2009年版,第714页。

③ 萧承慎:《师道征故》,文通书局1944年版,第41~60页。

与国家之兴衰紧密联系起来。因此,在儒家伦理秩序中,师无疑是礼治秩序的传播者和维护者,具有极为重要的地位,也赋予其更多的伦理道德约束。正因为儒家伦理秩序赋予"师"此种地位,从而使得师生关系在某种程度上等同于父子关系,所谓"一日为师,终身为父"就是典型的例证。从这一角度出发,对儒师侵犯弟子的一般性犯罪中,比照有关服制犯罪进行处理似乎具有一定的共通性和合理性,而在实践中一部分案件也是如此处理,如"弟子殴授业师律载加凡人二等"。然而,由于服制犯罪涉及人伦,往往都是重罪(如亲属相奸中的"奸期亲服属律"规定的都是斩决),所以如果将儒师鸡奸弟子均按服制原则比照"奸期亲服属律"处理,可能存在打击面扩大化的问题(师徒犯奸对人伦的危害性毕竟不同于本宗期亲犯奸)。再者,儒师鸡奸弟子,例并无明文,而僧道鸡奸徒弟(注意:这也是一种师生关系),却常有发生,且比照"僧道犯奸律枷杖",并无参照服制处理之先例。所以,这种处理方式可能也会损害到司法比附援引的统一性问题。最终,第一种处理意见(照奸兄弟妻兄弟子妻各绞律上减一等,拟以满流)遭到了刑部的驳斥。

第二种处理意见的理由是,"儒师之为人师表,与本管官之为民父母者同",意即侧重儒师的教化垂范之功。前面已提及,儒师只有在殴杀弟子时,才可能会考虑到依照服制犯罪进行处理,而犯奸时却并非如此。换言之,儒师与弟子之关系并不等同于期亲服制之关系。但考虑到儒师在社会中的表率作用,因此将其比照"本管官之为民父母者"。中国传统的政治是一种道德政治,"民之父母"为政观可谓源远流长。从古典文献记载来看,"为民父母"最早可见于《诗经》。《诗经·大雅·泂酌》云:"岂(恺)弟(悌)君子,民之父母";《诗经·小雅·南山有台》云:"乐只君子,民之父母"。[1] 两句诗文的大体意思是,只有贤人君子才能成为

---

① (清)方玉润:《诗经原始(下)》,李先耕点校,中华书局1986年版,第520页、第351页。

"民之父母"。这一观点再经孔子等人阐发,[1]与儒家的德治主义相结合,成为中国古代官僚阶层之重要角色定位。韦伯曾经对中国古代儒家伦理与西方清教伦理进行比较研究,认为古代中国实际上是一种"家产制政体",君主是帝国的"家长",同时也是帝国最高的"卡里斯玛祭司",庞大的官僚士大夫阶层则像家臣一般为君主管理大小事务。作为君主在地方事务的代管人,官僚阶层被赋予更多的伦理化特色,一方面充当着"家长"的角色,要求克己奉公管理一方事务;另一方面却被君主通过"家产制"及其配套制度架空和限制权力,防止官吏从中央权威当局中解放出去。[2] 因此,官吏实际上表现出"慈父"之角色,成为古代中国实施帝国德治教化的重要主体。这一点与儒家伦理观念中"师"的角色定位是一致的,"天地国亲师"的地位排列,本质上就是对"师"在礼治秩序中地位的肯定,构建出尊卑有序的师生关系。这套礼治秩序在构建之初就是比照"父子"之纲常而设。故司法官员认为"儒师之为人师表,与本管官之为民父母者同",正是司法实践对两者内在关联的表达。

从本案的处理结果来看,司法官似乎更倾向于第二种处理意见,认为应该在"和同鸡奸枷杖例上再加二等"。乾隆五年纂辑为例的"和同鸡奸例"规定:"如和同鸡奸者,照军民相奸例,枷号一个月,杖一百",故如在此基础上再加二等科刑,应该拟定为"徒一年半,杖七十",此即为"加徒减杖",《大清律例·名例律下》"加减罪例"所称"凡称'加'者,就本罪上加重"。[3] 清代司法对儒师鸡奸学徒案一般依照此例进行处理,如表1-45"儒师鸡奸学徒"就是如此,对案犯李长青(儒师)比照本管官

① 孔子尝试将现实中的为政者与文化制度的哲学理念相结合,将现实与文化价值的一体化作为他对于为"民之父母"的新诠释,将"民之父母视为礼乐之根源"。学者郭梨华认为,先秦儒者对于"民之父母"的思想中,我们可以发现仍然围绕在"德"的最高指导原则下,这一"德"的内涵所开展出来的是对于"礼""乐"根源的探究,及对于当时为政的理想规划与期待,最后落入教化、教育的德行规范与期待。参见郭梨华:《出土文献与先秦儒道哲学》,万卷楼图书股份有限公司2008年版,第十一章"从'民之父母'论先秦儒家与《管子》为政观",第303~316页。

② [德]马克斯·韦伯:《中国的宗教 宗教与世界》,康乐、简惠美译,广西师范大学出版社2004年版,第92~96页。

③ 《大清律例》,田涛、郑秦点校,法律出版社1998年版,第123页。

奸所部妻女,加凡奸罪二等,即“杖七十、徒一年半,并枷号四十日”。[①]但是,考虑到本案罪犯卢嘉会的“诱奸”“妄控”和“挟制”等情节,实属恶劣,以至于“如同恶棍”(照“光棍例”之法意前文已经阐述),故司法官员认为仅依“和同鸡奸例加二等”处以“徒一年半,杖七十”无法起到相应的惩戒作用,故再进一步加重,改为照棍徒扰害例发极边足四千里充军。由此观之,清代对于“儒师鸡奸弟子”案的处理一般情况下是依“和同鸡奸例加二等”(这已属加重),但在犯罪情节特别恶劣的情况下,毕竟儒师不同于凡人,“僧道鸡奸弟子”也为纲常伦理所不容,对社会秩序的破坏较大,因此为了显示惩戒与教化之效,司法者通常会选择偏重处罚(如本案改为照棍徒扰害例拟军)。

案例二是关于僧人犯奸案。按照佛教教义,[②]僧人应该恪守清规戒律,潜心修行,一心向善,与凡人相比更不应从事违反犯罪活动。然而,从案例一中刑部司法官员所记录“僧道鸡奸弟子则事所常有”可以看出,清代僧道犯奸案时常发生,以至于引起了中央司法官员的关注和警惕。关于僧人犯罪的原因,学界有不同的解释。柳立言先生对宋代的宗教与司法问题进行系统研究后认为,僧人犯罪的原因主要是由两个方面构成:一是自律的问题,具体包括“僧团管理的失效”以及“佛门戒律的新诠释与修行的新途径”;二是他律的问题,具体包括“佛教文化被士大夫同化”以及“僧人迎合和利用大众文化”。[③]

然而,无论是自律或是他律所导致,僧人犯奸无法为律法所容忍。

---

① (清)祝庆祺等编:《刑案汇览三编(四)》,北京古籍出版社2004年版,第432页。

② 佛教教义的基本内容就在于“世间的苦和苦的原因”以及“苦的消灭和灭苦的方法”。佛教宣称“三法印”,即诸行无常,诸法无我,涅槃寂静;“四谛”,即“苦、集、灭、道”。在佛教教义看来,人的一生充满痛苦,有生、老、病、死、别离、怨憎、求欲、烦恼八苦(即苦谛)。造成人生苦的原因(即集谛)是不懂佛教真理的缘故,若懂得佛教真理,按照佛的教导修行,就能脱离苦海,达到不生不灭,永恒寂静的境界(即灭谛)。但要达到这种境界,必须经过一定的宗教修行(即道谛)。所以,在佛教看来,脱离苦海,超脱三世六道轮回的唯一方式就是禁欲与修行。由此而产生了佛门清规戒律,如五戒(具体包括不杀生戒、不偷盗戒、不邪淫戒、不妄语戒、不饮酒戒)、三皈戒、八关戒斋、菩萨戒等。参见陈寒非:《社会文化之维:宋代司法的再审视》,载《中国图书评论》2013年第9期。

③ 柳立言:《宋代的宗教、身份与司法》,中华书局2012年版,第34~77页。

故《大清律例》之《刑律·犯奸》"居丧及僧道犯奸"条例云:"僧道不分有无度牒,及尼、僧、女冠犯奸者,依律问罪;各于本寺、观、庵院门首,枷号一个月发落。"①又乾隆二十五年刑部议复山东按察使沈廷芳奏准定例为:"僧、道、尼僧、女冠有犯和奸者,于本寺观庵院门首,枷号两个月,杖一百。其僧、道奸有夫之妇,及刁奸者,照律加二等,分别杖徒治罪,仍于本寺观庵院门首,各枷号两个月。"②此例为照律加罪,且专为僧道等设立,加等处罚的规定使得僧人犯奸要比凡人犯奸处罚重得多,这也正好说明了统治者对僧人犯奸的打击态度。当然,该例并非针对鸡奸而论,仅仅针对普通强奸而言。在僧道鸡奸的场合,通常的处理是比照此例(即"僧道犯奸例")进行处理,但也会结合具体的案情加以变通。如在本案中,由于"和同鸡奸例"主要针对的是"良人子弟",受害者已犯奸在先,故不能依照此例进行处理;但由于受害者"年甫十岁",如果仅依照"僧道犯奸例拟杖徒",处罚又太轻,所以,司法官员最终采取一种较为折中的办法,认为应该比照"强奸十二岁以下幼童例"减等治罪,杖一百,流三千里,并按本法枷号两个月。或许僧人鸡奸犯罪例无治罪明文,故使得司法官员往往会结合具体案情进行"比附援引"。从处理的结果来看,"比附援引"在量刑方面往往会偏重,这一点也可以在另一案例(表1-60:僧人鸡奸九岁幼僧未成致其毙)中得到印证。在该案中,僧人祖辉奸九岁幼僧安庆未成而致其死亡,同样也没有明确的例文规定,司法官员"比附援引"的结果是依照"因奸将良人子弟杀死例照光棍例斩立决"。

从以上两类案例来看,无论是儒师还是僧道犯奸,均采用了一种较为严厉的处罚态度。儒师犯奸的"和同鸡奸枷杖例上再加二等"与"照棍徒扰害例发极边足四千里充军"、僧道犯奸中的"强奸十二岁以下幼童例"与"因奸将良人子弟杀死例照光棍例斩立决",都明确地表现出这一特点。可能考虑到这两类犯罪主体的特殊性,他们都具有一定的象征

① 《大清律例》,田涛、郑秦点校,法律出版社1998年版,第527页。

② (清)薛允升:《读例存疑重刊本(五)》,黄静嘉编校,成文出版社1970年版,第1092页。

性意义,其犯罪行为对社会风俗教化会造成较大的破坏,前者破坏的是伦理纲常,后者破坏的是信仰体系,因而司法者无法容忍其犯罪行为,选择科以重刑。

(四)特权阶层犯奸案

众所周知,中国古代法制的一个重要特点就是承认和保护特权阶层。在清代男风案的犯罪主体中也不乏有特权等级,如旗人、亲王、贵族等。清代律法禁止旗人子弟涉娼,同时也禁止王公贵族与官吏宿娼。从笔者所收集的案例来看(表1-16、表14-42、表1-43、表1-44),旗人、王公贵族等特权等级犯奸,并未依照与凡人犯奸同等的处理措施,而是表现出极大的宽容。下文将分别列举旗人、亲王和职官犯奸案予以说明。

案例一:轮奸犯奸男子已成(表1-16)

"提都咨送:吉林阿因扎布占等将伊奸好之广凝揪去,遂忿恨捏控扎布占等抢夺钱票。查扎布占明知广凝与人有奸,将广凝带回家内,与吉勒彰阿、陈虎儿三人轮奸,将扎布占比照轮奸已经犯奸妇女已成例拟遣,吉勒彰阿、陈虎儿照为从同奸例拟流,系旗人,发驻防当差。吉林阿因扎布占等将广凝拉去,捏告抢夺,今扎布占等罪应遣流,与诬轻为重不同,吉林阿应与广凝俱仍照和同鸡奸例枷杖,广凝消除旗档。(嘉庆二十四年奉天司现审案)"①

案例二:亲王将学戏幼童奸宿(表1-16)

"宗人府会奏:民人贾玉呈告伊子贾花亭在庄亲王府内学戏,致被奸宿一案。此案庄亲王契典年已十三之幼童贾花亭在府内演唱清音,与贾花亭奸宿,合依和奸律杖八十,照官员犯私罪例降三级调用,折罚亲王半俸九年,不准抵销。贾花亭幼稚无知,从宽免议,交伊父领回等因。奉旨:本日宗人府会同刑部奏贾玉呈控一案,庄亲王奕賨拟折罚亲王半俸九年,自系照例办理,惟情节甚属卑鄙,奕賨著实罚亲王俸五年,以示惩儆。钦此。(道光十七年云南司案见邸抄)"②

---

① (清)祝庆祺等编:《刑案汇览三编(三)》,北京古籍出版社2004年版,第1944页。
② (清)祝庆祺等编:《刑案汇览三编(四)》,北京古籍出版社2004年版,第431页。

案例三：委参领将护军鸡奸(表1－44)

“刑部奏：护军德子与嵩山鸡奸，被张三窥见，屡向讹钱，该犯起意纠殴，致杨三等共殴张三身死。将德子从重照原谋律拟流，销除旗档。委参领嵩山将护军德子鸡奸，现经行查，德子并非嵩山本管，惟身任职官，辄将德子鸡奸，应比照职官奸军民妻例革职，杖一百。惟于德子等将张三殴打之后，嘱令到案隐匿实情，应酌加一等，拟杖六十，徒一年。照例折枷发落。(道光十八年五月安徽司案见邸抄)”①

案例一属旗人犯奸案。由于加害人都属旗人，并且受害人为已犯奸男子，轮奸已犯奸男子无例文可查，故比照“轮奸已经犯奸妇女已成例”处理。此案并不适用“恶徒伙众例”中“恶徒伙众抢夺良人子弟鸡奸”，因为受害人广凝已犯奸在先，已非良人子弟。同时，在对从犯的处理上，如果按照“轮奸已经犯奸妇女已成例”处理，那么“为首发黑龙江给披甲人为奴，为从同奸者杖一百、流三千里”。但是，司法官并未按此处理，而是考虑到吉勒彰阿、陈虎儿系旗人，故发往驻防当差(注意当差与为奴之区别：身份并未发生改变)。至于吉林阿与广凝属于和同鸡奸，故“照军民相奸例，枷号一个月，杖一百”。从本案中我们可以看到，清代司法对旗人犯罪会给予一定的宽容，对旗人的处罚明显要轻于凡人。

案例二属亲王犯奸案。一般而言，奸宿男子(本案受害人贾花亭已年满十三岁，已非律例所保护之幼童)，如果是和奸的话，往往会比照和奸妇女律杖八十，如果加害人是职官，除了按律拟杖外，还应照官员犯私罪例降级处罚。但本案犯罪主体是亲王，根据八议制度，可以折抵处理。故司法官折罚亲王半俸九年，但为了以示惩儆，最终罚亲王俸五年。通过罚俸，实际上减轻了对亲王的惩处。

案例三属职官犯奸。与案例一、案例二中对旗人、亲王处理的相同之处就在于，职官犯奸同样会通过折抵减轻，当然，这只是在最终处罚的执行上。在定罪方面，由于普通职官处于八议制度之外，因此一般会严格依照法律规定处理，甚至还会加重处罚。在本案中，对嵩山是比照“职

---

① (清)祝庆祺等编：《刑案汇览三编(四)》，北京古籍出版社2004年版，第431页。

官奸军民妻例革职,杖一百”;再考虑到他隐匿实情、妨碍司法,因此在原来基础上加重一等处罚,“拟杖六十,徒一年”,但是最终“照例折枷发落”。可以看出,对于普通职官在定罪上是没有过多的从宽处理考量的,仅仅只是在刑罚的执行上可以折抵,似乎无法与亲王相提并论。

综上三个案例,我们可以得知,清代司法会根据不同身份的人区别对待,总体而言,享有身份特权的人在处罚上要轻于凡人。与此同时,在特权阶层内部也存在差异,身份的高低以及与皇权核心的亲疏远近也会导致轻重相异的处理后果。对于帝国来说,职官可能更多地属于为中央政权“服务”的官僚阶层,其身份低于满族皇权亲贵,但庞大的职官群体却又关系到帝国的正常运转。所以,清代统治者对其既依赖,又控制。这一态度也体现在立法和司法上。从清代所存其他类别的成案来看,司法对普通职官犯罪往往定罪从严,通常都是严格依律例办理,甚至有时候还会根据情节的恶劣程度予以加重,但在处罚上会依据特权法折抵发落。

(五)狎优蓄伶案

在清代男风案中,有一类受害主体较为特殊,此即为优伶。前文已述,清代男风的重要对象为优伶,不少达官贵族与士大夫纷纷以狎优蓄伶为乐。与此同时,清代梨园戏剧业的兴盛,又提供了源源不断的优伶人数(清代伶人数量的众多已在“梨园业之兴盛与男风之关联”中提及)。再加上优伶属于贱民,社会地位比较卑下,比较容易成为男风案中的受害对象。因此,在男风盛行的条件下,优伶实际上成为主要的受害群体之一。从表1所收男风案来看,涉及优伶的案件共计6件,分别为表1-24、表1-31、表1-46、表1-49、表1-50、表1-67。然而,面对众多的狎优蓄伶案,我们需要追问和思考的是,清代司法官员在处置受害主体为优伶的男风案时是否表现出与其他案件的差异。下文将列举三例加以说明。

案例一:同伙二人各抢优人强行鸡奸(表1-46)

“陕抚题:张来娃、王得玉商同各持刀棍,将小旦王科儿等中途截抢,吓逼强奸,与纠众强抢鸡奸者不同,且王科儿等系属优人,亦难与良人子弟并论,张来娃、王得玉同时起意,各奸一人,应各科各罪,均比照恶徒将良人子弟抢去者,若止一人强行鸡奸,并未伤人绞候例量减一等,各杖一百,流三千里。(道光四年案)"①

案例二:和同典买良家之子转典为优(表1-50)

"安抚咨:郑善美因何安澜自愿将伊子何三戴典给该犯转交与郑芳林为徒学戏,该犯起意转典渔利,此系何安澜出于情愿,与设计诱买良家之子为优者不同,例无和同典买良家子弟、转典为优治罪明文,将郑善美比照设计诱买良家之子为优,枷号三个月满徒例量减一等,枷号两个月,杖九十,徒两年半。(道光九年浙江司案)"②

案例三:恋奸抢夺犯奸年甫十二优伶(表1-31)

"江督奏:王忠贵因在家演戏,将戏旦苏翠林鸡奸,复率众在途将苏翠林抢夺,苏翠林年止十二,惟系优伶下贱,且被人奸宿在先,若于和奸幼童绞罪上量减一等,罪止拟流,应从重将王忠贵比照强抢犯奸妇女已成,首犯发烟瘴充军。(道光二年案)"③

上述三案均属涉优案。案例一为案犯各自强抢优人强行鸡奸,本应依照恶徒伙众例进行处理。但是,司法官员考虑到两个因素:一是本案并无轮奸情节,本案罪犯张来娃、王得玉并未对一人轮奸,而是各自强抢优人强行鸡奸,这与恶徒伙众例中的"伙众强抢良人子弟轮奸"的规定不符;二是本案犯罪对象为优伶,并非良人子弟。考虑到这两个重要因素,司法官员认为应该比照"恶徒将良人子弟抢去者,若止一人强行鸡奸,并未伤人绞候例"减一等处理,各杖一百,流三千里。减等的理由就在于,优伶实属贱民,律法对此并不给予与良民子弟同等的保护。

案例二是将良家子弟转典为优案。按照清代律例之规定,"若有私买良家之女为娼,及设计诱买良家之子为优者,俱枷号三个月,杖一百,徒三年"④,但是,这仅仅是指被诱骗的情况。当男子自行起意为优,若并未卖奸,则无罪可科。本案中何安澜系自愿将其子典与郑芳林为优,并无设计诱买良家之子为优者之情节。郑善美转典之对象也只是已为

① (清)祝庆祺等编:《刑案汇览三编(四)》,北京古籍出版社2004年版,第433页。

② (清)祝庆祺等编:《刑案汇览三编(四)》,北京古籍出版社2004年版,第445页。

③ (清)祝庆祺等编:《刑案汇览三编(一)》,北京古籍出版社2004年版,第278页。

④ (清)薛允升:《读例存疑重刊本(五)》,黄静嘉编校,成文出版社1970年版,第1095页。

优伶的何三戴,并非良人子弟。故司法官员考虑到第二次转典渔利时犯罪对象的身份问题,将案犯比照“设计诱买良家之子为优,枷号三个月满徒例量减一等”处罚,枷号两个月,杖九十,徒两年半。

案例三为抢夺已犯奸优伶案。本案涉及三个至关重要的情节,即受害人为优伶;事先已犯奸;且年甫十二。本案受害人为优伶,且为幼童,优伶系“下贱”之人,故似乎应该依照“和奸幼童绞罪上量减一等拟流”。因此,减等治罪是一般性的原则,但也会考虑其他因素。由于受害人已犯奸在先,故对于犯奸之男子,司法官员更倾向于将其视为“犯奸妇女”,比照“强抢犯奸妇女已成”例,首犯发烟瘴充军。

从上述三个案例的司法处理意见,我们不难看出,清代涉优男风案的共通之处就在于:减等治罪(在案例三中也首先考虑到这一处理方式)。由于优伶的贱民身份,并非良人子弟,因此无论是否已经犯奸抑或是否遭到强迫,当“断罪无正条”时,均比照相关律例减等处理。这也正好体现了清代司法实践对良贱原则的贯彻,维护身份地位的等级秩序。但是,优伶又是清代男风中的主要群体,司法对优伶的这种不平等保护态度,使得优伶更容易成为男风案的犯罪对象,这实际上是纵容了涉优的男风犯罪。正所谓对恶的宽容就是对善的亵渎。按照犯罪学理论,对某类犯罪行为的宽容,会提高这类社会行为的发生概率,甚至被视为一种变相的鼓励。因此,清代司法对涉优男风案犯罪主体的减等处理,实际上间接放纵了男风的泛滥。

(六)容留卖奸案

清代男风案中还有一类特殊的案件,即容留卖奸案。这类案件的特殊之处就在于,犯罪主体并不直接实施性犯罪,而是提供场所卖奸,同时也没有明确的犯罪对象。根据清代的禁娼法令,严禁窝娼和从事娼妓行业。但是,这并无法真正禁止容留卖奸案件的发生。由于禁娼的原因,私娼逐渐兴起,男风也逐渐蔓延成势,因此有不少人开设软棚容留男性卖奸。这也成为清代男风的重要场所。当这些违法犯罪案件进入司法者的视野,又会如何处理呢?上表1共收集容留卖奸案共计7件,分别为表1-19、表1-25、表1-26、表1-27、表1-51、表1-52、表1-68。

下文将列举三例予以说明。

案例一：开设剃头铺纵令铺伙卖奸（表1–25）

“提督咨送：李常开设剃头铺，雇李顺儿作伙。嗣李顺儿被人鸡奸，将所得钱文分给。李常即图利纵容卖奸。将李常比照窝顿流娼，月日经久例，杖一百，徒三年。（嘉庆二十四年广西司现审案）”①

案例二：开剃头铺鸡奸徒弟复令卖奸（表1–26）

“提督奏送：陈大、王玉兴各自开设剃头软棚，先见学徒铺伙自行鸡奸，复令其卖奸，分使钱文。将陈大、王玉兴均照窝顿流娼，月日经久满徒例，再加一等，拟杖一百，流二千里。房主并不知情，照例不坐，并免入官。（嘉庆二十四年奉天司现审案）”②

案例三：哄诱鸡奸后开设软棚卖奸渔利（表1–68）

“提督咨送：苏桃先因曹二林穷苦无依，收留为徒，哄诱鸡奸，复开设软棚，窝顿曹二林、孙四儿、何保儿卖奸渔利，即与窝娼无异，苏桃应比照‘无籍之徒窝顿流娼土妓、月日经久例’杖一百，徒三年。（道光十三年河南司）”③

上述三个案例都属开设软棚容留剃头者卖奸。按照《大清律例·刑律·犯奸》之“卖良为娼”条例规定：“凡无籍之徒，及生监、衙役、兵丁，窝顿流娼土妓，引诱局骗，及得受窝顿娼妓之家财物，挺身架护者，照窝赌例治罪。如系偶然存留，为日无几，枷号三个月，杖一百。其窝顿月日经久者，杖一百，徒三年；再犯，杖一百，流三千里。得受娼妓家财物者，仍准枉法计赃从重论。邻保知情容隐者，杖八十；受财者，亦准枉法论，计赃从重科断。其失察之该地方官，交部照例议处。”④依照此例，容留卖奸“月日经久者”，应该处以“杖一百，徒三年”的刑罚，所以上述三个案例均照此例处理。案例二虽照此例，但是考虑到曾经鸡奸徒弟，故在

---

① （清）祝庆祺等编：《刑案汇览三编（三）》，北京古籍出版社2004年版，第2011页。

② （清）祝庆祺等编：《刑案汇览三编（三）》，北京古籍出版社2004年版，第2011页。

③ （清）许梿、熊莪纂辑：《刑部比照加减成案》，何勤华等点校，法律出版社2009年版，第722页。

④ （清）薛允升：《读例存疑重刊本（五）》，黄静嘉编校，成文出版社1970年版，第1094页。

此基础上再加一等,杖一百,流二千里。

三、司法的基本态度

如果从法文化的角度来审视中华传统法律,不难看出其深受儒家法思想的影响,而伦理法则是儒家法思想的重要特质。关于儒家伦理法的基本精神,俞荣根教授曾经进行系统深入的研究,认为“儒家伦理法文化的基本原则和内在精神似乎可归纳为以下六个方面:天下本位主义、家族伦理主义、民本主义、大一统的君主主义、礼治主义和中庸的法思维方式”。① 其中,天下本位是儒家伦理法的最高价值目标,家族伦理主义、民本主义和大一统的君主主义是儒家伦理法思想的基本价值,中庸主义是儒家伦理法的方法论,礼治主义的内在要求是“德主刑辅、法刑相辅”的治理模式。正是从以上六个层面的原则和精神出发,传统法律无处不体现其儒家伦理法的特性。

儒家伦理法的特性不仅影响着传统律法的制定,同时也影响着传统司法实践,但其根本目的则是维护儒家追寻的伦理秩序,有效整合和控制社会。首先,从立法上来看。《大清律例》深受儒家伦理法思想的影响,反映出上述六个方面。《清史稿 · 刑法志一》云:“其立法之善者,如犯罪存留养亲,推及孀妇独子;若殴兄致死,并得准其承祀,恤孤嫠且教孝也。犯死罪非常赦所不原,察有祖父子孙阵亡,准其优免一次,劝忠也。枉法赃有禄人八十两,无禄人及不枉法赃有禄人一百二十两,俱实绞,严贪墨之诛也。衙蠹索诈,验赃加等治罪,惩胥役所以保良懦也。强盗分别法无可贷、情有可原,歼渠魁、赦胁从之义也。复仇以国法得伸与否为断,杜凶残之路也。凡此诸端,或隐合古义,或矫正前失,皆良法也。”②从史官对清代律法的评价可以看出,律法的制定过程中会充分考虑到“忠孝仁爱”等价值(如犯罪存留养亲、严贪墨等),无不体现出天下

① 俞荣根:《儒家法思想通论(修订本)》,广西人民出版社 1992 年版,第 141 页。
② 赵尔巽等:《清史稿 · 刑法志一》(第十五册),中华书局 1976 年版,第 4185 ~4186 页。

本位、伦理主义和中庸主义等基本精神和价值。而清代律法所竭力维护的"等级秩序",要求按照身份的尊卑(如在亲属犯罪中以"服制"为原则处罚)、地位的高低(如职官犯罪会依照品级给予不同处理①)来科以刑罚,同样也反映出家族伦理主义的基本价值。

其次,在清代司法实践中,司法官一般情况下是严格依照律例之规定加以适用,这体现出儒家伦理法思想自然无需过多阐述。在面对"断罪无正条",例无明文规定时,司法官往往会比照其他律例进行处理。在比附的过程中,也是严格遵循儒家伦理秩序,充分体现出伦理法的上述精神和价值。例如,在处理刑案时遵循尊卑、服制、良贱等儒家伦理道德观念,试图构建出"尊卑有序、良贱有别"的社会秩序(在《刑案汇览》中,这方面的案例不胜枚举)。

回归本文,通过上述对清代男风案处理情况的类型化分析,我们可以看出,清代司法对男风案的处置态度是双重的,既有严苛的一面,同时也有宽容的一面。严苛和宽容两种态度的产生,或者是基于律法本身的规定,或者是司法官员基于儒家伦理法思想而"比附援引",总之都体现出清代司法者试图构建以儒家伦理思想为存在基础的社会秩序的努力。当然,这两种态度中,前者为主要态度,后者只是根据主体和情节的不同,考虑到情理法因素,而有适当的放宽。这两种态度也构成了清代司法处置男风案的两种基本态度。

(一)严苛

清代司法对男风案处置的严苛表现在两个方面:一是入罪门槛低;二是量刑严苛化。第一,司法对强奸幼童案的严苛。在强奸幼童案中,案例一由于鸡奸十二岁幼童未成,故比照"强奸十二岁以下幼童未成例"处罚,系旗人故发遣黑龙江给披甲人当差;案例二本应比照"强奸十二岁以下幼童例"减一等拟流,司法官员却比照"奸同母异父姊妹例"处

---

① 凡京官及在外五品以上官有犯奏闻请旨,不许擅问。六品以下,听分巡御史、按察司并分司取问明白,议拟闻奏区处。若府州县官犯罪,所辖上司不得擅自勾问。只许开具所犯事由,实封奏闻。若许推问,依律议拟回奏,候委官审实,方许判决。其犯应该笞决、罚俸、收赎、记录者,不在奏请之限。若所属官被本管上司非理凌虐,亦听开具实迹实封径自奏陈。参见沈之奇:《大清律辑注》,法律出版社2000年版,第14~15页。

以“杖一百，徒三年，再加发附近充军”；案例三司法官员在“将未至十岁之幼童诱去强行鸡奸者照光棍为首例斩决”“强奸十二岁以下幼童因而致死斩决”和“因奸将十岁以下幼孩逞忿谋杀例斩枭”三个例文之间，最终选择了后者。

第二，严格限制正当防卫条件。在男子拒奸杀人案中，司法针对正当防卫情节同样也显示出其严苛性。在男子和奸羞愧拒奸擅杀案（表1－5）中，如果被奸男子已非良人子弟之时，则不按照“男子拒奸杀人例”进行处理，而是改依“斗殴杀人律绞监侯”处理。这种处理方式显然不利于保护因正当防卫而拒奸者，对于已犯奸而拒杀者的处罚是严苛的。再者，即使是良人子弟拒奸杀人，处理方式也较为严苛。“男子拒奸杀人例”一般是“照斗杀律减杖流”或者照“擅杀罪人律拟绞监候”“谋故斗杀各本律”处理。其中，“照斗杀律减杖流”虽然处罚较轻，但是条件极为苛刻，取证也极为困难，需要考虑当场供证、生供足据、尸亲供认、年龄等因素。在无法满足“照斗杀律减杖流例”规定时，通常就依照后两种处理方式处理，而这两种方式都为重刑，或者拟绞监侯，或等同于谋故斗杀各本律（完全摒弃正当防卫之因素）。

第三，严厉打击儒师、僧道等具有特殊身份的犯罪主体。在清代男风犯罪中，僧道是一类重要的犯罪主体，同时也是一类特殊的犯罪主体。由于儒师和僧道都承载着伦理道德或宗教价值，属于社会中传道布道之人，故律法对其赋予更高的要求。对于儒师而言，为人师表是基本的道德要求，这一点虽未被律法所明载，但却为司法官所认可。故在儒师鸡奸弟子案中（表1－20），并未比照“奸期亲服属律”，于奸兄弟妻兄弟子妻各绞决上减一等，拟以满流；而是比照“本管官奸所部民妻女律加凡奸二等”处理。司法对僧人犯奸的处理也同样如此。在上引“僧人诱奸已犯奸十岁幼徒案”中（表1－61），司法者并未比照“僧道犯奸例拟杖徒”，而是根据案情比照“强奸十二岁以下幼童例”减等治罪，杖一百，流三千里，并按本法枷号两个月。换言之，在例无治罪明文，司法官员可以比附援引的场合，司法官员倾向于加重处罚。

第四，严厉打击容留卖奸行为。对于开设软棚容留男性卖奸者，司法官也是采取严厉的打击态度。一般情况下会比照"窝顿流娼土妓例",根据容留卖奸的时间长短分别处罚。同时,对容留卖奸的处罚还采取了一种连坐的制度,即提供卖奸场所的房主、邻保等人如果知情不报均会受到相应的处罚。

(二)宽容

相较于前面的严苛,清代司法在处置男风案时也呈现出宽容的一面。当然,这种宽容是有一定条件的,只有对特定的主体如贵族和官吏才会适用。前面已经提到,中国古代法制的一个重要特点就是以"家族本位"为基础而形成的"尊卑有序、良贱有别"的身份法,①这种身份法的特点就在于承认特权的存在。所谓"礼不下庶人,刑不上大夫",②就是承认大夫的特权,可以不受法律拘束,而超越于法律之外。

古代律法的特权性主要表现在"八议""官当"等制度上。"八议"最早源于西周的八辟,在曹魏的《新律》中首次入律。所谓"八议"是指法律规定的以下八种人犯罪,一般司法机关无权审判,必须奏请皇帝裁决,由皇帝根据其身份及具体情况减免刑罚的制度,具体包括:议亲、议故、议贤、议能、议功、议贵、议勤、议宾。当然,"八议"以外的官吏也能享受特权。《大清律例·名例律上·职官有犯》:"凡在京在外大小官员,有犯公私罪名,所司开具事由,实封奏闻请旨,不许擅自勾问。(指所犯事重者言,若事轻传问,不在此限)若许准推问,依律议拟,奏闻区处,仍侯复准,方许判决";该律条例云:"各处大小土官,有犯徒流以上依律科断,其杖罪以下交部议断。"③由此观之,清律规定无论大小官员,如果所犯重罪均须"开具事

---

① 梅因认为,"所有进步社会的运动在有一点上是一致的,在运动发展的过程中,其特点是家族依附的逐步消灭以及代之而起的个人义务的增长……用以逐步代替源自'家族'各种权利义务上那种相互关系形式的……关系就是'契约'……可以说,所有进步社会的运动,到此处为止,是一个'从身份到契约'的运动。"[英]亨利·梅因:《古代法》,沈景一译,商务印书馆1959年版,第96~97页。

② 瞿同祖先生认为,"礼不下庶人"不能所庶人无礼,"刑不上大夫"中的"刑"指五刑(墨、劓、刖、宫、大辟),也就是说五刑不对大夫适用。参见瞿同祖:《中国法律与中国社会》,中华书局2003年版,第215~220页。尽管如此,但是这一原则同样承认大夫阶层的特权之存在。

③ 《大清律例》,田涛、郑秦点校,法律出版社1998年版,第89页。

实实封奏闻请旨”,审理官员不得擅自断罪,而如果大小地方官吏所犯为徒流以上罪,则直接依律科断,杖罪以下则交部议断。这是特权在司法程序上的体现,清代针对特权阶层适用特别案件审理程序。[①]

特权还具体表现在依例减赎及执行折抵方面,“通常无论公罪、私罪,判刑后都有优免的机会,以罚俸、收赎、降级、革职等方式抵刑”。[②]就清代而言,针对文武官员公私罪的折抵有所不同。《大清律例·名例律上·文武官犯公罪》云:“凡内外大小文武官犯公罪,该笞者,一十,罚俸一个月;二十、三十,各递加一月;二十,罚两月;三十,罚三月。四十、五十,各递加三月。四十,罚六月;五十,罚九月。该杖者,六十,罚俸一年;七十,降一级;八十,降二级;九十,降三级,俱留任;一百,降四级调用。如吏、兵二部处分则例,应降级革职戴罪留任者,仍照例留任。吏典犯者,笞杖决讫,仍留役。”[③]《文武官犯私罪》云:“凡内外大小文武官犯私罪,该笞者,一十,罚俸两个月;二十,罚俸三个月;三十、四十、五十,各递加三月。三十,罚六月;四十,罚九月;五十,罚一年。该杖者,六十,降一级;七十,降二级;八十,降三级;九十,降四级,俱调用;一百,革职离任。犯赃者不在此限。吏典犯者,杖六十以上,罢役。”[④]从律文可以看出,文武官犯罪,无论公私,均可以通过罚俸、降级、革职等方式折抵,但仅限于笞杖轻罪。此外,对于进士、举人、贡、监、生员等一切有顶戴者,如果所犯为笞杖轻罪,则照例收赎;如果罪止杖一百,则分别资参除名,所得杖罪,免其发落,徒流以上,照例发配。

清代属满人建立的政权,因此对于旗人还有特殊照顾之处。《大清律例·名例律上·犯罪免发遣》云:“凡旗人犯罪,笞、杖,各照数鞭责。军、流、徒,免发遣,分别枷号。徒一年者,枷号二十日,每等递加五日。总徒、准徒,亦递加五日。流二千里者,枷号五十日,每等亦递加五日。充军附近

① 清代中央司法审判针对涉及宗室觉罗、职官、旗人、蒙古等特权阶层的案件均适用特别案件审理程序。参见那思陆:《清代中央司法审判制度》,北京大学出版社 2004 年版,第 194 ~ 214 页。

② 瞿同祖:《中国法律与中国社会》,中华书局 2003 年版,第 229 页。

③ 《大清律例》,田涛、郑秦点校,法律出版社 1998 年版,第 90 页。

④ 《大清律例》,田涛、郑秦点校,法律出版社 1998 年版,第 90 ~ 91 页。

者,枷号七十日;边卫者,七十五日;边远、沿海、边外者,八十日;极边、烟瘴者,九十日。”[①]也就是说,旗人犯罪,一般可以通过枷号免发遣。

正因为此种特权制度的存在,使得清代司法对贵族与官吏犯奸采用了一定的宽容态度。例如,“轮奸犯奸男子已成案(表1-16)”中,对于旗人吉勒彰阿、陈虎儿照为从同奸例拟流;由于是旗人,故仅发驻防当差。由于“当差”并未改变其身份,故未通过枷号免发遣。在“亲王将学戏幼童奸宿(表1-16)”一案中,亲王属于贵族,为“八议”制度范畴,故罚俸五年予以折抵。在“委参领将护军鸡奸(表1-44)”一案中,在刑罚的执行上采取折枷发落的方式处理。由此可见,司法对特权阶层犯奸的基本态度是趋于“宽容”与“缓和”的。但是,正是由于这种“宽容”的态度,使得法律在适用上无法做到平等,而清代男风的主体又主要是贵族和以士大夫为主体的官僚阶层。当这些特权阶层因好男风而不惜为“男色之欲”铤而走险时,往往无视法律之存在,更遑论考虑其行为所带来的不利后果。因此,法律的指引、评价等规范作用在此荡然无存,换来的只是以特权阶层为主体引导产生的男风之泛滥。

与对特殊犯罪主体宽容相对的是,清代司法依照身份的良贱对特殊犯罪对象不给予同等的保护。在遇到特殊犯罪对象时,对加害人的从宽处理恰好体现出了司法的宽容态度。如果犯罪对象是“优伶”,对于加害者则不论其身份是特权阶层还是凡人,均给予减等处理。因为,优伶实属下贱,并非律法所保护的对象。如前引“同伙二人各抢优人强行鸡奸(表1-46)”“和同典买良家之子转典为优(表1-50)”以及“恋奸抢夺犯奸年甫十二优伶(表1-31)”三案中,对于犯罪主体均给予了减等治罪处理。司法对涉优案的“默许”犯奸态度,使得犯罪主体有选择性地考虑犯罪对象,而清代优伶人数众多,职业的特点又使其极容易成为犯罪的对象,从而间接地纵容了男风的蔓延。

综合以上两种态度,笔者认为,在清代司法对男风案的实际处理过程中,严苛应该是主要的态度,这一点可以从清代关于男风的律例立法

① 《大清律例》,田涛、郑秦点校,法律出版社1998年版,第91页。

以及其他类型的男风案中得到证明,毕竟体现“宽容”一面的男风案主要集中在“特权阶层犯奸案”和“狎优蓄伶案”两类案件中,相较其他案件类型毕竟是少数。但是,这种严苛的态度并未贯彻到底,在面临身份、特权等因素时往往会产生动摇,转向“宽容”。正是司法在“严”与“宽”之间的左右摇摆性,使得清代司法无法真正彻底有效地打击男风犯罪,控制“男风”现象的蔓延。当然,这只是导致司法在控制“男风”问题上未达到如期效果的原因之一,下文还将进一步阐述。

四、影响司法审判的因素

20世纪二三十年代美国法律现实主义代表学者本杰明·卡多佐(Benjamin N. Cardozo)曾经分析普通法领域司法过程的性质,并提出著名的“卡多佐问题”,即“当我决定一个案件时,我到底做了些什么?我用了什么样的资源来作为指导?我允许这些信息在多大比重上对结果起了作用?它们又应当在多大比重上发挥作用?”①从这一问题出发,卡多佐认为在普通法传统中决定司法过程性质的因素主要是遵循先例(司法过程中的下意识因素),遵循先例因素很少为人觉察,并且非常接近表层;除此之外,“在意识的深层还有其他一些力量,喜爱和厌恶、偏好和偏见、本能、情感、习惯和信念的复合体,这一切构成了一个具体的人,而无论这个人是诉讼者还是法官”。② 当然,这一特性是对20世纪具有普通法传统的司法过程而言,但是,无论是英美法系、大陆法系还是中华法系,无论是当代还是古代,司法作为一项重要的人为活动,必定会受到政治、经济等环境的影响,同时司法官员个人的喜好、情感等可能也会在一定程度上影响到司法审判活动。因此,笔者认为,在古代司法过程中,审判活动同样可能会受到司法官员个人的喜好、情感、知识构成、信仰等因素的影响,甚至由于人为干预更严重使得影响会更大。

---

① [美]本杰明·卡多佐:《司法过程的性质》,苏力译,商务印书馆1998年版,第1页。
② [美]本杰明·卡多佐:《司法过程的性质》,苏力译,商务印书馆1998年版,第105页。

清代地方审判衙门分五级，包括县（州、厅）、府（直隶州、直隶厅）、道、按察司以及督抚；中央审判衙门主要包括刑部、都察院、大理寺。然而，从这些审判衙门可以看出，除中央有专门的审判衙门之外，地方上并无专门的审判衙门。在地方审判制度中，地方州县官员实际上集行政与司法两种职能于一身，而且行政职能可能会多于司法职能。这些地方官员接受的是儒家经典教育，通过科举等途径入仕，并未经历过专门的法律训练，往往依赖于刑名等幕友协助处理司法案件。清代文官的出身分为进士、举人、贡生、荫生、监生、生员、官学生以及吏八种。这些文官的出身途径可分为正途（常规途径）和异途（非常规途径）两种：正途主要是指通过科举考试而进入仕途；异途则主要是指通过捐纳和杂途等方式获取身份而进入仕途。考察清代地方文官之出身构成，正途为主，异途为次，详见表2。

表2　清代州县官出身背景对比表：乾隆十年（1745）与道光三十年（1850）①

年份 / 背景	乾隆十年（1745）				道光三十年（1850）			
	知州		知县		知州		知县	
	人数	百分比	人数	百分比	人数	百分比	人数	百分比
科目（进士、举人、拔贡、优贡、副榜、恩贡、岁贡、生员、教习、誊录）	66	45.8	957	74.4	66	46.2	890	69.5
捐纳（廪贡、增贡、附贡、贡生、廪监、增监、附监、监生）	54	37.5	212	16.5	63	44.0	248	19.4
其他途径（荫生、书吏、议叙、保荐、荫袭、孝廉方正）	13	9.1	69	5.4	11	7.7	89	7.0
不清楚者	11	7.6	48	3.7	3	2.1	53	4.1
总计	144	100.0	1286	100.0	143	100.0	1280	100.0

① 表中数据根据瞿同祖先生1962年基于《缙绅全书》（1945年秋编本和1850年秋编本）的研究整理而成。具体内容可参见瞿同祖：《清代地方政府（修订译本）》，范忠信等译，法律出版社2011年版，第34页。

从上表可以看出,1745年通过科目(即上文所说之“正途”)出身的知县,共计957人,占总数的74.4%;通过捐纳(即上文所说之“异途”)出身的知县,共计212人,占总数的16.5%;其他途径通过其他途径(杂途)出身者,共计48人,占总数的3.7%。1850年通过科目出身的知县,共计890人,占总数的69.5%;通过捐纳出身的知县,共计248人,占总数的19.4%;通过杂途出身的知县,共计89人,占总数的7.0%。总体而言,在人数庞大的知县中,科目出身的比例要远大于捐纳出身。至于知州,科目出身的比例略大于捐纳出身。

笔者认为,通过表2反映出的一个更为重要的问题是,清代的文官主要以科目出身为主,而科目者实属通过科举考试而入仕,自幼饱读四书五经,接受儒家经典教育,推崇孔孟之道。即使是通过异途入仕的州县官,也同样接受儒家经典教育,具备儒家知识结构和背景。因此,士大夫出身的清代地方官往往是儒家伦理道德的维护者。作为地方司法官员,士大夫的教育背景、观念信仰以及偏好喜恶等因素是否影响到其司法判决的作出?下文将拟从“士大夫作为治理者”和“士大夫作为接受者”两个方面加以论证和说明。

(一)士大夫作为治理者

士大夫作为地方官,在承担司法职能的同时,还承担着更多的行政经济职能,例如地方的经济、钱粮缴纳、风俗教化、保境安民、防卫盗匪等。因此,当男风案件进入司法程序之后,士大夫往往会综合考虑诸如政策、治安以及教化等方面的因素来进行审理,甚至还会可能涉及个人对男风的喜好以及对男风文化的认同。

1. 政策

为了避免晚明奢靡之风和不良风习对政权的威胁,保存满人尚武之风,清初首先出台政令反对社会奢靡纵欲之风。康熙元年,广东道御史朱裴疏言:“都下以靡丽相竞。四方以奢侈为尚。一鞍一骑,不惜百金之费。一衣一帽,可破中人之产。婚嫁葬祭,漫无等级。满汉效尤,莫可底止。甚至奴隶胥役,优伶贱工,毫无顾忌。请敕下该部,将一切贵贱典礼,详加考较,昭示中外。不得踰闲干分。下部议。”①又见康熙十一年上谕:“谕礼部、帝王致治、首在维持风化、辨别等威。崇尚节俭。禁止奢侈。故能使人心淳朴、治化休隆、近见内外官员军民人等、服用奢靡、僭越无度。富者趋尚华丽、贫者互相效尤、以致窘乏为非、盗窃诈伪、由此而起。人心嚣凌、风俗颓坏、其于治化所关匪细。今应作何分别、务行禁止。著九卿科道、会同严加确议、定例具奏。”②再见康熙二十四年,议政王大臣等、议覆左都御史陈廷敬疏言:“官员士庶、冠服衣裘饰用之制、婚丧之礼、祈敕下廷臣、博考旧章、斟酌损益、务合于中。查顺治九年、已定婚丧之制。康熙九年、复定服饰之例。见在遵行、毋庸更议。得上□日、如议。凡服饰等项、久经禁饬。近见习俗奢靡、服用僭滥者甚多。皆因该管各官、视为具文、并未实行稽察、以致不遵定例。嗣后必须著实奉行、时加申饬。务期返朴还淳、恪循法制。以副朕敦本务实、崇尚节俭至意。”③雍正元年上谕:“谕各省盐政官员。国家欲安黎庶。莫先于厚风俗。厚风俗、莫要于崇节俭……朕临御以来。躬行节俭。欲使海内之民。皆敦本尚实。庶康阜登而风俗醇。夫节俭之风。贵行于闾里。而奢靡之习。莫甚于商人。朕闻各省盐商、内实空虚、而外事奢侈。衣服屋宇、穷极华靡。饮食器具、备求工巧。俳优妓乐、恒舞酣歌、宴会嬉游、殆无虚日。金钱珠贝、视为泥沙。甚至悍仆豪奴、服食起居、同于仕宦。越礼犯分。罔知自检。骄奢淫逸。相习成风……”④从这可以看出,清初社会风气深受晚明奢靡之风的影响,已引起了朝廷的关注,朝廷对由当时社会奢靡之风导致的礼制僭越表示了担忧。由于男色纵欲之风的滋长是社会风气奢靡的产物,因此,对奢靡之风的限制实际上也是对男风的控制,对传统儒家礼法秩序的维护。这实际上为后面男风之禁止提供了重要的政策性支持。

其次,清初建立了严厉的禁娼措施。前文已述,对于娼妓等色情业,

① 《清实录·康熙实录》卷六,康熙元年六月丁未。
② 《清实录·康熙实录》卷三十九,康熙十一年八月癸丑。
③ 《清实录·康熙实录》卷一百二十,康熙二十四年三月壬申。
④ 《清实录·雍正实录》卷十,雍正元年八月己酉。

清代统治者首先废除官妓制度;再次,对特定的群体禁娼,如官吏、旗人子弟、士大夫等知识阶层以及僧道等;最后,实行从业禁止,严禁伙众开窑、窝顿土娼、容留卖奸等行为,并且房主和邻保还实行连坐制度。这种严厉的禁娼措施产生的后果是深远的。这一方面使清代的私娼业极其发达,另一方面成为清代男风兴盛的导火索,以至于清末一度出现以"相公"为主的"男娼"。

关于"男娼"之禁止,在清代以前就已出现。宋代关于"政和中,始立法告捕,男子为娼者,杖一百,告者赏钱五十贯"的规定以及明代"比依秽物灌入人口律杖二百"的比附,均可说明朝廷曾经对此的态度。但是,这些禁令毕竟是简陋的,无法在社会上形成禁男娼的氛围和环境。在清代男风越来越盛的情况下,满清统治者已经意识到了这一问题的严重性,故在乾隆五年(1740)首次将其增纂成例,即"和同鸡奸例"。该例文是中国历史上第一次明确反对男风的法令,依此例之规定,成年男子之间即使是出于自愿而发生性行为,也应该受到惩处,这是比照妇女犯奸律例对以往"和同鸡奸"行为的刑罚化,进一步严格加强传统性别角色观念。乾隆五年将此例增纂,或许是出于对传统儒家礼教的进一步强化的考虑。传统礼教主张"正名"和"安分",强调"三纲五常",要求各个阶层严格遵守礼法秩序,女性应该遵守妇道,男性应该坚守父亲和丈夫的职责,而男风直接有悖于传统礼教观念。当然,男风现象在历代皆有之,并且经久不衰,倘若其在社会所承载的合理范围之内,理应不会引起统治者的注意。只有当男风现象已经成为社会的普遍现象时,才会进入到统治者的视野,才会在决策中予以考虑。

显然,对于清代来说,男风问题已经成为一个严重的"社会问题",其兴盛蔓延之势已经无法控制,因此只好借助于政策和法律来加以明确限制,企图让社会避免奢靡纵欲,崇尚节俭教化。以此为背景,自康雍时期的酝酿和发酵,最终于乾嘉时期形成了一整套关于男风的律例。这些律例可以视为朝廷关于处理和应对男风问题的主要策略和代表性态度,毋庸置疑,作为地方治理者的士大夫应该知晓其中之深意与朝廷的政策意图。因此,士大夫在处理男风案时,通常会依照这些律例进行处理。

这些政令集中反映出帝国对男风的排斥态度,并形成浓郁的社会氛围。正是在此种政策环境的影响之下,大部分士大夫在男风问题往往都采取了严厉打击的态度。政策的反对可能为司法者提供一种“先入为主”的观点,也为司法者处理男风问题提供了强有力的支持。我们可从上述绝大部分男风案均被严苛处理的态势可窥见其端倪。

2. 教化

早在西周时期“以德配天”和“明德慎罚”思想是主要的治国思想。先秦时期,在如何治理国家和维持统治的问题上却出现了两种不同的观点,一种认为通过道德礼义教化进行治理,另一种认为应该通过严酷刑法惩罚进行治理。前者以儒家为代表,后者则以法家为代表。春秋战国时期,诸侯纷争,各国纷纷变法图强,因而此时主流就是法家思想。商鞅变法采用法家思想,赏罚分明并施以酷刑进行治理。商君车裂之后,秦横扫六合,纵横宇内,继之以李斯为相,立法仍继续沿用法家的严刑思想,以法家为治国之策。到了汉武帝时期,董仲舒“罢黜百家,独尊儒术”之鼎革,使法律自此走向儒家化之路,“德主刑辅”成为汉代以及后世之立法指导思想。

概言之,“德主刑辅”法律思想的主要内容集中表现在五个方面:一是以道德教化为本,孔孟认为人性本善(荀子的人性哲学主张“性恶论”,并未被主流儒学学者认可,反而逐渐成为法家的哲学基础),任何人都可以通过道德教化和感召,要求人们遵守礼法制度,循规蹈矩,恪守本分;二是主张宽猛相济,对于极少数无法通过教化感召的顽劣之徒,则有必要辅助性地施之以刑罚,以维护儒家所倡导的纲常名教秩序;三是主张刑罚适中,严格禁止滥用刑罚,刑罚与罪行之间需保持一致性,不能重罪轻罚或者轻罪重罚;四是注重犯罪预防,通过道德教化以整顿人心,使人们自觉遵守伦理道德规范,充分发挥事前的预防功效;五是强调个人的道德模范作用,上至皇帝下至地方官员均应该严格遵守儒家纲常规范,成为一切美德的化身,树立家产制下卡里斯玛型权威,引导人们在道德观念与日常行为方面积极向善。从教化与刑罚之间的关系来看,两者之间是主辅关系,教化应该重于刑罚,被视为治本之策。德主刑辅的思想不仅体现在立法上,而且还体现在司法上。

清代不仅在立法上,而且在司法实践中也体现出其教化之功能。康熙倡导"以教化为先"和"尚德缓刑"之基本国策。康熙二十三年,康熙帝驾发宿迁,有众多民人叩阍,康熙认为不可收览。其理由是,如果接受控告,一则发回审理事未必皆实;二则层层转驳,被告与原告皆致拖累,故康熙认为司法应该重教化之功:"有天下者、惟贵以德化民、使之无讼。即贤能官吏、亦当求讼简刑清、与民相安于无事。若以多讼为喜。开争竞之风。俗疲民困、皆由于此。"①又于康熙二十五年谕三法司衙门曰:"朕尝心慕隆古、力行教化。冀以感发天良、偕之荡平正直之道。而人情嚣伪、风俗颓弊。明罚敕法、国宪不可以已。虽尝屡行矜恤、绝去烦苛。终思尚德缓刑、乃为至治之极轨。"②康熙认为刑罚并不能真正起到教化人心之作用,惟有尚德缓刑,重视教化之功,才能达到"至治"之目的。乾隆同样也有此认识。乾隆二年,乾隆帝针对各省"愚民斗狠之习"积重而晓谕直省督抚:"朕览法司本章。各省命案。大率斗殴居多。甚至有挟持凶器。互相杀伤者。小民愚昧无知。不忍一朝之忿。遂致罹于重辟。后虽追悔。亦已无及。深可悯恻。夫贪生恶死。人之常情。即在愚民。亦断无不爱惜身命之理。总因平日不知法律。而地方有司。又不能时时化导。动其从善去恶之天良。申以触法抵令之宪典。无怪乎编氓之日蹈法网、而不能止也。嗣后直省督抚、督率有司、必多方宣谕。实力劝勉。务使闾阎咸知法纪。顾惜身家。以远于罪戾。则教化行而刑罚可省矣。"③在乾隆帝看来,导致各省命案频发的重要原因就在于"愚民斗狠之习",而转变这一积习的根本途径就在于教化劝勉,如果仅仅依靠刑罚,只会是"日蹈法网、而不能止也"。

朝廷对风俗教化的强调,深深影响到了地方官员。在清代地方官员出具的文告中,有不少是出于教化人心和导向风俗之目的。例如,张五纬于嘉庆五年七月到湖南长沙府任知府后颁布的关于"申明驱逐娼妓之

① 《清实录·康熙实录》卷三十四,康熙二十三年十月辛亥。
② 《清实录·康熙实录》卷一百二十六,康熙二十五年七月甲申。
③ 《清实录·乾隆实录》卷四十七,乾隆二年七月壬寅。

义”的告示①就充分表明了这一点。在该告示中，张五纬首先深陈娼妓之害，并告诫士民要以之为诫，甚至父兄师友之间要互相劝勉，否则等待的将是“绳之以法，决不宽贷”。张五纬并不是简单地陈述清代有关的禁娼法令，而是通过教化劝说的方式来产生禁娼之义。只有在劝告无效的情况下，才会动用刑罚。所以，从某种意义上来说，这种“重教化、轻刑罚”的取向会影响到司法审判的彻底性，无法真正做到“文本上的法”与“行动中的法”之间的高度契合。

清代司法对男风问题的处理，同样体现出这一特点。表1中所载案例，大部分是上报至刑部的重要案件，涉及“人命”等问题，但这并不能说明清代司法对男风案的处理就全部如此。在男风蔓延的情况下，我们有理由推断，清代州县一级普通男风案的数量应该较为可观，而进入刑案汇编的仅仅只是比较重大的案件而已。男风现象与儒家伦理道德相违背，严重影响到社会的风俗教化。因此，司法官对男风案的处置，可能分两种情形加以处理：一方面，防患于未然，在案件发生之前就通过告示等方式加以劝告教育；另一方面，对于触犯律法的情节较为恶劣的男风案则通过司法程序严加处理。当然对情节轻微的男风犯罪案件仍然以教化为主，并且不上报至上一级司法机关，只有对情节极为恶劣的男风案则毫不手软地“绳之以法”，以示警诫。这种重教化而轻刑罚的司法模式可能会造成两个后果：一是使大量的轻微男风案无法真正进入到司法程序，即使进入到司法程序后，也会成为政治教化的“附随品”而存在，无法切实从司法的角度审视男风犯罪；二是正如我们在刑案汇编中所见到的案例一样，极少数严重的男风犯罪仍然会受到严厉打击，从而

① 该告示全文为：“为申明驱逐娼妓之义，以醒痴迷端风化事：照得娼妓之流工于媚态，装成假情，其勾摄人心之处，有妻妾间所不能者……本府力挽风化，欲正人心，不得不深言要害，剀切示禁。为此，示仰合郡士民商贾人等知悉，嗣后务宜各务正业，痛改前非，士民当以上进为念，商贾当以贸易为心，仍不失为端人正士。为父兄者尤当共相告诫，师友互相劝勉，从此不但家门多庆，抑且风俗渐移，庶上不负圣主视民如伤之深仁，下可慰各宪爱民如子之至意。如此谆谆告诫，以后倘仍有荡检逾闲之辈，一经访问，或被告发，本府惟有绳之以法，决不宽贷。其时父兄师长，恐不能告无愧于法堂前矣。各宜凛遵。”（清）张五纬：《风行录·长沙府》，载杨一凡、徐立志主编：《历代判例判牍》（第八册），中国社会科学出版社2005年版，第268～269页。

彰显刑罚的惩戒和威慑作用,但这种作用是极为有限的,况且其最终目的仍然是为"教化人心"服务(如果该案件情节恶劣,严重影响到社会风习,往往还会成为重判的重要因素)。这种"重教化而轻刑罚"的策略成为司法官首要考虑的因素,对大多数案件采取一种视而不见的态度,它实际上是纵容了男风犯罪的发展,使得清代统治者企图通过司法途径控制男风现象的计划最终成为"幻影"。

3. 治安

清代对于"犯奸"罪的认识,除了依照纲常伦理,塑造妇女的正统道德形象之外,还将犯奸与社会治安问题联系在一起。家庭是社会的细胞,也是社会稳定的基石,统治者极为重视家庭伦理类犯罪(《大清律例》中调整家庭伦理关系的律例广泛分布于《户律》《礼律》以及《刑律》之《人命》《贼盗》《斗殴》《犯奸》等各门),而在这些家庭伦理类犯罪中,又较为重视奸情类犯罪。清代统治者通过《大清律例》来防控奸情产生,因而重惩奸罪,具体可表现为"对女性不忠贞的惩处扩展至婚前、严惩亲属相奸、鼓励本夫及本夫本妇有服亲属及他人捉奸,某些规定甚至不惜冲击尊卑有序的服制"①。清代中期妇女因奸犯罪数量巨大,曾引起一些学者的注意。郭松义教授的研究表明,在婚姻类案件中,因通奸而引起纠纷的可能占到一半到三分之二。同时,在对中国第一历史档案馆所藏乾隆朝刑科题本"婚姻奸情类"案件进行详细统计和深入分析后,郭松义教授认为,"乾隆间各省区每年上报朝廷批决的婚姻奸情类命案要案,平均在800件左右。在这800件中,因通奸引发的约为250~530件。"②由此可见,在清代妇女犯罪中,因通奸而导致的犯罪所占比例较大,因奸犯罪频率亦较高。从清代妇女犯罪类型来看,"无论是略诱罪还是杀伤罪,奸情犯罪几乎都占有最大的比例。仅'人命'案中,'杀死奸夫'就达五十二例之多"③。所以,妇女因奸犯罪是引发其他犯罪的一

---

① 钱泳宏:《防控与失控:清代重惩奸罪与"因奸杀夫"》,载《华东政法大学学报》2012年第1期。

② 郭松义:《伦理与生活——清代的婚姻关系》,商务印书馆2000年版,第527页。

③ 杨晓辉:《清朝中期妇女犯罪问题研究》,中国政法大学出版社2009年版,第173页。

个重要诱因，势必会影响到社会的稳定，清代司法中对其极为重视。

与妇女犯奸一样，男风犯罪也涉及因奸犯罪而引发其他类型犯罪的问题，也可能会给社会秩序的稳定构成威胁。在表 1 所统计的男风案中，和同鸡奸案（类似于“和奸”，也即今天的通奸）仅仅只占有极少数，而由于鸡奸导致的“男子拒奸杀人”“强奸幼童”“因奸致羞忿自尽”“恶徒伙众强抢良人子弟”以及“容留卖奸”等相关案件却不在于少数。这一现象与在妇女犯罪案件中因奸犯罪数量众多的情形基本一致。男性之间的性犯罪，其暴力性程度可能更高，常常涉及人命。例如，在表 1 所统计的 69 个案例中“男子拒奸杀人案”数量最多。所以，为了保证社会治安，维护社会之稳定，司法官员对于男风类犯罪一直保持警惕而严厉的态度。

男风犯罪主体的“危险性”也涉及治安问题。这一点可从前述比附援引中得到说明。按照清代律法，男风犯罪大多被归于“犯奸”门，在例无明文规定时，往往会比附其他例文处理，这也是清代律法的一大特色。其中有一部分律例则直接规定比照“光棍例”处理，例如“恶徒伙众强抢良人子弟鸡奸例”，有一部分则由司法官依据案件具体情况和特定的条件加以比附（如表 1－60：僧人鸡奸九岁幼僧未成致其毙，比照“因奸将良人子弟杀死例照光棍例斩立决”）。这种比附的做法虽然在很大程度上被后世变法中认为违反了罪刑法定原则，因而在清末修律中被加以摒弃，但是能够照顾到人情世故，同时也是一种发现和论证罚则的重要手段。① 更为重要的是，比附援引制度所考虑的“人情世故”，涉及面比较广泛，可能包括社会治安因素。从“恶徒伙众强抢良人子弟鸡奸比照光棍例斩立决”来看，将犯罪分子等同于“光棍”（地痞流氓），而这些人大

① 李启成最近的一份研究表明，清末修律过程的刑律草案签注引发了激烈的“比附援引与罪刑法定存废之争”。虽然最终在新刑律草案中确定了罪刑法定原则，但是绝大多数签注以法不足以尽万变之人情、司法官自由裁量流弊更大为理由主张保留比附援引这一固有制度。双方之间最后达成妥协，同意通过编辑判决例来规范司法官的自由裁量。参见李启成：《清末比附援引与罪刑法定存废之争——以〈刑律草案签注〉为中心》，载《中国社会科学》2013 年第 11 期。另可参见陈新宇：《从比附援引到罪刑法定——以规则的分析与案例的论证为中心》，北京大学出版社 2007 年版，第三章“比附援引与罪刑法定之争”。

部分是无业游民,家无恒产,居无定所,是社会安定的重要威胁。从"僧道犯奸照律加二等"中,可以看出统治者打击僧道犯罪的决心,其原因或许就在于僧道是必须加以严格管理约束的一类人群。根据柳立言先生的研究,僧道对社会治安的威胁主要表现在七个方面,即淫寺、淫神、淫祀、妄言惑众、异行惑众、男女混杂和夜聚晓散、以佛教之外的法术符咒治病等。① 清代对僧道的限制和防备和宋代基本一致,《大清律例》对此进行系统而全面的规定,清代中期发生于江南最终蔓延至全国的"叫魂案"同样可以说明这一点。所以,司法官对僧道男风犯罪的严厉打击,实际上是基于治安的目的加以防范。事实上,清代男风犯罪中,很多的案件都是发生在社会底层,主要是雇工、和尚、乞丐、游民等,这些人都被统治者视为不稳定因素。因此,治安可能是司法者处理男风问题时重点考虑的因素之一,试图通过法律的方式来维护社会总体秩序的稳定也是清代司法的根本性任务之一。

(二)士大夫作为接受者

士大夫除了作为治理者而排斥男风现象外,还可能是男风现象的接受者。司法官的个人偏好以及士大夫对男风文化的接受可能会产生一种"先入为主"的观点,从而影响到男风案的审判。下文将着重论述这两个方面。

1. 司法官的个人偏好

在男风泛滥的社会氛围下,由于男风现象在上流社会如士大夫阶层之间极为常见,且士大夫阶层为推动男风之主要力量,而清代司法官员主要是科目出身,属于士大夫阶层。因此,清代司法官中难免有好男风者,比较著名的有郑板桥、袁枚等人。这些有着特殊偏好的司法官员在处理男风案时,是否会袒护犯罪分子,从而对其从宽处理? 笔者对此持肯定意见。

《清代名吏判牍七种汇编》记载了乾隆年间名吏张船山关于一起鸡奸自首案的判决。该案起因及审理经过如下:

---

① 柳立言:《宋代的宗教、身份与司法》,中华书局2012年版,第102~103页。

“京师多相公,男风大炽。后渐南下,蔓延至于山东。昌邑县有大腹贾朱振阳之子刚木者,与友人章天权相善。章有弟,名天亮者,年不过二十,而丰姿翩翩,俨然一浊世之贵公子。刚木惑焉,屡思挑之。奈天亮桃李其貌,冰霜其心,凛然有不可干犯之色。刚木用尽心思,设计多端,终不能得。一日,借为母祝寿为名,设小酌招章天权兄弟至,自午至酉,三人畅饮不已。迨日落西山,万家灯火,始洗盏上饭。然章氏兄弟已屡舞傞傞。目晕头昏而不能自主矣。朱因留之宿,寓其兄于东偏,而宿其弟于西侧。俟人静更深后,刚木潜至西侧,乘天亮醉卧而污辱之。天亮醒,大悔恨,即自缢也。次日天权等起,往西房呼弟,但见三尺白绫高高悬起,目张舌出,一命呜呼。群大骇,莫知所为,因疑为魅,草草棺殓也。众莫知者。一年后,刚木自行投称,报告真情,并请依律重惩,愿一死以报知己。县令大诧,审鞫一过后,判将朱刚木绞立决,以自首故减轻一等,为绞监候,详文臬司。时任山东臬司者,为一名翰林,亦有断袖癖,思贷其一死,因驳斥不准,发回重问。乃昌邑县令不服,仍以绞监候顶详,最后并有决绝之语,谓此案酌理斟情,为风化,为国法,绞监候实为最轻者。大人如尚明如重者,不妨另发他员审判。在卑职实知有加重于此者,不知其次,臬司阅禀,大怒,以该县令滥用刑罚,草菅人命,并出言不避,无属下礼。详请巡抚奏革,一面将本案发交府宪审问,张船山本案鞫审一过后,即判处朱刚木杖二百,流三千里,详请臬司核准,一场风流案,从此始告结束。”①

本案属于因奸致受害人羞忿自尽。从该案审理情况来看,大致经历了四个阶段。第一阶段是犯人朱刚木自首之后,昌邑县令考虑其自首情节后判为“绞监候”。清律并无男子因奸羞忿自尽之例文,故比照“妇女因奸羞忿自尽例”处理。清律规定:“凡有强奸将本妇立时杀死者,拟斩立决。若强奸既成,或本妇羞忿自尽,仍照因奸威逼致死律拟斩监候,至於强奸未成,但经调戏,本妇羞忿自尽者,俱拟绞监候。”②本案因奸导致

---

① 襟霞阁主编:《清代名吏判牍七种汇编——中国清代妙判精华》,老古文化事业股份有限公司2000年版,第215~216页。

② (清)清高宗敕撰:《清朝通典》卷八十五《刑六》,商务印书馆1935年影印本。

受害人羞忿自尽,按例应照因奸威逼致死律拟斩监候,有自首情节减一等,应改为“杖一百,流三千里”。因为,按清律“加减罪例”规定,“惟二死,三流,各同为一减”,[1]故死刑斩、绞减一等,都应为“杖一百,流三千里”,而不是绞刑(立决/监侯)。但是昌邑县令并未依此处理,而是认为应“相抵以一命”绞立决,在考虑到自首情节后减一等为绞监候(违背减等治罪规定)。所以,从此案的处理情况来看,昌邑县令的处理应该是比较严厉的,实际上加重了处罚。第二阶段是山东臬司的处理。该案上报到山东臬司后,臬司认为处罚过重,驳斥不准,发回重问。但从案件情况来看,由于臬司本人也有断袖之癖,故对朱刚木有偏袒之心,想保其一命。这是臬司驳斥发回重审的主要原因。第三阶段是昌邑县令坚持绞监侯,臬司将案件转由张船山处理。昌邑县令认为,该案“酌理斟情,为风化,为国法,绞监候实为最轻者”,并且对臬司的偏袒提出抗议。当然,臬司并不能容忍下属的这种反抗行为,因而向“巡抚奏革”,并改由张船山审理。第四阶段为张船山审理。张船山认为“章天亮拘泥固执,朱刚木不法凶横”,且此案不能比照强奸妇女例处理,应按威逼致死人罪处理,有自首情节减一等,故对朱刚木处以“杖二百,流三千里”的刑罚。从张船山的处理结果来看,显然,他已经充分理解了臬司的意图。

从本案的处理经过来看,应该说,第二阶段是本案一个极为重要的转折点,直接影响到案件的处理结果。而导致这一转折的根本原因就是臬司的支持,臬司的个人偏好对于本案的处理结果起到了决定性的作用。这是司法官个人偏好对男风案审判产生重要影响的典型案例。这一案例也充分说明,士大夫作为男风现象的接受者甚至是践行者,深入地影响着男风案的审理。

2. 士大夫对男风的认可

除了司法官的个人性别偏好以外,清代士大夫整体对男风的泛滥有着推波助澜的作用。尽管部分士人并不引男风为时尚,也并非是同性恋者,但他们将男风作为一种娱乐方式,尤其是士人与优伶之间的关系较

---

① 《大清律例》,田涛、郑秦点校,法律出版社1998年版,第123页。

为密切,因此对于习以为常的男风现象,在很多场合并不认为是严重的犯罪,除非涉及人命等情节。当时不少士子争相好男风,狎优蓄伶乃风流韵事,甚至被看作士人身份的象征。清代著名才子毕秋帆,乾隆二十五年进士,廷试第一,状元及第,授翰林院编修,历任陕西、山东巡抚、湖广总督等职。毕秋帆与伶人李桂官交好,一度传为佳话(李桂官被称为"状元夫人")。不仅如此,其幕中宾客也大多有断袖之癖。清代小说《品花宝鉴》对此曾有详细记载。① 袁枚等士人对此也有诗文称赞。这只是清代士人认同男风的比较具有代表性的例子,还有许多普通士人好男风无法记载流传。

再者,清代梨园业之兴盛与男风之兴盛有着密切关联,士人与优伶之间关系具有一种亲和性。由于明以后大量文人参与到昆剧的创作,士人通过狎玩优伶可以规避"禁妓令"以及优伶的社会交际功能,使得清代士人与优伶之关系颇为密切。以至于在同一阶层中,上行下效,极为流行。男风在士大夫阶层中的盛行,除诸种史料可以证明之外,我们还可以根据实际情况进行推断。前文已经论证,男风在清代已经成为一种普遍性的社会风气。在社会风气形成过程中,作为社会精英的士大夫群体必然起到了至关重要的推动作用,否则不会波及至整个社会并蔚然成风。由此我们可以推出,当时士大夫阶层对男风现象应该是普遍认同的,至少他们在情绪上抵制男风不会像打击盗、奸等犯罪一样强烈。

士大夫对男风的认可,对于当时男风案的司法处理影响是比较大的。明人谢肇淛在《五杂组》中解释男风兴盛之原因为:"衣冠格于文网,龙阳之禁宽于狭邪,士庶困于阿堵,断袖之费杀于缠头。河东之吼,每末减于敝轩;桑中之遇,亦难谐于倚玉。此男宠之所以日盛也。"②有学者据此认为,男风在明代与法律并无直接明显的抵触。但是,男风发展到清代已经极为兴盛,以至于社会上出现大量的男风犯罪,此时男风

---

① 在清代小说《品花宝鉴》中,故事主人公田春航与苏惠芳的原型就是毕秋帆和李桂官,这一观点已经被众多从事清代小说史研究的学者们认可。参见(清)陈森:《品花宝鉴》(全二册),尚达翔点校,上海古籍出版社1990年版。

② (明)谢肇淛:《五杂组·人部四》,上海书店2001年版,第146页。

逐渐为律法所禁止,乾隆五年增纂的"和同鸡奸例"就能充分证明这一点。依照该律的规定,即使男性之间出于自愿发生性关系,同样受到法律的制裁。这是对男风现象的一种更为普遍性的禁止。然而,事与愿违,许多士人在日常生活中对此例文视而不见,照样狎玩男色。由于性犯罪是极为私密的犯罪,一般如果不是造成命案或主动控告,很难为外界所发现。因此,在"和同鸡奸"的场合,士人即使狎玩优伶,同样无人追究其责任。所以,在司法实践中,认可和接受男风的士人可能不认为自己早已习以为常的男风行为是犯罪,除非情节较为恶劣,或者涉及人命(如拒奸杀人问题)。这种认识为审理男风案造成的影响就是,轻纵男风犯罪,无法严惩加害人。

以上从士大夫作为治理者和士大夫作为接受者两个角度探讨了影响清代司法审理男风案的几个因素。从中我们可以发现,影响男风案审理的因素是多方面的,大致可分为两个对立方面:抵制因素和接受因素。作为治理者,当然是持抵制的态度,但作为接受者,往往会持偏袒态度。这给清代司法处理男风案带来了矛盾性,无法真正贯彻落实清律对男风现象的律例规定。所以,从某种意义上来说,司法的力不从心与矛盾对立,是造成统治者试图通过司法途径控制男风现象最终失败的重要原因之一。

五、结语

清代男风案按照犯罪主体和情节的不同可分为强奸幼童案、男子拒奸杀人案、儒师/僧道犯奸案、狎优蓄伶案、容留卖奸案以及特权阶层犯奸案等。通过分析各类男风案例,得出清代司法处理男风案的总体特点是严苛与宽容,影响司法的因素包括以政策、治安、教化、司法官个人偏好和士大夫对男风文化之认可等多个方面。前三类因素是对士大夫作为治理者而言,后两种因素是针对士大夫作为接受者而引申。司法在处理男风案时呈现出一定的矛盾性,其态度大体包括严苛和宽容两面,而且士大夫在审判过程中也会受到诸如此类因素影响。这样导致的结果是,司法官无法真正贯彻落实清律对男风现象的规定,更加加剧了以《大清律例》为核心的法律控制体系的松弛。

通过考察清代司法对男风案的处理过程及特点,或许有助于我们更为深入地理解清代法律实践。本文在讨论清代法律制度后认为,清代法律渊源中情理、法律、习惯等是一个去中心化的体系,并不存在一个明确而严格的效力等级(更无法律的效力等级最高的认识)。因此,法律制度的表达上就表现出明显的"融合主义"特点。清代司法实践同样如此,刑事审判表现出"融合主义"的特点。我们可以看到,司法官员审理案件既有严格主义的面向,同时也有随意主义的面向,许多法外因素都可能会决定案件审理的结果。司法官员秉承的是"实用理性"传统,这种传统由儒家文化及伦理秩序决定。在此基础上,笔者认为,如果将黄宗智的"表达与实践"①理论范式扩展至刑事领域,那么我们将看到的是一种"离合"关系。这种现象形成的原因就在于"法律制度表达与司法实践的融合主义",使得司法官员时而依法,时而随意,无论是民事抑或刑事审理。这正是清代通过法律手段治理男风犯罪为何始终徘徊在严控与失控之间的一种可能性解释。

清代社会中不平等的性秩序也是造成男风现象盛行的重要原因,法律对于性秩序的平衡基本上是无效的(往往在涉及"犯奸"时才会由法律调整)。从国家法对性的控制来看,如果以是否存在婚姻关系为前提,将其大致可分为婚内和婚外。对于婚外获取性而言,一般包括通过性交易(娼妓制度)、因奸(和奸、刁奸和强奸)、婚前性行为等途径。对于婚内合法获取性的方式主要是婚姻和妾制。清代律法对婚外性行为的控制主要是禁娼、犯奸,并通过道德教化禁止婚前性行为。其中,清代律法从未放弃禁娼,尽管禁娼制度在后期成为一纸"具文"。律法对犯奸的控制则较为严苛,这是为了构建符合儒家伦理道德要求的性秩序,以法律的方式弥合受损的家庭伦理秩序。对另一种婚外性的获取方式——

① 黄宗智:《清代的法律、社会与文化:民法的表达与实践》,上海书店2007年版,第9页以下。

婚前性行为,清代更多的是加以道德教化,通过宣扬贞操观念,弥补法律在婚前性行为控制上的缺陷。司法控制手段的失效(如前文所述可能会受到多种因素的影响)、外在的性别比例失调以及社会贫富分化等问题,使得清代社会最终形成不平等的性秩序。婚姻与性在分配上出现了不平等,对性的获取依赖的是身份和财富,使得异性资源高度集中到少数人手中,实现少数人对多数人的性"垄断"。这也预示着清代统治者试图通过性来控制身体,以期维持社会秩序之努力最终归于失败。

《法律和社会科学》(2015)
第14卷第1辑,第169~218页

法学院的生意:美国法律教育困境的制度分析

沈　明*

摘要:美国法律教育在法律全球化进程中具有举足轻重的影响。美国律师协会对法律教育机构的认证制度以垄断性的高标准推高了法律教育和法律服务的市场价格,维系了以法学教员为代表的法律职业群体的高额利润。即便美国司法部对美国律师协会的反垄断诉讼及制裁也未能实质性扭转不公平的法律教育市场竞争格局。自19世纪后期现代法学院在美国大学中建立以来,其社会功能定位不断由职业教育向学术研究倾斜,法学理论与法律实践之间的张力极大地扭曲了法律教育机构。法律交叉学科研究不但与司法实践日益隔膜,而且还使教学本身在法学院中愈加不受重视。其后果颇为严重:不但直接损害了学生的利益及教育市场公平,而且在间接意义上,因法律教育从业者以违背职业伦理的方式获取社会的转移支付而损害了社会正义。

* 沈明,上海财经大学法学院讲师,电子信箱:shenming@gmail.com。

他们违背自己的那一套冠冕堂皇的言辞,屈尊拾取金苹果,不顾信义、仁爱和名誉去做羊毛、甜菜和烧酒的买卖。

——马克思、恩格斯①

法律职业的历史在很大程度上……就是该职业的所有构成部门,包括法学教授和司法人员,努力保障其显赫的经济与社会地位的历史。直到晚近时候,美国和其他大多数富裕国家的法律职业界的这种努力都取得了志得意满的胜利……我请求读者,不要仅仅因为马克思主义如今成了一种声名欠佳的政治哲学,就不假思索地摒弃其下述主张:一种职业的典型思维模式可能有其经济缘由。

——理查德·波斯纳②

一、引言:问题及其意义

全球化是我们时代的关键词之一。具体到法律领域,报章新闻和学术研讨近些年来所津津乐道的一个论题就是法律全球化。③ 不论人们对法律全球化的理论有怎样的学术分歧,也不论人们对法律全球化的发展持怎样的政治态度,已经有越来越多的经验证据证实了法律全球化趋势的存在。但应该很快指出的是,这里存在着一个悖谬:在很多社会领域,全球化其实只是美国化的一个婉称而已,法律全球化也不例外。④ 综观当今世界,在全球法律职业市场和法律教育市场上,美国均

---

① 《共产党宣言》,载《马克思恩格斯文集》(第二卷),中共中央马克思恩格斯列宁斯大林著作编译局编译,人民出版社2009年版,第55页。

② Richard A. Posner, *Overcoming Law*, Harvard University Press, 1995, pp. 33, 35.

③ 在中国知网的学术期刊库中,2000年以来发表的以“法律全球化”或“法律移植”为关键词的论文共有1042篇(2014年7月18日检索)。

④ 何美欢:《论当代中国的普通法教育》,中国政法大学出版社2005年版,第1章;高鸿钧:《美国法全球化:典型例证与法理反思》,载《中国法学》2011年第1期。

占据着无可争议的领导者地位。[①] 美国的法律制度、法律教育、法学研究、法律理论的域外影响的范围之大、程度之深,恐怕是绝大部分中国法律人都不会否认的。可以预见,至少在未来相当长一段时期内,这种影响仍将持续存在,甚至可能随法律专业留学人数的增加和学术交流的深化而有所加强。如果美国法律教育对中国的影响是一个无法忽视的客观事实,那么其近年来日益突出乃至恶化的诸多问题理应得到我们的关注。有必要说明,笔者对于美国法律教育困境的研究并非意在规范层面上否定全球化或者美国化(这种否定,即便可能,也少有意义)。总体而言,我们的法律教育质量和法学研究水平和美国的差距是显而易见的,因此笔者绝不否认学习先进的必要性,而只是想描述剖析美国法律教育的少为国人所知的另一面,在陈明事实的基础上尝试探讨其现实意蕴。

"文革"之后,我国法律教育、法律职业、法学研究事业逐步恢复重建并取得了很大进展。三十多年来,法学界译介学习以美国为代表的西方法学和法制的成果蔚为壮观。[②] 然而,如果我们在将美国作为范本学习的同时,忽视了其法律教育模式、法律学术生产机制中所存在的诸多弊端,[③]

---

① 截至2012年,以年度总收入排名的全球100大律师事务所里,有76家是美国律所(另有14家是英国律所,大陆法系国家仅有3家律所榜上有名,分别位列73、83、89),参见The Global 100: Most Revenue, *The American Lawyer*, October 2012, pp. 171 - 174. Quacquarelli Symonds公司所做的全球法学院排名是笔者找到的唯一一份貌似严肃的全球法学院排名。鉴于法学院的跨国量化比较十分困难(缺乏可比性),因此其排名娱乐意义远大于实际意义。在这份名单上,全球最佳的100所法学院中,美国占据29席。参见QS World University Rankings by Subject 2012 - Law, http://www.topuniversities.com/university-rankings/university-subject-rankings/2012/law-and-legal-studies。

② 一个稍早但仍说明问题的相关综述,可参见苏力:《当代中国的法学著作翻译》,载《清华法学》(第4辑),清华大学出版社2004年版,第130~149页。

③ 根据笔者的检索,过去十余年来国内发表的有关美国法律教育的论文多是以学习和借鉴为目的的"积极"的观察和介绍,类似本文这样以"揭露阴暗面"为主旨的"消极"的研究似乎还没有。

则可能陷入盲从或"自我殖民"的境地。① 事实上,过去几十年来,美国法律教育界及广义的法律职业界内部对法律教育——即法律职业者的生产机制——的批评和质疑一直存在。2008年经济危机以来,随着美国法律服务和教育市场状况的恶化,其法律教育所面临的困境更加清晰地凸显出来,在美国国内激起了空前的批评和反思。在这种情况下,我们显然有必要进行细致观察和辨析,区分良莠,以免在法律全球化浪潮中迷失。这是本项研究的初衷。但笔者的关怀却绝不止于西洋景观察。如读者将在后文看到的,美国法律教育制度的种种弊端和困境其实和当代中国法律教育所存在的不少问题具有相通之处。这一事实可以反映出非常复杂的现实意义。虽为法治后进,但我们可能享有某种后发优势。在追逐全球化的事业中,如果中国法学和法律教育界在从先进者那里汲取有益经验的同时能够认真借鉴其严肃的教训,则可少走弯路,少犯错误。其意义与价值,大而言之,未必不能与"民族复兴"和"中国梦"之类的宏大政治话语相提并论。毋庸讳言,在当代中国的学术语境之中,以美国为靶子展开讨论是一种非常安全甚至有点时髦的言说策略。他山之石,可以攻玉。笔者在乐享安全和时髦之余,希望有心的读者同仁能以其如炬目光力透纸背,唯其如此才能使他人的故事对我们产生意义。

本文是"法学院的生意"系列文章的第一篇,主要从美国法律教育的基本制度结构即法律教育机构认证入手,揭示造成其种种严峻问题的制度根源及历史背景。此外,本文还特别分析了法学

① 比如,美国法学界主流学术期刊即各种《法律评论》通例是由学生主办,因此可以说学生编辑在一定程度上决定了教授的发表和升迁,甚至可能影响学术潮流走向。这是一种典型的"外行领导内行"的体制,是学术刊物通行的"同行评审"(peer review)制的一个罕见的例外。但有一些中国学者却对该体制表达了古怪的赞赏。美国学界内部对《法律评论》体制有大量的甚至不乏严厉的批评意见。学术发表体制的重要性毋庸置疑,但它超出了本文主题,因此不做讨论。

院教授①群体,他们在很大程度上是现有法律教育制度的塑造者、运作者以及特别是守卫者。制度与制度中的行动者须臾不能分离,行动者的偏好、权力、利益、激励以及制度对诸多因素的回应促成了制度的客观演化。对于法律教育这一社会现实的解释,以及任何潜在改革措施的设计,都必须植根于对制度和行动者之间互动机制的理解。本文最后一节着力分析了法律教育的社会功能及其错位。这种错位与当代法律教育危机互为因果,相互强化,使困局积重难返。"法学院的生意"系列余下两篇文章将把分析视角拓展至经济、伦理维度,通过美国法学院在招生、学费、学生就业等营销环节的种种尴尬乃至触目惊心的故事,以及法学院排名这一貌似无足轻重的现象来完成对美国法律教育困境之图景的描述、分析与阐释。就最抽象层面上的理论意义而言,这项研究旨在以当代资本主义的一个侧面即法律教育和法律职业为例,为马克思主义的经典政治经济学洞见做一注脚。

二、美国律师协会对法学院的认证及其负面影响

讨论美国法律教育所面临的困境甚至危机,首先需要对其历史背景有所了解。让我们从掌管法律教育的非政府实权主管机构——美国律师协会(American Bar Association,ABA)说起。

美国法律教育和法律职业的一个基本背景性事实是:ABA(经美国教育部批准)制定并且执行法学院的认证(accreditation)标准。与中国不同,美国没有全国统一的律师资格,律师考试和律师身份的注册管理是一项由各州掌管的权力。而全美有 45 个州的最高法院以普通法

① 既然讨论的是美国法律教育问题,笔者依英语表达习惯,间或互换使用"教授"和"教员"、"教师"称谓,即"professor"。故而在此特别提请读者注意,本文所谓"教授"并不特指职称意义上的正教授,通常也包括已经取得终身教职的正副教授和属于终身教职制(tenure track)的助理教授。从事法律写作教学和诊所教育的教员大多不属于终身教职制,其中一些属于兼职教员(adjunct professor),此外,法学院的教员构成中还可能有少量短期任职的访问教授(visiting professor)。

的形式要求把经 ABA 认证的法学院的学历作为获得本州律师资格的前提条件。① 这一事实对理解美国法律职业、法律教育的历史和现状非常关键,因为这一特征在美国所有研究生阶段的职业教育中是独一无二的。比如说,我们可以拿法学院跟商学院做一简单比较:在美国,一个人要从事法律工作,必须具备律师身份,因此得先去一所获得 ABA 认证的法学院读取学位。相比之下,如果此人意欲通过商学院教育进入商界谋生,就不存在选择一所经过某机构认证的商学院的问题。在经济条件或学习时间有限的情况下,②他可以选择一所提供兼职读书机会的学费低廉的"夜校"商学院,一样可以获得学位。法律教育的特殊性在于,提供兼职读书机会的学费低廉的"夜校"法学院基本不可能存在,因为——基于后文将会详述的原因——它不可能获得 ABA 的认证。③ ABA 通过这种认证权力,对法律教育施加了广泛且富有争议的影响力:它可以直接或间接操控法学院的宏观微观运作以及法律学生的招生择校就业等很多法律职业界的重要事务。

ABA 对法学院的认证始于 1921 年。④ 此后,ABA 试图以认证制度来压制法律夜校这类不受其规制的法律教育机构,但一直进展不大,

---

① John S. Elson, The Governmental Maintenance of the Privileges of Legal Academia: A Case Study in Classic Rent-Seeking and a Challenge to Our Democratic Ideology, *St. John's Journal of Legal Commentary*, Vol. 15, 2001, pp. 269, 271. 甚至连阿拉斯加这样的没有一所 ABA 认证的法学院的州,也把 ABA 认证的法学院学历作为参加该州律师考试的条件。参见"2012 - 2013 Alaska Bar Rules," Part I, Rule 2, Section 1, (b). http://www.courts.alaska.gov/bar.htm。

② 这里的"经济条件"可以涉及双重含义:首先是所支付学费的绝对价格;其次是受教育的机会成本——主要是潜在的工作收入之损失。在这个意义上,"夜校"一类兼职学习模式可以实质性地降低机会成本。相比之下,杜绝了兼职学习机会的当代美国主流法律教育模式给学生施加了高昂的机会成本。

③ 从前是有夜校法学院的。1890 年至 1930 年,美国法学院的数量增加了两倍,学生数量的增长超过 8 倍,这一时期新设的大部分法学院都是夜校性质的。1889 年时,有三分之一的法学院学生是兼职(part-time)学习的,而到 1928 年的时候,兼职学生比例更多达三分之二。See George B. Shepherd & William G. Shepherd, Scholarly Restraints? ABA Accreditation and Legal Education, *Cardozo Law Review*, Vol. 19, 1998, pp. 2091, 2115.

④ 参见 American Bar Association Section of Legal Education and Admissions to the Bar, *ABA Standards and Rules of Procedure for Approval of Law Schools* 2012 - 2013, American Bar Association, 2012, Preface, p. v.

直到1930年代经济大萧条。法律服务市场在大萧条中急剧萎缩,因此ABA要求抑制新竞争者行业准入的主张这时候在法律职业界内部获得了比以往更多的支持。至1935年,在美国法学院联合会(Association of American Law Schools)的帮助下,ABA成功说服9个州确立了律师职业的准入规则,即以ABA认证法学院的学位作为报考律师资格的前提。此后6年间,又有32个州也先后跟进确立了这一规则。ABA推广强化其认证权力的胜利标志是1944年的《军人复员法》(Servicemen's Readjustment Act)。该法规定,复员军人如果要申请联邦贷款念法学院(绝大部分念法学院的人都需要贷款),那么他们就读的必须是ABA认证的法学院。1952年,美国联邦政府指定ABA为官方的法学院认证机构。到这时候,大量未经认证的法学院都已经倒闭了,因为它们的生存空间已经所剩无几。①

在法律教育市场上,绝大部分投考法学院的学生,即买方,支付非常昂贵的学费攻读法律学位,为的是将来毕业从事收入较高的法律职业,主要是执业律师。因此,报考者应当选择一所经过ABA认证的法学院,这是不言自明的道理。同样,在这个市场的另一端,法学院作为卖方,如果要获得稳定而且质量相对较好的生源,也必须取得ABA认证。② 然而认证过程并不简单,甚至可以说是非常困难:ABA的认证对法学院的硬件软件条件施加了众多要求,法学院的建立和运营因而需要耗费巨资,使学费低廉的面向社会中低收入阶层子弟的法学院成为不可能。③不仅如此,新设法学院还是一项风险很高的教育投资和商业投资。原

① David Segal, The Price to Play Its Way, *New York Times*, December 18, 2011, p. BU1.

② 目前经ABA认证的法学院共有202所,其中除了U.S. Army Judge Advocate General's School培养军事法的法律硕士而没有法律第一学位即J.D.的教育,其余201所法学院都提供J.D.学位。ABA的认证是针对J.D.项目的。换句话说,法学院的研究生项目即以国际留学生为主的LL.M.和S.J.D/J.S.D.项目并不在ABA认证考核之列。

③ 事实上,美国司法部1995年对ABA提起反垄断诉讼的一个起因就是ABA否决了马萨诸塞法学院(Massachusetts School of Law)的认证申请,而该法学院正是一所低学费模式的法学院。此外,亦可参见Brian Z. Tamanaha, *Failing Law Schools*, University of Chicago Press, 2012, p. 45。

因在于,ABA 的认证程序包括两个阶段:临时认证和完全认证。新设法学院必须首先经过临时认证(provisional accreditation),然后要经过至少两年时间,才可能获得完全认证(full accreditation)。而申请 ABA 临时认证的前提是该法学院已经建立运营了至少一年时间。这意味着,新设法学院在获得临时认证之前就必须按照价格不菲的认证标准投入全部资金,建立软硬件设施与环境,聘请教授,招收学生。显而易见,这些在初创时期作为"试验品"的教授和学生也同样要承担巨大风险,因为谁都无法事先保证该新设法学院在这场昂贵"赌博"的终点一定能够获得 ABA 的宝贵认证。事实上,如后文所述,恰恰是这场"赌博"中怨愤的失败者掀起的涟漪给社会公众提供了一个窥看法学院认证制度的宝贵机会。

有一个乍看起来显得吊诡的现象是,ABA 制定的貌似不合理的苛刻认证标准并未遭到末流法学院反对——只要它们已经获得了认证。其实背后的道理并不深奥:ABA 认证是一项重要的法律职业卡特尔垄断措施,①内外绝对有别:任教于任何一所经 ABA 认证的——哪怕是末流的——法学院的教授都可以享受一种高收入、低工作负荷的惬意生活。而且这是一出自导自演的剧目:负责法学院认证的 ABA 法律教育与律师资格委员会(Section of Legal Education and Admissions to the Bar)的成员中有约 90% 的人都是已获 ABA 认证的法学院的教授们。这种卡特尔垄断的程度之深、后果之恶已经如此难以掩盖或自圆其说,以至于美国司法部反垄断局史无前例地于 1995 年以垄断为由将 ABA 告上法庭。② 美国司法部认为,ABA 的认证程序对法律教育机构人为

---

① 关于法律职业卡特尔,参见 Richard A. Posner, Overcoming Law, Har vard Vniversity Press, 1995, 第 1 章。

② 本文所述美国司法部对 ABA 反垄断诉讼及其庭外和解的事实来自于:United States v. American Bar Association, Civil Action No. 95 - 1211 (United States District Court for the District of Columbia, June 27, 1995), Complaint for Equitable Relief for Violation of 15 U. S. C § 1, Sherman Antitrust Act; Steven A. Holmes, "Justice Dept. Forces Changes In Law School Accreditation," *New York Times*, Jun 28, 1995, pp. A1, A17; "Justice Department and American Bar Association Resolve Charges That the ABA's Process for Accrediting Law Schools was Misused," http://www.justice.gov/atr/public/press_releases/1995/0257.pdf.

地施加了过高的而且是与法律教育质量没有多少关系的认证标准,明显地推高了法律教育的价格即学费,同时实现了提高法学院教员收入并减轻其教学负担的目的,由此压制了法律教育和法律服务市场的竞争。ABA 遭到美国司法部垄断指控的法学院认证标准和其他限制竞争的政策有多项,试举几例扼要说明:

1. 对那些获得本州认证但未获 ABA 认证的法学院,ABA 有两项明目张胆的歧视政策:(1)禁止获其认证的法学院承认从上述法学院转学过来的学生在原法学院取得的学分;(2)禁止获其认证的法学院录取上述法学院的 J. D. 毕业生为法学研究生(LL. M. 或其他后 J. D. 学位)。如果你认为这样的政策是为了保证法律教育质量,那就大错特错了。在转学和研究生招生这两个问题上,如果涉及的学生来自外国的——因此显然也是未经 ABA 认证的——法学院,则不在禁止之列。其道理是,市场不同,外国法学院和 ABA 认证的美国法学院之间基本甚或完全不存在竞争关系。ABA 此种规定的歧视本质昭然若揭。

2. ABA 常规性地要求获其认证的法学院将其教员行政人员图书馆员的薪水向其他薪酬水平较高的法学院看齐。这种要求的荒谬性是不言而喻的:哪怕法学院雇员的整体收入水平再高,只要排名,总是有高有低的。薪水最低的法学院今天给教员涨工资之后,倒数第二低的法学院明天就会变成最低的。这种单边的仅向高标准看齐的要求客观上造成了法学院之间在薪酬上进行"军备竞赛"的压力。其后果直截了当:法学院雇员日子越来越好过的同时,学生的学费节节攀升。

3. 关于法学院的教学内容,ABA 一方面要求课程设置必须以使毕业生获得执业律师资质为导向,而且它还时而公开批评一些法学院毕业生律师考试通过率偏低(这意味着法学院必须以 J. D. 学位的职业教育而非后 J. D. 学位的研究生学术教育为其主流,参见下文第四节),但另一方面,却同时明确禁止法学院把任何律师考试辅导性质的课程列为学分课程;甚至,哪怕法学院不把考试辅导作为授予学分的正式课程,只是把参加该课程作为学生毕业的程序性条件(比如在某些法学院,反剽窃培训就属于这种程序性条件,没有学分,但必须参加),也不行。值得注意的是,这是ABA关于法学院课程设置的唯一的禁止性规定。也就是说,一所法学院,哪怕其学分课程设置已经完全达到了ABA规定的强制标准,然后将律师考试辅导课程作为超出毕业学分要求的额外任选学分课程,仍然不被ABA允许,但如果你增设的课程不是针对律师考试的,而是比如说讲授爪哇国的法律,则ABA不管。这一严苛政策背后的原因不是也不可能是秘密:它在常规法律教育之外又催生、培育了利润丰厚的律考培训生意。绝大部分法学院(包括精英法学院)的学生,在支付了昂贵的学费之后,为保证稳妥就业,还要再花真金白银接受法律"再教育",即专门的考试辅导。ABA的政策等于变相提高了律师职业准入的价格。

4. ABA要求法学院不能使教员的教学工作量超过每周8学时(每学时为50分钟),而且要为教员提供带薪假期(名义上是保障教员在教学之余拥有合理的学术研究时间。详细的讨论参见下文第三节)。

5. ABA要求法学院的生师比不能超过20比1,而且,在计算生师比的时候不能将兼任教学工作的行政人员和兼职教员(如一些法律诊所和写作课程的教师)包括在内。由此既减轻了常规(即终身教职轨)教员的工作负担,又可以在法律教育行业内创设更多的教员岗位即就业机会。由较低生师比要求造就的相对庞大的教师群体导致了法学院运营成本和学费的升高。

关于认证,进一步的坏消息是:ABA对法学院的认证并非一劳永逸。已经获得认证的法学院仍然有义务接受ABA七年一度的检查,以维系其受认证的地位。显而易见,上述认证标准保障了法律职业界包括法律教育界(如前所述,ABA法律教育与律师资格委员会的绝大部分成员都是法学院教授)的垄断利润,但却把维系其利润的成本转嫁给了学生,推高了法律教育价格[详见笔者的《法学院的生意(二)》]。法律教育是进入法律职业的前提条件,法律教育价格的急剧上涨必然使法律服务的价格也相应地水涨船高,而法律服务的消费者是所有人。

在这个意义上，法律职业界的垄断最终是由全社会来埋单。这个判断在另一种意义上也成立：ABA 的认证设置了种种需要大量金钱投入才能满足的条件，法学院由此获得了向其所在大学要求更多资金分配的正当理由。① 教育经费分配的这种倾斜造成的后果是，大学其他院系必须直接或者间接补贴法学院，而这种补贴最终来源于其他院系学生学费、校友捐赠等，在宽泛的意义上，也就是来自于全社会。由此可见，ABA 的不合理政策损害了教育公平和社会公共利益。

面对司法部的反垄断诉讼，尽管 ABA"绝对地、无条件地否认"了司法部的垄断指控，坚称自己没有做错任何事情，但还是做出了实质性让步，基于"不认罪亦不辩解的答辩"(nolo contendere)与司法部达成庭外和解协议。就像每一个使用该答辩的案件当事人一样，ABA 宣称，它之所以没有对司法部的指控提出实质性抗辩，是因为证明其清白的诉讼开销将过于昂贵。这可真是一个有滋有味的反讽：ABA 这家美国最大的、地位最显赫的律师职业机构在遭遇官司的时候，居然哀怨：它必须为避免太过昂贵的法律成本而忍受不正义！② 真叫自作自受。

司法部和 ABA 的协议于 1995 年 6 月 27 日公布，其内容包括：禁止 ABA 在认证过程中调查或者发布法学院教员及其他雇员的薪水状况；ABA 必须就生师比、教员教学工作量与带薪假期、律师考试辅导课程等事项修改其认证标准，且修改后的标准须提交司法部审核批准；在 ABA 法律教育与律师资格委员会成员的提名委员会中，法学院教员所占比例不能超过 40%，等等。可是 ABA 并未就此善罢甘休。十一年之后，2006 年 6 月 23 日，美国司法部发布公告称，ABA 承认它违反了 1995 年与司法部达成的和解协议，并为此支付了 18.5 万美元的罚款。③

---

① 时任波士顿大学法学院院长的 Ronald Cass 说："'法学院认证过程'在很大程度上是设计用以帮助法学院从其所在大学索取更多资金的，以及帮助法学院内的某些人从院长那里索取更多资金的。" Steven A. Holmes, "Justice Dept. Forces Changes In Law School Accreditation," *New York Times*, Jun 28, 1995, p. A17.

② 参见 Tamanaha, *Failing Law Schools*, p. 14.

③ Justice Department Asks Court to Hold American Bar Association in Civil Contempt, http://www.justice.gov/atr/public/press_releases/2006/216804.pdf.

美国司法部的诉讼和制裁,以及 ABA 违反协议的事实,对这个自诩为法治堡垒的全国性律师组织来说,实在是莫大的耻辱和反讽。那场反垄断讼案过去已经近二十年了,今天看来,其效果颇为有限。事实上,ABA 以及与之休戚与共的众多法学院,为了维系法律职业群体的"生意",已经被迫撕去了遮羞布,冒着抛弃职业伦理、颜面扫地的危险,顽固地坚守职业壁垒,以求继续攫取垄断利润。法学院的问题后文再具体谈,这里继续讨论 ABA 与法学院的麻烦。以下通过一个非常晚近的案例,看看 ABA 这座"保卫自由,追寻正义"(会徽铭文)的法治堡垒是如何推行堡垒的法治的。这个案例仍然和 ABA 的认证权力相关。既然 ABA 对精英法学院和末流法学院一视同仁,采用同样的标准,换言之,那些声誉很低、在美国之外基本没有人听说过、在美国国内也很少有人知道的法学院必须和耶鲁哈佛这样的世界级顶尖法学院满足同样的认证要求,那么 ABA 的标准是不是就迁就了那些资源较为有限的尤其是新设的法学院了呢?答案很简单:不是,也不可能是。

田纳西州林肯纪念大学(Lincoln Memorial University,私立大学)的邓肯法学院(Duncan School of Law)是一所新建于 2009 年的年轻法学院。成立之初它就获得了州政府法律考试委员会(Tennessee Board of Law Examiners)的认证,使其毕业生获得了参加该州律师考试的资格。接下来的任务即最重要的认证当然是来自于 ABA 的,否则其毕业生的就业出路极窄,如前所述,他们将无法在田纳西之外多达 45 个州获得律师资格从事法律业务。在依照 ABA 的标准斥巨资聘请教授建设法律图书馆并招生运营一年多之后,邓肯法学院向 ABA 提出临时认证申请。2011 年 12 月,ABA 经过评估之后否决了该申请。邓肯法学院随即以 ABA 违反了反垄断法和认证程序不正当为由将其告上法庭。①ABA 辩称其认证程序没有问题,他们拒绝认证邓肯法学院的理由是,该学院的招生标准中缺少一种将"无法完全胜任其教育内容并取得律

① David Segal, New Law School Sues Bar Association, *New York Times*, December 23, 2011, p. B1.

师资格”的学生排除在外的条件。换成通俗易懂的语言，ABA 说的无非是邓肯法学院的录取标准偏低。但据时任该院院长的 Sydney A. Beckman 说，邓肯法学院学生的法学院入学考试（LSAT）中位数成绩是 147 分。这个分数不低于至少 8 所已获 ABA 认证法学院的同一指标；而他们录取学生的本科平均绩点（GPA）不低于大约 30 所已获 ABA 认证法学院的同一指标。这是双方争议的要点所在。笔者的兴趣主要不在这桩讼案的技术性争议细节，而依然在于由此个案透视美国法律教育的结构性问题。

我们不妨看几个数据。前文说过，过硬的软硬件条件是获得认证的基本要求。邓肯法学院图书馆每年运营费用为 75 万美元，貌似不少，但和其他法学院相比，这已经是一个非常低的数额了。而每年教员薪水支出，占学院总预算的一半（鉴于这个数据的敏感性，该院没有公开其具体数额）。邓肯法学院的招生定位主要是田纳西州阿巴拉契亚山区等地方的中低收入阶层子弟，因此希望勤俭办学，使学费不至于太高。但不幸的是，勤俭办学事实上是不被 ABA 允许的。在满足了 ABA 认证标准后，邓肯法学院的学费达每年 28,664 美元。据该院的主要捐助人 Pete DeBusk 说，如果不是被 ABA 的标准绑架，学费可以降低一半甚至三分之二！① 既然尚有如此之大的下降空间，是不是说明邓肯法学院的学费太贵了呢？答案居然是否定的，因为贵不贵要有适当的参照系才能判断。2011 年，ABA 认证的私立大学法学院学费中位数是每年 39,496 美元，②比邓肯的学费贵 38%！学费数据的对比至少可以说明两个问题：一、夹在勤俭办学目标和 ABA 认证标准之间的邓肯法学院是多么的左右为难步履维艰；二、ABA 认证的法学院的学费泡沫已经膨胀到了多么夸张的地步。必须指出，法律教育的泡沫还不仅仅表现在学费上，与学费泡沫伴生的还有扩

---

① 参见 David Segal, “The Price to Play Its Way,” *New York Times*, December 18, 2011, p. BU1.

② American Bar Association, Law School Tuition 1985 – 2011, http://www.americanbar.org/content/dam/aba/administrative/legal_education_and_admissions_to_the_bar/statistics/ls_tuition.authcheckdam.pdf.

招的泡沫,而后者恰恰是ABA收紧认证的直接原因。那个有很多法学教授参加的认证委员会①绝不会希望有新生力量插足由他们掌控的法律教育领域,并分一杯羹。因为新法学院的认证意味着生源市场和就业市场的分流,其直接后果就是加大那些已经跻身认证俱乐部的法学院的招生与就业竞争压力。法律教育界人士和ABA都非常清楚但不愿公开承认的事实是,法律教育的泡沫已经膨胀到了非常危险的程度,因此,他们在进一步收紧认证标准,使新的法学院难以进入垄断的法律教育市场。② 显然,对法律职业集团来说,解决方案不可能是相反的路径,即削弱或消除壁垒,让市场竞争来夺走既得利益群体的奶酪。这是生意场上赤裸裸的利益冲突和争夺,此外别无其他。

2012年10月,被认证"折磨"得筋疲力尽的邓肯法学院院长Beckman卸任。当月,为了换取ABA破例同意在随后的2013年春季学期即重新审核其认证申请(因为按ABA的规则,两次申请之间本来应该间隔至少8个月),邓肯法学院撤回了对ABA的起诉。③ 至2014年7月本文修订时止,邓肯法学院仍未获得它梦寐以求的ABA认证。

---

① 在邓肯法学院这个例子中,21人构成的委员会中有10人是其他法学院的教授或者院长——请注意,10人已经达到法学院教员在该委员会人员构成的上限了,也就是说,规则已经不允许比这更多了,因为自1995年司法部对ABA的反垄断诉讼之后,ABA的认证委员会和标准审查委员会所包含的法学院教员人数的上限被设定为50%。

② Katherine Mangan, As Interest in Law Schools Drops, ABA Moves to Tighten Accreditation, *Chronicle of Higher Education*, March 30, 2012, p. A25.

③ 参见 Sam Favate, Duncan Law Dean Steps Down, *Wall Street Journal Law Blog*, October 25, 2012, http://blogs.wsj.com/law/2012/10/25/duncan-law-dean-steps-down-school-considers-dropping-aba-lawsuit/; Mark Hansen, Duncan School of Law Drops Lawsuit Against ABA Over Accreditation Denial, *ABA Journal*, Oct 30, 2012, http://www.abajournal.com/news/article/duncan_school_of_law_drops_lawsuit_over_accreditation_denial/; Karen Sloan, Duncan School of Law Drops Accreditation Lawsuit against ABA, *National Law Journal*, October 31, 2012, http://www.law.com/jsp/nlj/PubArticleNLJ.jsp?id=1202576892469.

邓肯当然不是第一个,[①]料想也绝不会是最后一个,因认证问题与ABA打官司的法学院,但它与ABA的不幸遭遇、诉讼、委曲求全,是一个鲜活而且耐人寻味的案例,使我们有机会近距离观察ABA认证制度是如何维系法律教育和法律职业壁垒的,这双重壁垒即双重垄断造成了怎样的危害,以及要突破此种制度性壁垒是多么艰难以至于不可能。可谓“几家欢乐几家愁”。

在这场沸沸扬扬的事件中,纽约大学法学院法律伦理学教授Stephen Gillers在ABA被起诉后为之所做的辩护值得我们特别关注:“理解此事的关键在于,‘ABA认证’委员会在加盖认证图章的时候对法学院未来的学生负有责任。这些学生的利益未必总是符合希冀获得认证的法学院的利益。法学院的运营者及其想要吸引来此就读的学生是两拨不同的人。认证委员会的主要责任是针对学生的。”[②]基于上文分析可知,将ABA拒绝认证邓肯法学院的理由归结为ABA对法学院未来学生的“责任”,实在是太过冠冕堂皇了,恐怕连ABA的大佬们自己在内心都不敢或不好意思相信吧。另一方面,Gillers教授似乎又不小心泄露或至少公开承认了一个“秘密”:法学院教授与学生们的利益是不一致的。可是,难道Gillers忘了ABA那个委员会是由什么人组成的了?与学生利益不一致的人又如何对学生负得了责任呢?这种话出自法律伦理学家之口,实在是反讽或者——在这个以反讽为常规的时代里——竟然应该说是恰如其分!即便退一步,假定认证评审团的教授们对法学院未来的学生负得了这个“责任”,那么Gillers也不过是间

---

① 例如,1996年马萨诸塞法学院以ABA违反了反垄断法为由将其告上法庭,但败诉:Massachusetts School of Law v. American Bar Association,107 F.3d 1026 (1997). 2004年4月,密歇根州Thomas M. Cooley法学院因ABA迟迟不予认证它的两个远程教育项目而起诉了ABA,参见Bethany Broida,Law School in Michigan Sues American Bar Association Over Delays in Accrediting Satellite Programs, *Chronicle of Higher Education*,April 6,2004, http://chronicle.com/article/Law-School-in-Michigan-Sues/102232/. 2006年8月,美国联邦第六巡回区上诉法院判决原告败诉:Thomas M. Cooley Law School v. American Bar Association,459 F.3d 705 (6th Cir. 2006).

② David Segal,“New Law School Sues Bar Association,” *New York Times*,December 23,2011,p.B1.

接地且有失体面地把他所谓“运营法学院的人”即未获认证的法学院教授们打入与他自己这样的精英俱乐部里的教授们不一样的“非我族类”的另册。

法学院教授不仅在ABA的法律教育认证体制中发挥着关键性作用,而且,他们是直接构成法律教育制度的人:是法律教授们在掌管、运作、维护、守卫着法学院。他们是主人翁,因为除去招生广告、毕业致辞和募捐活动中的那些针对学生与校友的动听修辞之后,法学院实质上就是教授们的法学院。现在,就让我们把视角转移到法律教授身上。

三、法学院教授:“世界上最好的工作”

在谋生的意义上,评价任何职业的优劣,最基本的标准不外乎工作量和收入两个要素,前者越低越好,后者越高越好。二者的组合即人们常说的“性价比”。具体到大学教员来说,最直观且易于衡量与比较的工作成本和收益就是教学课时量和薪水,法学教授当然也不例外。

为了合理地评估现状,我们仍有必要对历史稍加回顾。20世纪20年代至50年代,美国法学院教师的课时量大约为每周6至8学时,在这个区间之内,教师们的平均课时量与其所在法学院的名望即财力雄厚程度成反比:法学院越好,教师课时量越少。① 20世纪的大部分时间里,每周6学时基本上是教师们可以接受的水平。但是20世纪70年代中期以来,部分地因为法学界对学术研究和发表越来越重视,②教师们已经逐渐觉得每周6学时是一个有些沉重的负担了。最近一二十年

---

① 一份1934年的数据显示,全职法学院教员的平均每周教学工作量为8学时。参见John Kirkland Clark, A Contrast: The Full-Time Approved Law School Compared with the Unapproved Evening School, *American Bar Association Journal*, Vol. 20, 1934, p. 548。

② 例如,波斯纳回忆,直到20世纪60年代,他念法学院的时候,法学教授在性质上依然更接近于律师而非学者,那时候的法学教授很少写作发表论文。See James R. Hackney, Jr. ed., *Legal Intellectuals in Conversation: Reflections on the Construction of Contemporary American Legal Theory*, New York University Press, 2012, p. 50.

来,没有法学院教学工作量统计的公开数据可供分析,因此我们只能根据一些不完整、欠精确的资料加以估算。[①] 一份1997年的问卷调查发现,法学院教师平均周课时量为5.855学时,中位数和众数均为每周6学时。知名法学院的课时量负担明显低于普通法学院。[②] 另据2005年的一份非正式统计数据,《美国新闻与世界报道》(*U. S. News & World Report*)排名[③]前25位的法学院人均周课时量大致在4.5至5学时之间,但这个数据恐怕仍然夸大了实际的平均课时负担,因为精英法学院通常会给教师提供较为慷慨的带薪学术休假时间(当然,普通法学院的教员一般也有带薪休假的福利)。[④] 在排名较靠前或有意提升名次的法学院,教师的首要工作不是上课而是学术研究。据ABA的一份2005年至2006年的数据,[⑤]在排名前十的法学院中,教师平均周课时量为3.97学时。与此形成明显对照的是,在排名一百位之后的法学院,教师平均周课时量为5.57学时,尽管这比名校高40%,但从绝对数值上看,以及历史地看,法学院教师目前的教学负担处于历史最低点。粗略来说,如今的平均周课时量比20世纪时候少了3至4课时,相当于每学期整整少了一门课。

其实,这个局面的出现毫不奇怪,因为,跟中国大学由不上课的行政管理者决定教学人员课时量的做法不同,美国大学法学院的教学工作量要求是由法学院教授委员会自己确定的。因此,降低教学工作量、

① 参见Tamanaha,*Failing Law Schools*,pp. 40–41.

② 有31%的教授每周6学时,26.5%的教授每周少于5.5学时,12.8%的教授每周7学时或更多。有必要附带说明的是,该调查问卷发放给了832位于1986年至1991年间开始任教的法学教授,其中477人返回了问卷。参见Deborah Jones Merritf, Research And Teaching on Law Faculties: An Empirical Exploration, *Chicago-Kent Law Review*, Vol. 73, 1998, pp. 765, 803–804, 807。

③ 本文以下所称法学院排名,均指该杂志每年一度公布的排名,其中未注明年份的名次均指2014年3月公布的最新排名。

④ Gordon Smith, Law Professor Teaching Loads, *Conglomerate Blog: Business, Law, Economics & Society*, April 12, 2005, http://www.theconglomerate.org/2005/04/law_professor_t.html; 另参见Tamanaha,*Failing Law Schools*,p. 42。

⑤ Theodore P. Seto, Understanding The *U. S. News* Law School Rankings, 60 *Southern Methodist University Law Review*, Vol. 60, 2007, pp. 493, 546.

增加自由支配时间就不仅是顺理成章的而且是必然的结果。① 当然，哪怕是“教授治校”,减少课时量也不能没有理由。正如人们预期并且事实上看到的,分配更多时间给学术研究是教师们要求少上课的最主要理由。但是,如下文很快将要谈到的,这个理由在事实上并不成立。(至于课堂教学与学术研究之间的消长或促进关系,以及法学院的教学是否应当如人们所看到的那样让位给研究的问题,将在下文第四节详细讨论)法学院教员的教学工作量在过去几十年间持续降低,还有另一个不可忽视的原因:这一变化趋势对法学院及其教员来说大体是“双赢”的结果。一方面,少上一些课,多发表一些论文,可以提升教员个人的学术声誉,使其尽快获得终身教职(而上课就不具备这个功能)。对那些已有终身教职的人来说,更高的学术声誉,也意味着更高的身价,可以潜在地帮助其向更知名的法学院流动,或谋求其他货币与非货币收益:专业咨询、演讲、现身大众传媒、出版著作,等等。另一方面,对法学院来说,教员更多的学术发表会直接提升该学院学术声誉和社会知名度,并可以提高其在法学院排行榜上的位次,进而促进其招生和就业,保障其学费、获得校友与社会捐赠等经济来源。② 这个原因在很大程度上可以解释,为什么在教学和研究这两项基本工作中,教学工作量的变化趋势是单边向下的,而研究工作量却正相反,哪怕法学院对已经获得终身教职的教员并没有学术发表的硬性要求(但教学工作量的要求仍然是硬性的)。

有必要在此特别指出,有经验研究表明,与很多人的直觉相反,美国法学院教员的教学工作量与学术产出量之间几乎没有什么关联,至少统计分析没有发现这样的关联存在。这在一定程度上是因为,总体上,美国法学院教员的教学工作量都比较低,不同法学院之间在教学工作量要求上差异幅度比较小,故而难以在这种不显著的差别与学术作

① 参见 Tamanaha, *Failing Law Schools*, p. 42.

② 《美国新闻与世界报道》杂志的法学院排行榜激发了美国法学院之间的恶性竞争,进而对法律教育产生了行外人难以想象的巨大负面作用。详见笔者的《法学院的生意(三)》。

品产出量之间发现共变关系。① 此外,在如何利用可自由支配时间上,不同的教师/学者有不同的习惯。勤于学术写作者(即有此习惯的人)会将从教学上省下来的时间用于学术写作——就像喜欢钓鱼的人会把工作之余的闲暇用于钓鱼一样,但还有很多其他教师/学者的习惯与前者不同,他们会将该时间用于其他事情:法律实务、社会活动、报刊专栏、文学创作,②等等。习惯,大致就是经济学家所说的"偏好",通常并无分高下优劣之分,但是如今的大学制度奖赏学术写作的偏好,所以在边际上,包括法学院教员在内的学术从业者会朝那个方向努力。但是,这种关乎工作量的重要职业激励机制的有效性被另一个因素大大削弱了,那就是"性价比"构成中与工作量相对的另一变量——收入(以及与之相关的终身教职,但终身教职的含义其实就是铁饭碗,故而最终仍然可以归结为收入,即持续有保障的收入)。如果法学院教员的收入足够高,而且供给高收入的职位有终身保障,那么学术发表的激励效果自然就会在一定程度上褪色。③ 事实上,纵观20世纪,直到21世纪的今天,与法学院教员工作量逐步下降的趋势形成鲜明对照的,是其薪水的不断上涨。

尽管早在1920年的时候,法学教授的薪酬就高于大学其他院系的教员了,但法学院教员嫌自己薪酬低的抱怨仍旧贯穿整个20世纪。④ ——是的,即便没有看到本节标题引述的那句情不自禁的大实话,⑤您大概也已经在这里嗅到了某种虚伪的气味。

1959年8月25日,ABA法律教育与律师资格委员会委员 Homer Crotty 在该委员会发表了一篇题为《法学院薪水——法律教育遭受的威胁》的演讲,他虽然承认法学院比文理学院薪水要高,但紧接着讲了

---

① 参见 Deborah Jones Merritf, "Research And Teaching on Law Faculties: An Empirical Exploration," 73 *Chicago-Kent Law Review* 765,809 (1998).

② 例如:"我认识一位法学教授,他发表诗歌,但几乎没有任何法律学术作品发表;还有十来位法学教授,是活跃的小说作家,其中几位还很高产。" Tamanaha, *Failing Law Schools*, p. 201, n. 41.

③ 参见后注[A]及其对应的正文。

④ 参见 Tamanaha, *Failing Law Schools*, p. 201, n. 43, p. 46。

⑤ 参见后注[B]及其对应的正文。

一个经久不衰的著名论点:法学院教员比文理学院教员面临的"诱惑"大得多:前者可以去律师行赚大钱。① 这个论点很有代表性,也并非全无道理,但有必要仔细辨析。很长时间以来,甚至一直到今天,法律实务工作的丰厚收入,作为法学教授们的"机会成本",一直是法律教育界要求涨工资的直接理由。

美国法学院联合会于 1961 年发布的一份法律教育报告称,大学教员薪水偏低并由此给一些院系造成了教员严重短缺问题,"这不是什么秘密。""唯一能让人感到欣慰的(saving feature)是,至少在某种程度上,人们认同,职业教育学院的教员薪酬必须高于大学其他院系,这不仅是为了招募新教师,而且可以留住现有教师……但是……有数量多到令人担忧之程度的法学院的薪水被拖累到了大学平均水平。如果这种局面持续存在下去,至为显然,未来法学教员的质量将面临严峻威胁,因为,哪怕平均水平的律师收入,都要比我们某些法学院的最好收入水平还高出许多。"②杜克大学法学院教授乔治·克里斯蒂在 1987 年的一篇文章中说:"我知道,有一种流行的看法是,那些由于个性原因无法成为成功的法律实务工作者的人会被吸引到教学这里来。但是,几乎所有我所遇到的出色的法学教师都会成为非常成功的法律实务工作者……我不否认,有些人是因为钱的原因被吸引到法学教授这行的。也有人是因为钱的原因去当法官的,但我从未听人说这种人会成为很好的法官。"③直到 1990 年,ABA 法律教育咨询办公室发布的一份报告仍旧重申了几十年流行不衰的观点:尽管 1974 年至 1990 年间法学教员薪水的中位数已经翻了一倍,"但是法学教员薪水的中位数

① Homer D. Crotty, Law School Salaries — A Threat to Legal Education, *Journal of Legal Education*, Vol. 6, 1953, p. 166. 当然,此论点应该不是 Crotty 首创的。

② Association of American Law Schools, Special Committee on Law School Administration and University Relations, *Anatomy of Modern Legal Education: An Inquiry into the Adequacy and Mobilization of Certain Resources in American Law Schools*, West Publishing Co., 1961, pp. 256 - 257. 本文直接引语中的着重号均为引者所加,以下不一一注明。

③ George C. Christie, The Recruitment of Law Faculty, *Duke Law Journal*, 1987, pp. 306, 308.

仍旧比很多大型律所律师的起薪低很多。"[①]主旋律不外乎两个相互盘绕的论点：一，法学教员的薪水应该至少跟中高端律师看齐；二，法学教员应该拿高工资因为他们放弃了丰厚的律师执业收益。另一方面，克里斯蒂的文章拿法学教员和法官做了类比，提出了一个有益的分析视角。我们不妨就从这个类比出发，反过来审视一下法学教员应拿高薪的论点。

有一个基本事实是法学教授以及整个法律职业界心知肚明、心照不宣的，那就是法学教授、法官[②]之类的职位享有极高的非货币收益。这里只要举一个简单的例子就足可以说明问题了：现任美国联邦最高法院首席大法官约翰·罗伯茨是2005年上任的。他的仕途可谓平步青云，因为在当上美国政府司法部门的第一把手之前两年，他还只是一个执业律师。经小布什总统提名，参议院批准，2003年6月2日，罗伯茨由一名律师一跃变成了华盛顿哥伦比亚特区巡回区联邦上诉法院法官。由于被提名出任法官即政府公职，罗伯茨被迫有限公开了他个人和家庭的财务状况，使人们得知，在他出任法官之前的2003年前五个月，他作为律师从其任职的Hogan & Hartson律所获得的收入（因此不包括任何投资所得）就超过了100万美元。[③] 而相比之下，当年联邦上诉法院法官的全年薪水才只有区区17.18万美元。粗略估算，罗伯茨律师"跳槽"成为罗伯茨法官之后，薪酬急剧下降，缩水到大约只有原来十分之一的地步了！即便两年之后他又被小布什"提拔"为最高法院院长，其年薪也不过才20.81万美元，跟大律师们动辄数百万美元的年收入根本不能相提并论。为什么罗伯茨先生会牺牲如此巨大的经济收益，甘当一个"穷"法官？道理再浅显不过了：在美国，对绝大多数律师包

---

① *Annual Report of the Consultant on Legal Education to the American Bar Association 1990 - 1991*, American Bar Association, Office of the Consultant on Legal Education, 1990, pp. 11, 93.

② 就本节的讨论而言，特指联邦上诉法院（包括最高法院）的法官。

③ Kathy Kiely and Joan Biskupic, Documents Reveal Roberts' Wealth, Philosophy, *USA Today*, August 2, 2005, http://usatoday30.usatoday.com/news/washington/2005-08-02-roberts-wealth_x.htm; Henry Blodget, "How to Invest like a Supreme Court Justice," *Slate*, July 26, 2005, http://www.slate.com/articles/business/moneybox/2005/07/how_to_invest_like_a_supreme_court_justice.single.html.

括成功律师来说,联邦上诉法官的位置都绝对是可望不可即的,最高法院法官的位置就更不用说了。换言之,也就是前面讲过的,法官职位享有不同寻常的非货币收益——名望、尊严、趣味、闲暇、"铁饭碗"等。① 这个道理当然并不深奥,早在二百多年前,亚当·斯密就已经说得很清楚了:"就金钱收入来说,法律……和其他许多自由的体面职业都明显偏低。但是,这些职业和其他行当相比,仍然不掉身价。尽管有这些消极因素,可大多数拥有豪放自由精神的人们仍然渴望挤入这些职业……在任何精英云集的职业中出类拔萃,都是确定无疑地彰显了天赋或者卓越才干。社会公众对这种杰出才干的钦佩与赞赏历来属于其收益的构成部分……在法律领域[钦佩与赞赏在职业收益中所占比重]或许更大些。"②"法官的职位本身很有社会地位,所以人们愿意当法官,哪怕报酬很低。低等的治安法官的工作相当芜杂繁难,甚至常常根本没有报酬,但却是很多乡绅们竞相追求的对象。"③以上是借用克里斯蒂教授提出的类比。回到我们讨论的法学教员上来,道理完全一样。

孔子曰:"求仁而得仁,又何怨?"④就像罗伯茨甘愿放弃了律师工作去当法官一样,法学教授们放弃当律师赚大钱的机会,自然有其充分的理由,只是"不足为外人道也",因此本无需也不应该抱怨。法学教授虽然没有法官那么高的社会地位(法官比教授数量少得多、权力大得多),但他们享有很多与法官类似的非货币收益,同时还享有法官所不享有的相当丰厚的货币收益。一个笔者亲身经历的例子:2011年我曾结识一位排名九十几的美国法学院的教授,他拥有哥伦比亚大学J.D.和宾夕法尼亚大学Ph.D.学位,先前从事律师工作多年,几年前才转入法学院任教。当时我对他的工作转换经历颇有兴趣,就试探着问他:从律师转行法学教授怕是不容易吧?他回答说:不是不容易,而是

① Richard A. Posner, *How Judges Think*, Harvard University Press, 2008, p. 166.

② Adam Smith, *An Inquiry into the Nature and Causes of the Wealth of Nations*, Vol. 1, Oxford University Press, 1976, p. 123.

③ Adam Smith, *An Inquiry into the Nature and Causes of the Wealth of Nations*, Vol. 2, Oxford University Press, 1976, p. 719.

④ 《论语·述而》。

几乎不可能；我把别的律师打高尔夫球的时间都用来写论文了，而且还特别幸运，才找到法学教职。律师和法学教授两种职业之间的差距，由此可见一斑。没有人能否认，法学教授工作的“性价比”极高。关于“性能”，我们在前面“工作量”部分的讨论中已经看得很清楚：形容法学教授的工作为安逸雍容，实不为过。那么“价格”呢？至少就名牌法学院教授来说，其收入甚至是最高法院的大法官们望尘莫及的。① 我们可以从相对数额和绝对数额两个角度分别来观察一下法学教授的收入状况。

根据2013年的数据，美国大学正教授平均收入最高的三个学科依次为法学、工程、商学。横向比较，也就是相对数额，取典型人文学科英语专业正教授平均年收入为参照标准，设定其数额为100单位，那么法学、工程、商学以及所有学科正教授的平均年收入的数据②依年份列出，如表1：

表1　法学、工程、商学以及所有学科正教授的平均年收入

	1981	1986	1992	1997	2002	2006	2010	2012	2013
法学	133.2	141.0	154.2	158.4	153.5	154.0	159.5	165.8	171.5
工程	108.1	114.3	129.0	127.8	124.0	124.3	125.2	144.6	144.8
商学	111.4	115.2	133.8	138.7	140.8	146.5	150.9	140.9	142.9
所有学科平均	104.8	105.1	113.3	113.9	112.2	112.0	113.4	113.4	114.9

① 约翰·罗伯茨在其就任首席大法官之后的第一个完整工作年度的年终报告中，开篇就抱怨联邦法官工资低，称一些联邦法官的收入甚至大约只有名牌法学院正教授收入的一半。参见 John G. Roberts, Jr., 2006 Year-End Report on the Federal Judiciary, http://www.supremecourt.gov/publicinfo/year-end/2006year-endreport.pdf.

② 数据来源：AAUP, “It's Not Over Yet: The Annual Report on the Economic Status of the Profession, 2010 - 11,” 96:2 *Academe* 14 (March-April 2011); CUPA-HR Research Staff, 2011 - 12 *College and University Professional Association for Human Resources*, *College and University Professional Association for Human Resources*, 2012, pp. 23 - 25; CUPA - HR Research Staff, 2012 - 13 *College and University Professional Association for Human Resources*, *College and University Professional Association for Human Resources*, 2013, pp. 26 - 28. 此外请注意：本节所论法学院教员的收入均指他们从法学院获得的收入，不计校外兼职等收入。

三十余年来,就平均收入而言,三个收入最高学科的正教授相对于英语系正教授的变化趋势可由图1直观地显示出来。有必要强调的是,下图曲线表示的是相对变化,即假定这个时间跨度内英语系正教授的平均收入始终不变,即坐标轴横轴,然后我们绘制曲线,观察法学、工程、商学三个收入最高学科的平均年薪变化情况(这一比较有助于排除通货膨胀因素的干扰)。由图中曲线变化态势不难看出,法学领先英语的程度不但逐渐加大(由1981年的1.3倍扩大到2013年的1.7倍),而且最近几年增长迅速,把位列收入第二、第三名的工程和商学专业甩在了后面。所有专业平均收入线(最下面一条曲线)的形态自1990年代初以来相对比较平直,表明英语专业的收入水平大体与所有专业的平均水平保持了同步而且同比例的变化,因此具有代表性。

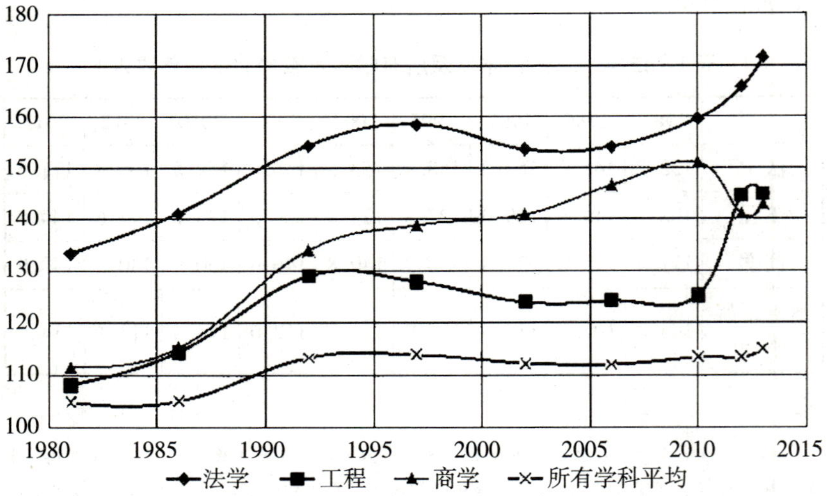

图1　美国大学不同专业教授薪水变化比较

学科之间横向的相对比较,除了前面列举的比例数据之外,以下再列出几个不同学科之间正教授平均年收入绝对差额的最新数据,给读者更多一些感性认识:2012年法学比工程、商学、英语、所有学科平均额分别高出17,276美元、20,340美元、53,650美元、42,695美元;到2013年,这三个差额分别扩大至22,082美元、23,689美元、59,193美元、

46，809 美元。总而言之，横向比较，就拿法学和所有学科的总平均数来看，2013 年，法学专业正教授平均年收入比所有专业正教授的平均年收入高出 49%，差距不可谓不大。

然后我们再来进行纵向的绝对数额比较，也就是法学教员薪水过去与现在的差别。按照经过通货膨胀率折算的 2011 年美元来衡量法学教员（注意，与前面的横向比较使用的数据不同，以下数据包括所有法学院教员，而不只是正教授）的年收入，情况大致如此：1953 年时，中位数薪酬为 5.39 万美元（高收入者可达 14 万美元），平心而论，确实不算很高。但是，法学教员薪水此后增长迅速：到 1965 年时，就已经翻倍，平均薪水为 12.01 万美元（高收入者可达 21.52 万美元）。① 2006 年，位列排名前 25 位的法学院资深教授的平均年薪为 33 万美元，这 25 所法学院院长的平均年薪为 43 万美元。②

鉴于私立大学雇员的收入罕有公开数据，我们只能利用少量已公开的来自公立大学和注册为非盈利机构的法学院的相关数据。当然，这种偶然获得的数据并不具有充分的代表性，但即便如此，仍可据此管窥美国法学教授们的收入状况。2007 年，明尼苏达大学法学院两位最高收入教授的年薪分别为 35.6 万和 34.5 万美元。③ 2011 年，纽约法学院（注意这不是纽约大学法学院，而是一所排名第 140 位的非知名法学院）院长 Richard Matasar 年薪为 89.15 万美元，该院收入最高的五位教授（无行政职务）当年薪水在 36.57 万至 43.08 万美元之间。④ 2011 年底，

① 数据均为 2011 年美元，转引自 Tamanaha，*Failing Law Schools*，p. 46。

② 法学院教授的收入，尤其是较好法学院教授的收入（因为绝大部分是私立大学），历来缺乏系统、精确的数据。此处 2006 年的数据来自于美国最高法院的一项未公开进行的调查，最初公开于其 2008 年年终报告。但现在可以在该法院官方网站上获得的此报告并无这组数据，料想现在这一版本是经过修订删节的。但读者在下述报告中仍可看到该组数据：Denis Steve Rutkus，*Judicial Salary*：*Current Issues and Options for Congress*（*CRS Report RL*34281），Sep. 16，2008，p. 24，http://www.fas.org/sgp/crs/misc/RL34281.pdf。

③ 数据转引自 Tamanaha，*Failing Law Schools*，p. 48。

④ http://www2.guidestar.org/FinDocuments/2012/135/645/2012 - 135645885 - 0977cb1f - 9.pdf. 该法学院薪酬高的重要原因是地处纽约市——美国经济中心，也是最大的法律职业市场所在地。

德克萨斯大学法学院发生了一场院长被迫辞职风波,[①]这个事件使人们获得了一个特别的机会,可以一窥教授们的收入状况。德州大学是美国著名的公立大学,其法学院目前在全美排名第十五。2010 年,该院至少有 18 位教授薪酬超过 30 万美元,另有 35 位教师薪酬在 20 万至 30 万美元之间。2006 年至 2011 年间,有 18 位教员每人获得了金额在 10 万至 35 万美元之间的一次性奖励。在这样优厚的薪酬之下,该院仍有一些教员嫌薪酬低或分配不够公正(因素之一是当时的院长 Lawrence Sager 自己获得了 50 万美元的一次性奖励,还有院长从外面"挖人"的时候开出的价码过高,让一些本院教员感到愤愤不平,等等),因此发起了这场运动,依德州法律申请公开相关收入信息,并要求院长辞职。Sager 在此风波之前原已宣布将在任期届满即 2011 年至 2012 学年结束时卸任院长职务(意即不会谋求连任),但此事发生后,在该校校长(也是法学院前任院长)William Powers 要求其辞职的情况下,立即于 2011 年 12 月辞职。就我们所关心的收入问题而言,Sager 在就辞职一事发给全院教员的公开信中有这样一段话值得注意。在谈到"法学教授市场及我们的应对"时,这位院长说:"桑迪 · 列文森(该院教授,美国著名宪法学家,最近几年一直任哈佛法学院访问教授——引者注)在几封电子邮件中描述了哈佛、耶鲁、纽约大学开出的具有挑战性的慷慨薪酬。在排名前二十的法学院中,像他们那种开价已经成为常规而非例外。这就是我们在建设师资队伍的时候必须与之竞争的现实。我无法确知耶鲁出价 45 万至 60 万美元'年薪引进教授'的传说是否属实,但就我们自己的经验来讲,对于真正想引进的教授,我们开出的价码已经在年薪 40 万美元以上,附带其他一些实质性的'福利和津贴'。"[②]

---

① Reeve Hamilton and Morgan Smith, UT President Asks Law School Dean to Resign Immediately, *The Texas Tribune*, Dec. 8, 2011, https://www.texastribune.org/2011/12/08/dean-ut-law-signs-letter-resignation/;根据《德克萨斯州公开信息法》公开的德州大学法学院薪酬记录:http://s3.amazonaws.com/static.texastribune.org/media/documents/ut_law_school_open_records.pdf。

② Lawrence Sager's Letter to the University of Texas Law School Faculty, http://s3.amazonaws.com/static.texastribune.org/media/documents/Letter_to_My_Colleagues.doc.

以上列举的是一些比较高薪酬的例子（但不是最高）。当然，也不是所有的美国法学院教师都能拿到那么高的工资。那么平均水平怎么样呢？我们能够获得的数据，仍然是公立大学的。根据“Above the Law”网站的创办人兼主编 David Lat 的统计，美国最好的六所公立大学法学院教员近年平均年薪（常规薪水，不包括奖励津贴等）情况如表 2：①

表 2　美国最好的六所公立大学法学院教员近年平均年薪

法学院	2014 年排名	教师平均年薪	数据年份
弗吉尼亚大学法学院	8	$ 177, 185	2012 ~ 2013 学年
伯克利加州大学法学院	9	$ 235, 482	2011 年
密歇根大学法学院	10	$ 243, 177	2012 ~ 2013 学年
德克萨斯大学法学院	15	$ 209, 556	2012 年
洛杉矶加州大学法学院	16	$ 226, 362	2011 年
明尼苏达大学法学院	20	$ 185, 155	2012 年

由于地理位置等原因，六大公立法学院之间在薪酬上存在一定差异，但总的来说都在相当不错的水平上。相比之下，根据美国劳工部的数据，2012 年，美国律师的年薪中位数为 113, 530 美元，法律职业总体年薪中位数为 75, 270 美元，所有职业年薪中位数为 34, 750 美元。② 如图 2 很直观地显示出来的差异，法学教授的薪酬与相关法律职业及所有职业的平均水平相比，明显处于很高的水平：

① 数据参见“How Much Does Your Law Professor Make?”系列报道：http://abovethelaw. com/2013/04/how-much-does-your-law-professor-make-uva-law-edition/；http://abovethelaw. com/2013/04/how-much-does-your-law-professor-make-berkeley-law-edition/；http://abovethelaw. com/2013/05/how-much-does-your-law-professor-make-michigan-law-edition/；http://abovethelaw. com/2013/05/how-much-does-your-law-professor-make-university-of-texas-edition/；http://abovethelaw. com/2013/05/how-much-does-your-law-professor-make-ucla-law-edition/；http://abovethelaw. com/2013/06/how-much-does-your-law-professor-make-university-of-minnesota-law-school-edition/.

② U. S. Bureau of Labor Statistics, *Occupational Outlook Handbook* 2012, Legal, Lawyers, http://www. bls. gov/ooh/legal/lawyers. htm.

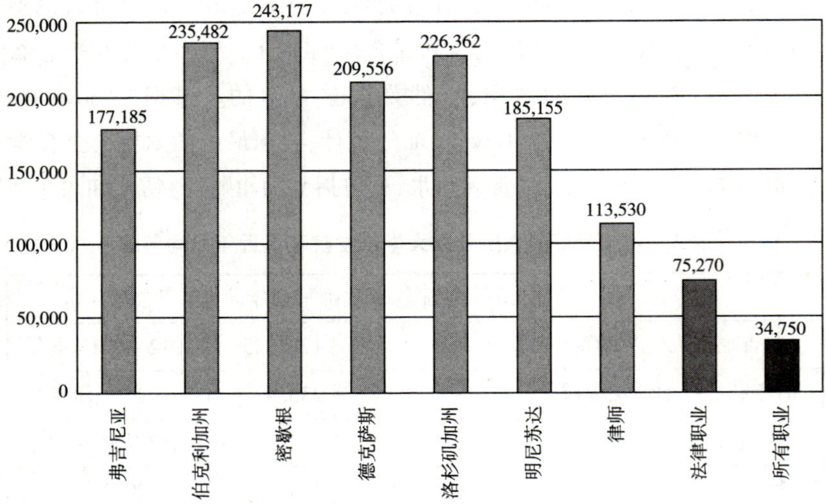

图2　六所公立大学法学院平均薪酬及职业比较

此外,鉴于以下两个因素:(1)这些数据没有包括住房补贴、①暑假科研津贴以及配偶子女就读本校的学费减免,②以及(2)私立大学法学院的薪酬通常要比公立大学高,我们可以有把握地说,美国法学教授们在社会阶层上绝对处于高端中产阶级。③ 法学教授,与美国大学里其他一些学科的教授有一个不同之处,那就是:不论其思想是左翼还是右翼,生活无一例外地都是右翼的。④

以上在讨论法学教员薪酬的时候,我们一再使用"年薪"的概念,其

---

① 例如,2007年,纽约大学为从哥伦比亚大学引进法学教授 Catherine M. Sharkey,斥资420万美元,为她购买了一套近4000平方英尺的公寓(学校享有80%的产权),Sharkey 自己享有20%产权,支付105万美元,其中65万美元还是由学校提供长达30年的贷款。Josh Barbanel, Recruiting With Real Estate, *New York Times*, Jan. 20, 2008, p. RE2.

② 例如在德州大学法学院,2003年至2010年间,共有21位教员的亲属享受过平均23.57万美元的学费减免。参见德州大学法学院薪酬记录,http://s3.amazonaws.com/static.texastribune.org/media/documents/ut_law_school_open_records.pdf.

③ 知名法学院正教授在美国属于收入最高的1%至2%的人群。See Tamanaha, *Failing Law Schools*, p. 51。

④ Richard A. Posner, *The Problematics of Moral and Legal Theory*, Harvard University Press, 1999, p. 80.

实并不准确。美国法学院教师的"年薪"是指每年工作39周所获得的报酬(这39周之外的假期时间,即使在理论上也不属于学校,教授们完全可以自由支配),而其中上课的时间不超过28周,每周大约只上5到6节课。而且绝大多数人都有或可以比较容易地获得终身教职。一位法学教授对自己的职业群体如此现身说法:"支配着工作场所的规范和激励措施中的绝大部分对法学院教授都不起作用。核心的东西是:法学院就是为了教授而运营的。"在法学院里,教授们是不折不扣的权势人物(甚至有时候在法学院之外也很显赫),没有人能够吩咐他们做什么,学生自不必说,行政人员受雇的主要目的也是为教授服务的。"我们收入很高,压力很小,工作时间自己说了算,没有老板,职位的安全性具有近乎不可动摇的保障。"①在美国,法律人本来已经属于社会精英阶层,而法学教授则是精英中的精英——每年仅有约十分之一的法学院求职者有望跻身这个高端俱乐部。② 这样工作意味着怎样的"性价比",还用多说吗?如果以小时为单位计算薪酬,法学教授的收入比大部分律师都要高。抱怨比律师挣得少,因此实在有矫情的嫌疑。我们看到,矫情之余,他们也有情不自禁的时候:"多年以来,我听过许多法学教授说'这[法学教授]是世界上最好的工作'。所以它确实是。"③

在资本主义社会,薪酬体面、生活安逸本身当然不是过错。但是,如果教员的奢华待遇和学生的天价学费、可怜就业状况共存,甚至二者在较大程度上构成因果关系的话,那么就牵涉到了严肃的职业伦理问题。"如果法学院想要良好地运转,就要求教授们具备优良品格,如进取、负责、诚实,而且要有公心,哪怕为此牺牲一些个人利益。这其实是要求法学教授们具备高于常人的道德品质,可是,哎呀,像其他所有人一样,我

① [A] Tamanaha, *Failing Law Schools*, pp. 8, 52. 这种现象并不是法学院的专利。早在二百多年前,斯密就有这样的观察:"学院与大学的校规的设定,并非为了学生的利益,而是为了教师的利益,或者更恰当地说,是为了教师的安逸。" Adam Smith, *An Inquiry into the Nature and Causes of the Wealth of Nations*, Vol. 2, Oxford University Press, 1976, p. 764.

② Rebecca Thomas, "Academia Meets Free Agency: Columbia Law School's Success in Recruiting Junior Faculty," *Columbia Law School Report*, Winter 2006. 感谢我的同事王缙凌博士将这一资料指引给我。

③ [B] Tamanaha, *Failing Law Schools*, p. 187.

们是会犯错误的而且还很自利。”[①]近些年来,如本文引证的大量材料所示,美国法律教育的危机已经不是秘密,尽管大多数生活安逸的法学教授们仍然不愿意承认或者正视这个危机。既得利益者要维护现状,这是人性和历史规律,无需惊奇。然而多少会令局外人感到惊奇的是,法学院这座堡垒其实异常坚固,极难撼动。[②] 法学院教员的高薪和激励学术产出的津贴、奖励是推高法律教育价格的重要因素(如前文所述,这个成本最终转嫁给全社会了)——法学院总预算中的一半都用于支付教员薪水了,几乎每一所 ABA 认证的法学院都是如此。但人们几乎不可能期待自发出现法律教育的改革者来触动既有的利益分配格局,因为,比如说,根据 ABA 的规定,任何一个法学院院长,如果面临着超过半数的法学院教员反对,就不能获得任命或者连任。[③] 前文所述德克萨斯大学法学院院长被迫辞职事件就是一个活生生的例子。动任何人的奶酪都是有风险的,而如果要动的是以“公平”、“正义”为事业的法学教授们的奶酪,那风险就会变成危险。

下面我们把分析视角从法律教育的从业者及制度运作者转移到法律教育的社会功能定位上,考察当代美国的法律教育服务是以何种方式、出于何种目的偏离了法律教育市场的消费者即学生的需求,以及法学院的这种严重的功能错位如何加剧了法律教育的危机。

四、法学院的社会功能错位及其后果

在工作时间总量既定的前提下,教学与研究之间存在此消彼长的关系。这是显而易见的道理。然而,在大学教员之中也流行着这样一种颇

---

① Tamanaha, *Failing Law Schools*, p. 8.

② Nancy B. Rapoport, Eating Our Cake and Having It, Too: Why Real Change Is So Difficult in Law Schools, 81 *Indiana Law Journal*, Vol. 81, 2006, pp. 359 – 374 (2006).

③ American Bar Association Section of Legal Education and Admissions to the Bar, *ABA Standards and Rules of Procedure for Approval of Law Schools* 2012 – 2013, American Bar Association, 2012, Interpretation 206 – 1, p. 11.

为常见的看法:学术研究本身对教学内容会有积极的提升作用,而教学过程本身反过来也会在一定程度上促进学术研究,即所谓“教学相长”。抽象来讲,这个道理是可以成立的。但是,在我们所要讨论的问题中,不能满足于抽象层面的笼统结论,而是必须深入到这一判断所涉及的种种制度细节,尤其是就它在美国法律教育这个语境中的有效性,展开细致的辨析。如下文分析将要例示的,这一辨析最终必然要触及一个深层次问题,即法律院的社会功能定位,以及该功能定位的偏差给法律教育乃至全社会带来的不利后果。

教学与研究的内容越是具有同一性,二者可以彼此促进的命题就越是容易证成。在人文社会科学的主阵地,即大学的文理研究生院(其名称、建制和学科构成在各个大学略有不同,例如哈佛大学的文理研究生院名为 The Graduate School of Arts and Sciences。顾名思义,文理研究生院也包括理科,但就本文讨论而言,以下所论文理研究生院及其 Ph. D. 教育,主要指其人文社会科学部分,以便与法学院进行比较),有大量的课程是教授们根据自己当前或近期的学术研究主题或领域自主开设的。这种情况就满足了教学与研究内容的同一性条件,因此说教学和研究可以相互促进,或者说二者之间的竞争与消长关系弱化了,就不会有多少疑义。但问题是,我们要讨论的对象是法学院,不是文理研究生院。法学院,作为与商学院、医学院、工程学院、神学院等并列的职业教育学院(professional school),是以培养职业人士为其首要任务和目标的。事实上,这也是法律教育市场的消费者即法学院学生们支付高价学费购买法律教育所要实现的主要目的。

虽然文理研究生院和法学院同为本科后教育,即广义上的研究生教育,但在二者之间,我们至少可以看到以下几点重要差异:文理研究生院以博士(Ph. D.)项目为主,其主要目标是培养本领域的未来学者和教师。在美国这样一个以实用主义为“商标”的社会中,没有学术兴趣和追求的人,一般不会愿意担负极大的时间成本(Ph. D. 学位一般需要 5 ~ 8 年时间才能获得)、潜在收入损失之机会成本和很高的就业风险(在美国,面向 Ph. D. 的学术就业市场相当小,人文社会科学领域的教学研究职位的空缺多年以来一直非常有限,使 Ph. D. 毕业生的就业竞争异常激烈),去攻读博士学位。对非研究和教学工作而言,博士学位通常也不必要。这一点,在博士教育市场的买卖双方之间,基本上是有共识的。与之相对照的法律教育,情况则明显不同:法律教育的主体即 J. D. 项目的学制为三年(时间比 Ph. D. 短得多),性质上属培养律师的职业教育,学习内容没有必要涉及事实上也很少或基本不涉及学术训练,并且没有写作学位论文的要求。因此,尽管 J. D. 名义上也可以是“博士”,但是从教育的内容与定位来看,它和 Ph. D. 所代表的学术型研究生教育的差异是非常显著的。这里我们所讨论的只是实证意义上的差异事实本身,而无规范意义上的评判意涵。实际上,法学教授们对这一差异本身并无任何不适之感:直到今天,Ph. D. 学位在任何一所美国法学院包括精英法学院,都不是加入法学教授俱乐部的必要条件(尽管随着法律交叉学科研究的发展,排名靠前的法学院里拥有 Ph. D. 学位的教员数量逐渐增加了)。另外,不论是法学院还是其学生,也都没有把法律教育理解为晋身法学教授——即本领域未来研究者和教师——的阶梯。尽管绝大部分法学教授都有 J. D. 学位,但我们可以有把握地说,J. D. 学位本身只是成为法学教授的一个最起码的(因此在这个意义上也可以说是不重要的)条件。事实上,成为法学教授的关键条件是履历上教育背景之外的某些亮点,例如担任法官(尤其是最高法院和上诉法院的法官)助理的经历,担任精英法学院《法律评论》编辑的经历,或者出众的学术发表记录等。① 而且,法律教授们,不论其任教的法学院层次如何,大多毕业于知名法学院。换句话说,尽管美国有二百多所法学院,但在事实上担负着培养未来法学教授职能的,主要也就是最顶尖的那二十来所而已。②

既然作为职业教育的法律教育与作为学术教育的文理研究生教育

---

① 此外还有一个重要的但却难以摆上桌面评估的因素就是社会“关系”。参见 Jeff Sommer, Defending the Open Internet, *New York Times*, May 11, 2014, p. BU1。

② 以 J. D. 学历计,1996 至 2000 年间,法学院新聘教员中,哈佛、耶鲁两所法学院的毕业生占 33%,前 25 名法学院的毕业生占 86.2%。参见 Richard E. Redding, “Where Did You Go to Law School? Gatekeeping for the Professoriate and Its Implications for Legal Education, *Journal of Legal Education*, Vol. 53, 2003, pp. 594, 600。

之间在功能与定位上存在着如此明显的差别,人们就不能也不应该期待法律教育会是学术教育。法律教育是要让学生习得基本的法律知识和业务技能,未来从事法律职业,而不是让学生跟随教授一起去探索法律学术的前沿,并成长为未来的法学研究者。如果这个判断是正确的,那么回到刚才讨论的教学与研究是相互促进还是彼此"竞争"的问题上,就可以看出,法学院对这个问题的回答是与文理研究生院很不一样的。法学院日常教学其实是也应该是常规法律知识;而教授们的学术研究,至少在其理想状态下,应该指向超越了常规知识的学术前沿。在这个意义上,法律教育和法学研究之间的同一性要明显小于文理研究生教育的情况。所以,本节开头的判断是成立的:法学院的课程教学和法学研究之间存在此消彼长的关系,①难以非常有效地调和或兼顾。② 那么,接下来的问题就是,面对这个矛盾,法学院应该如何定位其社会职能?或者说,法律教育的从业者即法学教授们,应该如何定位自己的工作?

英美法系的法律教育传统,可以追溯至13世纪的英国四大律师学院(Inns of Court),即现代法学院的前身。也就是说,英美的法律教育最初是由律师们自己操办的,采用的是学徒制。所以,就法律教育的起源来讲,它和现代大学教育模式迥然不同。纵观历史,把法律教育纳入大学教育,使法学院成为大学建制的组成部分,是相当晚近的事情。大约从19世纪20年代开始,美国法逐步走出英格兰普通法的祖荫,发展出了自己的普通法制度和学理。而把"前现代的"学徒制法律教育纳入大学体系的制度转变,则发生得更晚一些。实现这一转变的法律教育改革

---

① 必须同时指出,法律教育和法学研究之间的这种对立关系不应被夸大。因为既然法律教育的主要内容是常规知识,那么教学所耗费的边际时间成本递减效应必然非常显著:年复一年,尽管作为教学主要内容的普通法判例逐年增加,但对课堂教学来说真正有必要更新的案例,对连续两个学年之间的任何一门法律课程来说,都是非常少的。因此,每一个特定的法学教授对于自己专长领域的常规课程,在课程教学包括备课上应该并不需要耗费很多时间。因为今年的大部分教学内容都是重复去年的。

② 事实上,经验研究未能发现在法学教员教学水平和学术产出水平之间存在统计学意义上的关联。参见 Deborah Jones Merritf,"Research And Teaching on Law Faculties: An Empirical Exploration," 73 *Chicago-Kent Law Review* 765,807 (1998). 但考虑到时间的机会成本,我们有理由认为教学和研究之间存在"此消彼长的关系"。

始于美国两所历史悠久、声誉卓著的法学院，即哥伦比亚法学院和哈佛法学院。[1] 与这一制度变迁过程相伴随的思想史背景则是法律形式主义的兴起和繁盛，因为法律形式主义最能赋予法律知识以学术乃至科学的品格和特性。“兰代尔领导的哈佛法学院引领潮流，大学的法学院不但试图使自己成为学徒制法律训练的竞争对手（alternative），而且要取而代之……法律教育者投身法律科学，参与知识革命，这使他们确信自己才是最合适的培训法律实践者的教师……哈佛法学院院长兰代尔［在 1886 年］宣称：‘如果法律不是一门科学，那么大学就只有拒绝教授法律才能最好地维系自己的尊严。’”[2]六年之后，哥大法学院院长在一篇文章中说了几乎一样的话：“只有把法律作为一门科学，才能为在大学中教授法律这件事确立正当性基础。”[3]

尽管亚里士多德早就发现，修辞的功能是在必然性证明不可能的情况下诱使人们相信一件事，[4]但这并不能为法律形式主义的上述修辞增加多少令人信服的力量。因为此前几百年间，法律学习一直是通过学徒制进行的，那个年代也不乏杰出的律师，如亚伯拉罕·林肯。即便在现代法律教育模式形成之后的 20 世纪，大学法律学位的形式价值也大于其实际价值（这一点是跟垄断紧密联系的，其原理类同于商标），例如杰出的法官卡多佐就只不过是法学院的肄业生。我们很难确定，以哈佛哥大这两所名牌法学院院长上述修辞性表达为代表的法律形式主义思想在 19 世纪末法律教育改革中起到的真实作用到底是什么。但清楚的是，修辞不是论证，“法律必须是科学”的主张是未经证明的断言而不是论证，更非事实；而且，这断言中虚张声势却外强中干的“必须是”一语，

---

① 虽然哈佛法学院建立时间更早，但在法律教育改革上，哥大可以追溯至 1858 年被任命为法学院院长的 Theodore William Dwight，哈佛则始于 1870 年起任法学院院长的克里斯托弗·哥伦布·兰代尔，尽管后者的声名及对后世的影响更大。参见 Neil Duxbury, *Patterns of American Jurisprudence*, Oxford University Press, 1995, pp. 11ff。

② G. Edward White, “The Impact of Legal Science on Tort Law, 1880 – 1910, *Columbia Law Review*, Vol. 78, 1978, pp. 213, 220 (1978).

③ William A. Keener, Methods of Legal Education, *Yale Law Journal*, Vol. 1, 1892, pp. 143, 144.

④ 这是波斯纳的归纳。参见 Posner, *Overcoming Law*, p. 501。

作为规范性判断,本身恰恰暗示了“可以不是”甚至“根本不是”(作为经验事实)。实际上,“法律必须是科学,否则无法栖身于大学”之主张与“皇帝必须要看到自己的新衣,否则就很愚蠢”之命题在逻辑上具有内在的一致性。

突出科学性、学术性特质,是法学跻身现代(研究型)大学并维系其大学属下学院地位的内在要求。但说到底,很不幸,法学院或者说法律教育并没有非常坚实的理由去支持它必须成为大学的一部分。① 假如我们可以做一个穿越式的假设——今天的法律教育仍然像从前那样由律师学徒制完成,那么美国法律教育中的很多迫切问题都可迎刃而解,因为最主要的问题,如法学院扩招、学费上涨、就业困难等,都与法律教育的职业性(实用性)和法学研究的学术性二者之间的矛盾相关。法律教师的学者身份造就了巨大的外部性,而这种外部性的内在化方式只有一个,即法学院必须在它的生意中赚取更多利润。换言之,法律学术研究很大程度上是由卡特尔维系的法律教育垄断体制从这一市场的买方即法学院学生那里索取的“超额”学费供养的。之所以称之为“超额”,是因为学生的那一部分学费没有购买到任何实在的教育产品或服务,只是被法律教育者拿去装点法学的“科学主义”或“形式主义”神话。

既然谈的是“生意”,我们就来看看法律学术的经济账。在综合考量法学院教员的收入、研究时间投入、学术论文产出等因素之后,霍夫斯

① 请注意,笔者并非认为,缺乏这种“坚实的理由”,法学院因此就一定不能成为大学的一部分——如此推理就陷入了本质主义的窠臼。世界上很多现实存在的事情都没有“坚实的理由”。冯象老师认为,法学院设在大学的理由是为了使法学超越法律,使法学家进行社会批判。(参见冯象:《政法笔记》,江苏人民出版社2004年版,第238页。)在抽象的规范意义上,笔者同意这一观点。但事实上,一百多年来,人们并没有看到作为大学科系的法学院在超越法律和社会批判领域有什么重大建树,批判法学即便不说昙花一现也始终未能成为主流,甚至未能成为真正值得主流法律意识形态重视的竞争对手。(参见后注[C]及其对应的正文。)这一事实暗示了,期待法学院担负起超越法律和社会批判的使命,至少在美国,恐怕是与虎谋皮。笔者并非意在否定超越法律和社会批判本身的价值及其正当性(这篇文章本身可以证明这一点),而只是想指出,那恐怕不是法学家的事业。学术史已经昭示我们:针对法律的深刻社会批判,常常来自于法学的逆子贰臣而非孝子贤孙,著名的例子是马克思和韦伯。

特拉(Hofstra)大学法学院教授理查德·纽曼(Richard Neumann)估算,较知名的法学院里已获终身教职的教员每产出一篇学术论文的成本在 10 万美元左右。即便是在薪资水平较低的法学院任职的资历最浅的助理教授(相当于中国大学的"讲师"),其每篇学术论文的产出成本也在 2.5 万至 4.2 万美元之间。① 法学教授薪酬本来已经很高,学术研究和写作也是其教学之余的分内工作,但事实上,很多美国法学院还向教授们支付暑假研究津贴和学术发表奖励。前文已经述及,教授们是按照每年工作 39 周领取年薪的,暑假时间因此属于教授们个人所有。暑假研究津贴因此兼具形式合理性和实质荒谬性,其逻辑仿佛是说:"暑假不用上课,要我写论文吗?付钱给我吧。"根据美国法律教师协会(Society of American Law Teachers, SALT)的问卷调查,②反馈了暑假研究津贴数据的 65 所法学院的平均额为 1.2 万美元。关于这一数据,有必要附带说明,SALT 向 200 所法学院发出了问卷,但仅获得了 68 所法学院(34%)的回复,③按照调查当时的排名,这 68 所法学院中位列前 50 名的仅有 6 所(其中最好的是排 29 名的爱荷华大学法学院)。由此可见,这一组数据反映的主要是一些中等至末流水平法学院的情况;而其他大部分法学院,尤其是好的法学院,不愿意披露其收入数据。由于法学院的薪酬待遇和名望密切相关,我们有理由推测,那些名次比较靠前的法学院的暑假研究津贴当会更高。事实上,这一推测得到了因前述院长辞职风波而偶然公开的数据的有力支持:2009 至 2010 学年,德州大学法学院有多达 42 位教员获得了 3 万美元以上的暑假研究津贴,其中 28 位教员津贴超

---

① Karen Sloan, Legal Scholarship Carries a High Price Tag, *National Law Journal*, April 20, 2011. 学者对这一评估的精确程度存在分歧,因此其示例意义大于统计学意义。

② Eric Janus, 2012 - 13 SALT Salary Survey, *SALT Equalizer*, Volume 2013, Issue 1, http://www.saltlaw.org/wp-content/uploads/2013/06/SALT-salary-survey-20131.pdf。

③ SALT 的年度法学院薪酬问卷调查的反馈率历来不高,比如 2011 ~ 2012 年度也仅有 33% 的法学院回复了调查,而且几乎没有排名靠前的法学院参与。Eric Janus, 2011 - 12 SALT Salary Survey, *SALT Equalizer*, Volume 2012, Issue 1, http://www.saltlaw.org/userfiles/SALT%20salary%20survey%202012.pdf. 这大概反映了法学教授,尤其是知名法学院的教授,慎于披露自己的收入。

过6万美元，最高的3人超过了8万美元。[①] 我们不清楚，这种用金钱激励出来的学术作品质量如何。那么法学院为什么要花血本刺激教员产出更多学术作品呢？直接原因就是为了提升法学院排名，其中复杂曲折的利益纠葛与恶性竞争，笔者将在《法学院的生意（三）》中详细阐述。

以上我们看到了支撑着法律学术的价格不菲的经济投入。那么，在这么大投入之后获得的学术效益如何呢？可以说非常可怜：如果把引证率作为论文学术影响力的测度指标，那么人们看到的现实是：有43%的法学期刊论文在发表之后从未被人引用过！被引证超过十次（包括自我引证）的论文仅占21%。[②] "至少三分之一的[法学期刊论文]没有价值，"纽曼对此评论道，"谁为这埋单？是那些毕业时将担负六位数贷款的学生们。"[③]这里揭示的仍然只是问题的冰山一角，科罗拉多大学法学院教授皮埃尔·施莱格对法学研究的（自我？）批评甚至激进到这种程度："今天的美国法学已死。——完全死了，比过去三十年间的任何时候都死得更彻底。批判法学在它最不受待见的死亡时刻，也没有像今日美国法学这样死得万劫不复。"[④]此种批判虽然不免有夸张之嫌，但它至少间接说明了问题的严重性。

学术质量及其影响力如此可怜，那么社会效益与影响力如何呢？也很不乐观。总体来说，美国法学研究的脱离实际（以及学生编辑的法学期刊及其所反映的学术研究体制的其他种种弊端）已经为人们——特别

---

① 数据来自由德州大学法学院院长被迫辞职风波而公开的该院教师薪酬记录，http://s3.amazonaws.com/static.texastribune.org/media/documents/ut_law_school_open_records.pdf。

② Thomas A. Smith, The Web of Law, *San Diego Law Review*, Vol. 44, 2007, pp. 309, 336.

③ Sloan, Legal Scholarship Carries a High Price Tag.

④ [C] Pierre Schlag, Spam Jurisprudence, Air Law, and the Rank Anxiety of Nothing Happening (A Report on the State of the Art), *Georgetown Law Journal*, Vol. 97, 2009, pp. 803, 804. 法学研究的弊病与法律教育密切相关，但此处不能展开分析，笔者拟另文专论。

是司法实务界——诟病已久。[①] 在2007年3月的一个访谈中,联邦最高法院首席大法官约翰·罗伯茨批评道:“现如今这个问题非常突出:法律学术界和法律职业界隔绝到了令人吃惊的程度。他们处在两个不同的宇宙。学术界搞得那些东西,就我所能判断的而言,对法律实务人士来说基本上是既无用又无趣。”[②]在2011年的一个法官会议上,罗伯茨再次对法学研究提出公开批评:法律学者们热衷于写的很多期刊论文对司法界无甚用处。[③] 客观地说,这一问题可以表述为,在同一职业即法律职业界内部,法学教授(法学研究)和法官律师(司法实践)之间的隔阂日益增长。[④] 其实不仅法律实务界在批评,甚至就在法学教授群体内部,也有一些学者对法学研究对司法实践的悖论提出了(自我)批评。[⑤]

所谓隔阂,当然是相对于从前而言的。事实上,至少到19世纪60年代,美国法律职业界内部的法官和法学教授两个群体之间仍然有较为明显的联系和互动,或者说同质化程度较高:19世纪后期以来,美国联

---

① Fred Rodell, Goodbye to Law Reviews, *Virginia Law Review*, Vol. 23, 1936, p. 38 (1936); Kenneth Lasson, Scholarship Amok: Excesses in the Pursuit of Truth and Tenure, *Harvard Law Review*, Vol. 103, 1990, p. 926; Roger C. Cramton, The Most Remarkable Institution: The American Law Review, *Journal of Legal Education* 1; James Lindgren, An Author's Manifesto, *University of Chicago Law Review*, Vol. 61, 1994, p. 527; James Lindgren, Reforming the American Law Review, *Stanford Law Review*, Vol. 47, 1995, p. 1123; Richard A. Posner, The Future of the Student-Edited Law Review, *Stanford Law Review* 1131; Richard A. Posner, Against the Law Reviews, *Legal Affairs*, Vol. 3:6, 2004, p. 57; Albert H. Yoon, Editorial Bias in Legal Academia, *Journal of Legal Analysis*, Vol. 5:2, 2013, p. 309; Richard A. Wise *et al.*, Do Law Reviews Need Reform? A Survey of Law Professors, Student Editors, Attorneys, and Judges, *Loyola Law Review*, Vol. 59, 2013, p. 1.

② Bryan A. Garner, Interview with Chief Justice John G. Roberts Jr., *Scribes Journal of Legal Writing*, Vol. 13, 2010, p. 37.

③ David Segal, What They Don't Teach Law Students: Lawyering, *New York Times*, Nov. 20, 2011, p. A1. 罗伯茨讲话没有以书面形式发表,其原始视频见:“A Conversation with Chief Justice Roberts,” *C - SPAN*, June 25, 2011, http://www.c-span.org/video/?300203-1/conversation-chief-justice-roberts.

④ Harry T. Edwards, The Growing Disjunction between Legal Education and the Legal Profession, *Michigan Law Review*, Vol. 91, 1992, p. 34.

⑤ David Hricik & Victoria S. Salzmann, Why There Should Be Fewer Articles like This One: Law Professors Should Write More for Legal Decision-Makers and Less for Themselves, *Suffolk University Law Review*, Vol. 38, 2005, pp. 761 - 787.

邦法院有不少法官,包括一些知名法官,都具有学者的职业经历。还有一些法官,如布兰代斯和卡多佐,虽然没有学者职业经历,但也留下经典作品,对法律学术做出了重要贡献。反过来说,在20世纪的大部分时间里,美国法学院里的一些学者,通过自己的学术研究成果,对普通法的制度和实践产生了重大影响,如统一商法典和若干重要法律重述的编撰。可是,晚近以来,尽管从学者中任命法官的美国特色和传统仍在延续,①但法官和法学教授之间的关系发生了明显变化:两个群体出现了分道扬镳的趋势。② 法官和学者各自手艺的核心无非是他们写的东西,法官写判决意见书,学者写论文。在这个意义上,司法意见书和法学论文之间的相互引证情况应该很能说明问题:以美国联邦法院判决引用《哈佛法律评论》文章的次数为例,20世纪70年代,该引证总计4410次,到了20世纪90年代,该数值锐减了一半还多,为1956次,而2000~2007年,该引用更是进一步下降到了937次。③ 另有一项更晚近的研究提供了一组最高法院判决和法学期刊论文相互引用的数据,也显示了法学研究和司法实践渐行渐远的趋势:1970~1980年,约有一半的最高法院判决被法学期刊论文引用过,而到了2000年,被论文引用的最高法院判决的比例下降至37.1%(尽管与此同时发生的变化是最高法院的判决意见变得更长、论说相对更细致了④);在这四十年间,均摊到最高法院每个判决上的法学期刊论文被引用篇数下降了40%。⑤ 波斯纳将司法与学术之间日益加深的隔阂归咎于专业化,⑥这种分析虽然没错,但或许过于笼

---

① 目前美国联邦最高法院的九位大法官中有四位曾经是全职法学教授(斯格利亚、金斯伯格、布雷尔、凯根),其比例之高是前所未有的。

② Richard A. Posner, *Reflections on Judging*, Harvard University Press, 2013, pp. 337 - 344.

③ Adam Liptak, When Rendering Decisions, Judges Are Finding Law Reviews Irrelevant, *New York Times*, March 19, 2007, p. A8.

④ Adam Liptak, Justices Are Long on Words but Short on Guidance, *New York Times*, November 18, 2010, p. A1.

⑤ Brent E. Newton, Law Review Scholarship in the Eyes of the Twenty-First-Century Supreme Court Justices: An Empirical Analysis, *Drexel Law Review*, Vol. 4, 2012, pp. 399, 404.

⑥ Posner, *Reflections on Judging*, p. 338.

统了。我们应该辨析一下,到底是什么样的“专业化”造成了这种局面,这个问题跟我们所讨论的法学院的社会功能息息相关。

司法和法律学术都是专业化程度较高的领域,这没有疑义,过去现在将来都是如此。那么二者之间日益加深的隔阂是不是因为它们各自的专业化走向了不同方向呢?我认为不完全是。如今的司法专业化和几十年前相比应该说没有什么根本变化。固然,随着互联网等新型社会领域的发展,出现了一些类型和性质与以往不同的纠纷。但是,普通法司法者的专业知识构成和裁判技能事实上没有太大的改变(常规的法律教育内容即法学院五门核心课几十年来没有根本变化这一事实可算一个旁证)。可以说,司法的专业化仍旧是从前的那种专业化——假如时光可以倒流,五十甚至一百年前的法官阅读今天的判决意见书,料想不会有多大的理解困难。与之对照,法律学术的专业化则堪称有天翻地覆的变化:今天的很多法学论文已经不是五十年前的法学教授能够看懂的了;在比较极端的情况下,甚至可以断言,今天的某些法学论文已经不是今天的另外一些法学教授能够看懂的了。

显然,法律学术专业化的基本背景是过去几十年来法律交叉学科的蓬勃发展。与之相伴随的一个更加具体而且重要的因素是越来越多具有非法学专业背景的人进入法学院任教。根据一份2010~2011学年的统计,在美国最好的26所法学院,有27%的教师拥有Ph. D.学位,其中有66人只有Ph. D.没有J. D.学位(占5%)。而且,数据显示了这样一个趋势:拥有Ph. D.学位教师的比例与法学院的质量大体呈正向共变关系:具有Ph. D.学位教师在前13所法学院约占三分之一,在后13所法学院约占五分之一。只有Ph. D.没有J. D.学位的教师在前13所法学院中共有51人,而在后13所法学院则是15人;后者数量还不到前者的三分之一。① 法学院教师群体不仅教育背景在迅速发生变化,其职业经历

① 注意:具备“非法学专业背景”不等于不具备法学背景。这26所法学院有22%的教员兼有J. D.和Ph. D.学位(在美国Ph. D.学位几乎只能来自非法学专业)。数据来自:Joni Hersch & W. Kip Viscusi, Law and Economics as a Pillar of Legal Education, *Review of Law & Economics*, Vol. 8 : 2, 2012, pp. 487, 489, 491, 509。

也明显出现了远离法律实践的趋势——这个现象在美国这样的普通法国家显然比在大陆法系国家更成问题——而且其远离的程度同样跟法学院的名次呈正向共变关系：1996～2000 年，法学院全部新聘教师中有 13.4% 的人此前没有任何法律实践经历。在具有法律实践经历的受聘者中，前 25 名法学院新聘教师的平均法律实践年限为 1.4 年，其余法学院为 3.8 年；后者大致是前者的 3 倍。[①] 2000～2009 年的数据显示这一趋势一直在延续：前 50 名法学院新聘教师中有 45.6% 的人此前没有任何法律实践经历，有此经历者的平均年限为 1.79 年。与之形成鲜明对照的是位列 150 名之后的法学院，有 86% 的新聘教师有实践经历，其平均年限为 7 年。[②] 由此可见，越是有名望的法学院，在聘用教师的时候，就越不看重法律实践工作经历，也越不看重法律教育的学科背景，因为那跟现在法学界最流行的也是最被人看重的法律交叉学科研究没有多大关系。相比之下，一个 Ph. D. 学位及其所代表的社会科学学术训练及学术写作能力无疑就重要得多了。这一事实部分解释了，法学院为什么在常规即终身教职轨师资之外还需要额外聘用兼职教师（很多是资深律师）来上法律诊所、文书写作一类与律师业务实践紧密联系的课程：法学院教师如果不务“正业”的话，正业当然就只能“外包”给别人去干了。

可是，外包之类的权宜之计只是转化或掩盖了问题，而没有真正解决问题。“由于法律教育事实上垄断了进入法律职业的门径，人们推定法学院是或者应该是法律实务工作必备技能与知识的主要来源。”[③]但是实际上，根据美国法律诊所教育协会 2007 年一个报告的说法，“法学院却没有完全致力于培养学生的法律实践能力。”结果尽管有诊所教育，

---

① Richard E. Redding, “Where Did You Go to Law School? Gatekeeping for the Professoriate and Its Implications for Legal Education,” 53 *Journal of Legal Education* 594, 601 (2003).

② Brent E. Newton, Preaching What They Don't Practice: Why Law Faculties' Preoccupation with Impractical Scholarship and Devaluation of Practical Competencies Obstruct Reform in the Legal Academy, *South Carolina Law Review*, Vol. 62, 2010, pp. 105, 130.

③ Frances Kahn Zemans & Victor G. Rosenblum, *The Making of a Public Profession*, American Bar Foundation, 1981, p. 123.

"大部分法学院毕业生不能完全胜任为客户提供法律服务的工作,他们甚至不能完全胜任一些大型律所的常规工作。"①其深层原因是诊所教育不受重视,而且通常不是必修课程。诊所课程教师形式上或者事实上是法学院"二等公民",②他们的岗位通常不是终身教职制,而且有的根本就是兼职。这种状况使法学院内诊所课程教师这个"亚群体"联合起来,争取更好的工作条件和利益——要求像常规法学院教师一样进入终身教职制,或者得到其他类同于终身教职制的职业保障。于是这里就出现了一个具有讽刺意味的悖论:对终身教职的内在追求和外在压力势必把实践性课程教师挤入学术发表的游戏,而那里的游戏规则是追逐研究成果和学术名望,这与法律实践教育恰好是背道而驰的:这些教师在研究和发表上的表现越好,其实践教育课程的教学很可能就会变得越差(比如说,有效的写作课程教学需要辅以耗费教师大量时间的作业批改和一对一辅导,而学术研究绝对会将这些时间挤占掉)。畸形的学术追求催生了这一逻辑怪圈。病根不除,此类解决方案恐怕都是换汤不换药。

上述这些现象与问题背后的根本原因就是我们前面谈的法学院的"学术化"潮流。半个世纪以前,法学和法律教育圈看重的并不是写作和发表,而是教学和其他法律职业活动。③ 现如今,来自法律职业界内外的压力使学术研究和发表的重要性突出到了前所未有的地步。而且,一流法学期刊主要发表运用法律交叉学科方法或理论做出的经验研究

---

① Roy Stuckey et al. ,*Best Practices for Legal Education*: *A Vision and A Road Map*, Clinical Legal Education Association,2007,pp. 11,19.

② 教授法律写作的教师的地位甚至更低,堪称"三等公民",尽管写作是法律这个行当的核心职业技能之一。关于诊所及写作教师的不公平待遇与抗争,参见 Tamanaha, *Failing Law Schools*,pp. 32 - 35。

③ 波斯纳大概是美国法律史上最高产的法官和学者了,他如此回忆自己学术生涯的开端:1967年春,时任斯坦福法学院院长的 Bayless Manning 访问华盛顿,约请时在联邦总检察长办公室(Office of the Solicitor General)工作的波斯纳共进午餐。当 Manning 试图游说波斯纳去斯坦福法学院任教时,波斯纳说:"我没写过学术文章。他说那不要紧,法学教授可以通过其他方式为法律做贡献。搁今天,任何人如果对法学院招聘者说这种话,当场就会被淘汰。"(然后波斯纳就被斯坦福法学院直接聘用为副教授了)。Posner, *Reflections on Judging*, p. 24。

成果,极少发表教义(doctrinal)法学作品。在法律职业界内部,法学院要和顶尖律师行竞争行内的高端人才,所以一般不愿意拒绝授予已聘教员终身教职,否则就会向职业市场传递一个负面信号:法学院是一个风险高的职业选项,因为工作几年之后,到头来很有可能拿不到铁饭碗,得走人。如果在授予终身教职这个环节上不得不使用较为宽松的标准,①那么为降低招聘到学术研究和写作能力不强的求职者的风险,法学院就必须在初始聘用的时候抬高门槛,仔细甄别。Ph. D. 学位教育包含了较为系统的研究和写作训练,因此成了法学院招聘时一个较为简单的识别指标。② 到这里大致就清楚了,法学的专业化与学术化在很大程度上是非法学的学科"入侵"法学形成法律交叉学科研究的过程,同时也就是法学与司法活动日渐疏远的过程。

说了这么多,听起来颇有敌视学术的嫌疑。于是有人会反问:法学研究必须以司法为核心或者服务于司法吗?法学研究难道就不能使用其他学科的理论与方法吗?法律交叉学科研究难道错了或者犯了什么禁忌吗?笔者对这些问题的回答都是否定的。既然如此,这里批评的对象到底是什么呢?必须小心界定。概括来说,这个问题仍旧是法学院的"生意"问题,它涉及前文已经谈过的几个相互勾连的因素:学生为什么花大价钱念法学院,法学院应该为学生提供何种教育产品,法学研究的资金来源和流向。撇开不具代表性的非常规情况不论,就主流而言,学生购买法律教育是(而且——考虑经济原因——必须是)为了将来从事律师等法律实务工作,主要由学费供养的法律教育机构(绝大部分 ABA 认证的法学院都隶属于私立大学,即便是公立大学法学院,学费收入也是主要经济来源)因此应该以教学特别是实务教学为其工作重点,法学研究应该从属于教学。教学第一研究第二的顺序不应本末倒置。法律交叉学科研究完全可以在(事实上有一部分此类研究也正在)法学院之

① "法学教授的终身教职以相对较少的学术发表量就可以取得,而且在实践中,终身教职的申请很少会被否决。" Tamanaha, *Failing Law Schools*, p. 53.

② James R. Hackney, Jr. ed., *Legal Intellectuals in Conversation: Reflections on the Construction of Contemporary American Legal Theory*, New York University Press, 2012, p. 50.

外的人文社会科学院系进行。[①] 否则像现在这样,大量 Ph. D.(其中一些甚至不是 J. D.)进入法学院从事社会科学研究,在一定程度上扰乱了大学的学科建制和学术分工,把法学院搞成了一间各种学科的大杂烩。这种状态事实上是从反面证明了,以前述哈佛哥大两位院长言论为代表的必须将法学院纳入大学的论证是不成立的:法律进入大学之后,虽然有了法学院,但到20世纪下半叶,随着"法律作为一个独立自主的学科的衰落"[②],以及科学主义形式主义的式微,法学院里出现越来越多其他学科背景的学者,法学研究中出现越来越多其他学科的学术话语,法学自身的面目已经模糊起来了。鉴于法学院相对于人文社会科学院系的高薪水,可以预见,未来会有更多出身并从事人文社科学科的学人被吸引到法学院任职,这反过来会进一步加剧法学院转化为"人文社会科学学院"的趋势。当法学可以无所不包的时候,它就什么也不是了。

在美国这样的普通法国家,司法是法律和法律教育的核心。司法是一门手艺,这决定了曾经存在至19世纪的律师公会与学徒制具有天然合理性。当然,理论的逻辑不能取代事实的逻辑。在今天,任何一个理智正常的人都不会认为在法律教育领域恢复从前那种学徒制是可能的。但历史的视角可以使我们明白,作为大学科系的法学院对旧有学徒制的取代,是如何扭曲了法律教育和法学自身,以至于出现了这样一种人们熟视无睹的怪现象:与其他几乎所有人文社会科学学科专业化人才培养和选拔模式(即从自己学科研究生教育的最高级产品 Ph. D. 中选拔未来的教学与研究者)不同,在法学院教员的学历构成中,绝大部分是法学本科,[③]非法学专业的 Ph. D. 数量也在增加,唯独法学院的博士 S. J. D. 或 J. S. D. 少之又少。所谓"扭曲"是因为,尽管法学研究跻身象牙塔之后

---

① 事实上,一流的法律经济学研究成果,要么是法学家和经济学家合作做出的,要么是经济学家做出的,很少有法学家独立做出的。这可算一个旁证,表明法律交叉学科研究不是必须在法学院进行。

② Richard A. Posner, The Decline of Law as an Autonomous Discipline: 1962 – 1987, *Harvard Law Review*, Vol. 100, 1987, p. 761.

③ 直到大约1970年,美国法学院的第一学位仍叫 LL. B.,即法学学士。此后 LL. B. 改名 J. D.。但直到今天,J. D. 之后的法学院教育仍叫"graduate program",即研究生教育,在这个意义上,J. D. 依然可以理解为法学本科。

一点一点疏远了法律实践，但法学院仍旧无法摆脱市场的约束和驱动力，不可能不使其供给的教育服务（即课程）与消费者的需求相匹配——我们一再强调，学生念法学院是要将来当律师的。在象牙塔和市场这两股相反力量的撕扯之下，法学研究不但脱离了法律实践，而且也在很大程度脱离了由法律实践所决定的教学内容。上述因素综合起来，间接解释了，为什么在美国这个具有世界一流水平的法律教育和世界一流水平的研究生教育的国家，法律研究生教育（即学术性的法律教育）却处于如此“对不起观众”的可怜状态。请看兼有法官、法学家、法学院教授三重身份的波斯纳的批评：事实上——

> 除了针对外国人之外，这个国家基本没有研究生阶段的法律教育。对那些未来某天可能成为法学教授的法学院学生，法学院基本没有教给他们什么研究法律的来由、法律施加于行为的直接与间接后果、外国的法律经验以及法律制度中的科学法则这类问题所必需的技能、知识和见解……毫不奇怪，会有那么多法学研究和司法分析毫无创新、没有经验根据、老套陈腐、不切实际、过分玩弄辞藻并且好辩（实际上是啰嗦、攻讦）、狭隘地专注于法律教义问题、沉迷于最高法院的最新判决、费神于微不足道且倏忽即逝的区分，而不是有胆识的、科学的、描述性的研究和分析。学术界并不生产法官、律师、立法者运作现代法律制度所需要的知识，而且也没有什么其他机构能够产出这种知识。如果不消除法学研究中的这些严重的缺陷，改进法律的雄心壮志就没有多少成功的希望。①

这批评同时也是一种解释。

目前的法学院在其社会功能上存在明显错位，即在资源配置上不是以教学为压倒性的重点，而是剥离出相当大的一部分资源用于与法律教育服务本身几乎无关的法学研究，包括维系相当大数量的旱涝保收的法学研究铁饭碗岗位（终身教职）。这种错位的直接后果是法学院之间在聘用教员时面临着薪酬的军备竞赛，法学教员之间面临着论文发表的军备竞赛。可悲的是，这两种竞赛都是零和博弈；不仅对学生有害，而且对

---

① Richard A. Posner, *The Problems of Jurisprudence*, Harvard University Press, 1990, pp. 468 – 469.

法律制度和司法实践贡献甚小。

于是可能又有人会问:如果法学院只有职业教育,即培养律师,那它和律师培训学校有什么区别?但这种提问思路本身就是有问题的。简单的反驳是直接反问:为什么二者必须要区别开?商学院就从来不羞于承认自己是培养经理人的,医学院更不讳言自己是培养医生的。如此提问,提问者大概忘记了法学院不是从来就有的,是由从前的律师培训机构在 19 世纪后期借助法律形式主义的"科学"神话跻身大学而演化来的。法学院和律师培训学校必须划清界线的潜台词无非是前文引述的 19 世纪后期两所精英法学院院长的即便不"无知"但至少"无畏"的断言。从那时起的一百多年来,法学力求发展其科学性、学术性(同时也就是背离了其实用性、技术性特征),深层原因无非是寻求维系其栖身于大学的合法性。如果说,法律教育发展到今天,事实上只能是——而且在可预见的将来也注定仍旧是——职业教育与学术教育的混合物,那么,法律教育的产品,即法学院毕业生,按职业技能和学术水平双重标准来衡量,注定都有欠缺,因为二者在事实上无法兼顾。只要法律还是一门"职业"(profession),①法学院就不可能更不应该放弃其职业教育的社会功能定位。本文分析所显示的一层规范性结论是,法学院应该适当弱化其学术"追求"。经济学、政治学、社会学等社会科学(甚至部分自然科学)也从事法律研究,而且,真正称得上"学术"(而单纯非技术或技能)的法学研究,几乎总是社会科学的——这研究可能是法学院的人做出的,也可能是社会科学院系的人做出的,但无论是谁做出来的,都必然是超越了纯粹法学而进入了社会科学的。——承认这一点会让法学从业者感到尴尬,但如果因为尴尬就否认这一点,则更会以极其反讽的方式使法学的学术外衣变得透明。

法学院的学术追求已经持续了一个多世纪,而且在近二十年间愈演愈烈。耶鲁法学院的教授欧文·费斯曾有名言:"法学教授不是受雇来培训律师的,而是研究法律并把他碰巧发现的东西教给学生。法

① 关于法律之为"职业",参见 Posner, *Overcoming Law*, pp. 37ff; 以及 Posner, *The Problematics of Moral and Legal Theory*, 第 3 章。

学院……是大学必不可少的组成部分——这种隶属于大学的属性及这种属性所确定的使命使法学院必须全心全意地担当其学术责任。”①除了费教授所在的耶鲁等少数精英法学院之外,绝大部分法学院的学子是绝对不可能奢侈到这种程度的——每年花四五万美元的学费,外加可观数额的生活费、图书资料费,去念法学院,为的就是听教授们宣讲他们“碰巧发现的东西”!? 学术追求本身固然没有错,但有意义的讨论和判断永远不能脱离语境。前文分析已经显示,法学院的学术追求已经到了堪称畸形的地步,造成了一系列不良后果(只对法学教员群体有好处)。教育是产业,法学院及其教员们通过教育这门生意赚钱本也无可厚非,但终究不能不顾及职业道德和商业伦理。

在此有必要进一步澄清,我并不认为法学就应该是非学术化的、非专业化的。前文对将法学科学化的法律形式主义思想提出的批评,也不意味着笔者认为法学和科学是截然对立或者完全不兼容的。世界上的很多事情都不是非黑即白。我的批评是非常语境化、具体化的,它所针对的现实是美国法学院学生和教员这两个群体总体福利状况的迅速分化——而且前者学费、就业状况的恶化和后者收入、工作压力的优化在很大程度上是互为因果互相强化的。另外,在此也有必要对一种潜在的争辩预先做出回应。在一种非常间接、不确定甚至可疑的意义上,法学研究也可能对学生的学费投资给予回报:表面繁荣的法学研究,更具体地说,论文发表的军备竞赛,可以支撑更多法律评论杂志的生存,②进而

---

① Owen M. Fiss, Owen M. Fiss to Paul D. Carrington, *Journal of Legal Education*, Vol. 35, 1985, p. 26.

② 根据 Washington and Lee 大学法学院图书馆的数据,截至 2013 年,美国法学院学生主办的法学期刊共有 655 种(仅哈佛一个法学院就出版多达 15 种学术期刊)。参见 http://lawlib.wlu.edu/LJ/index.aspx. 法学期刊的泛滥和论文质量的低下也反映了法学研究的制度性问题。“现如今,什么都能发表……连日杂购物单我都能发表出来,有些《法律评论》杂志是那么地饥不择食……”一位美国法律教授如是说。参见 Karen Dybis, 100 Best Law Reviews, *National Jurist*, Feb. 2008, p. 26. 这一观察与波斯纳在此前十多年的评论是一致的:“每个法学院都要搞一份自己的《法律评论》,有不少法学院还有好几份学术杂志。法学教授们要为自己的学术成果找到出版渠道太容易了,特别是考虑到很少有《法律评论》的学生编辑有能力评估非教义法学的研究成果。现如今一些稀奇古怪的东西时不时在《法律评论》上发表出来。”Posner, *Overcoming Law*, pp. 100 – 101.

创生更多的学生编辑岗位,并以此来装点法律职业市场上未来求职者的简历。[①] 但是,我们有理由推测,任何特定年份法律职业市场的毕业生需求总量是一个弹性很小的数值,至少相对于简历上是否有期刊编辑经历这一变量来说弹性很小。如果这一推断是成立的,那么,甚至上述潜在的简历"回报"也成为泡影了,因为学费—论文军备竞赛—期刊编辑岗位这一系列变量本身没有为学生创造更多就业机会,而只是在较小程度上改变了他们之间的竞争优劣地位。换句话说,影响的只是机会的再分配而不是再生产——仍旧是零和博弈。法律教育机构作为一个整体,享有净收益,法学院学生作为一个群体,得到的恐怕只是净损失。

这种局面下的法律教育管理者和法学研究从业者只能对自己的职业道德与商业伦理采取鸵鸟政策。

五、未了结的结语

美国法律教育面临着危机,[②]这并非危言耸听。危机背后的诸多历史与现实原因盘根错节,我们不可能在一篇文章中面面俱到,完全阐释清楚。作为《法学院的生意》系列文章的第一篇,本文主要从制度结构入手,讨论了由ABA认证制度所固化的法律教育市场的垄断,进而揭示了该垄断通过法律教育市场所造成的诸多经济与社会恶果。任何制度的运作和演化都有赖于作为制度构成要素的行动者。在法律教育制度的运行中,核心的行动者是法学院教员/法学研究者。通过对法学教员的教学工作负荷和收入这两个职业要素的考察,我们发现,在过去一个世纪中,其变化的基本趋势是性价比的显著提升:课时量单边下降的同时收入单边上升。部分地借助了ABA认证机制,法学院教员成为美国

---

① "很多人相信这些'法学'期刊……给他们'学生编辑'的简历增添了一个强有力的卖点。" Dybis,"100 Best Law Reviews," p. 23.

② Paul Campos, "The Crisis of the American Law School, *University of Michigan Journal of Law Reform*, Vol. 46, 2012, p. 177.

法律教育危机中近乎唯一的受益群体，即既得利益群体。这使他们反过来有强大的意愿和动力维护现状，强化不合理不公平的利益分配格局，不惜牺牲职业伦理。本文最后一部分分析了当代法学研究和司法实践、法律教育脱节的问题，并借助法律教育史和法律学术史的解释，较为细致地阐释了当代美国法学院社会功能的严重错位，以及这一错位作为深层结构性原因，对法律教育所造成的破坏性扭曲作用。

美国法律教育面临的困境涉及法律职业、教育市场、学术体制、政府规制等方方面面，诸多因素之间的相互作用错综复杂而又环环相扣。《法学院的生意》系列后续两篇文章将延续本文的分析，由宏观结构拓展至美国法学院的招生、就业、学费、贷款等具体问题，揭示其危机四伏、不可持续的经营模式如何将法学教育逼入了岌岌可危的境地。此外，本项研究还将对法律教育行当之外的普通社会公众极少关注的法学院排名问题进行专门的分析，因为它是激发并持续驱赶美国法学院之间恶性竞争的总枢纽。商场如战场，如果读者明白了大多数法学院在白热化的教育市场竞争中是如何极不情愿却身不由己地被绑上了追逐名次的战车，就可以把造就了美国法律教育危机的诸多现实问题及相互间的因果关系统合到一起，从而形成融贯的全面的理解。

最后，有必要反躬自问：本文是不是一篇法学论文？答案自然取决于人们对“法学”的理解。如果回答是肯定的，那么据以做出该回答的那种“法学”的含义必然是本文在第四节大加鞭挞的那种“法学”。如果答案是否定的，作者作为法学院的雇员就等于承认自己不务正业。因此仍旧是自拆台脚。在这个意义上，本文恰恰是它自身所批判的那种教育和学术体制的产物，悖论的产物。所以，必须承认，在法学领域，像本文这样的研究应该越少越好。[①] 但文章既然写出来了，敝帚自珍，至少可以找到一点自我辩护的理由：笔者希望以社会科学的方

① 参见 David Hricik & Victoria S. Salzmann, “Why There Should Be Fewer Articles like This One: Law Professors Should Write More for Legal Decision-Makers and Less for Themselves,” 38 *Suffolk University Law Review* 761 – 787 (2005).

法及“向我开炮”的勇气唤起读者注意:美国的问题,也是世界包括中国的问题。或者,这自我辩护也可以借冯友兰先生的名言,以一种充满人文情怀的方式表述:“人必须先说很多话然后才能保持沉默。”①

① Fung Yu-Lan, *A Short History of Chinese Philosophy*, The Free Press, 1966, p. 342. 着重号为引者所加。

《法律和社会科学》(2015)
第14卷第1辑,第219~248页

谁是中国法学高影响论文作者

——中国知网最新H指数的探索研究

郭旨龙*

摘要:法学界对学术评价机制进行了诸多探索,成果丰富;但片面强调引用数或发文量,需要升级评价指数。H指数方兴未艾,其合理性在于综合评价学者的产出是否"又好又快"。对法学界345位候选人以2014年8月底为时间点进行中国知网论文H指数统计后,得出了100位高指数作者进行各个二级学科和整个一级学科的各项分析,展现了诸多"很有意思甚至非常深刻的学术结论"。未来中国法学的学术评价机制应当以H指数为基础,对内结合核心产出量,在外结合同行评价,不断优化。

十余年来,反对将论文数量,尤其是核心期刊论文如中国社会科学引文索引(CSSCI)的数量,作为科研考评的意见此起彼伏,倡导全新的学术评价体系的呼吁也不绝于耳。但是,如何更为客观有效地评价一名学者的学术贡献与影响力,则是众说纷

* 郭旨龙,英国格拉斯哥大学博士研究生,电子信箱:fadaguozhilong@163.com。本文受国家留学基金资助。

坛。有的观点倡导同行评价。[①] 应当说同行的评价是最具有说服力的,但这未免过于主观,必须有客观的评价因子相辅相成。于是乎各种客观定量的评价因子层出不穷。既然反对学术贡献上的唯篇数论,那就看学术影响上的引用率。由此,法学界可谓成果不断,争议不断。

一、文献综述与研究缘起:学术评价的巨大吸引力

十年来,学术评价机制不断探索和更新。《2000－2004年中国人文社科学术影响力报告》中列出了2000～2004年法学论文引用前10名作者。[②] 此处并没有说明是否是指单一论文引用次数的排名。但笔者以为,如果是按照单一论文引用次数就进行排名的话,很可能出现一人或数人在引用次数前10名论文中占据数篇的情况。所以这里的引用前10名应该是论文引用次数的综合评估。这一统计结果是基于引用数据库CSSCI。苏力教授《从法学著述引证看中国法学——中国法学研究现状考察之二》一文同样基于中国社会科学引文索引,对1998～2000数年内的法学学者的引用次数排除自引后进行排名。最后得出41人著述引证情况,综合考虑了著作和论文的被引次数,但其中四人仅因为著作引证排名前20而入榜。[③] 类似地,对于统一的法学学者的学术考评,学者凌斌《中国法学30年:主导作品与主导作者》一文也是基于CSSCI库,主要统计了30年合计影响排序的作品,顺便统计了以论文影响学界的前20位作者。[④] 应当说,这在统计长期的著作影响力时,是十分有说服力的,尤其是其对作品进行了合理的分类处理。

---

① 许纪霖:《回归学术共同体的内在价值尺度》,载《清华大学学报(哲学社会科学版)》2014年第4期。

② 佚名:《2000～2004年人文社科影响力部分排名》,载 http://edu. sina. com. cn/gaokao/2007－09－28/1724102502. sHtml,2014年8月31日访问。

③ 苏力:《从法学著述引证看中国法学——中国法学研究现状考察之二》,载《中国法学》2003年第2期。

④ 凌斌:《中国法学30年:主导作品与主导作者》,载《法学》2009年第2期。

与此同时,一些学者进行了二级法学学科的论文影响力统计分析。典型论文如《中国刑法学三十年高影响论文之回顾与反思——基于主流数据库(1978 - 2008)的引证分析》,该文"结合两大引用数据库CSSCI和CNKI,两大文摘数据库新华文摘和复印报刊资料,采用被引用和被转载两项指标,深入挖掘反映刑法学学科学术影响力的高被引论文,力图通过客观的定量数据分析,纵览改革开放30年来中50篇论文作者"。[①] 应当说,就摆脱唯核心论的思想和做法而言,这篇论文做得较为成功,但是,如何对待核心与非核心的关系,则有待进一步讨论。其赋予两项指标不同的权重:被CSSCI引用权重为0.6,被CNKI引用为0.4。姑且不论二者的权重划分是否科学合理,是否以及如何在CNKI论文中排除CSSCI论文的重复计分,是一个不可回避的问题。同样,在对待新华文摘与复印报刊资料的关系上,也存在重复计分的问题,虽然这种情况不像CNKI与CSSCI的关系那么普遍。这里看到了引用次数本身片面而引入转载数量,可以说是引入同行评价的一种反映,值得称赞。但是,转载的权重偏高,如复印资料全文转载一次记两分就不合理。一篇刑法论文被三大法学权威期刊《中国社会科学》《中国法学》《法学研究》发表,认定为CSSCI,得0.6分;另一篇论文发表在非CSSCI期刊,得0.4分,但因为被人大复印资料转载,得2分。我们能说后者比前者的贡献或者说影响力更大吗,或者有那么"更大"吗?显然不能。而且,该文只算全文转载,文摘、题录、索引等都不算,也有失偏颇。我们知道,新华文摘和复印报刊资料都是"四大文摘"[②]之一,顾名思义,既然都是"文摘",怎么能只算全文呢?而且,"四大文摘"中的《高等学校文科学术文摘》就没有全文转载,岂不是在此完全没有任何分量?

与此类似,最近中国知网自己将法学分为10个二级学科,分别列

① 何渊、徐剑:《中国刑法学三十年高影响论文之回顾与反思——基于主流数据库(1978 - 2008)的引证分析》,载《中国刑事法杂志》2009年第10期;完整的报告参见徐剑、何渊编:《中国法学高影响论文评介》,上海交通大学出版社2009年版。

② 江泰然:《四大文摘与四类期刊》,载《光明日报》2004年7月8日。

举了各个二级学科的被引用次数前10名的论文,时间截至2014年8月9日。① 应当说,这有利于各个二级法学学科根据作者、论文、发布时间等情况从一个侧面更加清楚地了解这个学科的发展概况和当前局面,并且进行不同二级学科的相关比较和反思。

综上所述,对于作者学术影响力的评价,既有短期的,也有长期的;既有根据著作的,也就根据论文的,还有二者结合的;既有根据核心期刊论文的,也有根据所有论文的;既有根据引用次数的,也有结合转载次数的;既有针对法学一级学科的,也有细分法学二级学科的;既有排除自引的,也有不排除的或者不加说明的。各种统计规则都分别从不同侧面反映了法学、学者、作品、论文的影响力情况。但是,又都仅仅是从一个侧面。为此,笔者引入更为全面、准确的论文评价因子。

二、H指数的合理性:学术产出"又好又快"的综合评价

在H指数之前,评价学者或者期刊影响力的主要标志是引用次数。这又分为绝对的引用总数和相对的引用平均数。绝对的引用总数对于学者而言,是对其某篇论文的被引用次数就行累积,而对于期刊而言是累积所有被引次数,二者都是绝对的引用总数,以体现其整体影响力大小;相对的引用平均数对于学者而言,是指论文的平均引用次数,如有学者提出平均每年被引两次以上的法学作品被称为主要"法学主要作品",②就是力图用此相对的引用总数来体现影响因子。当然,还可能存在将某一作者的所有"产品"算出平均被引用数的做法,对于期刊而言,则是算出该刊论文的平均被引用数,作为其影响因子,考察其平均影响力水平。

但是,这两种方法存在的问题是:累积总数则意味着作者或期刊产

---

① 佚名:《法学学术前沿首发:中国法学各专业引用率前10论文排行榜》,载http://url.cn/SLKBgr,2014年8月31日访问。

② 凌斌:《中国法学30年:主导作品与主导作者》,载《法学》2009年第2期。

出规模特大的会导致指数“虚高”,或者受偶然的被引次数奇高论文的影响较大;而平均算法则可能导致“奖多惩少”的局面,高产出者指数反而可能越低。而且,二者对数据库收录的少许遗漏和被引次数的少许变化都过于敏感,波动较大。[①] 如此容易造成客观上统计的不公平,而且存在易为某些人操纵进行的问题。

H 指数(H index)是一个混合量化指标,可用于评估研究人员的学术产出数量与学术产出水平,H 指数的计算基于其研究者的论文数量(“又快”)及其论文被引用的次数(“又好”)。一个人在其所有学术文章中有 N 篇论文分别被引用了至少 N 次,他的 H 指数就是 N,如美国耶鲁大学免疫学家理查德 · 弗来沃(RicHard Flavell)发表的 900 篇文章中,有 107 篇被引用了 107 次以上,他的 H 指数是 107。[②]

可见 H 指数的科学性在于其将作者、论文、引用数三者结合起来,它避免了累计算法和平均算法的弊端:不因产出规模大而有明显的优势或者劣势,受偶然的被引次数奇高论文的影响也不是很大,[③]数据库收录的少许遗漏和被引次数的少许变化对 H 指数影响也不大。相反,从累计算法关注总体规模和平均算法关注平均质量,跃升到兼顾主要论文与核心影响力。H 指数既反映了高影响力的论文(引用次数在一定数量之上),又反映了高影响力的论文篇数,在文献计量学领域影响很大。有学者讨论了 H 指数和类 H 指数的形成机理,提出基于国际 WOS、JCR、ESI 三大数据库和国内 CSTPC、CSSCI 两大数据库,利用 SPSS 等支持软件通过数据实验归纳发现新的类 H 指数并与 H 指数进行比较的实证思想。认为作为 2005 年国际上新提出的评价指标,H 指数和类 H 指数具有发展成为下一代核心评价参数的可能,因而对 H 指数和类 H 指数进行系统研究具有重大现实意义和学术

---

① 本段分析借鉴了期刊 H 指数的分析,参见许新军:《〈中文核心期刊要目总览〉评价指标的缺失与建议》,载《情报杂志》2013 年第 10 期。

② 百度百科:《H 指数》,载 http://baike.baidu.com/view/560169.Htm? fr = aladdin,2014 年 8 月 31 日访问。

③ 如后续对比高指数作者与单篇高引用论文名单,可见二者并不呈正相关关系。

价值。[①] 还有学者从改进指数、实证分析、数学模型三方面,概述了国内外 H 指数和 H 型指数的研究进展,总结了 H 指数的优点与缺点,并将其与论文总数、引文总数和篇均引文数等传统文献计量学指标进行比较,认为 H 指数和 H 型指数可能发展成为重要评价工具和核心评价参数。[②]

总体而言,学界对 H 指数的研究和应用逐步深入,不仅作为科学家学术绩效的评价标准,而且成为期刊乃至图书、公共图书馆、重点大学、科研机构[③]和专利质量的评价。但是,就人文社会科学而言,尤其是法学,并没有对该种充满活力与发展前景的“朝阳”指数进行研究和应用的有效探索,而局限于使用论文数、引文数来评价作者或论文的学术影响力,应当说,这是学术评价机制建设总是停滞不前,未能有重大突破和发展的重要原因之一。有学者对我国图书情报学领域博士生导师 H 指数进行了统计和分析,并指出了其机构分布和期刊分布,[④]这也是本文未来的研究方向。

在本文中,H 指数本身就是最新统计,无限回溯,所以不存在选取时间段评价作者学术影响力的问题;H 指数既可用于论文,也可用于著作,未来还可考虑统一评价论文和著作反映的学术影响力,但本文在法学领域是开拓性的,所以先仅用于论文方面的评价尝试;H 指数高的作者的论文来源不限于其在核心期刊发表的论文,其引用数也不限于核心期刊论文的引用数;本文 H 指数统计既统计了各个二级法学学科作者的影响力,又进行了整个一级法学学科的作者比较,兼顾了大部分作者专业化和少部分作者跨专业的趋势,有利于从内部和外部两个角度

---

① 参见叶鹰:《H 指数和类 H 指数的机理分析与实证研究导引》,载《大学图书馆学报》2007 年第 5 期。类 H 指数是将 H 指数的机理应用到期刊、图书馆借阅、特定单位如法学院校等领域后形成的指数。

② 参见丁楠、周英博、叶鹰:《H 指数和 H 型指数研究进展》,载《图书情报知识》2008 年第 1 期。H 型指数即类 H 指数。

③ 参见魏瑞斌、宋歌:《H 指数研究综述与实证统计分析》,载《中国科技期刊研究》2009 年第 2 期。

④ 参见朱惠、邓三鸿、杨建林:《我国图书情报学领域博士生导师 H 指数分析》,载《图书与情报》2013 年第 5 期。

评价一个二级学科的作者影响力;同样,由于本文是这一领域的最新研究,所以不排除自引,否则研究量过大。如果说排除自引可以通过计算机统计快速完成,那么反面引证则难以完成,更别说互惠引证。至于权威引证,则只是一种客观评估,难以确认,即使有,也难以排除,更没必要排除,权威就是权威,这是一种客观的学术影响,其他学者要想赶超,只能是一个客观的过程,不能通过评估机制的改变来进行人为的影响。① 以上就是本文 H 指数的统计逻辑。

三、研究方法介绍:解决社科定量研究的可复制性问题

"引证研究首先的问题就是研究谁的被引数?"②如果不解决这个问题,要么是"眉毛胡子一把抓",事倍功半;要么是失之偏颇,甚至漏掉学术"大牛"。③ 这是这个问题对本文的影响。从更大的范围,更高的层次看这个问题,则是社科研究的可复制性问题。"近几年来,社会科学界对研究能否复制、如何复制这一问题的关注与日俱增,某种程度上也成为了颇成气候的潮流。"④如果社科的定量研究不讲明整个研究流程的关键步骤,则别人无法检验,也限制了学术借鉴和批评。回到具

① 不同观点参见成凡:《从引证看法学——法学引证研究的三个基本方面》,载《法商研究》2005 年第 1 期。在统计学者论文被引用的 H 指数时,如要对被引证论文的实际使用进行考虑,甄别互惠引证和权威引证,则要结合数据库一次识别和人工二次识别,工作量太大。而且区分正当的权威引证和"装饰"的权威引证也是难度很大。

② 苏力:《从法学著述引证看中国法学——中国法学研究现状考察之二》,载《中国法学》2003 年第 2 期。

③ 已有学者为解决以作者为单位为检索单位的传统 H 自诉统计方法不适用于领域茶呢歌词大范围作者 H 指数研究等缺陷,提出以期刊为检索单位的 H 指数批量统计法,更加全面、快速和准确。参见周春雷:《H 指数批量统计法及其应用研究》,载《情报学报》2010 年第 1 期。笔者此时是第一次将 H 指数应用于法学界,所以请了十余人帮助以作者为单位进行检索数百名作者。感谢方柏兴、杨闻、柳安然、黄曦、相吉江、杨思诗、郭滢、谢涛、闫光华帮助统计。以后的更大范围研究建议采用上述期刊单位检索法。

④ 张跃然:《博士生挑战哈佛教授:社科研究的可复制性问题》,载 http://www.mzread.com/posts/s/tjbz3t5cHv61,2014 年 8 月 31 日访问。

体问题。应当说,名单的确定的确是一个无法完全客观化的问题,除非中国知网自己将所有法学学者统计一遍,只能是相对客观化的问题,也就是通过各种既有名单的选取处理形成研究对象。

在研究史上,苏力教授是自己先列名单,然后询问其他学者或学生,共有100多位知名学者作为候选人,最后依据搜寻的数据汇总得出了总共41人的资料。① 而学者凌斌则是参考了"法律图书馆"网站的"法学家名录"、"北大法律信息网"网站的"法律学人"、"中国法治网"网站"学人社区"、"中国法律服务网"网站的"学名家—名师一览"和"法律思想网"的"法思"、《中国法律界人名录》专版,以及各主要法律院校网站。② 应当说,前者的名单主观性较大,研究对象的基数也较小;而后者的研究对象的确定相对更为客观,参考了多种社会影响力因素,大部分可以参照进行。但是少部分参照系已经发生了变化,难以复制。如法律图书馆当中的现有名单是"法律学人(按姓氏拼音排列)",并非当年的"法学家名录",点击"更多"则是"铺天盖地"的名单,而且似乎商业化气息太重,无法反应"学术"影响力。所以笔者只借鉴其已经甄选出了的名单。最后要说,其提出的"《中国法律界人名录》专版",以及各主要法律院校网站是较为正式和客观的,仍然有较大的参照意义。类似地,笔者提出了中国法学会评选的历届全国十大"杰出中青年法学家"和2012年"全国杰出资深法学家"名单,以及统计数据多年,在学界影响力和认同度较高的中国法学创新网(中国法学创新讲坛的官方网站,由中国法学会法律信息部和清华大学法学院联合主办)统计的各学科高产作者名单。

如此,笔者梳理研究对象名单的方法和过程是:学者凌斌基于CSSCI库统计的1978~2008年以论文影响学界的前20位原创作者,这是作者时间上的长期影响力;苏力教授中国社会科学引文索引

---

① 参见苏力:《从法学著述引证看中国法学——中国法学研究现状考察之二》,载《中国法学》2003年第2期。

② 参见凌斌:《中国主流法学引证的统计分析——以CSSCI为数据基础的一个探索性研究》,载《中国社会科学》2004年第3期。

(1998~2000年)排除自引后著述被引数前41作者名单,这是作者短期影响力;[①]中国知网2014年中国法学各专业引用率前10论文排行榜作者名单(共100名),这是论文的长期影响力;历届全国十大“杰出中青年法学家”(1995~2014年)70名(这是作者一定年纪时的影响力)与2012年“全国杰出资深法学家”资深法学家25名(这是作者终身影响力),共95名;中国法学创新网各学科2009~2011年CLSCI论文数据分析中高产作者名单(发表4篇以上论文,仅统计第一作者)共196名(这是作者近期的活跃度)。由此总结出名单333名,虽然最后一组名单中的一大部分人是法学新秀,可能还没有H指数的积累,但是笔者仍将其纳入统计范围,并且以适当方式另行公布统计结果,以倡导学者采用H指数来作为代表作与论文综合影响力的因子。在统计时,各成员也根据自己的了解增补了一些名单。最终形成了345个作者名单作为统计对象和结果。最后,得出了H指数20以上的名单,恰好共100位。其他学者的指数另行公布。[②]

统计的注意事项一是同文,二是同名。同文是指同一篇论文被重复列出,其结果是论文的序号虚增。知网统计错误的,如同一篇论文列为两篇论文,引用数一样,但下载数却不一样,要注意辨别,作为一篇论文处理。同名是指不同作者相同名字的论文混合在一起需要辨别的情况。如果是跨了法学一级学科,此种情况容易辨别,但是可能其中的法学作者相对其他同名的非法学作者并不出色,甚至“寡不敌众”,“李逵”淹没在众多的“李鬼”当中,此时可以看论文学科进行区分。但如果是法学内部的同名,如中国社科院的夏勇教授和中南财经政法大学的夏勇教授,中国人民大学的冯军教授和中国社科院的冯军教授,则要以工作单位为主,因为难以保证他们不会互相跨界。但以工作单位进行区分统计时,则可能会产生遗漏。因为学者学习和工作经历不一定

① 《2000~2004年中国人文社科学术影响力报告》中2000~2004年法学论文引用前十名作者都在本名单中,除了邓正来和台湾地区的王泽鉴。邓正来在第一列名单中。

② 可以联系本人邮箱:g. zHilong. 1@ researcH. gla. ac. uk,主题为“中国法学论文作者H指数统计”。

在一个单位,其论文署名也不限于一个单位。但如果搜全了其工作单位,又需要做去重的工作,如有学者本硕博期间都在甲大学,此时论文都署一个单位,但其在乙大学工作后,又挂职北京市某某区人民检察院等部门,此时的论文就可能存在同时署名两个单位的情况,需要整合后进行去重处理。也就是说,同一篇论文的同一作者有两个以上单位的,会在根据作者单位搜索时,在知网上呈现为两次以上,此时也应当作为一篇论文处理。最后,对于独著和合著的问题,笔者赞同评价因子越多越反映学者真实学术影响力,①但是合著难以区分贡献,计算引证数量不折算。②

在统计期限上,起点是该作者在中国期刊网上被收录的第一篇论文,终点是截止到2014年8月底的论文。具体而言,大部分二级法学学科的H指数都在8月30日和8月31日两天完成,刑法组的统计在29日晚上完成大部分,剩余在30日完成,民商组在8月31日至9月1日期间统计,而经济法组则在9月1日至2日期间进行。应当说,月底和月初是中国期刊网更新各大期刊电子版的低峰期,能够最大限度地保证各学科的统计口径一致。总而言之,本文的研究力求在前期的名单形成和中期的指数统计时全面和准确。但是,限于人力,疏漏之处在所难免。希冀同仁能够根据本文提出的统计方法和指数思维进行更为全面和准确的学术影响力评价。

四、统计数据分析:谁在怎样影响中国法学

对于统计数据的分析,可以进行各二级学科的分析和整个法学一级学科的分析。对于二级法学学科,最近中国知网单篇论文引用排名榜的分类是11类,包括法理、法史、宪法、行政法、民商法、刑法、经济

① 侯猛:《数据如此分组能否真实反映法学现状——评〈中国社会科学学术影响力报告〉"法学部分"》,载《法学》2008年第3期。

② 凌斌:《中国法学30年:主导作品与主导作者》,载《法学》2009年第2期。

法、环境与资源保护法、知识产权法、国际法、诉讼法学。笔者根据法学院校招生与研究的情况，将二级法学学科分为12类，也就是法理和法史分开，刑事诉讼法与民事诉讼法分开。

分析之前要区分高H指数和低H指数。H指数的潜在缺陷——精准注水问题，也就是对H指数论文群末尾数篇文章“拦河建坝”，迅速人为地提高H指数。任何一个研究领域的低H指数作者相比高指数作者数量总是多得多，因此对其实施注水操作更少被人关注，而且其难度更小，所以更加有效。而且H指数对具有相同H指数的大量低H指数作者区分度很低，所以应当减少将H指数用于低指数作者的评价实践。① 鉴于以下各组数据分析和总体数据情况，笔者在本文将H指数在20以上的称为高指数作者，主要研究这些学者群体，给出所有100位高指数作者的统计数据，见表1、表2。

表1　中国法学论文作者高指数(H=30-39)统计表②

排名	H指数	最低引用	最高引用	发文初年	指数论文初年	指数论文末年
9 陈卫东	39	39	433	1985	1997	2012
10 崔建远	39	39	279	1985	1991	2010
11 梁慧星	37	38	508	1980	1988	2011
12 李浩	36	36	506	1984	1986	2009
13 冯晓青	36	36	310	1992	1999	2008
14 吴汉东	35	38	345	1986	1995	2011
15 江伟	35	35	300	1980	1988	2008
16 汤维建	34	36	144	1991	1993	2010
17 张卫平	34	35	252	1984	1996	2009

① 周春雷:《H指数的潜在缺陷——H指数精确注水问题研究》,载《图书情报工作》2008年第8期。

② H指数前八名请见表4。

续表

排名	H指数	最低引用	最高引用	发文初年	指数论文初年	指数论文末年
18 张新宝	33	33	480	1987	1990	2012
19 周佑勇	32	35	188	1995	1997	2007
20 陈光中	32	34	712	1955	1989	2011
21 万毅	32	33	96	1999	1999	2011
22 张文显	31	31	253	1986	1990	2010
23 汪建成	31	31	196	1985	1999	2012
24 姜明安	30	33	291	1980	1992	2012
25 何家弘	30	32	275	1984	1995	2008
26 樊崇义	30	30	330	1980	1998	2010
27 马俊驹	30	30	327	1981	1994	2007
28 徐国栋	30	30	258	1987	1987	2006
29 韩大元	30	30	252	1989	1996	2011
30 郑成思	30	30	174	1980	1995	2006

表2　中国法学论文作者高指数(H=20-29)统计表

排名	H指数	最低引用	最高引用	发文初年	指数论文初年	指数论文末年
31 陈金钊	29	33	120	1990	1994	2013
32 孙笑侠	29	31	382	1990	1992	2011
33 黎宏	29	31	292	1989	1991	2010
34 应松年	29	29	335	1982	1991	2010
35 左卫民	29	29	261	1990	1995	2012
36 储槐植	29	29	260	1980	1988	2007
37 马怀德	28	34	411	1989	1991	2010
38 章武生	28	30	154	1986	1994	2009
39 郭道晖	28	29	468	1983	1990	2009

续表

排名	H 指数	最低引用	最高引用	发文初年	指数论文初年	指数论文末年
40 吕忠梅	28	29	384	1995	1995	2011
41 周光权	28	29	150	1992	1997	2010
42 范愉	28	28	322	1988	1998	2011
43 刘艳红	28	28	97	1992	1996	2011
44 马克昌	27	28	220	1980	1982	2010
45 王锡锌	26	32	176	1995	1996	2011
46 孙长永	26	27	182	1989	1994	2009
47 刘俊海	26	27	170	1991	1995	2010
48 齐树洁	26	26	125	1991	1994	2012
49 周永坤	25	27	296	1991	1991	2009
50 肖建国	25	25	282	1991	1994	2010
51 高铭暄	25	25	276	1980	1993	2011
52 公丕祥	25	25	254	1983	1987	2010
53 谢晖	25	25	110	1988	1994	2009
54 于志刚	24	25	276	1997	1998	2011
55 孙宪忠	24	24	453	1986	1996	2008
56 梁根林	24	24	314	1986	1996	2010
57 童之伟	24	24	164	1991	1994	2008
58 章志远	24	24	152	1997	1998	2010
59 徐崇利	24	24	71	1991	1994	2010
60 刘明祥	23	24	127	1984	1994	2011
61 罗豪才	23	23	322	1981	1993	2006
62 张千帆	23	23	231	1995	2004	2011
63 肖永平	23	23	183	1990	1997	2007
64 郭玉军	23	23	166	1987	1999	2012

续表

排名	H 指数	最低引用	最高引用	发文初年	指数论文初年	指数论文末年
65 刘宪权	23	23	144	1989	1993	2012
66 王福华	23	23	114	1992	1999	2009
67 贺卫方	22	24	433	1984	1987	2005
68 申卫星	22	24	190	1995	1995	2008
69 卞建林	22	23	259	1987	1995	2011
70 刘作翔	22	22	515	1986	1995	2006
71 马长山	22	22	346	1987	1995	2009
72 肖建华	22	22	341	1995	1998	2012
73 韩长印	22	22	130	1990	1995	2010
74 冯果	21	24	264	1997	1997	2011
75 罗培新	21	24	155	1998	1999	2011
76 季卫东	21	23	1328	1984	1987	2006
77 张守文	21	23	392	1992	1994	2009
78 黄学贤	21	23	207	1999	1999	2009
79 陈桂明	21	23	190	1985	1995	2009
80 胡建淼	21	22	269	1992	1992	2006
81 杨兴培	21	22	118	1996	1996	2011
82 卢建平	21	22	69	1990	1993	2011
83 李步云	21	21	159	1980	1990	2010
84 沈木珠	21	21	91	1988	1997	2011
85 王亚新	20	23	294	1988	1993	2011
86 应飞虎	20	22	98	1995	2001	2007
87 王灿发	20	21	235	1995	1996	2011
88 徐祥民	20	21	186	1984	2002	2011
89 张智辉	20	21	125	1982	1999	2009

续表

排名	H 指数	最低引用	最高引用	发文初年	指数论文初年	指数论文末年
90 曲新久	20	21	75	1987	1987	2012
91 赵旭东	20	20	452	1983	1999	2011
92 曾令良	20	20	185	1987	1998	2007
93 吴泽勇	20	20	177	1998	1998	2010
94 朱雪忠	20	20	164	1992	2001	2009
95 何勤华	20	20	160	1985	1993	2004
96 余凌云	20	20	156	1985	1997	2008
97 赵钢	20	20	129	1985	1997	2011
98 江必新	20	20	121	1985	2000	2011
99 葛洪义	20	20	118	1987	1989	2008
100 刘筝	20	20	65	1999	1999	2009

举例说明上表：陈卫东教授的论文 H 指数是 39，具体是 39 篇论文的引用指数都在 39 次以上，最高引用次数是 433 次，其论文发表期限为 1980 年至 2014 年 8 月，其 H 指数统计中 47 篇论文的年份分布是 1997 年（指数论文初年）至 2012 年（指数论文末年）。① 如果单纯统计 H 指数，就会凸显 H 指数的区分度不高、稳定性太强的问题，而引入最低引用次数和最高引用次数参与第二次、第三次的排序，则可以在很大程度上解决这个问题。再者，说明 H 指数的年份分布，也能在很大程度上解决 H 指数只升不降、看不出学术活力的问题：②如果 H 指数分布区间向

① 为避免意义不大的重复，以下各组高指数作者群具体名单均统一列于后面的法学一级学科中进行统一排序。

② 这个问题无论是看产出量论文数还是影响力引用数都存在，都需要时间上的纵向考察，都很难从一个截至时间点看出。

最近的年份延伸,就说明该作者很可能持续活跃。而如果其指数论文中最近五年(2009~2013)占比较少,[①]则意味着相比本专业其他高指数作者的年份分布,是较为"陈旧"的,可以说明近期没有高质量产出,也就是其学术论文"活跃无效"或者根本不活跃。

H指数易懂易查,可以回溯每篇论文的引用数的年份分布。苏力一文中给出了统计时限与统计结果,就引用次数而言,也可以回溯考证;但凌斌一文中并没有给出20位论文学者的统计结果,难以验证。其他学者也难以估量和确认自己在参照系中的定位,这也是社科定量研究可复制性的问题。笔者不敢确信排除了其他人成为高指数作者,但可以肯定其他高指数作者十分有限,尤其是能进入下文将论及的"八强"应该没有。数据处理的具体操作,不管难易,目的都是揭示数字背后的历史与现实,本文试图得出"很有意思甚至非常深刻的学术结论"。[②] "虽无良史之才,愿为为史家之事。权作《旧唐书》,以待'欧阳修'。"[③]本文既呈现原始数据,又试图揭示"数据背后的历史",但限于文章篇幅与洞察能力,这些数据背后肯定还有诸多"很有意思甚至非常深刻的学术结论"有待同仁继续发掘和推进。

(一)法学各二级学科作者H指数的呈现与评析

对法学各二级学科的论文作者评价,笔者将以法理学为示范,先详细进行各项指标的统计和评价,其后再对各二级学科进行简要评价,最后进行统一比较,详见表3。

---

① 选择五年一是因为100人中大多数人的指数都可延伸到2012年,其中一位还延伸到2013年,而中国法学创新网最近五年(2009~2013)的核心论文数量统计也较成规模,影响较大;二是也可在后面进行比较分析。当然,因为研究精力和效益的考虑,本文只统计了法理学一组12人和"八强"的近期"有效活跃度"。

② "数字背后的历史",参见凌斌:《中国法学时局图》,北京大学出版社2014年版,第157页。

③ 凌斌:《中国法学30年:主导作品与主导作者》,载《法学》2009年第2期。

表 3　法理学高指数作者

排名	H 指数	最低引用	最高引用	发文初年	指数论文初年	指数论文末年	期末 5 年指数论文占比
1 苏力	47	47	356	1993	1993	2010	8.51%
2 张文显	31	31	253	1986	1990	2010	12.90%
3 陈金钊	29	33	120	1990	1994	2013	10.34%
3 孙笑侠	29	31	382	1990	1992	2011	10.34%
4 郭道晖	28	29	468	1983	1990	2009	7.14%
5 范愉	28	28	322	1988	1998	2011	14.3%
6 公丕祥	25	25	254	1983	1987	2010	20.0%
7 谢晖	25	25	110	1988	1994	2009	4.0%
8 刘作翔	22	22	515	1986	1995	2006	0%
9 马长山	22	22	346	1987	1995	2009	4.55%
10 季卫东	21	23	132	1984	1987	2006	0%
11 李步云	21	21	159	1980	1990	2010	4.76%
12 葛洪义	20	20	118	1987	1989	2008	0%

根据表 3 可做如下分析：

(1)在 47 位统计名单中，法理学者的 H 指数竞争十分激烈，几乎一个挨着一个。可以说是形成了较好的竞争局面和研究梯队。这种局面在 H 指数不足 30 时非常明显。H 指数 30 以上的有两人，最高是苏力教授，H 指数为 47，然后是张文显教授，H 指数为 31。H 指数 20 以上的(高指数作者)有 13 人，可见形成高指数作者群。其中 H 指数论文分布最晚的是 2013 年(陈金钊)，这也是 100 人当中唯一的一个“2013”年指数论文，表明其论文最快成为其高影响力论文；在其个人 H 指数论文中分布最早的是发文第一年(苏力)，表明其最早的论文也达到其最近的相应影响力水平；成为与 CNKI 最近引用前 10 名的统计相比，其中有 5 位作者同时上榜(季卫东、刘作翔、马长山、郭道晖、苏力)，表明其不仅单篇论文影响力大，而且其多篇论文整体影响力也大。最后，在法理学示例一组中,论文在近五年最“有效活跃”的依次是公丕祥、范愉、张文显、陈金钊、孙笑侠五位,他们近五年的论文贡献了H指数统计论文的10%以上,指数论文末年也是最靠后的,说明的他们论文的影响力持久力最近。

(2)在法史组中16人中,H指数最高的,也是唯一达到20的是何勤华教授,然后是范忠信教授和张晋藩先生,都为17。[①] 后面的学者中除了徐忠明H指数为16外,都在13以下。可见法史组H指数普遍偏低。但何教授最近的H指数论文也在十年前(2004年)。

(3)宪法组25人中,各学者H指数差距也较小。20以上的有4位,分别是张千帆(23)、童之伟(24)、周永坤(25),以及最高的韩大元(30)。接近20的有19的胡锦光和蔡定剑。整体梯次良好。其中H指数最晚形成的是2011年论文(张千帆、韩大元);最早形成的是发文第一年(周永坤)。与CNKI最近引用前十名排名相比,其中只有张千帆同时上榜。

(4)行政法组27人中,各作者差距较小,且高指数作者也形成群体,达到11人。30以上的有两人,为30的姜明安和最高的周佑勇(32),然后是应松年(29)、马怀德(28)。其中H指数论文分布最晚的是2012年(姜明安);H指数中包括第一年的知网个人论文的有胡建森、黄学贤;与CNKI最近引用前十名的统计相比,其中有三位作者上榜(马怀德、应松年、姜明安)。

(5)民商法组34人当中也形成了高指数作者群(13人),其中30以上达到7人。但是彼此差距较大。最高为王利明(60)、杨立新(47);然后是崔建远(39)、梁慧星(37)、张新宝(33)。最近的论文在2012年(王利明、张新宝);H指数中包括第一年的知网论文的有冯果、申卫星、徐国栋;同时上榜的有5人(王利明、梁慧星、杨立新、张新宝、孙宪忠)。

(6)刑法组44人中,形成了最大的高指数作者群(18人),其中50以上的两人(张明楷55,陈兴良53),然后是唯一的40以上的指数(赵秉志43),接下来是15个20~29的“比比皆是”。最近的论文在2012年

---

① 限于篇幅,以下直呼其名,不再称教授。

(刘宪权、曲新久);H 指数中包括第一年的知网论文的有曲新久、杨兴培;同时上榜的有 6 人(陈兴良、张明楷、梁根林、黎宏、于志刚、储槐植)。

(7)经济法组 39 人中,高指数作者比例很低(3 人),分别是张守文(21)、应飞虎(20)、赵旭东(20)。最近的论文在 2011 年(赵旭东);H 指数中没有包括第一年论文的作者;同时上榜的有赵旭东、张守文。

(8)环境与资源保护法组 11 人中,有 3 人为高指数作者,分别是吕忠梅(28)、王灿发(20)、徐祥民(20),三人同时上榜最高引用论文作者名单且最近的论文都是 2011 年,其中吕忠梅第一年的论文就成为其高指数论文之一且是该组引用次数最高的论文。10 以上指数的作者还有其他 4 人,可见该组虽然整体指数偏低,但梯次良好。

(9)知识产权法组 8 人中,也有 3 人为高指数作者,但都高于 30,分别是冯晓青(36)、吴汉东(35)、郑成思(30),且前两者同时进入该组最高引用论文作者榜。可见该组彼此差距很大。最近的论文是 2011 年(吴汉东)。

(10)国际法组 31 人中,高指数作者才 7 人,且都在 24(徐崇利)以下。"可能是由于国际法学者发英文文章的较多,所以普遍 H 指数不高,例如,清华国际法大牛贾兵兵发的都是英文期刊,在知网根本搜不到。"①第一年的论文进入高指数论文的是刘笋。同时进入本组最高引用论文作者榜的有曾令良、余劲松。

(11)刑事诉讼法组 29 人中,高指数作者也较多(10 人),指数普遍偏高(7 人指数为 30 以上),其中两人指数超过 40(陈瑞华 48,龙宗智 43),紧接着是陈卫东(39)。最近的论文为 2012 年(陈卫东、汪建成),第一年论文进入高指数论文的是万毅,同时进入本组最高引用论文作者榜的有陈光中、陈瑞华、贺卫方、陈卫东。

(12)民事诉讼组 33 人中,高指数作者更多(14 人),30 以上和 30 以下的两部分都竞争较为激烈。最高为 36(李浩)、35(江伟),然后是 34 的汤唯建和张卫平。最近的论文为 2012 年(齐树洁、肖建国);第一年论

---

① 本组原始数据收集者黄曦的意见。深以为然,这更加引证了笔者构思本文时想到"谁是高影响英文论文中国作者"这一问题有必要再行研究是顺理成章的。

文就“贡献”其高指数评价的是吴泽勇,同时进入本组最高引用论文作者榜的只有李浩。

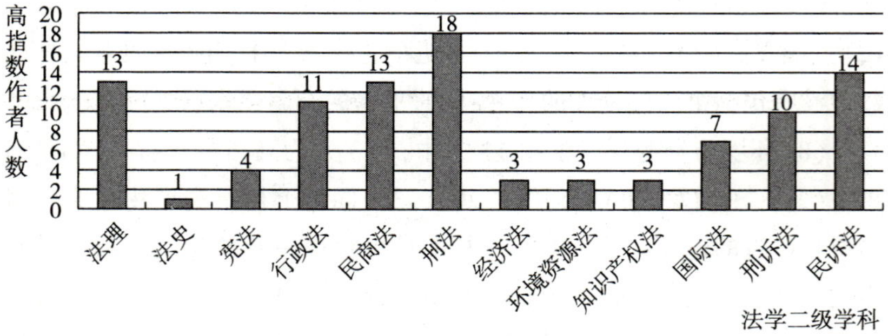

图 1　法学二级学科高指数作者人数比较

总体而言,各个二级学科对比相差悬殊,见图 1。(1)高指数作者人数最多的是刑法组(18 人),虽然刑法理所当然是传统强势学科,但“荣登榜首”还是凸显了中国法学研究的兴奋点似乎过于集中。相比之下,法理、民商这两个骨干学科人数都为 13,显得较为薄弱。(2)民诉组达到 14 人,相比刑诉组的 10 人,应当说名家较多。(3)行政法组达到 11 人,而宪法组才 4 人,常言道,“宪法行政法不分家”、“行政法是小宪法”,可见中国行政法学研究达到一定层次,而宪法组仍需自觉自省下力气提升,方可相对行政法而言是“大宪法”,否则只能亦步亦趋、为“小宪法”所倒逼。(4)传统学科中法史才 1 人上榜,且其最近的 H 指数论文也在十年前,法史组 H 指数普遍偏低的现象提醒我们反思法史研究的特点和问题。而相对中国法制传统较新的经济法和国际法,则另有“特色”。国际法如同学者凌斌十年前指出,可能是普遍引用外文文献,①所以整个“三国”高指数作者才 7 人,当然,也有笔者前面提到的在外文期刊发文的因素,这提示我们重新思考“三国”作者的 H 指数评价问题,也许这是一个契机,推动整个中国法学 H 指数的“内外兼修”,不局限于中文引用来源。而经济法则正如苏力教授十余年前指出,因为也许存在的

① 凌斌:《中国主流法学引证的统计分析——以 CSSCI 为数据基础的一个探索性研究》,载《中国社会科学》2004 年第 3 期。

九大原因,[1]迄今十年后也才 3 人上榜。很可能有更为深层次的原因,如同宪法学一样,受制于体制的限制,无法充分发挥,形成影响力大的巨作。(5)最后将视角转到“小学科”。环境资源法有幸得到“三巨头”,应当说是中国法学回馈社会的一大“亮点”,该组虽然整体指数偏低,但梯次良好,希望未来也能名家辈出,为真正构建环境友好型、资源节约型社会进行顶层设计和具体规制。知识产权法组也是如此,也有 3 人为高指数作者,并且都高于 30,但该组其他人差距过大,希望能“上下联动”,形成良好的研究梯队,代表中国法学为科技强国“保驾护航”。

(二)法学一级学科作者的同台竞技与统一评价

在整个法学一级学科中,H 指数为 20 以上的高指数论文作者共计 100 名:20~29 共 70 个(除了 27 只有马克昌先生 1 个之外,其他每个指数都有 4 人以上,20 的就有 16 个,21 的 11 个),竞争十分激烈;30~39 共 22 个,竞争程度骤降,虽然 30 的有 7 人;40 以上的 8 位,最低指数为 43,此“八强”的“华山论剑”将具有典型意义,详见图 2。

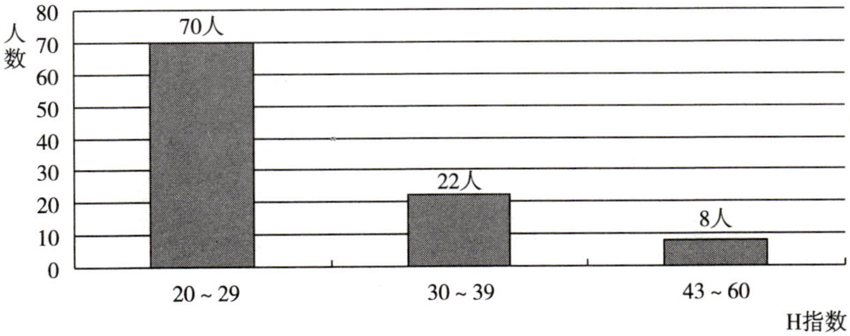

图 2　中国法学高指数论文作者群分布

对所有中国法学论文指数“百强”而言,从不同的数据截面分析各个层次指数作者群的学术影响力持续期问题也是有意义的。如果说中国法学创新网统计的每年发文数是学者的学术活力持续期问题,那么笔

[1] 苏力:《从法学著述引证看中国法学——中国法学研究现状考察之二》,载《中国法学》2003 年第 2 期。

者统计的高影响力论文指数分布期间数据则体现了各个层次指数作者群的学术影响力持续期问题。(1)在第一档次的法学一级学科论文 H 指数(40 以上)群("八强")中,各自的高影响力论文分布期持续 15～26 年,且其最早的高影响力论文距其最初发文 0～13 年,二者并无正相关或者逆相关的关系(见图 3);(2)指数为 30～39 的学者中,分布期持续 11～24 年,距其最初发文 0～18 年,[1]二者也无正相关或者逆相关的关系;(3)指数为 20～29 的学者中,分布期持续 7～29 年,距其最初发文 0～18 年,二者亦无正相关或者逆相关的关系。可见,结合其各自总体人数(分别是 8、22、70)来看,进入指数越高的档次,影响力持续期可能越长;高影响力论文距其最初发文可能时间越短。同时,三个群体中 2012 年后论文进入其高指数统计的人数分别是 2、3、7,结合其总体人数来看,要进入指数越高的档次,其论文越要可能快速成为其高影响力论文,如第一档次指数作者最近的论文分别都在 2010 年之后。

图 3　中国法学论文 H 指数"八强""修炼"简史

[1] 还有一个特例是陈光中先生,1954 年开始发文,1989 年论文是其高影响力论文中的第一篇。

表4　法学一级学科中国知网论文 H 指数“八强”

排名	H 指数	最低引用	最高引用	发文初年	指数论文初年	指数论文末年	期末5年指数论文占比
1 王利明	60	60	1095	1983	1989	2012	5.00%
2 张明楷	55	55	605	1984	1991	2011	16.36%
3 陈兴良	53	53	614	1984	1991	2011	3.77%
4 陈瑞华	48	50	588	1993	1995	2010	10.42%
5 杨立新	47	47	398	1981	1987	2010	21.28%
6 苏力	47	47	356	1993	1993	2010	8.51%
7 龙宗智	43	44	371	1987	1996	2010	6.98%
8 赵秉志	43	43	139	1983	1996	2011	11.63%

如表4,对“八强”名单进行分析:(1)对照前述知网各专业引用率前10论文排行榜,有6人为“两榜进士”,相比前述各专业的对比分析,可见高影响力论文指数越高的作者,其单一论文影响力越可能高。(2)八强中也形成了良好的指数梯队:40多的5人,50多的2人,60以上的1人。(3)学科上,刑法3人(张明楷、陈兴良、赵秉志)、民法2人(王利明、杨立新)、刑诉2人(陈瑞华、龙宗智)、法理1人(苏力),可以从侧面反映出这些学科研究队伍基数庞大,研究成果容易为人吸收。(4)从地域分布上看,北京地区学者7人,京外地区唯有1人(重庆龙宗智),可见政治中心和区域中心法学研究的发散力。(5)从院校来分析,北大3人(陈瑞华、陈兴良、苏力)、人大2人(王利明、杨立新)、清华1人(张明楷)、西政1人(龙宗智)、北师1人(赵秉志),不敢说综合实力越强的院校的法学学者指数越可能高,因为它们多人几经辗转才到现有单位,但是可以说综合实力越强的院校越能吸引和留住学术影响力顶尖的带头人。(6)从年龄分布上看,50后为主力(6人),难能可贵的是1960年的王利明,荣登榜首,且是唯一达到60以上指数级别的学者,然后是最年轻的陈瑞华(1967),名列第四,疏为不易,八强皆为“杰出中青年法学家”,也说明论文影响力顶尖的学者不一定是“老先生”或者说“资深法学家”。

当然,这既有年高学者论点陈旧的问题,也有中青年学者赶上好时候的问题:越到后面,研究群体越多,加上论文传播越便利,自然引用率就上升得快,而这是年老学者产出趋低的时候。[①] (7)从八强的指数分布年份来看,都持续到 2010 年之后,也说明了这一点。当然,从另一个侧面,也表明 H 指数的本质特征:评价学者的累计持久绩效。[②] 如这“八强”中最年轻的也已 47 岁;与中国法学创新网宣传的新秀 100 人对比,结论更是如此。当然,这一特征毕竟在 60 岁以上的法学作者中“失灵”,表明了法学学者学术影响力的特殊性。(8)至于“海龟”比“土鳖”跑得更快的问题,至少在“八强”中“海龟”只有张明楷和苏力两位,可见在最具影响力的法学论文作者中不符“基于论文被引用次数的研究未发现此二类学者的学术表现具有实质性差异”[③]的结论。当然,“八强”群体往往是改革开放后的“时代弄潮儿”,“土鳖”表现好具有历史因素。更有说服力的结论是从“百强”中进行最新统计,而且再分布到各个学科进行分析更有意义。

对 H 指数本身进行分析:(1)八强中第一年论文贡献了其 H 指数的作者只有苏力,可见其最早开始产出其高影响力论文。(2)贡献了其 H 指数的最近的论文在 2012 年(王利明、杨立新),可见两位民法大家两年前仍发表其高影响力论文。(3)而对其“有效”活跃度问题进行考察,可以发现,最近五年论文贡献其论文 H 指数的比率普遍占比较高,占到 10%以上的有一半(4 位)。可见,论文 H 指数要长久保持高位,则要求近期也产出不少影响力大的巨作。

---

① 这在一定程度上引证了年轻一代学者的学者总体水平比上一代高,“长江后浪推前浪”。但是更为年轻的学者为什么引证上不去?因为法学法学是一门竞争十分激烈的学科,“赢着通吃”、“百分之二十的人赢取百分之八十的荣誉和成果”的“二八定律”同样明显,在“中青年法学家”这一“前浪”没有达到“顶峰”之前,更为年轻一代的学者这一“后浪”是显不出“高度”的。只有少数年轻一代的学者经过加倍努力等,才可能崭露头角。

② 朱惠、邓三鸿、杨建林:《我国图书情报学领域博士生导师 H 指数分析》,载《图书与情报》2013 年第 5 期。

③ 张巍:《“海龟”比“土鳖”跑得更快吗?——针对中国一流法学院师资学术表现的一个计量研究》,载 2009 年《光华法学》第 4 辑。对“百强”进行研究需要对“未曾出国接受教育者”进行更为全面和清晰的界定。

最后要说明的是，对比前述苏力教授研究得出的著作和论文在CSSCI数据库3年引用前41的名单，本文H指数前41的名单中有22位同时上榜；对比凌斌得出的CSSCI数据库30年论文引用前20的名单，本文H指数前20的名单中有9位同时上榜。这不仅体现了不同评价指数的结果不同，也存在评价对象（是否包括著作）、评价来源（是否限于C刊）、评价期限（是否限定期刊）等方面的影响因素。

五、如何进行学术评价：法学者论文H指数的影响范围和未来方向

客观地讲，仅仅统计绝对的引用次数，无论如何精确，如何合理对待自引、权威引证、互惠引证、装饰引证、反面引证等，①都存在前述的规模影响问题，波动较大问题。即使平均化后评价，也存在类似问题。相比之下，H指数有其独立性，有其特质，在对期刊质量进行评价时，H指数是对影响因子的一种有益补充工具，②这在使用H指数进行作者的学术影响力评价也是如此。（1）未来要求CNKI、CSSCI等数据库加大对学者H指数的统计力度，避免人力的浪费，CNKI引文数据库已经开始统计期刊的H指数，应当说这是一种良好的开端，未来应当转向学者及其机构H指数的统计分析，为科学有效的学术评价提供基础性数据支撑。（2）H指数应当运用于法学院等科研机构的评价。将该单位有X位学者的H指数各自达到X以上时的X作为该单位学术影响力的H指数。当然，也可直接利用前述H指数排名，综合比较各院校的上榜人数，和将各院校学者的H指数排名相加后除以人数的平均指数。（3）对比高指数作者群，与历届"十大杰出青年法学家"和2012年"资深法学家"名单，可以发现二者的重合比例并不是很高。笔者以为，这既反映了"法学家"评选没有重视或者没有合理考虑反映学者主要论文核心影响力的H

① 凌斌：《中国主流法学引证的统计分析——以CSSCI为数据基础的一个探索性研究》，载《中国社会科学》2004年第3期。

② 刘银华：《H指数评价期刊的有效性分析》，载《情报理论与实践》2007年第6期。

指数,也反映了学者著作①等其他方面②的类H指数影响力值得考虑,更反映了H指数仍然是以定量为主,适当结合定性的评价方式,我们仍需要同行评价"考察学者在学术界的声望以及他的研究成果的创造性"③这种主观定性为主的评价方式。换言之,H指数无论如何改造为类H指数,④都只可能更加准确地从一定层面体现学术影响力,如有学者提出了R指数用于解决H指数的灵敏度和区分度的问题,AR指数用于解决H指数只升不降的问题,⑤但都仍然不能全面地体现学术贡献和影响力。

中国法学论文作者H指数的统计分析,并不仅仅在于勾勒另一种"中国法学时局图",⑥亦不仅仅在于回答"谁在影响中国法学"的问题,更在于"高影响力作者是学科创新和发展的骨干力量,其评选方法一直是学术界和管理部门关注的重点课题之一"。⑦ 对此,笔者倡导从学者的静态学术结构出发,从内部和外部两个角度完善和补充H指数。

(1)在内部结构上,综合核心期刊发文数量,如16种法学核心期刊CLSCI(中国法学核心期刊引文索引)发文数量,与H指数,进行法学者论文贡献和影响力的综合评价。有学者通过对图书情报学领域的实证研究提出"核心期刊高发文量和H指数相结合"是一种具有优势的评选

① 如与主导作品的作者名单相对照,可以看到相当一部分"论文学者"不在其中。参见凌斌:《中国法学30年:主导作品与主导作者》,载《法学》2009年第2期。"百强"中王泽鉴、沈宗灵等"主导作者"不见了,也说明"论文作者"和"著作作者"的影响力需要区别研究,"谁是高影响著作作者"是另一问题。

② 如法学家演讲、学者型法官的判决书。

③ 朱惠、邓三鸿、杨建林:《我国图书情报学领域博士生导师H指数分析》,载《图书与情报》2013年第5期。

④ 如从传播行为链条出发综合考察点击数、下载数、引用数、转载数、获奖数等指标的全新指数。

⑤ 金碧辉、Rousseau Ronald:《R指数、AR指数:H指数功能扩展的补充指标》,载《科学观察》2007年第3期。

⑥ 对此命题参见凌斌:《中国法学时局图》,北京大学出版社2014年版,第1~4页。

⑦ 邱均平、周春雷:《发文量和H指数结合的高影响力作者评选方法研究——以图书情报学为例的实证分析》,载《图书馆论坛》2008年第6期。

高影响力作者的方法。[①] 同样，在法学领域，也应当利用衡量学术产出和衡量学术影响力两种基本类型的指数——分别是核心期刊发文数和 H 指数——综合评价学者的贡献。“在科研绩效的评价中，要充分考虑各扩展指标应用的前提条件，并与其他文献计量学指标相结合。”[②]具体而言，对 CLSCI 发文数，中国法学创新网已经连续多年公布统计，在法学界引起了重大反响。我们完全可以而且应当利用这一数据，结合学者的 H 指数，[③]探索二者的合理有效的结合方式，更为全面地评价特定学者乃至研究机构的学术贡献和影响力（见表 5）。可以认为，H 指数高是已经证明的高影响力，而近几年发表的 15 种法学核心论文则是推定较大的学术贡献将转化为未来的高影响力的基本依据。

表 5　中国法学部分学者论文影响力的综合评价探索

<table>
<tr><th>学者</th><th>5 年产出量</th><th>产出排名</th><th>H 指数排名</th><th>排名相加之和</th><th>最终排名</th></tr>
<tr><td>陈兴良</td><td>35</td><td>1</td><td>3</td><td>4</td><td rowspan="3">1</td></tr>
<tr><td>张明楷</td><td>34</td><td>2</td><td>2</td><td>4</td></tr>
<tr><td>王利明</td><td>33</td><td>3</td><td>1</td><td>4</td></tr>
<tr><td>江必新</td><td>31</td><td>4</td><td>97</td><td>101</td><td rowspan="3">?</td></tr>
<tr><td>左卫民</td><td>22</td><td rowspan="2">5</td><td>35</td><td>40</td></tr>
<tr><td>于志刚</td><td>22</td><td>54</td><td>59</td></tr>
<tr><td>陈瑞华</td><td>21</td><td>7</td><td>4</td><td>11</td><td>4</td></tr>
<tr><td>李浩</td><td>19</td><td>8</td><td>12</td><td>20</td><td>7</td></tr>
<tr><td>赵秉志</td><td>19</td><td>9</td><td>8</td><td>17</td><td>6</td></tr>
</table>

① 邱均平、周春雷：《发文量和 H 指数结合的高影响力作者评选方法研究——以图书情报学为例的实证分析》，载《图书馆论坛》2008 年第 6 期。

② 王梅英、李雪立：《H－指数及其扩展指标的研究进展》，载《中国科技期刊研究》2011 年第 2 期。

③ 是否必须与发文类型严格对应，如限定 H 指数中的引用次数必须来源于 CLSCI 期刊论文，有待进一步研究。

续表

<table>
<tr><th>学者</th><th>5 年产出量</th><th>产出排名</th><th>H 指数排名</th><th>排名相加之和</th><th>最终排名</th></tr>
<tr><td>杨立新</td><td rowspan="3">18</td><td>10</td><td>5</td><td>15</td><td>5</td></tr>
<tr><td>徐国栋</td><td>11</td><td>28</td><td>39</td><td rowspan="2">?</td></tr>
<tr><td>姜涛</td><td>12</td><td>?</td><td>?</td></tr>
<tr><td>龙宗智</td><td>17</td><td>13</td><td>7</td><td>20</td><td rowspan="2">7</td></tr>
<tr><td>韩大元</td><td rowspan="2">17</td><td rowspan="2">14</td><td>29</td><td>43</td></tr>
<tr><td>周光权</td><td>41</td><td>55</td><td rowspan="7">?</td></tr>
<tr><td>陈光中</td><td>16</td><td>16</td><td>20</td><td>36</td></tr>
<tr><td>吴汉东</td><td rowspan="2">15</td><td>17</td><td>14</td><td>31</td></tr>
<tr><td>刘宪权</td><td>18</td><td>65</td><td>83</td></tr>
<tr><td>张千帆</td><td rowspan="2">14</td><td>19</td><td>62</td><td>81</td></tr>
<tr><td>万毅</td><td>20</td><td>21</td><td>41</td></tr>
<tr><td>苏力</td><td>8</td><td>?</td><td>6</td><td>?</td></tr>
</table>

统计说明:2012 年 CLSCI 高产作者统计 4 篇以上的有 27 位,2013 年 4 篇以上的有 20 位,可见年产 4 篇以上法学核心论文的中国法学学者可以初步定为 20 位以上;2009 ~ 2011 年中三年中放宽到每年 3 篇,一共 9 篇以上的也有 26 位,也可以验证这一结论。[①] 笔者据不完全统计,得出了 5 年 CLSCI 产出量前 20 名的名单。[②] 而迄今 H 指数为 20 以上

① 感谢中国法学创新网的这三批统计,载 http://lawinnovation.com/Html/fxpd/6721.sHtml;http://www.lawinnovation.com/Html/fxpd/8548.sHtml;http://www.lawinnovation.com/Html/fxpd/11459.sHtml。

② 理论上,前述 H 指数尽管纳入了 345 人进行考察,得出的 100 人也只能说是不完全统计(主要原因是可能漏人或者统计失误)。具体到发文量的统计,也是综合 2009 ~ 2011、2012、2013 这三组高产作者名单进行的统计,如果两次上榜,则第三次笔者将通过知网搜索补足。但在综合排名上,还可能会有遗漏,因为可能某一作者在这三个时间段的发文量都是距离高产(分别是 7 篇、3 篇、3 篇)仅差一篇,也就是 5 年内 10 篇。虽然远远排不上发文量前 20,但是如果其 H 指数达到前 20,则其综合排名还是能够在前列。所以,笔者只对综合排名"八强"有确信,没有漏下的人能够超越;但其后的综合排名,则有所"疑问",只是列出一个主要的参照系而已。

的统计为100位。所以可以考虑综合H指数排名和产出量排名[①]相加，确定最终排名，以实现对学术影响力和学术贡献的综合评价。如此，如果二者相加之和在40之内，则据此确定进入综合排名榜前20位，相加之和越低，排名越高。当然，相加之后在40以外的，也有可能进入前20位的“第一梯队”。

（2）在外部结构上，引入同行评议这一定性为主的学术评价机制。有学者对H指数与类H指数应用于人才遴选的可行性进行了探讨，指出指标值的高低与学术业绩高低间的关系是相对的，对同一学科专业科学工作者的业绩分类具有可应用性，但不能替代同行评议。[②] 内部结构无论如何调整，如果要获得认可，都必须高产出，甚至核心期刊的高产出，以及可客观量化的高影响力作品。但是客观上有些学者达不到这一要求，如一些法学名人、“老先生”、“资深法学家”，他们的贡献可能更多地在于法学教材的普教性，而这一著作即使进行H指数统计，也不会高，因为普教太多而成为“常识性”的知识没必要在著作中说明来源。再如一些学者的产出如《法学》期刊上的论文，相对更具有司法性，而司法者并不会在裁判文书中说明其观点来源，这一点也影响其H指数的统计。所以，必须引入同行相对主观的定性评价，更为全面地评价一些学者的学术贡献和影响力。这样，不管是法学家等奖项评选，还是职称评定，都可以先在H指数等定量评价的基础上，补充投票、考评意见等同行定性评价，进行综合考量，达到更为全面和准确的目的。

如何构建一个科学合理、行之有效的学术评价体系？这是任何一个专业学术发展到一定程度、竞争达到一定程度面临而必须解决的瓶颈性问题。本文最大的意义或许不是提供确定无疑的各种排名，而是为当前的以学术论文为基础的学术评价体制得以成型提供一些基础数据，提供一条可以不断改善和拓宽的路径：从迄今最为普遍的用于评价学术影响

---

① 总数相同的，再看三大期刊数，进行排名。

② 马妍等：《H指数与类H指数应用于人才遴选的可行性探讨》，载《情报科学》2013年第6期。

力的引用次数跃升到当前富有前景、科学合理的H指数,并且结合当前作为评价学术贡献主流指标的核心期刊发文量进行内部调整,再在外部结构上利用同行评价进行有效弥补,实现定量统计与定性评价的合理平衡,应当是一条充满希望之路,需要不断的尝试、开拓和优化。①

① 例如,H指数虽然在数量竞争向质量竞争的道路上迈出了重要一步,但仍需进一步考察中国法学一级学科甚至二级学科的外部印证率,从而提升引证竞争的研究深度和应用水平。参见成凡:《从竞争看引证——对当代中国法学论文引证外部学科知识的调查分析》,载《中国社会科学》2005年第2期。

《法律和社会科学》(2015)
第14卷第1辑,第249～276页

法经济学与中国司法实践
——法律人思维的一个脚注

张　巍*

摘要:容忍司法积极主义、法官审判较为独立的司法体系更容易将法经济学的视角纳入司法实践,在法官不自制、国民对司法体系认同度低、税收再分配机制有效性较差的制度条件下更不应该将法经济学的视角纳入司法实践。中国司法体系较为容忍司法积极主义但法官审判独立性低,故不易采纳法经济学,而不应该采纳法经济学的三个条件又都满足,故不应在司法实践中采纳法经济学。法经济学的解释与法教义学的解释一样面临诸多困境:在双方擅长的领域,各自都有一套说法,而这套说法依据的都同样是不怎么精确的直觉印象,况且最终双方的结论也无不同;反过来,对于困难的问题,双方又同样没有好的解决方案。因此前者并不当然优越于后者。

* 张巍,新加坡管理大学法学院助理教授,电子信箱:fredericklily@gmail.com。本文部分内容取自笔者2014年6月于我国台湾地区"中央"研究院第四届两岸四地法学研讨会上的发言。

法经济学研究在中国日益蓬勃发展,尤其在中青年法学研究者中间逐渐成为一个热门的研究领域。芝加哥大学法学院近年来专门针对中国的学者开办了暑期的法经济学培训班,也广受欢迎。中国许多一流的法学院校,如北京大学、中国人民大学、浙江大学、中国政法大学等都设立了法与经济学的研究中心,中国法经济学会也已成立多年。然而,对于大热的法经济学,也许我们需要更多一些冷静的思考。

尤其值得指出的是:法经济学首先是一门研究规则的社会科学,而非一幅可以直接用以指导司法实践的技术图纸。从事科学研究者的目的在于探寻真理,而从事技术实践者的目的则在于解决问题。就此二者不同的出发点论,笔者以为近来中国法学界有关"法律人思维"的争论①似乎都没有厘清"法律人"究竟指的是谁。质言之,法律研究者与司法实践者的思维或许本就应该有所不同,而将二者不加区分,笼统地给他们按上一种思维模式,恐怕并不合适。学者从各自默认的那部分法律人出发,主张这部分人应当具备的思维模式就是所谓"法律人"的思维模式,则无疑将陷入"关公战秦琼"的议论困境。

本文主要从司法体系的构造与运行条件出发,试图分析为何法经济学在中国的司法实践中没有风行,也不应当风行。基于这些分析,笔者认为教义法学仍应是中国法律实践者的首要思维方式。文章以下分为三个部分。第一部分回答"什么样的司法体系更容易将法经济学的视角纳入司法实践?"这一实证性(positive)问题;第二部分回答"在什么样的制度条件下更(不)应该将法经济学的视角纳入司法实践?"这一规范性(normative)问题;第三部分借助既有文献中的几个具体案例,简要说明法经济学的解释与法教义学的解释一样面临诸多困境。

---

① 朱苏力:《法律人思维?》,载《北大法律评论》2013年第14卷第2辑;孙笑侠:《法律人思维的二元论——兼与苏力商榷》,载《中外法学》2013年25卷第6期;桑本谦:《"法律人思维"是怎样形成的——一个生态竞争的视角》,载《法律和社会科学》2014年第13卷第1辑。

一、实证性问题

针对第一个问题——什么样的司法体系更容易将法经济学的视角纳入司法实践。笔者认为，从司法体系自身的特性来看，也许有两个因素值得重视，即对司法积极主义（judicial activism）的容忍与法官审判的独立性。

（一）对司法积极主义的容忍

在规范意义上，法经济学的政策指向非常明确，就是要追求法律规则的效率。并且，在操作层面上，法经济学实际进行的是成本—收益分析，或者说是追求将蛋糕做得最大。因此，法经济学的视角要求司法裁判直接体现特定的政策追求，这无疑需要以司法积极主义的理念为依托。尤其当裁判涉及“难案”，无法直接形式地适用既有法律规则之时，效率导向的裁判是对政策问题的直接回应。

基于这种特征，如果法经济学的视角要在司法实践中得以体现，那么，对司法积极主义的一定程度的容忍看来是必不可少的。这种容忍一方面来自主权者，也就是说主权者能够接受司法机构的职能不仅仅限于对主权者设定的政策的消极执行，有些时候——至少在不明显违背主权者的既定政策的条件下，司法机构也可以积极推行其自身追求的某项政策。主权者的这种容忍能够避免由宪法性的、结构性的设计引起的司法失权，从而无法实现其政策追求。同时，容忍也来自法律职业共同体内部。也就是说，在此职业共同体内存在一定的共识，即司法活动的功能不仅仅限于解决具体的纠纷，在一定范围内，司法活动还肩负着推行特定政策的任务。法律职业共同体的这种共识直接决定着司法活动的第一线参与者是否愿意根据一定的政策目标，有针对性地确定诉讼和法律执行策略，从而在反复的尝试中推动这一目标的前行。假如缺乏上述内外两方面对司法积极主义的容忍，那么，司法实践恐怕很难直接且一贯地推进特定的政策目标，而效率作为这样一种目标，也就不会在司法实践中得到青睐。不过,这种容忍显然只是司法实践接纳法经济学视野的必要条件,而非充分条件。

(二)法官审判的独立性

法经济学的视角很大程度上依托的是成本—收益分析,而这种分析不可避免地要涉及针对个案的具体判断。一方面裁判者需要确定影响相关法律制度的成本与效益的变量,另一方面裁判者还需要估量在具体案件事实中这些变量可能的值域。换言之,要将法经济学的视角纳入司法实践,必然需要法官在具体案件的裁判中行使相当程度的司法裁量。而法官进行司法裁量的自由度受制于司法体系的构造,尤其是法官作为个体在审判中的独立性。

在司法权力趋于水平分布的司法体系中,法官的个体独立性比较强,或者说,法官的行动更接近于一个"本人"——而非"代理人"的行动。最为重要的是,法官个体的司法行为及其结果不会成为司法体系评判其优劣并实施奖惩的依据。反之,在司法权力趋于垂直分布的司法体系中,法官个体的独立性比较弱——即便司法体系本身具有独立性。在此,法官的行动更加类似一个"代理人"的行动,其司法行为及其结果会成为司法体系考评其优劣并给予奖惩的依据。尽管法官个体独立性弱未必表明司法体系的独立性弱,但这两种独立性很可能是相联系的。并且,司法的独立性——无论个体还是体系——虽然可能与政体形态有相当关联,却未必完全对应。具体而言,集权制国家的司法独立性整体较弱,但在特定条件下,集权政体也可能容忍一定程度的司法独立,①而民主制国家的法官和司法系统也可能受到相当的政治压力。②

---

① 大革命前的法国是有名的例子,参见 Doyle, William. The Parlements, in Keith Baker (ed.), *The French Revolution and the Creation of Modern Political Culture* (Vol. 1): *The Political Culture of the Old Regime*, Oxford, Pergamon Press, 1987;有关皮诺切特治下智利的例子,参见 Hilbink, Lisa. *Judges Beyond Politics in Democracy and Dictatorship*: *Lessons from Chile*, Cambridge University Press, 2011。

② 有关自民党治下日本的例子,参见 Ramseyer, J. Mark and Eric B. Rasmusen, *Measuring Judicial Independence*: *The Political Economy of Judging in Japan*, University of Chicago Press, 2003。

在法官个体独立性较弱的司法体系中，法官的司法裁量会趋于保守，其行为将表现得更为厌恶风险（risk-averse）。这是因为裁量不仅影响到法官内心的满意程度——是否符合法官自身的口味，而且还会影响其面临的外部条件——包括薪酬、职位、名誉等。而司法裁量对这些外部条件的影响具有不确定性（uncertainty），为减少这种不确定性给法官带来的负效用（disutility），法官就可能寻求比较稳妥的标准作为其裁量的依据。因此，一方面法官会乐于寻求同行广为接受的标准而避免新鲜的标准，另一方面法官也可能更乐于接受裁量余地相对较小的标准。总体而言，效率标准既不是法律共同体传统接受的，同时，由于其不定性（indeterminancy），也会带来更大的裁量空间。所以，法官个体独立性弱的司法体系更可能拒绝接受法经济学的视角。

（三）两方面的组合

也许有人会发觉以上提到的两个方面——对司法积极主义的容忍和法官审判的独立性——与 Damaška 提出的司法行为的目的与司法权力的结构这两个维度的不同组合密切相关。① 的确，笔者的思路受到了 Damaška 理论的强烈影响。一方面，以政策实施为目标的司法体系比以纠纷解决为目标的司法体系更可能容忍司法积极主义；另一方面，协调型的权力结构比科层型的权力结构更可能保证法官审判的独立性。照此分析，在表 1 中，最有可能接受法经济学视角的司法体系应该是第 III 类。

表 1　司法的目的与权力结构（Damaška 1991，p. 181）

		司法的目的	
司法权力结构		政策实施	纠纷解决
	科层型	I	II
	协调型	III	IV

① Damaška, Mirjan R. *The Faces of Justice and State Authority: A Comparative Approach to the Legal Process*, Yale University Press, 1991.

不过,Damaška 模型中以政策实施为目标的司法强调国家权力对司法活动的影响,而笔者在此提出的司法积极主义更侧重于法官以及法律共同体以司法推进特定政策目标的实施。换言之,Damaška 的所谓的政策实施相对于司法体系而言可能是一种外生的目标,而本文涉及的政策实施更是司法体系中内生的目标。当然,如前所言,这种内生的目标需要得到一定程度的国家权力的容忍。因此,如果严格按照 Damaška 的观点,那么,以政策实施为目的的司法体系也可能反而更不容易接受法经济学的视角,假如效率并非国家权力追求的政策目标。反之,假如效率是国家权力追求的目标,则以政策实施为目的的司法体系将较以纠纷解决为目的的司法体系更容易接受法经济学视角。不过,这一观点是建立在“其他条件相同”的假设之上的,而最重要的其他条件就是司法权力的结构。尽管以政策实施为目的的司法体系可能更易于接受效率的观点,然而,这种司法体系却往往会与科层型的司法权力结构相联系,而后者会抑制司法活动对法经济学视角的接纳。①

与外生的政策目标不同,在司法积极主义之下内生的政策目标由于没有外部权力的强制因素,更可能呈现相对多元的态势。也就是说,不同的法官追求的政策目标会有所不同,而法律共同体也可能认可多重政策目标的组合并存。于是,内生的政策目标中更可能出现一定程度的效率追求。不过,虽然司法积极主义也会出现在科层型权力结构的司法体系中,但这种司法体系中的司法积极主义的程度通常会低于协调型的司法体系②。

在此,笔者要强调,本文仅仅试图从司法体系的特征中寻求影响司法实践吸纳法经济学视角的因素,但并非认为这些因素是充分条件。显然,除了司法体系的特征因素外,法律教育乃至文化传统等都可能影响法经济学视角在一国司法实践中的作用。

---

① Damaška 就曾明确指出:科层型权力结构的司法体系更容易排斥结果主义的司法标准以及实用主义的推理方法(*Id.* ,pp. 21 – 23),而法经济学显然是建立在结果主义与实用主义之上的。

② 有关日本的司法积极主义,参见 Itho, Hiroshi. Judicial Review and Judicial Activism in Japan, *Law and Contemporary Problems*, Vol. 53, 1990, pp. 169 – 179。

（四）中国的情况

在Damaška的分析框架之中，中国的司法体系应该属于比较典型的第I类，即以政策实施为司法目的并以科层制作为司法权力的基本结构。① 在这样的司法体系中，无论主权者还是司法机构本身都对司法积极主义抱有相当正面的态度——尽管这种态度不一定为法律职业共同体的其他成员所接受。中国法院展开的所谓“能动司法”运动正是这种态度的体现。② 不过，迄今为止，虽然效率可能被作为司法机构内部运作的一个考量因素，③却并未成为司法裁决中直接追求的一项目标。因此，目前中国的司法实践未普遍接纳法经济学的视角便不足为奇。然而，仅从对司法积极主义的容忍这一角度而言，法经济学视角进入中国的司法实践存在着胎动的可能性。尤其考虑中国的整体政策导向倾向于经济发展这一点，效率目标在司法活动中日益扮演重要角色并非不可想象。④

不过，中国司法体系的科层制特征却可能是对司法实践接纳法经济学视角更加重要的制约。在中国目前严重结果导向的司法考核机制之下，⑤法官总体的行为模式将偏向于厌恶风险和厌恶损失（loss-averse）。

---

① 尽管在中国条块结合的政治权力结构中，不同层级的法院和法官可能受到多重本人的制约，但就单个的法院或者法官而言，其处于科层结构中一定层级的地位并无本质改变。当然，由于多重本人的出现，代理人的行为以及各代理人之间的关系会有所变化，这已超出本文论述的范围。有关中国的条块政治结构，参见Lieberthal, Kenneth. *Governing China: From Revolution Through Reform* (*2nd ed.*), W. W. Norton & Company, 2004, Chapter 6；有关多重本人的官僚结构，参见Tullock, Gordon. *The Politics of Bureaucracy*, Public Affairs Press, 1965, Chapter 9；有关在多重外部制约下司法机构满足自身偏好的条件，参见Cooter, Robert D. *The Strategic Constitution*, Princeton University Press, 2000, Chapter 9。

② 关于能动司法的一个典型例证，参见杨艳辉诉中国南方航空公司、上海民惠航空公司客运合同纠纷案，（2003）徐民一（民）初字第1258号（法院判决后主动向被告的行政主管机构发出司法建议书，提出行业性的整改建议）。

③ Zhang, Taisu. The Pragmatic Court: Reinterpreting the Supreme People's Court of China, *Columbia Journal of Asian Law*, Vol. 25, 2012, pp. 1–61.

④ 譬如，“时间就是金钱，效率就是生命”的口号也曾响彻全国。

⑤ Minzner, Carl. Riots and Cover-ups: Counterproductive Control of Local Agents in China, *University of Pennsylvania Journal of International Law*, Vol. 31, 2009, pp. 53–123.

因此,他们更可能采取避免裁量和缩减裁量幅度的做法,以减少嗣后因不被上级认同的裁量结果而承受不利。法经济学效率导向的分析视角,不仅与传统的公平正义司法观在直觉上形成突兀的对比,无论对社会一般公众,还是对法律职业共同体而言都是一种新颖的概念,而且其分析方法也不为绝大多数法官熟知,分析结果也有着很大的不定性。所以,处于这样的司法体制性制约之下,很难寄望于中国法官能在司法实践中迈出法经济学视角所需的新颖、大幅的步脚。①

二、规范性问题

针对前面提出的第二项问题——什么样的制度条件下更(不)应该将法经济学的视角纳入司法实践,笔者以为或许有三个方面值得考虑:法官的自制、国民对司法体系的认同,以及税收再分配机制的有效性。

(一)法官的自制

尽管法经济学的视角要求实施裁量,但这种裁量显然不应该是任意妄为的,或者以司法裁量之名行谋求其他利益之实。否则,不但法律体系的稳定性和可预见性岌岌可危,也会引发司法体系自身的信任危机。无论是否接纳法经济学的视角,在一个成熟的司法体系中,法官对司法裁量都应有一定程度的自我约束,使自己的裁量不过分溢出于现行法律允许的范围之外。诚如已故日本著名民法学家加藤一郎所言,即便法官以利益衡量作为裁判的直接线索,仍必须将由此得出的结论置于现行法的框架之下重新加以审视,假如利益衡量的结果与现行法的体系存在明

① 本文并不否认中国法官在司法实践中存在局部的创新冲动(参见 Stern, Rachel E. On the Frontlines: Making Decisions in Chinese Civil Environmental Lawsuits, *Law and Policy*, Vol. 32, 2010, pp. 79 – 103),不过,这种冲动背后的激励因素还有待于进一步的研究。并且,从现有经验证据看,这种冲动依然是个别性的,可能主要存在于某些具有强烈晋升欲望和一定晋升潜力的法官中间。此外,司法创新本身也不一定意味着法官乃至司法体系挣脱了镣铐,获得了自主性,因为创新仍可能因循特定的外部压力(参见 Liebman, Benjamin. Malpractice Mobs: Medical Dispute Resolution in China, *Columbia Law Review*, Vol. 113, 2013, pp. 181 – 263)。

显的矛盾，则应当放弃前者而重新审度利益衡量的角度。[①] 这种对裁量结果进行规则正当化的过程同样也应该适用于运用法经济学方法分析得出的结论。这既是对法律规则稳定性的维护，也是对司法功能的自觉约束。

就法经济学方法在司法实践中的运用而言，法官的自制十分重要。这在很大程度上是出于法经济学方法的不定性。这种不定性一方面体现在：就特定的法律规则规范的社会关系而言，影响其效率的变量往往多种多样，不同研究者通过选取不同的变量，可能分析得出不同的结论。尽管有学者认为，现实性与便益性应当成为分析选取变量的原则，[②]但这两个标准过于抽象，恐怕难以付诸实践操作。例如，法经济学者对于权利救济的责任规则与财产规则效率优劣的莫衷一是，便体现出了这种因为变量选择不同而产生的理论的不定性。[③] 另一方面，法经济学方法的不定性还表现为对于理论涉及的变量缺乏有效的测度标准，以致理论的最终分析结论不定，其规范性作用也就无法确定。这方面的典型表现是在法经济学有关合同法的分析上。[④] 此外，与这第二方面相关，即便有测度变量的合适方法，经验研究的方法不当也可能造成不定的结果，从而至少在找到正确研究方法之前给实践运用带来困惑。这方面的突出例证是有关死刑震慑作用的研究。[⑤]

---

① ［日］加藤一郎：《民法における論理と利益衡量》，有斐閣 1974 年版。

② Jackson, Howell E. , Louis Kaplow, Steven M. Shavell, W. Kip Viscusi and David Cope, *Analytical Methods for Lawyers* (2nd ed.), Foundation Press, 2011.

③ 这方面代表性的研究有 Kaplow, Louis & Steven Shavell, Property Rules Versus Liability Rules: An Economic Analysis, *Harvard Law Review*, Vol. 109, 1996, pp. 713 – 790。Ayres, Ian and Eric Talley, Solomonic Bargaining: Dividing a Legal Entitlement to Facilitate Coasean Trade, *Yale Law Journal*, Vol. 104, 1995, pp. 1027 – 1117. Bebchuk, Lucian Arye. Property Rights and Liability Rules: The Ex Ante View of the Cathedral, *Michigan Law Review*, Vol. 100, 2001, pp. 601 – 639. Ayres, Ian and Paul M. Goldbart, Correlated Values in the Theory of Property and Liability Rules, *Journal of Legal Studies*, Vol. 32, 2003, pp. 121 – 151.

④ Posner, Eric A. Economic Analysis of Contract Law After Three Decades: Success or Failure? *Yale Law Journal*, Vol. 112, 2003, pp. 829 – 880.

⑤ Donahue, John J. and Justin Wolfers, Uses and Abuses of Empirical Evidence in the Death Penalty Debate, *Stanford Law Review*, Vol. 58, 2006, pp. 791 – 845.

面对以上各式各样的不定性,法官无论在选取模型、数据还是经验结论方面都会有相当的自由裁量空间。因此,倘若没有基本的自制,很难避免法官在裁量过程中不掺杂进其他不应有的考虑因素。在此意义上,即便在裁量中采用成本—收益分析的方法,也仍有必要遵循最低限度的法律形式主义要求,至少裁量的结果不能与法律的文义发生明显的冲突。在强调司法独立,尤其是法官个体独立的司法体系中,这种形式主义的保障很大程度上取决于法官的自制。而这种自制又取决于长期的法律教育与法律文化的熏陶。要言之,本文所涉及的规范性问题的第一个命题就是:在法官整体缺乏自制传统的司法体系中,法经济学的视角不应被纳入司法实践。

(二)国民对司法体系的认同

国民对司法体系的认同是确立司法体系正当性的基础,在此基础之上,国民才会愿意选择司法体系作为解决纠纷的途径,也才会愿意接受司法裁决的结果。在现代司法体系中,涉案当事人并未就特定争议事件适用的规则或者裁判的法官作出特定性认同,因此,对司法体系及其适用的规则的一般性认同就成为了司法体系发挥社会控制功能的合法性保障。[①] 由此,司法体系的合法性得以确立,不再需要寻求当事人就各项规则和各名法官一一认同。对司法体系的一般认同使得裁判者得以根据其认为恰当的实体和程序性规则对案件作出裁量与判断。

正是有了一般性的认同,司法体系的运作得以专业化和效率化。换言之,即便专业的司法活动依赖的具体规则不为当事人理解,规则适用的结果仍然能得到当事人的信任与执行。因此,越是专业化的司法活动,越可能无法得到当事人的特定性认同——因为当事人越难理解规则及其适用的原理,于是,这样的司法活动就越依赖国民对司法体系的一般性认同来取得合法性。遵循这样的逻辑,我们不难看到:司法专业化的推进,要以国民对司法体系的认同为基础,专业化程度越高,对这种认同的依赖也越深。

---

① Shapiro, Martin. *Courts: A Comparative and Political Analysis*, University of Chicago Press, 1981.

前面已经指出:法经济学的分析视角给法官的裁量留下了大量的空间。同时,法经济学的分析方法具有高度的形式主义和抽象性——经济分析是建立在一定假设基础上的模型化分析。尤其是当数学工具运用到法律的效率分析之中时,其专业化的程度大幅度提升,普通当事人对这种司法裁量的理解能力随之下降,取得其对司法活动的特定性认同也就变得更为困难。不仅是分析方法的专业化,法经济学以效率作为裁判追求的目标本身就较公平、正义这种司法裁判的目标更难获得当事人的特定性认同。一方面效率目标与人们对司法裁判理念的天然认识有差距,另一方面也是因为效率是比公平、正义更具有专业内涵的概念,而这种专业性的内涵加深了普通人理解的难度。

正是由于法经济学的效率目标和形式分析方法具备高度的专业化,因此,司法实践在采纳其视角的时候尤其需要获得国民对司法体系的一般性认同。只有这样,当事人才能容易接受在不为其理解的具体规则运行之下得到的裁判结论。于是,本文有关规范性问题的第二个命题就是:在缺乏国民对司法体系的一般性认同的法域,法经济学的视角不应被纳入司法实践。

(三)税收再分配机制的有效性

无论在什么样的社会,效率都不会是唯一的目标,即便是主张效率的经济学家也不会否认公平的价值,也有不少经验研究表明不公平可能削弱经济发展——至少从长期来看是如此。[①][②] 对于公平,法经济学者一般的观点是:法律体系——尤其是私法体系——不是实现公平目标的最佳机制,与之相比,税收与再分配机制能更有效率地实现社会认可的

---

① Persson, Torsten and Guido Tabellini, Is Inequality Harmful for Growth?, *American Economic Review*, Vol. 84, 1994, pp. 600 - 621. Keefer, Philip & Stephen Knack, Does Inequality Harm Growth Only in Democracies? A Replication and Extension, *American Journal of Political Science*, Vol. 41, 1997, pp. 323 - 332. Halter, Daniel, Manuel Oechslin and Josef Zweimüller, Inequality and Growth: The Neglected Time Dimension, *Journal of Economic Growth*, Vol. 19, 2014, pp. 81 - 104.

② 不过,对此也存在相反的证据,参见 Forbes, Kristin J. A Reassessment of the Relationship Between Inequality and Growth, *American Economic Review*, Vol. 90, 2000, pp. 869 - 887。

公平目标。① 这种观点的基本理论依据是福利经济学第二定律,或者说是市场对于分配的中立性。

假如我们同时认可公平对于人类社会的价值——不仅是社会价值,也包含经济价值,以及税收再分配机制与法律体系在实现公平方面具有替代性——尽管前者或许在此方面更富效率,那么,就应当认为在税收再分配机制不奏效,不能肩负起实现社会公平的地方,依靠法律体系来实现公平目标就越具有重要性和迫切性。在缺乏最有效的实现公平的工具的地方,次优的工具越有用武之地。尽管对这种次优工具的运用也可能存在一个最优的限度,而且,在平衡状态,靠这种次优工具实现的公平也许在程度上要低于运用最有效工具实现的公平,然而,完全放弃使用次优的工具显然会令我们更加远离我们珍视的公平目标。

其实,以上的逻辑也可以通过经济学上简单的边际理论加以说明。如果将法律体系与税收再分配机制视为具有替代性的实现公平的方法,那么,其中一者发挥作用的程度越低,另一者的边际效用就越高。因此,我们可以得到本文所涉规范性问题的第三个命题:在缺乏有效的税收再分配机制实现公平目标的国家,法经济学强调的效率不应成为司法实践追求的主要目标。

(四)中国的情况

如果参照以上的三个命题,不难得到这样的结论,即中国目前不适于在司法实践中引入法经济学的视角。首先,中国的法官自制程度还很有限。中国的法律职业共同体还在逐步形成的过程中,法律教育也有待进一步系统化、规范化,这些都使得职业共同体内的价值观念还比较纷杂。法官的来源虽然近年来已经变得较为专业化,但是,仍有相当部分法官——尤其是资历深的法官,并未接受过系统的法律教育。由于教育背景与价值取向的不同引起的职业文化的多元化,使得法官的自我约

---

① Kaplow, Louis and Steven Shavell, Why the Legal System Is Less Efficient Than the Income Tax in Redistributing Income?, *Journal of Legal Studies*, Vol. 23, 1994, pp. 667 - 681. Kaplow, Louis & Steven Shavell, *Fairness Versus Welfare*, Harvard University Press, 2002. Cooter, Robert D. & Thomas Ulen, *Law and Economics* (*6th ed.*), Pearson, 2012.

束,亦即第一方的控制(first-party control)①效果比较弱。这几方面的因素相互叠加,削弱了中国法官在进行司法裁量时恪守职业标准底线的动力。法官可能按照种种政治的、经济的需要,而非按照合理的法律逻辑进行裁量。

其次,中国公众对司法体系还存在严重的不信任,②而司法机构专业能力的加强并未改变这种不信任。③ 相反,由于司法系统缺乏独立性,法院的公正性受到普遍质疑,司法的专业化很可能进一步令公众感到难以理解裁判的合理性,从而加深对司法体系的疑虑。如前所述,在缺乏国民一般性认同的司法体系中,裁判的正当性更加依赖当事人对特定裁判的特定性认同,而这种认同的前提就是能让当事人理解裁判依据的规则与法官推理的过程。高度专业化的法经济学分析方法,对于拉近法院与当事人的距离,取得当事人特定性认同可能有害无补,从而使得司法体系更加孤立于国民大众,降低其制度上的重要性。

最后,中国现行的税收与再分配机制显然没有能够有效发挥调整收入分配,促进社会公平的作用。一方面,中国城镇居民——尤其是高收入居民的隐形收入占整体收入的比重相当高,④而这部分收入不纳入正式的收入统计,自然也无法成为所得税的计征对象。另一方面,中国现行的再分配体制严重不平衡,二次收入分配非但没有起到减小收入差距的作用,相反还可能促进实际收入差距的扩大。譬如,养老、退休金收入的差距贡献了25%的城乡收入差距,成为造成城乡收入差距的一个重

---

① Ellickson, Robert C. *Order Without Law: How Neighbors Settle Disputes*, Harvard University Press, 1991.

② Liebman, Benjamin. Malpractice Mobs: Medical Dispute Resolution in China, *Columbia Law Review*, Vol. 113, 2013, p. 243.

③ Gallagher, Mary E. Mobilizing the Law in China: "Informed Disenchantment" and the Development of Legal Consciousness, *Law & Society Review*, Vol. 40, 2006, pp. 783 – 816.

④ 王小鲁:《灰色收入与国民收入分配》,载 http://mcrp.macrochina.com.cn/u/54/archives/2010/2035.html,2015年3月31日访问。

要原因。[1] 对此,清华大学秦晖教授提出了有名的"负福利"理论。[2] 他指出中国的再分配机制未能给予低收入人群适当的福利;相反,却为部分强势集团创造了特权。前文已经阐明,在税收与再分配机制失效的地方,即使遵循法经济学家们的理论逻辑,也更应突出公平价值在司法实践中的地位,而弱化对效率的追求。

三、法教义学与法经济学

(一)二者有无区别?

本文以上的分析指出:基于中国司法体系的构造与运行条件,我们不应提倡在司法实践中采用法经济学的思维方式。这一观点的一个衍生结论是:至少就目前而言,中国的司法实践者主要应采用教义法学的思维方式。那么,到底有没有教义法学的思维方式呢?要回答这个问题,只要比较教义法学者的主张与法经济学者有关法律适用的主张是否有所不同。假如二者确有不同,就很难否认在法经济学的思维方式之外别无教义法学的思维方式。对此,笔者以为二者至少有两点重要区别。其一,二者对法律目的及其实施结果在法律适用中扮演的角色认识不同。其二,二者对成文法文义在法律适用中的作用认识不同。

首先,教义法学并非不考虑法律的目的,不体察法律实施的后果,以法律目的为出发点的教义法学解释方法屡见不鲜。[3] 不过,其与法经济学体察目的、结果的区别至少有以下两个方面。一方面,教义法学对目的、结果的考察处于补充性地位,唯当法律文义不明,且无法从法律内在体系释明文义之时,方才考虑目的及适用结果的合目的性。反之,于法律文义清晰,可直接通过三段论适用时,则目的问题不会在法律适用中

---

① 西南财经大学中国家庭金融调查与研究中心:《中国家庭收入差距报告》,载http://chfs.swufe.edu.cn/upload/shourubupingdeng.pdf,2015年3月31日访问。

② 秦晖:《共同的底线》,江苏文艺出版社2013年版。

③ 杨仁寿:《法学方法论》,中国政法大学出版社2013年版;梁慧星:《民法解释学》,中国政法大学出版社1995年版。

彰显出来。不仅如此,教义法学考察法律适用的结果是否符合法律的目的往往并非贸然行事,而是有一个试错演变的过程。譬如,日本民法第177条有关不动产物权变动不登记不得对抗第三人的规定并未对“第三人”的范围直接加以限制。由此,日本法院早先的判决也未对此作出限制。直到民法典施行十年之后的1908年方由当时的日本最高法院参酌法律为保护“对于主张登记欠缺具有正当利益者”之目的,而将“第三人”的范围加以缩限,以将侵害不动产权利的侵权人排除出去。①

与此相对,在法经济学的思维中,目的追求是第一位的,具体而言,就是追求效率是法律的首要——若非唯一的话——目的。因此,在法律的每一次适用中这一目的都要彰显出来。同时,对于多数法经济学者而言,效率这一目的几乎是先验的,因为正如Coleman所言,法经济学者并未就为何效率应当成为法律追究的目的作出有力的说明。② 而既然这一目的是先验的,那就不存在发生错误的问题,于是,在法律适用中对此也没有试错的必要。

其次,相对于法经济学的效率一元论,教义法学考虑的法律目的更加多元,而其中最为重要的就是公平。对于公平,法经济学者一般的批判意见是其含义模糊不明。但是,即便公平含义不明,也不能否定公平是与效率不同的一个目的——假使法经济学者认为效率含义明确,那么,公平的含义不明正好体现其与效率的不同。况且,含义不明也不足以否认公平可以成为具有道德哲学(deontology)支撑的法律之目的。

迄今为止,笔者所见对于公平作为法律目的最为大胆的否定是桑本谦,③其以进化论的观点认为“效率和公平是一回事”。④ 然而,这种将公平与效率等同起来的观点不无疑问。其一,假如进化要求公平与效率趋

---

① [日]内田貴:《民法I総則　物権総論》,東京大学出版会2000年版,第445页。

② Coleman, Jules L. The Grounds of Welfare, *Yale Law Journal*, Vol. 112, 2003, pp. 1511 - 1543.

③ 桑本谦:《“法律人思维”是怎样形成的——一个生态竞争的视角》,载《法律和社会科学》2014年第13卷第1辑。

④ 此前,即便最为彻底否认公平之于法律之价值的Kaplow, Louis and Steven Shavell, *Fairness Versus Welfare*, Harvard University Press, 2002也承认公平与效率不是一回事。

同,那么,经过进化得以留存的社会,其法律甚至其他的制度规范也应该趋同——因为效率之外别无其他进化选择的条件,而效率又是有统一确定的含义的。事实显非如此,不用比较现存的经济发达社会与欠发达社会的法律制度,即便同等发达的德国与英国,其宏观法律制度有显著分别,这已是法律人的常识。从具体微观的法律制度论,甚至同属大陆法系,又同样经济发达的德国与日本,差别也可谓俯拾即是,如物权变动的要件。并且,在法经济学者看来,这些制度差别的确具有效率差别。[①]其二,即便承认进化的最终结果可以令公平与效率合二为一,也同样无法否认进化过程中这两者仍旧可能分别。由于进化过程的漫长,这种分别更可能长期存在。我们也无法知道当下的人类社会究竟处于进化的哪一环节,所以也无法遽然承认当下的公平与效率观已经是一回事了。其三,纵使我们已经处在公平观进化的终点,也无法否认公平与效率可以不同,因为在统一的效率观念之下同样可以出现不同的规则选择,而当对一种规则的选择明显多于其他规则时,指引这种选择的就只能是效率以外的其他目的。这方面的经典例证是对终局博弈(ultimatum game)的实验性研究。[②] 尽管在此类博弈中,从博弈人角度看符合效率要求的金钱分配方式多种多样,可是接近均等的分配方式则明显受到博弈人的青睐。基于以上三点理由,笔者无法赞同公平与效率合二为一的观点。

最后,在说明教义法学与法经济学的第二项区别之前,笔者想强调:教义法学对法律目的的考察并不必然排斥效率,而只是认为有比此更加重要的目的,即公平正义,假如两项目的发生冲突,则效率或应

---

① 研究与法系相关的效率差异的 La Porta, Rafael, Florencio Lopez-de-Silanes, Andrei Shleifer & Robert W. Vishny, Law and Finance, *Journal of Political Economy*, Vol. 106, 1998, pp. 1113 – 1155 已成为重要文献。有关物权变动要件产生的效率差异,参见 Miceli, Thomas J., Henry J. Munneke, C. F. Sirmans & Geoffrey K. Turnbull, Title Systems and Land Values, *Journal of Law & Economics*, Vol. 45, 2002, pp. 565 – 582。

② Guth, Werner, Rolf Schmittberger & Bernd Schwarze, An Experimental Analysis of Ultimatum Bargaining, *Journal of Economic Behavior & Organization*, Vol. 3, 1982, pp. 367 – 388.

让位于公平。①

教义法学与法经济学思维方式的区别还在于二者对文义在法律适用中的地位认识不同。在教义法学看来,法律文义不仅是解释的起点,也是解释的归宿。为此,一方面,在对法学的宏观认识上,教义法学突出解释论与立法论的分野,解释论绝不可超越文义许可的最大范围,在此范围之外的法学理论则属于立法论的范畴。尽管法律的文义无可争议地具有模糊性,但对其核心含义人们也同样无可争议地存在相当共识——否则语言文字即无法达成人际信息交流地基本功能。正如"指鹿为马",人所不齿。教义法学在此方面的实践,譬如,日本民法上曾经存在抵押权涤除制度,无论学界还是司法、金融实务届均将其诟病为损害抵押权人利益的祸水,或是"无用之累赘"。纵使如此,在法律修正之前,日本法院从未径行否定涤除的效力,而是采取了根据法律文义尽量缩小其适用范围的做法。其中一个具体的例子是:由于法律规定的涤除权人包括所有权、地上权或永小作权的取得者,而判例对于让与担保已采担保权说,故而1997年日本最高法院将让与担保权人排除在了涤除权人之外。② 及至2003年日本民法典修正,绵延百余年的涤除制度方才寿终正寝。

另外,在对法律解释方法的微观认识上,教义法学强调文义解释的首要地位和最终约束力,借此构筑起一套解释原则。即便在进行漏洞补充时,也要依据文义判断确为立法之缺失方可补充。并且,漏洞补充这一司法行为本身也需要有法律的文辞作为基础,如我国台湾地区"民法"第1条,瑞士民法第1条等。③ 即便是教义法学中最为激进的利益衡量学说,也强调衡量的结果必须能穿上法律的外衣,假如的确无法穿上

---

① 在此意义上,教义法学是以道德哲学为基础的,而正如Coleman所言,道德哲学家并不认为福利或者效率不应成为法律的目的,只是不认为其应该是法律的唯一目的,参见Coleman, Jules L., The Grounds of Welfare, *Yale Law Journal*, Vol. 112, 2003, pp. 1538–1539。

② 张巍:《日本的抵押权涤除制度》,载《民商法论丛》2002年第24卷。

③ 杨仁寿:《法学方法论》,中国政法大学出版社2013年版,第144页。

这件外衣,则需要放弃衡量而非法律。① 此外,教义法学还定下了诸如“禁止向一般条款逃逸”等规则限制法官脱离文义、过度裁量。

与教义法学重视文义的地位不同,法经济学重视的是法律适用的后果是否符合效率。在此意义上,假如根据文义适用法律无法满足效率要求,则文义本身是不足以成为对法官裁量的拘束的。由此,法经济学的思维在本质上不存在解释论与立法论的分别。于是,在身处普通法系的法经济学者看来,是否严格遵从先例成为了法院的信息成本是否大于当事人的交易成本的问题。② 而桑在论述允许撤销赠与合同的理由时,显然也将《合同法》不允许经公证的赠与合同撤销的规定抛在了一边,既然能以最低成本避免事故的一方不会因为公证而改变,法律在此作出区别性规定便是不符合效率的,从法经济学的立场上看,这条法律就是应当修正的。③

以上论述表明教义法学与法经济学的思维方式确有不同。归根结底,教义法学比法经济法学更加强调法律适用的形式,而法经济学则比教义法学更加注重法律适用的结果。也可以认为前者更注重司法的程序正义,后者则更注重司法的实用效率。在有长期教义法学传统,概念法学观念盛行的国家,法经济学确实有助于缓和法律的僵化,避免法律人在司法实践中过度重视细节,而忽略全局。但中国当下的情况却很不相同,我们长期忽略程序的重要性,而惯于追求实用。非但普通国民的认识如此,即使受过专门法律教育的人士也难幸免。有鉴于此,突出强调教义法学思维在司法实践中作用,对于逐步形成中国的法治传统意义不可低估。一则教义法学的思维有助于培养法官形成司法自制的意识,二则其强调公平正义在司法中的地位也更能赢得普通国民的认同。

(二)法经济学指导司法实践有无优势?

提倡法经济学思维者以为教义法学方法老套,所谓教义,实为托词,

---

① [日]加藤一郎:《民法における論理と利益衡量》,有斐閣1974年版。

② Cooter, Robert D. & Thomas Ulen, *Law and Economics* (*6th ed.*), Pearson, 2012, pp. 93 -94.

③ 桑本谦:《“法律人思维”是怎样形成的——一个生态竞争的视角》,载《法律和社会科学》2014年第13卷第1辑。

因此不足以指导司法实践。而法经济学则从“理性人思维”出发，为疑难案件的审理提供了一套切实可行的解决方案。那么，法经济学的思维是否确实在司法实践中具有这种优势呢？以下同样运用桑本谦论及的几个具体案例，对此问题加以考察。①

1. 赠犬撤销案

桑本谦引用国内学者的著述，认为允许撤销赠与合同的教义法学理由是“权利义务相一致”，然而，这一理由无法说明为何《合同法》不允许经过公证的赠与合同撤销。同样，英美法的“对价”理论也无法对此加以解释。因此，教义法学的这些理论概念仿佛都成了“事后的正当化说辞”，而非“事前的判断依据”。

首先，需要指出的是桑本谦在此提出的问题，从教义法学的立场上看，并非一个司法实践的问题，而是一个理论性的问题。因为《合同法》对此已有明确规定，司法实践只需依法执行即可，也非所谓“难案”的情况。只有站在法经济学抛却法律文义的立场上，才可能让这个问题成为一个有关司法实践的问题——文义不足凭，效率价最高。

其次，教义法学是否无法自圆其说呢？笔者无法就国内学者的观点一一查证，但日本的教义法学者对此给出的理由则有所不同。通说见解认为之所以非要式赠与允许撤销，而要式赠与不许撤销，是因为形式要求有助于避免当事人的轻率行为。② 这种理论不但可以自圆其说，而且与现实法学大家 Fuller 对对价的功能解释③不谋而合，可见教义也可以是尊重法律功能价值的。

最后，也是最为重要的，桑本谦对此的法经济学解释又是不是托词呢？这一解释认为受赠人对赠与承诺的误信可以被视同一场事故，因此能以较低成本避免这场事故者就该负担事故的损失。

---

① 桑本谦：《“法律人思维”是怎样形成的——一个生态竞争的视角》，载《法律和社会科学》2014 年第 13 卷第 1 辑。

② ［日］内田貴：《民法 II 債権各論》，東京大学出版会 1997 年版，第 158 页；［日］近江幸治：《民法講義 V　契約法》，成文堂 1998 年版，第 119 页。

③ Fuller, Lon L. Consideration and Form, *Columbia Law Review*, Vol. 41, 1941, pp. 799 – 824.

"尽管双方避免事故的预期成本在个案中无法比较,但法院却会推定:让 Y 提高些警惕要比让 X 改变自己随意许诺的生活习性更容易一些……这一推理的合理性在于:社会上像 X 一样随意许诺的人数量众多,而像 Y 一样粗心大意的人却很罕见。并且,将责任分配给粗心大意者可以使法律'树敌较少',由此降低法律的管理成本。尽管一律执行赠与承诺,可以减少谎言和欺骗的数量,但由此产生的少量社会收益补偿不了极度攀升的执行成本;相反,拒绝粗心大意者的索赔请求却可以抑制诉讼的动机,减少诉讼的数量,降低法律的实施成本。此外,既然法律应该鼓励人们去成长,就不应过分保护那些天真无邪的人们。毕竟,我们就生活在一个充满谎言和欺骗的世界,这是法律无力改变的既定社会条件。"①

这一段引文提出了一系列观点——如随意许诺者多而轻信人言者少,减少谎言的收益不足以弥补执行成本的攀升,我们生活的社会充满谎言——却未提供具体的经验证据作为支持。由此,其可以依凭的大概只有人们一般的直觉印象了,可这和教义法学求助人们普遍的公平观又有何区别? 况且,这里的一些观点恐怕很难赢得人们基于直觉的普遍赞同,也可能与经验证据不符。比方说,由于我们生活的社会充满谎言,所以我们应该允许撤销赠与合同,那么,一个合理的推论是,伴随一个社会谎言数量的减少,我们就该看到不同的法律规则了。如果以社会信任度作为一个社会谎言多少的测度,中国和日本在此方面区别不小②,但有关赠与合同撤销的规则却为何别无二致?

此外,假如法经济学真的关注效率,那么,引文的观点恐怕也难以符合效率要求。首先,放任社会充斥谎言将令信息辨识成本(verification cost)激增,逆向选择问题恶化,增加交易成本,从而抑制资源的有效配置。这就是为何法经济学分析赞同教义法学拒绝欺诈合同效力

---

① 桑本谦:《"法律人思维"是怎样形成的——一个生态竞争的视角》,载《法律和社会科学》2014 年第 13 卷第 1 辑。

② Edelman, 2014 Edelman Trust Barometer, at http://www.edelman.com/insights/intellectual-property/2014-edelman-trust-barometer/about-trust/global-results/, 2015 年 3 月 31 日访问。

的原因。[①] 其次，即便一方的注意成本低于另一方，但只要双方的注意都可能降低事故的概率，就降低事故的成本这一效率目标而言，让一方完全负担事故责任而另一方完全不负担责任（即采用无责任过严格责任规则）通常是不能实现这一目标的。这也是对事故责任法进行经济分析的一个共识性结论。[②] 最后，抑制谎言是否会增加诉讼数量从而增加法院的执行成本呢？答案也可能是否定的。在诉讼成本高于和解成本的条件下，理性的当事人只有对诉讼结果抱有不同的期待方才会选择诉讼，否则应该和解。因此，诉讼数量往往不取决于法律规则的内容如何，而是法律规则的清晰程度。[③] 所以，除非有理由认为抑制谎言法律规则必然不如放纵谎言的规则清晰，否则诉讼数量未必因为规则内容变化而变化。

假如法经济学的衷心在于效率，其利器在于经验而非直觉，那么，根据笔者的以上分析，桑本谦站在法经济学立场上，为论证允许赠与合同撤销而提出的这一系列观点或许也不得不被视为托词，言不由衷的表述了。

2. 致电司机案

桑本谦提到的司机因行车过程中接听电话而发生事故的案件，在主张法经济学思维的学者看来，其实是因果关系与过失认定应当合二为一的问题。也就是说，只要借助边际汉德公式认定某一行为具有过失，那么，该行为就应被视为事故的法律上之原因。[④] 这种将因果关系虚无化的倾向自 Calabresi 以来就对侵权法的经济分析产生了深远的影响。[⑤]

---

① Cooter, Robert D. & Thomas Ulen, *Law and Economics* (*6th ed.*), Pearson, 2012, p. 361.

② Brown, John P. Toward an Economic Theory of Liability, *Journal of Legal Studies*, Vol. 2, 1973, pp. 323 – 349.

③ Priest, George L. & Benjamin Klein, The Selection of Disputes for Litigation, *Journal of Legal Studies*, Vol. 13, 1984, pp. 1 – 55.

④ 桑本谦的表述略有不同："在漫长的因果链上，只有那个在事先看来成本最低的环节或至少是成本合理的环节，才可能被认定为与事故的发生存在'法律上的因果关系'"。不过，可以看出其要旨在于通过汉德公式确定令成本最小化的行为方式。

⑤ Calabresi, Guido. *The Cost of Accidents*, Yale University Press, 1970.

然而,需要指出的是:边际汉德公式本身只有在假定了某些事实因素是事故的原因这一前提之下才得以成立的。简言之,因果关系的认定在前,汉德公式的运用在后,两者原本不是一回事。在经典的侵权法经济分析模型中,基本的目标函数可以被写作 min $p(x)A + wx$。[①] 其含义为:侵权法的目标是将预期的事故损害与预防事故所需的成本之和最小化;其中预期的事故损害等于事故发生的概率 p 与一旦事故发生损害的规模 A 之乘积,而 x 则代表了会影响事故发生概率的诸因素。读到这里,细心的读者可能已经发现了,选取 x 而不选 y 或者 z 进入此目标函数本身,就已经包含了对因果关系的判断,而这种判断是不依赖于目标函数的——这个函数对选取的任何变量都适用。因此,这一经典的法经济学思维实则隐含了因果关系判断独立于过失判断,却被误认为二者是一回事。同时,经过以上分析,我们也不难看到,经济分析方法并没有给因果关系判断增添任何新的武器——它完全没有涉及这一前置于过失判断的问题。因此,美国法经济学的先驱之一 Robert Cooter 教授才会认为:因果关系的认定根本上是涉及自由(liberty)的问题而非适用经济分析的效率问题。[②]

以致电司机案为例,比方说,为什么不将汽车制造商的注意程度纳入目标函数呢?假如汽车制造商改变设计,屏蔽车内的通讯信号,不是可以降低事故概率吗?对此,持法经济学论者也许会说:因为改变设计的成本很高。但是,这只是回答了根据边际汉德公式,汽车制造商不因被认定有过失的问题,而并没有回答为什么汽车制造商根本不被纳入该公式考量的问题。在此,需要强调的是:即便存在能以最低成本减少事故概率的行为人,也不等于仅仅让此一人采取行动是最有效率的——其他行为人可能不如该行为人那样能低成本地降低事故概率,但其采取降低事故概率的行动的成本仍可以在边际上低于由于这种概率的降低而

① Brown, John P. Toward an Economic Theory of Liability, Journal of Legal Studies, Vol. 2, 1973, pp. 323 – 349. 边际汉德公式其实就出自这一目标函数的一阶条件。

② Cooter, Robert D. Torts as the Union of Liberty and Efficiency: An Essay on Causation, *Chicago-Kent Law Review*, Vol. 63, 1986, pp. 523 – 551.

带来的收益。换言之,就是即便我不如你能降低风险,也不等于我什么也不该做。我该做还是不该做,以及该做些什么要依据边际汉德公式确定。而将我的行为完全排除在该公式考虑的变量范围之外,则等于预先假定我是什么也不必做的。由此可见,法经济学思维方式对于因果关系的处理不见得比教义法学多一些理智,少一分武断。

说完了因果关系,我们再来考察过失认定方面法经济学的思维是否较法教义学更有优势。首先,我们应当承认,法经济学确实为我们找到了一些重要的分析变量,有助于厘清问题的关键所在。不过,这一优势或许更多体现在理论认知上,而非司法实践上,因为司法实践不仅需要找到变量,还需要将这些变量可操作化(operationalize)。而可操作化就包含了如何测量变量的值,假如无法做到这一点,那么,法官即使知道了变量也只能跟着感觉走,顶多是猜测一番罢了。与教义法学相比,区别只是从猜测合理之人会如何行为,[①]变成合理之人行为的成本—收益如何。这正是本文以上提到的经济分析不定性的一个体现。况且,严格说来,法经济学采用的上述目标函数是针对具体行为人的具体情况而定的,而并不存在什么抽象的合理之人的标准,因为效率的最终评价依赖于纯粹主观的效用(utility)标准。因此,在效率指引下往往产生权利应如何归属不确定的情况。[②] 这样一来,实际上在缺乏客观度量的情况下,法经济学的思维方法恐怕比法教义学的思维方法要求裁判者作更多的猜测——后者猜一次就够了,而前者则每次都要猜。

最后,还应指出:在过失判断问题上,"合理之人会如何行为"与"合理之人行为的成本—收益如何"完全可能是两个不同的问题,而非如桑本谦所言,法官必然或者至少是下意识地在做成本—收益比较。法官权衡的也可能是其他有关公平正义的因素,例如,行为人是否从造成损害

---

① 教义法学目前对过失的认定主要采用客观的合理人标准,参见王利明:《民法》,中国人民大学出版社2010年第5版,第567页;张新宝:《侵权责任法原理》,人民大学出版社2005年版,第72页;[日]内田貴:《民法 II 債権各論》,東京大学出版会1997年版,第314页。

② Cooter, Robert D. Torts as the Union of Liberty and Efficiency: An Essay on Causation, *Chicago-Kent Law Review*, Vol. 63, 1986, pp. 545 – 547.

的行为中获得利益。实际上,如《合同法》第406条有关受托人注意义务的规定就考虑了类似因素——虽然委托合同是否有偿本身不会改变受托人避免事故发生的成本。

3. 小鸡啄眼案

此案同时被法教义学的支持者与法经济学的支持者引用[①],双方对如何处理此案的结论并无不同,争论似乎仅仅在于用谁的思路得出这一结果更加合适。不过,双方均没有说明判断这种“合适”与否的标准是什么,而只是各自在各自思维体系下推导出同样的结论来,因此,自然也不可能说服对方自己的这一套思路更好。

从教义法学的思路出发,孙笑侠认为法律对于是否应当抵销未成年受害人之监护人的过失规定不明,但从立法本意旨在考虑加害人与受害人的利益关系平衡出发,应当对法律进行扩大解释,从而将受害人的过失扩大到受害人一方的过失。同时,孙笑侠也指出,这种解释是具有实际上的法律依据的,即最高院的一则司法解释。[②] 因此,以最高院司法解释作为司法实践中具有完全约束力的渊源(authority)论,则教义法学的这种解释毋宁已经成为单纯的依文义适用法律而已。此外,笔者还想补充:假如认为在此法律规定确实不明,那么,还可以依比较法解释方法得到同样的结论。《民法通则》第131条的规定非但与日本民法第722条第2项内容类似,而且二者在民法体系中所处的位置亦类似,均位于有关侵权损害赔偿中免除或减轻责任的条款之中。[③] 可见二者应具有相当的可比性,而日本民法第722条第2项的解释早就将“受害人一方”包含在适用过失相抵的对象之中。[④] 由此,就教义法学论,得出此等结论完全合适。

---

① 孙笑侠:《法律人思维的二元论——兼与苏力商榷》,载《中外法学》2013年25卷第6期;桑本谦:《“法律人思维”是怎样形成的——一个生态竞争的视角》,载《法律和社会科学》2014年第13卷第1辑。

② 最高院就法律具体适用问题有权作出解释,此点在我国法律实践中概无疑问。

③ 此种体系位置并非大陆法系民法的通例,参见王胜明:《中华人民共和国侵权责任法释义》,法律出版社2013年第2版,第150页。

④ [日]内田貴:《民法II債権各論》,東京大学出版会1997年版,第405页。

持法经济学论者对上述解释理论的攻击实质是:其以解释之名掩盖求助目的、结果之实。笔者以为,这种批判并不恰当,原因是如前所言,求助目的、结果并非法经济学的专利,早在法经济学诞生之前,法教义学就已经接受了考察法律之目的,权衡适用之结果来解释法律。目的解释、目的性扩张等均是教义法学的标准方法。具体就本案涉及的扩张解释而论,法教义学者也不讳言其“亦有目的上之考虑”,[①]又何来包装掩盖之说呢?如前所述,究其实质,教义法学与法经济学的分歧主要不在是否要考虑目的、结果,而在什么目的、结果。持法经济学论者将法律的目的全部归结为效率,而教义法学者则会考虑其他目的,尤其是公平。因此,桑本谦认为孙笑侠所谓“达到某种平衡”必然走向成本—收益分析,其实并不尽然。例如,这种平衡也完全可以是在矫正正义上的:让无过错的被告承担责任不符合矫正正义。[②] 需要指出的是:从行为人过错出发的矫正正义与效率目的并不必然吻合。譬如,严格责任在某些情况下可能符合效率要求,但却未必总能得到矫正正义的支持。[③]

持法经济学论者完全依赖成本—收益比较,认为由受害人一方采取注意以避免事故的成本低于由动物饲养人一方采取注意的成本。因此,应当让未尽注意的受害人一方承担部分损害。假如忽略法院为判决过失相抵而增添的额外成本,那么,这种经济分析大体也是合适的。[④] 问题在于持法经济学论者并没有证明受害人一方的注意成本必然低于动物饲养人的注意成本。这一点恐怕也很难严谨证明,因为不仅如前所述,注意成本因人而异,而且会因为外部客观条件而异。[⑤] 在本案中,比如养了几只鸡,地方多大,孩子是男是女,母亲是老是少等可能都是需要

---

① 杨仁寿:《法学方法论》,中国政法大学出版社2013年版,第111页。

② Dobbs, Dan B. *Law of Torts*, St. Paul, MN: West Group, 2000, p. 15.

③ *Id.*, p. 16.

④ 在此,桑本谦不知为何没有像在“赠犬撤销”案中一样考虑诉讼数量增加导致的法院执行成本增加。显然,判决过失相抵与判决严格责任相比,法院的在每项诉讼中的裁量成本将增加。同时,由于过失相抵规则比严格责任规则更具有不确定性,也会增加诉讼的数量。

⑤ Shavell, Steven. An Analysis of Causation and the Scope of Liability in the Law of Torts, *Journal of Legal Studies*, Vol. 12, 1980, pp. 463 – 516.

考虑的因素。于是,成本—收益分析的结论最终也是依赖于一般的直觉印象,这与教义法学用以判断过失的合理人标准(或者矫正正义的观念)求诸一般直觉印象的做法并无多少实质区别。

最为可惜的是,双方在探讨这个具体的法律适用——区别于法律规定的理由——问题时,恰恰都弄错了应当适用的法律。本案若发生在在《侵权责任法》实施之前,则应适用《民法通则》第 127 条。因其明言"由于受害人过错造成损害的,动物饲养人或者管理人不承担民事责任",故而并无《民法通则》第 131 条适用之余地,理由是特殊规则优于一般规则适用。对于此,相信法教义学者应无异议,而持法经济学论者,除非全然不顾法律文义,一味推行成本—收益分析,否则,也应可以认可。于是,若案件于此期间发生,则双方均会认可免除养鸡人的责任。另外,假如此案发生在《侵权责任法》实施之后,则应适用该法第 78 条,于是,除非养鸡人能证明受害人一方具有故意或重大过失,其必须承担全部责任。在此,受害人一方的故意似乎无从谈起。不过,究竟何为重大过失?笔者似乎既未见到教义法学者的说法,①也没发现法经济学者的标准。②倘若双方都不能为养鸡人找出个说法来,恐怕法律适用的结果就要让双方一同失望了。

从以上对小鸡啄眼案的评论,我们似乎看不到教义法学的思维与法经济学的思维有谁更胜一筹:在双方擅长的领域,各自都有一套说法,而这套说法依据的都同样是不怎么精确的直觉印象,况且最终双方的结论也无不同;反过来,对于困难的问题,双方又同样没有好的解决方案。而当双方代表在畅谈法律人思维方法的时候,似乎都弄错了适用的法律。

---

① 例如,张对重大过失的定义仅仅是"疏忽"与"轻信"之前加了"极度"二字而已,参见张新宝:《侵权责任法原理》,中国人民大学出版社 2005 年版,第 72 页。不过,王提出了违反一般人的注意构成重大过失的见解,参见王利明:《民法》,中国人民大学出版社 2010 年第 5 版,第 567 页。

② 传统的汉德公式显然是不考虑过失是否重大的。至于其他法经济学文献,就笔者所知,似乎也未有涉及。原因也许是在法经济学最为发达的美国,恰恰法律不认为重大过失(gross negligence)对侵权责任有何特殊影响,参见 Dobbs, Dan B., *Law of Torts*, West Group, 2000, p. 349。

四、谁的法律思维？（代结论）

在讨论法律人的思维问题之前，或许我们先应该厘清"法律人"说的是谁？笔者以为：从事司法实践者的思维方式与从事法律研究者的思维方式可以很不相同。前者不仅需要可行，更需要合法。可行指的是在司法实践者的教育背景下，可以被他们普遍掌握；合法指的是司法实践者的裁判方法能够得到作为司法活动对象的民众的普遍接受。从这两个条件出发，本文认为司法实践者，尤其是中国当下的司法实践者主要应当采用教义法学的思维方式。

一方面，法学教育仍是以教义法学为主要内容的。这不仅是中国法学教育的现状，也是大陆法系各国以及英国的现状，甚至也是法经济学发轫之地美国的现状。① 要求司法实践者以法学院没有系统传授过的法经济学思维来判断案件，恐怕不切实际。当然，或许可以认为法学教育本身也可以改革。但是，如果改革的目标是让从事司法实践工作者普遍掌握经济分析的思维方法，那么，也许需要将法学院全面改造成应用经济学院才行。笔者不敢预言这种改造计划有多大的可能性。

另一方面，以公平正义作为司法实践的目标，以形式逻辑为这种实践的基本表现形式，更加符合普通民众对于司法应有之意的认知。教义法学纵然有概念黑箱，但至少这些黑箱被用公平正义包装起来了，而这种包装比法经济学赤裸裸地提倡效率，似乎更可能赢得民众的认同。显然，一项根本改变民众认知——由偏爱公平正义转向偏爱效率的社会革新恐怕过于任重道远了。无论如何，如果要建设真正的法治，我们的任务是更多地强调程序的重要性，而非短路地考察结果。如前所述，这一法治建设的要求与教义法学而非法经济学的思维愈加吻合。

---

① 笔者曾有幸就读于哈佛和伯克利两所美国法学院。其间，笔者修习的所有部门法学课程——包括财产法、担保法、公司法、合同法、版权法都是以传统的案例教学，相当于大陆法的教义法学为主要授课内容的。

简单否定存在教义法学的思维也不仅合理。一则,如前所述,教义法学的进路确实与法经济学的进路有所不同。二则,即便两者确有共同的思维模式,例如,形式逻辑的推理过程,也不足以认为教义法学的思维不存在。譬如,物理学与现代经济学都运用了数理逻辑的思维方式,但这显然不等于经济学的思维方式就被物理学的思维吸收掉了。再以司法实践的实际情况看,即便美国也不会直接选择经济学家来当法官。而如果法经济学的思维方式才是正宗的法律人思维方式,那么,法官的最佳人选就应当是受过专门训练的应用经济学家了。

当然,司法实践会面临许多无法通过简单的文义解释或者逻辑推演直接解答的问题。对此,教义法学也承认目的和结果考察的作用。此时,包括经济学在内的各种社会科学以及人文学科都可以为司法实践作出贡献。而这种贡献主要是提供知识亦即基本可靠的事实,而非思维方式,更不应该代为设定目标。用一个形象的比喻,其他各学科可以提供多种食材、佐料,但烧什么菜,烧成什么味道,仍然应该由教义法学来掌勺。实际上,如统计学就为司法实践提供了很多有用的知识,但法官本身并不需要掌握统计学的技术或者思维方法。

与司法实践者不同,法律研究者既不必受制于教育背景的局限,而研究基本也不存在合法性的问题。毋宁说,以追求真理为己任的研究者应当打破学科的界限,探索各种可能的接近真理的思维方式。实际上,跨学科研究已日益成为当下各个领域学术研究的共同特征,法学研究自然也不应例外。然而,学术研究尤其是科学性研究的任务首先是揭示真理,而非推行某种价值观。因此,严肃的科学研究应当谨慎对待规范性问题。同时,切实掌握教义法学的内容与思维对于从事法经济学研究的学者同样有积极意义。毕竟,假如法学研究者丧失了“法学的”知识,或者我们的学科丧失了基本阵地,那么,我们又能为跨学科研究做些什么呢?

最后,就中国的实际情况而言,教义法学者与法经济学者确实应当加强沟通,深入理解各自的工作,而非片面地相互否定。记得 Cooter 教授曾言:“先知道法经济学是什么,再来批评法经济学!”我想这句话也应当同样适用于对待教义法学的态度。

《法律和社会科学》(2015)
第14卷第1辑,第277～290页

司法信任与经济发展

刘　庄*

摘要:采用法律与金融学派的方法,从国际比较的视角出发研究司法信任与经济发展的联系。具体而言,以陪审团制作为工具变量,用数据和计量方法确认一国民众对该国司法的信任促进了该国经济发展。这符合新古典经济学的理论预测:在人们更信任、尊重进而倚重司法的国家,政府(广义的,包括行政和司法)对市场倾向于事后通过法院干预。这使得市场而非政府行政成为定价和资源分配的主要力量,尊重了经济规律,最终促进了经济发展。同时,还讨论了司法信任通过审判独立等因素对经济发展起作用的可能性。

较高的司法信任水平是否促进一国的经济发展?这是本文要探讨的问题。我们把这一问题置于比较法和国际间的视角去研究,用国际比较数据来具体分析这一问题。

现代社会科学对信任的研究精确复杂,无论是政治学还是经济学,都强调信任的重要性。信任使

---

* 刘庄,北京大学法学院博士研究生,电子信箱:Lfjohnliu@gmail.com。

政府有能力做出更长远、更准确的决策,相互信任能减少人们对政府管制的依赖、提高经济的市场化水平与社会的整体福利,信任与人们幸福感的也高度相关联。① 在经济领域,现代社会大部分商品是“信任商品”(credence good),人们挑选商品时,并不直接体验商品的实际质量,而只是依靠品牌、声誉等信誉信息来作出决定。② 在市场和政府相连接的领域,最重要的例子可能要算是货币:现代政府发放货币不以黄金或其他物品作为其抵押基础,货币价值几何,完全取决于人们对政府的信任程度。因此我们将现代货币称之为信用货币。当人们信任政府时,货币的价值坚挺在 2008 年经济危机后,美联储几次放出量化宽松政策,美元在全世界范围内贬值,但由于人们信任美国的军事和经济实力,美元仍是国际贸易和金融中的最主要货币。反面的例子可以看看国民政府末期,人们对政府的不信任导致了法币价格的暴跌,法币价格暴跌、购买力下降又成为国民党政府垮台的重要原因。只是,在我们关注的法律和司法领域,人们对司法的信任,或者说司法公信力是否与一国的经济发展水平有关呢?

一、问题和理论

很多理论支持司法信任促进经济发展这一观点。首先,司法信任能够提高经济案件中的司法绩效。司法绩效的提升,减低整个社会的

---

① 参见社会资本的有关文献,典型的如,Putnam, Robert D., Robert Leonardi, and Raffaella Y. Nanetti. *Making democracy work: Civic traditions in modern Italy*, Princeton university press, 1994. Putnam, Robert D. Bowling alone: America's declining social capital, *Journal of democracy*, Vol. 6.1, 1995, pp. 65 – 78. Putnam, Robert D. The prosperous community, *The American Prospect*, Vol. 4. 13, 1993, pp. 35 – 42. 以及关于信任程度与管制水平的经济学模型和实证证据:Philippe Aghion & Yann Algan & Pierre Cahuc & Andrei Shleifer, 2010. "Regulation and Distrust," *The Quarterly Journal of Economics*, Vol. 125(3), 2010, pp. 1015 – 1049。

② 参见一个综述, Dulleck, U. and Kerschbamer, R. On Doctors, Mechanics and Computer Specialists: The Economics of Credence Goods, *Journal of Economic Literature*, Vol. 44, 2006, pp. 5 – 42。

经济运行成本,并提高经济发展水平。这也符合法律与金融学派的理论及其背后的新古典经济学原理。在法律与金融学派看来,普通法系之所以更有利于一国的金融和经济发展,是因为它更符合自由主义经济学的要求:对经济生活可能出现的问题,普通法系更倾向采用事后由法院处理的态度,而在其他时候由市场依靠无形之手自发调节;而法国法系国家更倾向于事前的政府直接干预。① 实际上,法院之所以值得倚重,很可能是因为司法在长期的工作中积累了人们的信任感,因此有能力成为社会生活问题的真正终局裁判者。相反的,当法院权威和公信力不足时,也没有哪个国家敢于将最重要的社会问题交由法院解决。

另外,还要考虑到司法和行政的强弱对比。当行政权力强于司法权力时,一个国家往往更倾向采用管制的方法处理经济问题;当司法权力较之行政权力更稳固时,法院作为事后裁决者的一般机制才有可能建立——这从英国和法国两国的"行政—司法"历史发展很容易看出来。② 而由于法院不掌握暴力机关,也不掌握财政资源,因而司法权力天生地依赖于民众的信任。一个推论是,司法信任增进司法权力,进而使国家政治体制更倾向于尊重产权和执行合同,而非事前干预和管制。这一过程在客观上导致了经济和金融的更健康发展。

更进一步地,民众信任司法或是信任行政机关会带来不同的均衡结果。在一些国家,如英国、美国、日本等,相对于对行政机关,民众更信任司法。就此,司法也获取了更多的人力资本和更高的政治地位,司法机关解决问题的能力也就相应更强。在这些国家,政治系统也更倾向于把更多的权力交到司法手上。而司法在客观上有着事后处理社会问题的倾向,这反过来又使得政府整体而言对经济生活的事前管制得以减少,市场经济得到更好发展。反过来,由于法院掌握更多权力,处理了更多重要的经济社会问题,人们也会进一步信任司法。在另一种均衡情况下,或者

---

① Glaeser, Edward L., and Andrei Shleifer, Legal origins, Quarterly Journal of Economics, 2002, pp. 1193 – 1229.

② Glaeser, Edward L., and Andrei Shleifer, Legal origins, Quarterly Journal of Economics, 2002, pp. 1193 – 1229.

说,在另一些国家,人们更信任行政机关,就此,行政机关获取了更多的权力资源。由于行政有着天然的管制市场的倾向,人们对行政的信任导致了行政机关过度的管制,进而阻碍了经济发展。① 而行政机关掌握了更大的权力,处理了与人们日常相关的问题,人们也会更依赖行政。以上的机制导致了不同国家在政治资源分配上由民众信任感不同导致的两种均衡,它的机制是“民众信任—权力配置—民众信任”。

只是,这些理论都没能有经过较好的实证检验。另外,我们也将遇到因果关系同时性的问题:即便我们在统计上观察到了司法信任与经济发展水平的相关关系,我们仍然很难确定,究竟是司法信任导致了经济发展,还是经济发展后,人们更容易信任司法。我们前面阐述了前者的相关机制,而后一因果联系也符合人们常识,比如,当国家富有时,社会进入较为稳定的形态,经济生活停止剧烈变动。因而,作为事后解决机制的司法得以更为重要。同时,富有国家分配给司法的资源将会增多,因而法院办案水平的提升,这也将在客观上导致司法公信力提升。

这里我们采用工具变量方法解决这一实证问题。我们应用的工具变量是陪审团制。在世界上大部分国家,陪审团仅被应用在刑事案件中,与经济发展水平并无直接联系;如果观察到“陪审团制—经济发展”间的统计联系,则很可能是司法信任在其中起作用。

二、研究方法

这里涉及方法问题:怎么研究一国司法信任程度与其经济发展水平的关系呢?一种方法当然是传统的比较法研究:通过研究每个国家的具体情况,通过展示一些重要国家是如何建立司法信任,与其经济发展的程度,来得出一般性的结论呢。

本文的方法,或者说,本文使用的“法律与金融”学派(或“新比较

① Aghion, Philippe, Yann Algan, Pierre Cahuc, and Andrei Shleifer, Regulation And Distrust, *Quarterly Journal Of Economics*, Vol. 125(3), 2010, pp. 1015 - 1049.

政治经济学派”)的方法与以上比较法的方法在核心上是一致的:都是试图通过国际比较,找出一些现象的共性,并力图发现现象背后的因果规律。比如,法律与金融学派通过国际间法律和相关经济金融现象的比较发现:公司法和证券法对小股东保护强度更大的国家,其金融市场也较为发达(衡量标准是股票市场市值占国内生产总值的比例);①司法对行政限制更多的国家,即政府部门间权力更为制衡的国家,其产权保护水平一般较高,由此导致的经济发展水平也更高;②政府对市场准入管制越少的国家,其政府腐败程度较低,经济也较为发达。③ 他们还发现,普通法系国家在司法制衡、小股东保护、市场开放性方面都做得更好,因此产权保护更为有力,金融市场更为发达,经济更为发展。④

只是,法律与金融学派与传统比较法研究的也有十分明显的不同。首先,传统比较法更注重法律本身,即研究法律本身的不同。比如,在物权转移问题上,德国采用物权无因性为原则,法国则采用债权形式主义原则;或者,在公司目的问题上,德国强调利益相关者模型,美国则更倾向于股东利益导向的公司控制和分配制度。而法律与金融学派与此不同,它更注重不同法律导致的不同经济金融后果,即注重法律与相关社会经济现象间的因果关系。这可以称为研究问题侧重点的不同。

另外,也许更重要的是,传统比较法研究的对象往往只是两个或数个国家,而法律与金融学派进行的是更大规模的比较,这一学派的研究一般涉及世界所有主要国家。法律与金融学派如何做到如此大规模的比较呢?其核心是把法律现象数据化。比如,在最初的研究中,他们把各国的公司法小股东保护强度数据化,具体方法是查看各国公司法中旨在保

---

① La Porta, Rafael, et al, Legal determinants of external finance, *Journal of finance*, 1997, pp. 1131 – 1150. López de Silanes, Florencio, et al, Law and finance, *Journal of political economy*, Vol. 106, 1998, pp. 1113 – 1155.

② La Porta, Rafael, et al, Judicial Check and Balance, *Journal of Political Economy*, Vol. 112(2), 2003, pp. 445 – 470.

③ López de Silanes, Florencio, et al, The Regulation of Entry, *Quarterly Journal of Economics*, Vol. 118, 2002, pp. 1 – 37.

④ 这里当然涉及孰因孰果的问题。法律与金融学派最初用法系渊源作为工具变量解决因果关系同时性的问题。其后又改变了策略。

护小股东的条文数目。把法律数据化后,他们进而使用一定的统计(即计量经济学)方法分析公司法与经济、金融发展的相关性,得出一定的规律。

这种研究方法的优势很明显,它使得大范围的国际间法律比较成为可能,也就是说,它使研究有可能覆盖更为广大的范围、包含更多的信息量。这样一来,他们得出的结论也就更为普适,有更强的解释力。当然,这一方法也有自己的不足,主要表现在法律的数据化本身是一件艰难的工作,也容易出现错误;甚至,究竟数据是否能够合理表征一国的法律,这本身就是个难以确证的问题。法律与金融学派研究方法的诞生,以1997年的文章《法律与金融》为代表。其后的十几年间,不少法律学者对他们的方法和结论提出了批评,其中一个重要关注点即数据的准确性与法律数据化的可行性。①

然而,数据化的最大优势也恰恰在于此——它为批评提供了一个平台,使得数据本身得到进一步优化和细化。在这十几年间,更精细的数据、更优良的法律信息采集方法层出不穷,批评本身没有打倒这一学派,反而使这一学派的活力更为茂盛——这是一个学科或研究方法具有强大生命力的体现。法律与金融学派的方法影响深广,现在世界银行每年编撰"世界行商环境调查",其基本思路以及设计者都来自法律与金融学派,核心是将各国的制度环境信息(包括产权保护水平、司法效率、政府对市场管制水平等)数据化,进而加以分析、比较,并探讨其与经济发展的关系。

本文沿袭法律与金融学派的研究方法,采用大规模比较的方法研究司法信任问题。方法的核心是两点,首先是将相关研究问题数据化,比如,本文需要数据化"司法信任"、"司法绩效"、"经济发展水平"等一系列核心概念。这一工作并不容易,但也并非十分困难。在今天,很多国际机构已经收集了很成熟的关于司法的数据,可以为我们所用。比如,从1990年开始开展的世界价值观调查,分六轮连续二十多年对九十多个国家的民众开展了关于司法信任感信息的收集;世界银行编纂了两个关于各国司法绩效的指标:合同执行效率和债权人保护水平;

---

① 最全面的一个批评,参见 Spamann, Holger, The "antidirector rights index" revisited, *Review of Financial Studies*, Vol. 23. 2, 2010, pp. 467–486。

各国的审判独立、民主化程度、司法廉洁程度、司法对行政的有效限制等信息，也都散见于世界政体调查(Polity index)、世界正义项目(the World Justice Project)和学者的研究中。本文首先根据我们所要研究的问题，收集、整理并合并这些数据。

本文的另一个核心是分析这些数据，找到现象背后的规律。比如，下文中将探讨，从国际比较的视角看，司法信任和司法绩效的提升是否有利于一国的经济发展？等等。

在数据分析方法上，本文也在一定程度上学习了法律与金融学派的做法，主要表现在将法系渊源视为一个重要解释因素。法系渊源这一变量最早被作为工具变量使用，但其外生性受到质疑；本文则采用了更为明晰的工具变量方法以确认相关现象间的因果关系。这一工具变量是“陪审团制度”。下文将在相应部分解释这一工具变量的有效性。

以上介绍了本文在方法上对法律与金融学派的借鉴。实际上，本文在经济思想上也一定程度上沿袭着法律与金融学派，或者更本质的说，沿袭着整个新古典经济学的思想脉络。法律与金融学派的研究指出了两种政府调整市场的方式，一种是以行政机构为核心的，主要以事前管制和干预为手段的市场调整方式。这一方式以法国法系的各国为代表。另一种政府调整市场的方式，则注重司法在事后的调整，通过设立交易规则、保护产权和执行合同来保障市场运行。这一方式以普通法系各国为代表。法律与金融学派的实证研究试图证明后一种政府—市场关系在促进经济发展上更为优越。① 这实际上也是新古典经济学的一贯主张：强调产权和合同及在此基础上的市场自发发展，反对政府事前干预和管制。② 下文将承接并发展法律与金融学派的研究，反复

---

① 参见一个综述性回顾 La Porta, Rafael, Florencio Lopez-de-Silanes, and Andrei Shleifer, The Economic Consequences of Legal Origins, *Journal of Economic Literature*, Vol. 46 (2), 2008, pp. 285 – 332。

② 这种思想几乎弥漫在新古典经济学的所有作品里。典型的参见 Hayek, Friedrich August, ed, *Individualism and economic order*, University of Chicago Press, 1948。以及 Hayek, Friedrich August, *Law, legislation and liberty: a new statement of the liberal principles of justice and political economy*, Routledge, 2012。以及 Friedman, Milton, *Capitalism and freedom*, University of Chicago press, 2009。

展现民众对司法的信任在整个新古典体系中的位置。

三、司法信任与经济发展:陪审团制作为工具变量

从前文的分析中,我们可以看到,司法公信影响一国经济发展水平主要有两个渠道:一个是微观具体的:司法公信的提升,使法院处理经济案件的效率提高,社会运行成本降低,因而经济发展较快;另一个是更为宏观抽象的:司法作为事后的社会问题解决方法,相对于事前的管制方法,一般而言更遵循市场规律、更尊重无形之手,同时,也避免了管制本身由限制数量、限制价格甚至寻租行为等带来的与生俱来的不效率。这里我们依次考察这两种机制。我们首先考察,由信任感、公信力导致的法院合同执行能力和债权人保护水平的提升,是否更有利于经济发展,进而考察信任感本身是否能直接促进经济发展。我们要测试的因果机制,可以用下图表示:

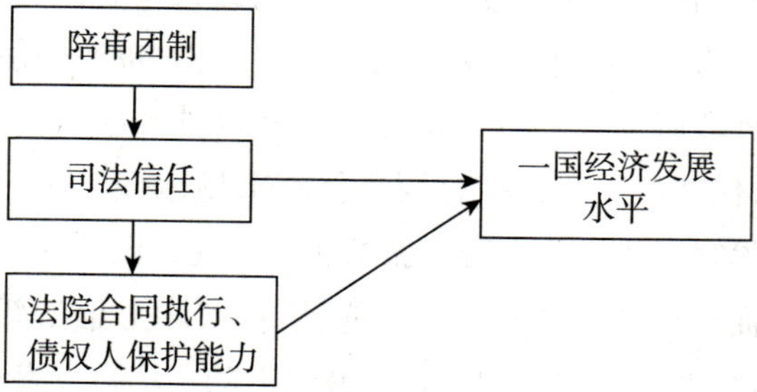

我们首先来考察法院处理经济案件效率与一国经济发展水平的关系。这里仍然会遇到因果关系的同时性问题,即法院绩效既可能是经济发展的原因,也很可能是其结果。我们用陪审团制作为工具变量处理这一问题。

表1和表2的回归分析显示,陪审团制引发的法院司法绩效提高,间接促进了一国的经济发展水平。表1第(1)栏使用最小二乘法(OLS)分析法院合同执行能力与各国人均GDP(对数)间的相关关系。可以看到,这一关系非常显著。当然,在最小二乘法下,我们并不知道

因果关系的方向：既可能是法院能力导致了经济增长，也可能是经济发展推动了法院能力提高。表1的第(2)至第(5)栏使用工具变量的方法来确认因果关系的方向，它显示：陪审团制导致了审判独立程度的提高，进而提高了经济发展水平。其中，第(2)、(3)两栏使用了两阶段最小二乘法，第(4)、(5)两栏使用有限信息极大似然法。第(2)、(4)两栏使用了年固定效应，第(3)、(5)两栏则固定了轮次(世界价值观调查分为六轮)。显然，回归分析的结果显示这一联系是显著的。

表1　合同执行能力与经济发展：陪审团制作为工具变量

变量	(1) OLS 人均 GDP (对数)	(2) 2SLS 人均 GDP (对数)	(3) 2SLS 人均 GDP (对数)	(4) LIML 人均 GDP (对数)	(5) LIML 人均 GDP (对数)
合同执行能力	0.764*** (0.0455)	0.909*** (0.0691)	0.934*** (0.0722)	0.909*** (0.0691)	0.934*** (0.0722)
司法廉洁	1.232 (0.793)	0.580 (0.801)	0.322 (0.810)	0.580 (0.801)	0.322 (0.810)
普通法国家	-1.101*** (0.176)	-1.155*** (0.171)	-1.161*** (0.172)	-1.155*** (0.171)	-1.161*** (0.172)
常数项	4.445*** (0.323)	3.766*** (0.399)	3.884*** (0.421)	3.766*** (0.399)	3.884*** (0.421)
固定效应(年)		是		是	
固定效应(轮)			是		是
观察值	84	84	84	84	84
R方	0.846	0.823	0.797	0.823	0.797

标准差见括号中。

*** $p<0.01$、** $p<0.05$、* $p<0.1$。

表2　债权人保护水平与经济发展:陪审团制作为工具变量

变量	(1) OLS 人均GDP (对数)	(2) 2SLS 人均GDP (对数)	(3) 2SLS 人均GDP (对数)	(4) LIML 人均GDP (对数)	(5) LIML 人均GDP (对数)
债权人保护水平	0.0389*** (0.00261)	0.0409*** (0.00492)	0.0416*** (0.00534)	0.0409*** (0.00492)	0.0416*** (0.00534)
司法廉洁	3.835*** (0.783)	3.885*** (0.731)	3.765*** (0.755)	3.885*** (0.731)	3.765*** (0.755)
普通法国家	-0.975*** (0.193)	-1.001*** (0.186)	-1.008*** (0.187)	-1.001*** (0.186)	-1.008*** (0.187)
常数项	6.568*** (0.344)	6.493*** (0.354)	6.787*** (0.310)	6.493*** (0.354)	6.787*** (0.310)
固定效应(年)		是		是	
固定效应(轮)			是		是
观察值	133	133	133	133	133
R方	0.719	0.717	0.675	0.717	0.675

标准差见括号中。

*** $p<0.01$、** $p<0.05$、* $p<0.1$。

表2则显示了债权人保护水平和一国经济发展水平的关系。其分析同上。

总体来说,这里的实证分析表明,司法公信力的提高,通过影响司法绩效,进一步促进了一国的经济发展水平。

我们进而分析"陪审团制—司法信任—经济发展"这一因果链条。由于陪审团制是历史形成的,与当代经济发展水平一般不具有直接的关系,因而,它可以作为司法信任的一个较好的工具变量。表3的第(2)至第(5)栏使用工具变量的方法来确认因果关系的方向,它显示:陪审团制导致了司法信任程度的提高,进而提高了经济发展水平。其中,第(2)、(3)两栏使用了两阶段最小二乘法,第(4)、(5)两栏使用有限信息极大似然法。第(2)、(4)两栏使用了年固定效应,第(3)、(5)两栏则固定了轮次(世界价值观调查分为六轮)。在这样工具变量回归分析中,我们发现了司法信任与经济发展的因果关系。他们显示,司法信任每提高10%,能带来人均GDP约23%的提高。

当然,这里我们遇到的疑难是,我们并不清楚司法信任对经济发展起作用的具体机制。如前所述,这一机制可能是直接的,也可能是较为间接的、通过提高司法绩效而导致的。甚至,下文还会分析“审判独立—司法信任—经济发展”这样一组关系。

总的来说,这里的结论是,司法信任对经济发展具有一定的促进作用。但是具体的机制,我们尚无法完全辨识。它很可能是多因一果的共同作用关系。

表3　司法信任与经济发展:陪审团制作为工具变量

变量	(1) OLS 人均GDP (对数)	(2) 2SLS 人均GDP (对数)	(3) 2SLS 人均GDP (对数)	(4) LIML 人均GDP (对数)	(5) LIML 人均GDP (对数)
司法信任	2.019*** (0.470)	9.922*** (3.557)	10.05** (4.045)	9.922*** (3.557)	10.05** (4.045)
司法廉洁	0.884 (1.330)	-6.974* (4.138)	-6.118 (4.349)	-6.974* (4.138)	-6.118 (4.349)
普通法国家	-0.635** (0.305)	-1.190** (0.579)	-1.186* (0.609)	-1.190** (0.579)	-1.186* (0.609)
常数项	7.389*** (0.545)	5.090*** (1.379)	7.318*** (0.793)	5.090*** (1.379)	7.318*** (0.793)
固定效应(年)		是		是	
固定效应(轮)			是		是
观察值	133	133	133	133	133
R方	0.285				

标准差见括号中。

*** $p<0.01$、** $p<0.05$、* $p<0.1$。

四、另一种可能的解释:审判独立与经济发展

司法信任与经济发展的关系可能更为复杂。陪审团制提升了司法信任,也提升了审判独立程度。这几个现象间的关系可以用下图表示。

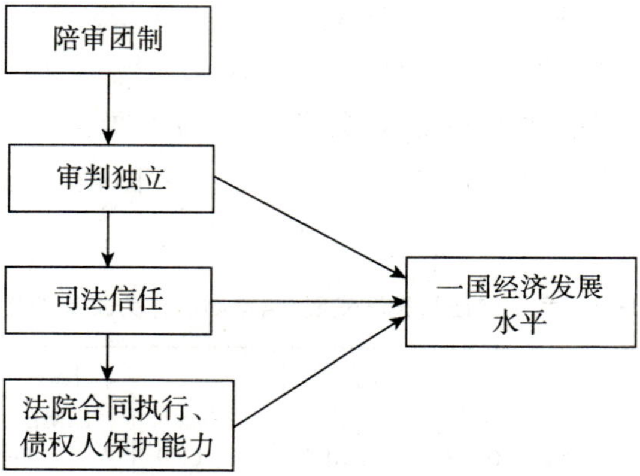

以往的实证研究已经在一定程度上发现,审判独立与经济发展间具有一定的相关关系。这种相关关系,可能是由法系渊源具引发的,①也可能是由审判独立单独导致。② 很多研究都发现,审判独立有效限制了政府权力,保护了产权,促进了合同执行,进而最终促进了经济发展。

这里我们再一次使用陪审团作为工具变量,来验证这一组关系。表4第(1)栏使用最小二乘法(OLS)分析审判独立与各国人均GDP(对数)间的相关关系。可以看到,这一关系非常显著。当然,在最小二乘法下,我们并不知道因果关系的方向,既可能是审判独立导致了经济增长,也可能是经济发展推动了审判独立。表4的第(2)至第(5)栏使用工具

① Mahoney, Paul G, The common law and economic growth: Hayek might be right, *The Journal of Legal Studies*, Vol. 30. 2, 2001, pp. 503 – 525.

② Feld, Lars P., and Stefan Voigt, Economic growth and judicial independence: cross-country evidence using a new set of indicators, *European Journal of Political Economy*, Vol. 19. 3, 2003, pp. 497 – 527.

变量的方法来确认因果关系的方向,它显示:陪审团制导致了审判独立程度的提高,进而提高了经济发展水平。其中,第(2)、(3)两栏使用了两阶段最小二乘法,第(4)、(5)两栏使用有限信息极大似然法。第(2)、(4)两栏使用了年固定效应,第(3)、(5)两栏则固定了轮次(世界价值观调查分为六轮)。

可以看到,在各种设定下,数据分析都确认审判独立与经济发展的相关关系。

表4 审判独立与经济发展:陪审团制作为工具变量

变量	(1) OLS 人均 GDP (对数)	(2) 2SLS 人均 GDP (对数)	(3) 2SLS 人均 GDP (对数)	(4) LIML 人均 GDP (对数)	(5) LIML 人均 GDP (对数)
审判独立	3.620*** (0.338)	8.947*** (2.380)	8.936*** (2.414)	8.947*** (2.380)	8.936*** (2.414)
司法廉洁	0.612 (0.970)	-2.729 (2.164)	-2.969 (2.236)	-2.729 (2.164)	-2.969 (2.236)
普通法国家	-0.581** (0.230)	-0.689* (0.384)	-0.634* (0.371)	-0.689* (0.384)	-0.634* (0.371)
常数项	6.076*** (0.439)	3.273** (1.417)	3.092* (1.604)	3.273** (1.417)	3.092* (1.604)
固定效应(年)		是		是	
固定效应(轮)			是		是
观察值	131	131	131	131	131
R方	0.593				

标准差见括号中。

*** $p<0.01$、** $p<0.05$、* $p<0.1$。

五、结论

本文使用陪审团制作为工具变量,确定了司法信任与经济发展的因果关系。这里也提出了司法信任与经济发展关系的复杂性,其具体机制可能是“司法信任—经济发展”,也可能是“司法信任—司法绩效—经济发展”,还可能是“司法信任—审判独立—经济发展”,等等。换句话说,我们可以确定司法信任是导致经济发展的因果链上的重要一环,但是很难确定其具体的位置,以及其作用的量化的大小。

这一研究重申了新古典经济学一直强调的司法作为事后的市场调节机制较行政事前管制的优越性;它也发展了法律与金融学派的理论,指出司法信任可能是法律与发展间重要的中间环节。在计量工具上,本文使用陪审团制作为工具变量的方法,可能能大范围的适用于其他关于司法制度的研究。

《法律和社会科学》(2015)
第14卷第1辑,第291～311页

纠纷解决的心理学研究述评

柯振兴*

摘要:过去几十年,运用心理学实验和社会调查等方法研究纠纷解决在美国逐渐升温,而本文即是对相关研究的较为详细的综述。首先,研究发现,公正性等因素构成影响程序正义评价的内部因素,信息和文化等外部因素也会对程序正义的评价产生影响。其次,研究证实了很多纠纷是因为当事人的各种心理不满所引起,而道歉等行为会减少这些纠纷。最后,实证研究证明,自我服务偏见等心理现象会对调解产生负面影响,但调解第三方账户和律师会在一定程序上克制这些心理偏见,促进纠纷的解决。

一、引言

纠纷解决是影响社会和谐的重要问题,吸引了很多学科的学者加盟参与研究。比如陈柏峰发现,作为民事诉讼重要组成部分的调解就吸引了法学

---

* 柯振兴,美国印第安纳博明顿大学法学院的SJD学生,电子邮箱:chch36@163.com。

界,社会学界,人类学界和历史学界的注意。[①] 但是这一领域的研究似乎缺少心理学的加盟,尽管在国外,关于纠纷解决的相关心理学研究在最近几十年取得了很大的进展。这些进展既体现在一些理论问题上,比如对于程序正义的评价,也体现在纠纷解决的一些具体问题上,比如调解的心理学研究。这些研究的意义在于,了解人们在纠纷解决中的心理并对影响这些心理的因素加以分析,再根据这些心理找到针对性的办法来促进纠纷的解决。本文尝试对这些研究成果进行总结,以推动中国学者在这方面的研究。[②]

本文题目中的心理学实证研究包含两层意思:第一,实证研究方法有狭义和广义之分。狭义的实证研究方法是指利用数量分析技术,分析和确定有关因素间相互关系的研究方法。而广义的实证研究还包括个案研究。本文的实证研究采狭义说,基本是量化研究。比如对于调解,波斯纳对调解人的作用进行描述分析,[③]但本文所涉及的调解制度研究是通过心理学实验采集并分析数据来完成。第二,心理学实验是常用的心理学定量研究方法,但是本文也不局限于此,也部分涉及通过使用问卷调查等方法获知人们态度的研究。本文主要分两部分,第一部分主要介绍关于程序正义评价与纠纷解决的研究,第二部分主要介绍情感和各种认知心理因素对纠纷解决的影响及应对。最后部分是讨

---

① 陈柏峰:《调解、实践与经验研究——对调解研究的一个述评》,载《清华法学评论》2007年第1期。

② 苏新建在他的《主观程序主义对司法的影响》对程序正义的心理学研究作了一个梳理,而本文除了介绍程序正义心理评价的研究成果,也会相应介绍其研究思路和过程,以期给学界更多的参考。参见苏新建:《主观程序主义对司法的意义》,载《政法论坛》2014年第4期。

③ 波斯纳的分析方式:如果当事人的头脑被情感特别是被那些典型地由激励争斗激起的情感类型笼罩时,双方要达成一个一致同意的和解点而进行谈判就变得不大可能。而这个时候调解人的作用就体现出来了。第一,调解人通常分别会见双方当事人并且与他们的讨论都是秘密的,因此他们对他可能更加坦诚。因为调解人所掌握的信息就会相对比较准确。第二,当他提出建议时,双方都分辨不出是调解人的建议还是对方的建议,有利于降低对建议的排斥感。第三,也是最有可能的一点,调解人不是双方当事人可以愤怒的对象,他的存在是一个缓和因素。而且,当他分别于各方当事人谈判并因此遮蔽了各方对另一方的愤怒时,也有利于最终达成和解。参见[美]理查德 波斯纳:《法律理论的前沿》,武欣、凌斌译,中国政法大学出版社2003年版,第235页。

论这些研究对中国相关研究的一点启示。

二、程序正义评价的内外因素分析

一般认为,程序正义能提高人们对于司法的满意度和对调解审判结果的接受度。因此,寻找能提高程序正义评价的诸因素并以此为基础对纠纷解决机制的设计进行改进,对于促进纠纷解决很有裨益。

(一)程序正义评价的内部标准

1. 程序正义评价的内部标准的实证研究

首先,对于程序正义的内部标准,学者的看法并不一致。孙笑侠对于程序正义的标准是:中立(与偏颇、偏私对立)、平等(与差别对立)、公开(与秘密对立)、科学(与任意、擅断、愚昧对立)、效率(与低效、浪费对立)、文明(与野蛮对立)。[①] 在国外,Leventhal 确定了六个标准,分别是:一致性、超越偏见、决策的质量或者准确性、正确性、代表性和合伦理性。[②]

但是,这些都是规范性的研究,这些标准是否真的程序正义有影响,还需要实证研究来检验。Tyler 的实证研究就是对这一问题的回答。一共有 1575 名芝加哥市民参加这项电话访问,Tyler 从中随机抽取一部分市民,最后一共有 733 名市民完成了访问。

在这项研究中,因变量是对程序正义的感受,分别是"有关部门(警察或者法院)适用程序的公平程度?"和"他们被有关部门公平对待的程序",自变量则是 Leventhal 等人提出的诸多要素,分别是一致性(比较最新的经验和以前的经验,比较他们的经验和预期,比较他们的经验和他们设想的其他人的情况以及比较他们的经历和朋友、家庭成

---

① 孙笑侠:《法的形式正义和实质正义》,载《浙江大学学报》1999 年第 5 期。

② Gerald Leventhal, What Should be Done with Equity Theory, Social Exchange, 1980, 27 - 55. 转引自 Tom Tyler, What is Procedural Justice?: Criteria Used by Citizens to Assess the Fairness of Legal Procedural, *Law & Society Review*, Vol. 22, 1988, pp. 103 - 135。

员或者邻居的经历);公正性(有关当局是否做过不合适或者不诚实的行为);决定的准确性(有关当局是否获知他们所需的信息来做决定和当局是否将问题公开并解决这些问题);正确性(受访人是否知道任何机构或者组织抱怨受访人遭受过不公平的对待)以及合伦理性(有关当局对待受访人是否礼貌,以及他们对受访人权利是否关心)。①

Tyler 研究发现,首先,除了一致性这一自变量,其他自变量对于因变量有很强的解释力。而一致性不能影响人们对程序正义的感受,说明受访人最近的经历与曾经的经历是否一致,或者与他人的感受是否一致,对于他对程序正义的感受没有影响。Tyler 还专门对这一现象进行解释,可能是受访人缺乏相关的信息来进行比较。相似性是比较的前提,他们虽然和警察和法院打过几次交道,但是不知道如何将这些经历进行联系,因此受访人很难评估这种相似性。此外,Tyler 还特别强调了合伦理性对程序正义感受的影响,他认为很多研究忽视了合伦理性的重要性,而事实上,合伦理性提高了受访人的自我尊重的感觉,因此受访人会认为程序更加公平。②

2. 程序正义评价的内部标准的社会检验

如果说 Tyler 的调查针对的是普通民众,而接下来 Lind 等人的研究则是在具体的社会场景下展开。

Lind 等人通过社会调查讨论合伦理性这一要素在程序正义的作用。他们并不是直接调查人们对法院程序正义的感受,而是比较人们在审判、仲裁和调解过程中体会到的不同程度的程序正义感受,继而分析产生差异的原因。他们发现,无论在审判还是仲裁程序,人们从中获得的正义感要高于在调解过程中所获得的正义感,原因是人们在审判中获得更多的机会去参与法律程序,因此觉得更加公平。作者进一步分析,这种参与让人们感受到了尊重和尊严,因此提高了对程序正义的

---

① Tom Tyler, What is Procedural Justice?: Criteria Used by Citizens to Assess the Fairness of Legal Procedural, *Law & Society Review*, Vol. 22, 1988, pp. 103 – 135.

② Tom Tyler, What is Procedural Justice?: Criteria Used by Citizens to Assess the Fairness of Legal Procedural, *Law & Society Review*, Vol. 22, 1988, pp. 103 – 135.

认可,而调解程序中参与者就缺少这种尊严感。①

而 Bies 和 Tyler 的研究重点的是员工日常的公平感。他们发现如果员工认为工厂的规则和程序是公平的,那么员工诉讼工厂概率会小很多。特别是,员工比较关注规则和程序的实施以及雇主对待规则和程序的质量,这是影响员工是否起诉的非常重要的因素。这也证实了公平感对于程序正义感受的影响,②也要求我们在处理纠纷时注重当事人的公平感。

(二)影响程序正义评价的外部因素

除了内部标准,程序正义的外部因素也会影响人们对程序的评价,继而影响人们对纠纷解决的满意度和接受度。关于程序正义的外部影响因素,学术界已经有不少研究。高记和马红宇对这些研究成果归纳为五个要素,分别是情境变量、特质变量、分配结果变量和领导者因素③,本文根据法律程序的特点和学界的关注,再补充讨论信息正义和文化对程序正义评价的影响。

1. 信息对程序正义评价的影响

无论在调解还是在审判中,信息的充分与否常常影响人们的决策和感受。

我们首先考察的是审判结果的信息对程序正义感受的影响。在审判中,在知晓判决结果后再来考虑程序正义,与单独考虑程序正义,这种感受是否有偏差?

在 Tyler 的实验中,每个实验参加者拿到一个小插图,情境是假设国会提出联邦政府是否应该对允许堕胎的医院提供资助?然后,所有参加者将根据情境分为 12 组(2 × 3 × 2)。首先是根据国会的决定分成两组,一组的情况是国会应该结束这种资助,另一组的场景是国会应该支持这种资助。其次,每一组再根据程序正义的标准分为三组。程

---

① Allan Lind, et, In the Eye of the Beholder: Toer Litigants' Evaluations of their Experiences in the Civil Justice System, *Law & Society Review*, Vol. 24, 1990, pp. 953 – 984.

② Robert Bies & Tom Tyler: The "Litigation Mentality" in Organizations: A Test of Alternative Psychological Explanations, *Organization Science*, Vol. 4, 1993, pp. 352 – 366.

③ 高记、马红宇:《程序公正作用中的调节变量》,载《心理科学进展》2010 年第 4 期。

序正义的标准一是委员会的中立性,如果它的组成成员代表了不同意见那就意味着程序正义,如果只代表一种意见那就意味着非正义。二是委员会的听证会,如果举行听证会听取不同人的声音那就意味着程序正义,如果闭门决定各项事务就意味着不正义。实验中,“正义”这一组中两个情境都是正义的情况,“不正义组”两个情境都是不正义的情况,还有一组“半正义”者,即两个情境中有一个是正义的情况,另一个不是。最后,每一组都根据展示顺序分组,即一组是先看到程序信息再看到结果信息,另一组是先看到结果信息后看到程序信息。实验结束后,每个小组的成员需要回答是否投票给支持该议案的国会议员候选人——如果投票支持,即表示成员支持国会的决定。

通过方差分析(Analysis of Variance, ANOVA),Tyler发现,先看到程序信息还是先看到结果信息对于参与者的判断没有显著性的影响。也就是说,即使参与者先看到结果信息,也不会影响他对程序的评价。随后,Tyler对这些数据做了一个回归分析,结果发现,如果参与者先知道结果然后再对程序进行评估,那么对程序评估的权重会比较小,也就是说,要评估一个决定,人们不一定都会考虑程序方面的因素,如果人们在考虑程序因素前已经知道了结果并且这个结果符合自己的立场,那么程序因素对于评估整个决定的影响要小很多。①

第二种情况是程序信息不充分时人们如何判断程序是否正义。Daly和Tripp同样通过实验来验证。参加实验的人都有一个小插图,小插图里设计的情境是商学院的课程发生变化并且这个变化将导致一部分选不到足够的课程而无法毕业。然后,参加者先根据结果的条件分为两组,一组是结果公平组,即所有商学院的学生都有机会选到额外的课;另一组是结果不公平组,即只有商学院内的市场系的学生能选到额外的课。然后,每一小组再根据“包含程序公正的信息”、“包含程序不公正的信息”和“不包含程序的信息”进行分组,即一共六组。其

① Tom Tyler, The Relationship of the Outcome and procedural Fairness: How Does Knowing the Outcome Influence Judgments about the Procedure? *Social Justice Research*, Vol. 9, 1996, pp. 311 - 325.

中,程序公正是指这个结果是听取其他学院的建议和商学院院长的目标是让全体学生受益,而程序不公正是指商学院自己闭门做决定和商学院院长的目标是增加课程的注册量。最后,不同组的参与者均要回答"新政策是否公正"这一问题。

通过 ANOVA 的检验,研究人员发现,程序信息对人们评估新政策有显著性的影响。因此,他们得出一个结论,即当参与者被剥夺程序方面的信息时,他们将更倚重结果是否公平来评判政策。如果再推广这一结论,他们以劳工政策为例认为,在一个公司里,如果管理层要对劳动关系做一个决策,如果他们的员工不了解决策的程序,那么那些员工对于这一决策的评价将更重视结果部分。①

2. 文化对程序正义评价的影响

就文化和程序正义的关系,学术界提出的问题是:第一,文化是否对人们的程序正义感产生影响?第二,文化如何影响人们对程序的感受?

对于第一个问题,Thibaut 和 Walker 提出这样一个假设:在纠问式和对抗式两种审判制度中,程序发挥的作用各不相同。那么人们对程序是否正义的感受是否和他们本身的文化背景有关呢?比如德国人身处纠问式的审判制度,他们是否就会认为纠问式这种制度更能体现程序正义?②

Thibaut 和 Walker 发现参加实验的法国人和德国人(当时是西德)尽管属于纠问式的法律文化,但是他们依然更喜欢对抗式这种审判方式。③ 而 Anderson 和 Otto 的实验也给出了不同的答案:关于公平度,美国人发现对抗制比纠问式更加公平,而荷兰人发现纠问式比对抗制更

① Joseph Daly & Thomas Tripp, Is Outcome Fairness used to Make procedural Fairness Judgments when Procedural Information is Inaccessible? *Social Justice Research*, Vol. 9, 1996, pp. 327 – 349.

② Neil Vidmar, The Origins and Consequences of Procedural Fairness, *Law and Social inquiry*, Vol. 15, 1990, pp. 877 – 892.

③ Neil Vidmar, The Origins and Consequences of Procedural Fairness, *Law and Social inquiry*, Vol. 15, 1990, pp. 877 – 892.

加公平。对于是否带来坏结果,美国人认为纠问式更有可能带来坏结果,而荷兰人认为对抗制更有可能带来坏结果。稍微有点不同的是,美国人认为对抗制相比纠问式更能可能呈现重要的信息和证据,而荷兰人认为对抗制和纠问式在这方面没有明显差异。对于实验结果,Anderson 和 Otto 认为,人们对审判程序没有绝对的偏好。很有可能人们都偏好自己熟悉的制度,也可能是文化的作用,而这里的文化不仅指审判文化,而是指整体的法律文化。①

接下来讨论文化如何影响人们对程序正义的感受。Brockner 等人用权力差距(power distance)作为文化的一个方面进行研究。权力差距是指人与人之间社会地位不平等的状况。在权力差距大的社会,高权力者和低权力者之间的差异被合法化,相反,在权力差距小的社会,高权力地位者更有可能与低权力地位者分享决策的权力。也就是说,在权力差距小的社会,处于低权力地位的人更有可能相信他们应该在决策过程中发出自己的声音。因此,对于程序正义中的发出声音的标准,研究人员假设如果民众对发声的程序不满意,那么低权力差距的人对程序的不满意会比高权力差距的人对程序的不满意更加明显。②

Brokner 等人的心理学实验分别邀请美国学生和中国学生参加,因为一般认为美国的权力差距较低而中国的权力差距较高。参加实验的学生首先都要求阅读一个插图来了解场景:"假设你在一家正在经历重大变化的公司工作。现在公司使用更加高级的机器进行生产并将不同产品销往新的领域。因此,你所在的部门也在经历很大的变化。它的规模更加小,经理和员工的数量也更加少,并且有新的报告结构。你的工作也受到直接影响。你现在每天的工作于过去都不一样并且随着公司的发展还会发生新的变化。一些员工对于这些变化很兴奋,但是另一些人并不满意。总的来说,这些变化能否将公司带到更好的地位,

---

① Rebecca Anderson & Amy Otto, Perceptions of Fairness in the Justice System: A cross-cultural Comparison, *Social Behavior and Personality*, Vol. 31, 2003, pp. 557 – 564.

② Joel Brockner, Culture and Procedural Justice: The Influence of Power Distance on Reactions to Voice, *Journal of Experimental Social Psychology*, Vol. 37, 2001, pp. 300 – 315.

现在下定论仍然太早。而作为变化的一个结果,你的部门将有一个新的经理”。接下来,实验的参加者被分为三组,第一组是较大发言权的情境,即新的经理在做出新的决定前会征求同事的建议。在聆听同事的建议并考虑其他意见后,经理再做出最后的决定。而在较小发言权的情境,新的经理在做决定前不会征求同事的意见。最后一组的情境是没有经理的行事方式的任何信息。而因变量则是对公司的评价,比如是否信任公司,是否为公司投入工作,是否开始寻找新的工作。

研究人员发现,随着员工发言权的减少,员工对公司的评价也下降,只不过下降的幅度因为文化而不同,即美国组(即低权力距离文化)的下降幅度比中国组(即高权力距离文化)更加显著。这说明处在低权力距离文化的人们更加看重发言权,看重程序上的公平,也因此程序上的不公正会明显影响他对公司的评价。高权力距离文化的人则相对不那么看重程序问题,因此程序不公正对于他们对公司的判断影响不大。①

(三)小结

从上述文献,我们可以得出结论,影响人们程序正义评价的原因有很多,并且还包含了文化等因素,显示了这一领域的复杂性,如果我们来研究中国人的程序正义评价的影响因素,需要考虑的变量会更多。但是,这一领域的研究又非常重要,如苏新建所言,“如果民众对一个法律制度的规定或司法机构的行为是满意的、信任的,则他们会自愿地服从这个法律制度和这个司法机构。”因此,通过程序正义影响因素的研究,“找到民众感知与司法正义的契合点,正是化解当前中国司法中重重矛盾的一个重要途径。”②

---

① Joel Brockner, Culture and Procedural Justice: The Influence of Power Distance on Reactions to Voice, *Journal of Experimental Social Psychology*, Vol. 37, 2011, pp. 300 – 315.

② 苏新建:《主观程序主义对司法的意义》,载《政法论坛》2014 年第 4 期。

三、情感和认知心理对纠纷解决的影响

(一)情感对司法程序的影响

1. 诉讼与出气(let steam out)

民间常说有些人打官司是为了出气,但是国内似乎没有实证研究专门探讨。美国的一个研究给了我们一个很好的提示。Sarat 在一个美国的小额法庭做研究,发现有一些人自提出民事诉讼后便不再出现。经过调查,Sarat 发现他们放弃的原因有多重,有的是因为立案后原被告已经私下解决,有的是因为觉得打官司太麻烦就放弃了,还有的是因为他们来起诉只是为了出气,出完气后就再也不会来法院。其中,有17%的人来法庭立案是因为有了纠纷以后觉得不安,然后利用诉讼来表达他们的不满。有个人就直接对 Sarat 说:“对方是一个上门推销员,我认为起诉他会让我感觉更好,我觉得我去起诉就是为了出气”。①

医患矛盾的产生有时候也是因为出气。美国的 Charles 和 Magi 研究表明,起诉医生的原因不仅仅是因为身体受到伤害,还有一大原因是受到伤害后医患双方并不顺畅的沟通。病人在解释起诉的原因时,除了正常的赔偿要求,很多还带有情感性地诉求,比如“我感觉我被医生忽视了”、“起诉后医生可以知道我的感受”、“因为起诉是唯一的方法来对待我的感觉”或者是“因为工作人员的态度问题”。② 另一个研究表明,起诉医生的原因中,除了需要钱来支持长期的治疗,一个原因是医生没有完全诚实地告诉他们到底发生了什么,或者是报复医生。

---

① Austin Sarat: Alternative in Dispute Processing: Litigation in a Small Claims Court, *Law & Society Review*, Vol. 10, 1976, pp. 339 – 375.

② Vincent Charles & Young Magi, Why do people sue Doctor? A Study of Patients and Relatives Taking Legal Action, *Lancet*, Vol. 343, 1994, pp. 1609 – 1621.

“我不需要他的钱，我希望他的执照被吊销”。①

Charles 和 Magi 还发现，为了防止患者提起诉讼，医院和医生也采取了一些措施，效果最好的就是解释和道歉（explanation and apology），有 39 次使得患者没有提起诉讼；而医院和医生改正错误和赔偿然后使原告放弃诉讼的次数只有 25 次和 17 次。②

2. 生气与交易成本

交易成本泛指所有为促成交易发生而形成的成本。他与人们的生气有什么关系？这个要从科斯定理谈起。

科斯认为，在交易成本为零的时候，那么无论初始权利支配给谁，最终的结果都一样，也就是产值最大化或者避免最大的伤害。科斯在他的论文里曾经举了这么一个例子：一个糖果店经营多年，但是后来又一个医生来到此地并购买了糖果店旁边的土地。之后都相安无事，直到八年后，医生想开一个咨询室，但是医生觉得糖果店的机器太吵了，影响他的工作，就向法院起诉要求糖果店停止使用机器。接下来科斯分析道，对于医生来说，它的地值 200 刀，而对糖果店来说，糖果店只值 100 刀。所以，如果医生胜诉，则医生继续留在此地，而如果医生败诉，医生则会向糖果店支付 100 刀（可能多于 100 刀，但是不会超过 200 刀），请求糖果店搬走，而糖果店也会愿意搬走，因为如果医生支付的价钱多于 100 刀，糖果店还有赚。不管怎么样，最后结果是糖果店搬走，医生继续在此地工作。③

但是在实际生活中，交易成本并不都为零，甚至人们的情感因素也成为一种交易成本阻碍纠纷的最终解决。为了验证科斯定理，Farnsworth 进行了一项社会调查来了解判决后是否有原被告双方进行

---

① Gerald Hickson et al：Factors That Prompted families to File Medical Malpractice Claims following Perinatal Injuries，*The Journal of the American Medical Association*，Vol. 267，1992，pp. 1359 – 1363.

② Vincent Charles & Young Magi，Why do people sue Doctor? A Study of Patients and Relatives Taking Legal Action，*Lancet*，Vol. 343，1994，pp. 1609 – 1621.

③ Ronald Coase，The Federal Communications Commission，*Journal of Law and Economics*，Vol. 2，1959，pp. 1 – 40.

谈判或者协商。首先他在网上寻找那些简单的,并且类似糖果店诉讼的案子:通常是两个邻居的事情;通常是侵扰案件(nuisance),一个邻居的行为让另一个邻居感到讨厌;这些案件必须是进入到法院的判决程序;最后是交易成本比较低,比如判决后谈判的阻碍因素比较少。在确定20个案件后,Farnsworth马上联系这些案件的律师,向律师提的问题包括法院判决后双方的权利有没有发生改变,或者说,有没有任何谈判的可能性。如果没有,那原因是什么。最后的问题是,假设判决结果是相反的,判决后双方是否会谈判。

当律师回答了这些问题后,结果让原作者感到吃惊。这20个案子在法院判决后没有一次谈判发生。律师认为,其中可能的原因就是在法院打官司时,双方已然结怨,因此在官司后也是互不往来。①

3. 道歉有用吗?

接着第一小节的话题,道歉是常见的纠纷解决办法。从实证的角度,道歉是否真能发挥减少纠纷的作用呢?

Robbennolt做了一个很有趣的实验。在实验中每个学生都拿到一个插图来描绘交通事故的场景,然后这些学生都会作为身体受伤的一方,来决定是否接受对方的调解请求。实验的目的是看对方的道歉是否会影响这些学生接受调解请求的决定。实验一共分成三轮(这三轮中调解请求时相同的)。第一轮是对方没有道歉直接提出调解请求,第二轮是在提出调解请求时有一个部分的道歉(partial apology),而第三轮则是一个完整的道歉。完整的道歉包括提供一个非常充分的语言道歉,道歉中有很多后悔,道歉看上去很有道德感,表示在未来会更加小心,相信自己是对事故有更多的责任,以及更少的恶意行为。而部分道歉相对于完整道歉只是一个程度上的差别。

实验结果表明,如果在提出调解请求时没有道歉,那么52%的人会决定接受请求,43%的人会拒绝,5%的表示不确定。如果是部分道歉,那么35%的人决定接受,25%的人拒绝接受,而40%的人表示不确

① Ward Farnsworth, Do Parties to Nuisance Cases Bargain after Judgment? A Glimpse inside the Cathedral, *The University of Chicago Law Review*, Vol. 66, 1999, pp. 373 - 436.

定。最后,如果是完整的道歉,那么73%的人会接受调解请求,只有14%的人会拒绝以及14%的人选择不确定。可见,道歉行为对于对方是否接受调解请求还是有积极的作用的。

试验后,参加实验的人表示,如果得到一个完整的道歉,那么他们对于对方会有更多的同情,更少的愤怒以及更加愿意去原谅对方。而且在对方完整道歉之后,他们也希望事故对双方关系尽量少造成伤害,以及希望调解请求能更好地补偿他们的人身伤害。①

当然,一个可能需要关心的问题是,道歉会不会成为对方的证据而对道歉方不利?对此,为了鼓励更多的被告(或潜在被告)去道歉,美国已经有一些州明确对道歉提供了证据法的保护。有些州对一些同情性的话语进行保护,比如类似"对不起,你受伤了啊",就不能被对方作为不利的证据。有些州则走得更远,连"我的错"这些都不能被对方作为证据。当然,这些规定适用的领域也不一样。有的州的道歉规定只适用于医疗领域,有的州则在一般的民事诉讼中都适用。②

(二)认知心理对司法程序的影响

1. 自我服务偏见(self-serving bias)

关于调解和诉讼的关系,Priest 和 Klein 提出了一个模型。根据这个模型,调解和诉讼的决定因素包括双方当事人的预期成本,双方掌握的诉讼获胜可能性的信息以及诉讼和调解的直接成本。③ 换句话说,当事人双方对于法院庭审和判决结果有各自的预期和判断,双方预期和判断的差异越大,当事人越倾向于要求法院做出判决,而不愿意和解。④ 在这个背景下,研究自我服务偏见更加有意义。在自我服务偏见的影响下,人们往往在成功时把原因归于自己,而在失败时又常归因

---

① Jennifer Robbennolt: Apology—Help or Hindrance? An Empirical Analysis of Apologies' Influence on Settlement Decision Making, *Dispute Resolution Magazine*, Vol. 10, 2003, pp. 33 - 35.

② Jennifer Robbennolt: Apologies and Settlement Levers, *Journal of Empirical Legal Studies*, Vol. 3, 2006, pp. 333 - 373.

③ George Priest & Benjamin Klein, The Selection of Disputes for Litigation, *the Journal of Legal Studies*, Vol. 13, 1984, pp. 1 - 55.

④ 唐应茂、盛柳刚:《中国司法执行难的计量分析》,载《法律与社会科学》第四卷。

于其他因素。反映在纠纷解决中,原被告总是认为己方提出的数额和理由是对的,这会导致双方的预期差异变大,从而影响调解的成功率。

Loewenste 等人的实验就想验证这一心理偏见。有80名学生参加实验,并且随机被分为两组,一组扮演原告角色,一组扮演被告角色。案情是一个一辆汽车和一辆摩托车相撞。摩托车司机(原告)要求汽车司机(被告)支付损害赔偿100,000美元。他们会给每一对原告被告分配一名法官,他们对于原告是否得到赔偿已经有了答案。

在原被告谈判前,参与者被要求写下他们对于赔偿金的预期。如果他们写下的金额与法官实际判决的金额相差在5000美元以内会得到奖励。同时,他们被要求写下他们心目中一个对原告公平的数字(假设在一个法院外的调解中)。

在试验中,被告会从实验设计者拿到10美元,随后原告和被告就损害赔偿进行谈判,如果谈判成功双方和解,被告就付原告一笔赔偿金。每10,000美元赔偿金折抵1美元,即如果谈判结果是被告支付60,000美元赔偿金,那被告就支付给原告6美元,自己保留4美元。如果双方调解失败,那被告就按照原告的判决支付赔偿金,同时还要支付一定的成本。实验结束后,参加者还要填写在过程中他们认为的对己方或者对方有利的论断并且标注这些论断的重要性。

研究结果发现,原告所预测的法官判决赔偿金的平均值要比被告所预测的法官判决赔偿金的数额平均值多14,527美元,而原告所认为的公平的赔偿额平均值要比被告所认为的公平的赔偿额平均值高17,709美元,并且这种差别都具有显著性。这显示了自我服务偏见的存在。原告认为有利于原告的论断要比有利于被告的论断多0.49条,而被告认为有利于被告的论断要比有利于原告的论断多0.91条。这也同样显示自我服务偏见的存在,因为如果不存在偏见,那么对于原被告来说,对于论断是否有利的判断应该是同方向的,比如原被告都认为辩论中原告或者被告的论断占优。①

---

① George Loewenstein et al, Self-Serving Assessments of Fairness and Pretrial Bargaining, *Journal of Legal Studies*, Vol. 22, 1993, pp. 135 – 158.

当然,研究人员的目的也不仅仅在于此,他们还要探索自我服务偏见与调解成功率的关系。研究发现,有 59 对原被告通过调解解决了纠纷,而这 59 对原被告对于公平的赔偿额的预测与他们对法官所判决的赔偿额的预测的差额的平均值是 9050 美元,而调解失败的另外 21 对原被告,他们对原被告对于公平的赔偿额的预测与他们对法官所判决的赔偿额的预测的差额的平均值是 29,917 美元,因此在差额方面这两组具有显著性的差异,这说明自我服务偏见已经影响了调解的成功率,非常值得实务界注意。①

但是 Bobcock 和 Loewenstein 指出,这项研究并没有证明自我服务偏见导致了调解失败,该研究只证明自我服务偏见与调解失败具有相关性,而不是因果关系。因此,Bobcock 和 Loewenstein 对之前的实验进行了重新设计,即其他实验步骤都不变,但是对参加人员进行重新分组,一组是在阅读案例之前不知道自己被分配到原告组还是被告组,一组是在阅读案例前就已经知道被分配到哪一组。但是实验结果表明,与之前的实验没有大的差异。研究人员认为,仅仅当参加者阅读案子后才知道自己是被告还是原告对于实验设计没有实际意义。② 在另一个研究里,Bobcock 和 Loewenstein 又对美国宾夕法尼亚州的教师工资集体谈判进行了实地考察(field study),并且搜集了各个校区的教师工资,社区工资水平,罢工等信息。考察发现,教师工会提出的教师工资的平均值是 27,633 美元,而学校提出的教师工资的平均值是 26,922 美元,并且这一差异具有显著性。同时,研究人员还考察这一差异对于罢工的影响,发现当这一差异超过 1000 美元时,该区域发生罢工的可能性要比没有差异的区域高 49%。这再次证实了自我服务偏差的存在并且对谈判结果发生作用。③

---

① George Loewenstein et al, Self-Serving Assessments of Fairness and Pretrial Bargaining, *Journal of Legal Studies*, Vol. 22, 1993, pp. 135 – 158.

② Linda Babcok & George Loewenstein, Explaining Bargaining Impasse: The Role of Self-Serving Biases, *Journal of Economic Perspective*, Vol. 11, 1997, pp. 9 – 126.

③ Linda Babcok & George Loewenstein, Explaining Bargaining Impasse: The Role of Self-Serving Biases, *Journal of Economic Perspective*, Vol. 11, 1997, pp. 9 – 126.

既然知道了自我服务偏差的存在,那么如何尽可能地消除偏见就成为下一个议题。Bobcock 和 Loewenstein 就测试了好几种方法,比如在参加者知道自己被分配为原告或者被告后,要求阅读一份新材料了解自我服务偏差的内容以及后果,但是这些都对结果没有显著性的影响。后来,Babcock 找到了一种减少偏见的方法,即通过指导参加者多设身处地为对方着想,从而减少偏见。为此,他们又设计了实验进行测试。实验的具体步骤仍然同上,唯一大的变化时,有一半的参加者在被分配角色后,要求阅读以下内容:“争论者并不总是认真思考他们在案件中的弱点,因此当法官的判决比他们的预计要差时会非常惊奇。对于原告来说,这意味着法官判决的赔偿金数额比预计要低。对被告来说,这意味着法官判决的赔偿金比预计要高。因此,请在案件中认真思考你们的缺点,在以下空白处,请列出你在本案中的弱点”。实验结果发现,这个阅读内容还是发挥了作用,因为阅读该材料的小组的调解率要显著高于没有阅读该材料的小组。而对于原被告对法官赔偿额的预测的差额,阅读该材料的小组的差额也小于没有阅读过该材料的小组,并且这个差别具有显著性。[①] 这说明劝告双方当事人将心比心思考问题对于提高调解率还是有帮助的。

2. 其他心理因素

李婧在《试论妨碍调解成功的当事人心理偏误及排除》[②]一文中介绍了其他认知心理对调解的影响,包括框架效应(Framing Effects,即通过对决策方案进行不同的语义描述,使决策者形成不同的参照点,并对本质上相同的决策情景产生不同的认知,从而导致个体选择行为上的差异)、归因偏差(Attribution Biases,即认知者系统地歪曲了某些本来是正确的信息,有的源于人类认知过程本身固有的局限,有的则是由于人们不同的动机造成的)、过度自信(Optimistic Overconfidence)和反应

① Linda Babcock, et al, Creating Convergence: Debiasing Biased Litigants, *Law and Social Inquiry*, Vol. 22, 1997, pp. 913 – 925.

② 李婧:《试论妨碍调解成功的当事人心理偏误及排除》,载《法律适用》2012年第7期。下文的几个心理偏见的名词解释均引自该文。

性贬值(Reactive Devaluation,指贬低某一让步或提案的价值只因让步与提案是对方提出的。因为人们会认为这些条款如不能给对方带来更大利益,是不会被提出来的)。当然,国外学者所研究的心理因素不止这些,还包括锚定效应(anchor effect,指当人们需要对某个事件做定量估测时,会将某些特定数值作为起始值,起始值像锚一样制约着估测值)等。[①] 围绕这些心理偏见的心理学实验研究和关于自我服务偏见的研究很类似。

比如在锚定效应的实验中,实验场景是原告购买了一辆新的宝马轿车但是发现有缺陷,因此原告到宝马轿车的经销商要求赔款但是被商家拒绝。因此原告聘请了律师准备起诉该经销商。但是此时,经销商提出希望通过调解解决纠纷。然后,实验参加人员被分为两组,尽管经销商对于调解的心理价位是12,000美元,但是两个小组的调解起始价不同。经销商对第一个小组的起始询价是2000美元,而对第二小组的起始询价是12,000美元。经过几轮调解后,实验参加者填写他们对最终价格12,000美元的接受度。实验结果发现,第一组的人相比第二组的人更愿意接受经销商的心理价位,并且这种差异具有显著性,这也显示了锚定效应在调解中的存在。[②]

3. 心理偏见的调和

其实在讨论如何克服自我服务偏见的时候已经讨论了如何减轻自我服务偏见,而下面的两种方法则是比较综合的方法,针对的是上述提到的各种心理偏见,学者希望的是这些制度安排能减轻这些偏见在调解或者审判中的影响。

(1)调解第三方账户(settlement escrow)

调解第三方账户是指这样一种安排:在双方当事人之间存在一个机构,并且这个机构能收到双方当事人对调解的心理价位。如果被告

---

① Russell Korobkin, Psychological Impediments to Mediation Success: Theory and Practice, *Ohio State Journal on Dispute Resolution*, Vol. 21, 2006, pp. 281 – 328.

② Russell Korobkin. Psychological Barriers to Litigation Settlement: An Experimental Approach, *Michigan Law Review*, Vol. 93, 1994, pp. 107 – 192.

提出的价格高于原告的心理价位,那么法院就在这些价格的中点进行调解(at the midpoint of the offers)。[①] 现实中,这个机构可以是法院的书记员,也可以是双方可以接受的其他组织或者个人。在这个过程中,第三方账户对于双方的心理价位严格保密。

这个严格保密能帮助减少锚定效应。在谈判中,很多时候双方不愿意做第一个出价去锚定未来的谈判,害怕这个出价会对自己不利——就像上述实验中第一次出价比较低的人接受对方价位的可能性更高。但是通过第三方账户进行谈判就能减少这个问题,因为被告方看不到原告方的出价,只是知道调解是否成功还是失败,如果失败则进入下一轮的出价。第三方账户也能减少反应性贬值的偏见。在反应性贬值的偏见中,即使一方对出价作出了让步但是没有解释这种妥协,另一方很可能并不待见,因为人们会认为这些条款如不能给对方带来更大利益,是不会被提出来的。但是在第三方账户的机制中,双方都看不到对方的出价,自然也不会受这一偏见的影响。[②]

从实验来看,第三方账户确实能提高调解率。实验的场景也是一个侵权纠纷,实验参加者被随机分为四组,第一组和第二组能看到损害赔偿的信息(而第三组和第四组不能),第一组和第三组没有调解第三方账户而第二组和第四组有。在没有第三方账户的两组,原告向被告提出调解的价位,被告可以选择接受或者拒绝。如果被告接受,那么调解成功。如果被告拒绝,那就进入下一轮谈判,此时由被告先提出价位,原告决定是否接受,如果原告接受那么调解成功,如果原告拒绝,那就进入审判程序。在有第三方账户的两组,双方先决定是否向第三方账户提供心理价位。如果第三方账户发现原告的出价等于或者低于被告的出价,那么被告就支付原告被告出价的平均数。如果原告的出价高于被告的出价,在第三方账户对双方出价保密的前提下,原被告双方

---

① Gertner Miller, Settlement Escrows, *Journal of Legal Studies*, Vol. 24, 1995, pp. 87 - 122.

② Gertner Miller, Settlement Escrows, *Journal of Legal Studies*, Vol. 24, 1995, pp. 87 - 122.

继续调解。

最后,四个小组就调解成功率进行两两比较。结果发现,对于看不到损害赔偿信息的两个小组,如果一组有第三方账户,而另一组没有第三方账户,那么有第三方账户的小组的调解成功率要显著地高于没有第三方账户的小组。但是当两个小组均能看到损害赔偿信息时,即使一组有第三方账户而另一组没有,他们的调解成功率也没有显著性差异。①

(2)律师的作用

律师的作用对于情感因素和心理偏见因素都有回应。对于前者,Galanter 认为,律师可能会起到一个诉讼看门人(gatekeeper)的作用,帮助过滤那些不适宜去追求的诉讼请求。② 其中律师就有可能去过滤那些因为出气而引起的诉讼。Macaulay 在律所做调查时,就发现了这样的现象。他发现,在接待客户时,律师也会筛选客户,不然一些人只会浪费律师的时间。有些时候一些客户难以马上拒绝,律师也可能会提供一些建议。这个时候,客户会被允许向律师吐苦水,出一出心中的恶气,然后律师通过身体语言和讨论会引导客户去重新定义法律问题。这个时候,律师可能会"帮助"客户去考虑一些解决方案的实际问题,这些引导可能让客户不快,比如法律行动可能会付出很多成本,甚至成本会超过受益。此时,对于因为出气等而引起的诉讼,可能就有客户考虑退出了。③

对于后者,Korobkin 和 Guthrie 开展了一项心理学实验研究来讨论律师对于减轻心理偏见的作用。实验一共分两期,在第一期,实验参加者以原告的身份先拿到一个关于纠纷调解的卡片,然后根据卡片里的

---

① Linda Babcock & Claudia Landeo, Settlement Escrows: An Experimental Study of a Bilateral Bargaining Game, *Journal of Economic Behavior & Organization*, Vol. 53, 2004, pp. 401 – 417.

② Marc Galanter, Reading the Landscape of Dispute: What we Know and Don't Know (and think we know) about our Allegedly Contentious and Litigious Society, *UCLA Law Review*, Vol. 31, 1983, pp. 4 – 71.

③ Stewart Macaulay: Lawyers and Consumer Protection Laws, *Law & Society Review*, Vol. 14, 1979, pp. 115 – 171.

具体情形确定是否接受调解。在第二期中,实验参加者被分为四组,发到他们手里的除了之前的卡片,每组的成员还各收到一张律师对该纠纷的发言卡片。

在第一组和第二组里,律师扮演的是教育者的角色。在第一组的卡片里,律师从心理学的角度提醒原告:“律师很清楚该纠纷由原告决定接受或者拒绝调解的报价。但是律师提醒你注意心理上的趋势,很多人在调解决定时都会产生这种现象。这就是锚定效应……”。在第二小组里,律师主要提醒原告考虑一下对方的意见,即让原告认真思考调解报价的利弊。第三小组和第四小组里,律师都扮演建议者的角色。在第三小组里,律师推荐了调解方案并且简要说明推荐的理由。在第四组里,律师仅仅推荐了方案但是没有说明理由。

实验结果发现,第二期相对于第一期,每一小组的实验参加者都提高了原告接受调解报价的可能性。其中,绝对拒绝调解报价的实验参加者是显著下降。这一实验显示了律师的作用。[①] 当然,现实生活中就更加复杂,毕竟不是所有的律师都和当事人如此合作,有时候律师为了律师费会“教唆”当事人去打不必要的官司,这还需要我们研究。[②]

(三)小结

本部分是从情感和心理认知的角度去认识纠纷解决机制,其中情感方面的研究更接近于常识,比如道歉的作用,很多人都知道“得饶人处且饶人”的道理。而各种心理认知对人们的影响更加隐蔽,也更加难以克服,因此这些研究成果更应该值得司法机关重视,将来在设计或者改进纠纷解决机制时可以参考这些研究成果。

以上研究对中国的相关研究颇有启发:通过访谈、问卷调查和实验等方法对于纠纷解决机制进行研究,进一步丰富了该领域的研究方法。

---

① Russell Korobkin & Chris Guthrie, Psychology, Economics, and Settlement: A New Look at the Role of the Lawyer, *Texas Law Review*, Vol. 76, 1997, pp. 77 – 141.

② Croson 和 Mnookin 就把律师分为好律师(促进合作)、坏律师(教唆和挑拨关系)和中立律师,通过博弈论分析这三类律师在调解中发挥的作用,并用心理学实验加以验证。参见 Rachel Croson & Robert Mnookin, Does Disputing through Agents Enhance Cooperation? Experimental Evidence, *Journal of Legal Studies*, Vol. 26, 1997, pp. 331 – 345。

比如对于人们因为出气而打官司，苏力曾通过一副对联“莫寻仇，莫负气，莫听教唆到此地，费心费力费钱，就胜人，终累己”来讨论寻仇和负气的现象，并且用一种成本——收益的方式来分析和提醒那些为了负气而打官司的人，计算成本（心思，力气和金钱）和获胜的受益后再做决定。① 而在本文，Sarat 就通过在法院观察和访谈来了解人们因为出气而选择诉讼时的具体心理状态，值得我们借鉴，可以进一步了解中国人因为“出气”而打官司的心理情况。

① 苏力：《曾经的司法洞识》，载《读书》2007 年第 4 期。

《法律和社会科学》(2015)
第14卷第1辑,第312~333页

民众诉讼心态与法律意识
——基于"三言二拍"的阐释

梁苍泱*

摘要:"三言""二拍"较为全面真实地展现了我国古代尤其是宋元明时期市井小民的日常生活,其有近五分之二的篇幅、约八十个故事涉及法律问题,在体现当时民众的诉讼心态和法律意识方面具有普遍性和代表性。通过这些故事的文本解读可以发现:受自身利益诉求和官府权力运作的影响,民众同时具有好讼和惧讼两种心态,而其根源是他们对司法活动的体验和由之形成的意识。民众总体上服膺作为政治和文化精英的司法者的判决,赞赏他们体现实质正义的判决智慧;不反对逼供和非常规手段,但对司法中的低效与腐败也心存畏惧。民众会策略性利用司法流程。在司法投射之下的日常生活领域,民众也懂得通过契约等方式来维护权利,以便在进入正式司法流程时获益。

* 梁苍泱,北京大学中国语言文学系古代文学博士生,北京大学法学士。电子信箱:liangcangyang@163.com。感谢贺卫方教授早前对初稿的指导和《法律和社会科学》审稿人的意见,当然,文责自负。

一、绪言

记录和证明法律于民众之影响的文本形式很多,官方有权威的史书、地方志,非官方则有民谚、文学作品等。文学作品作为时代生活、民众意识的反映,会在某个维度、某种程度上观照社会真实。正因如此,文学作品也一直是人类学、社会学、历史学等学科研究的重要资源。[①]同样,通过文学研究法律并非新鲜事。传统文学中,诗歌长于抒情,但笔涉法律的也不在少数,如中唐诗人白居易就写了六十多首反映新法令颁布、修改、执行和遵守,体现唐人法律地位、执法者心理等的诗歌。[②] 而叙事性文学作品如戏曲和小说,尤其是宋元以来的白话小说,则因其与市民生活的切近而更直接和具象地反映了诸多法律问题。

对传统文学的法律探讨已经有不少,代表性的有苏力老师对元明戏剧为代表中国戏剧的研究和徐忠明老师对包公故事的研究。[③] 本文则试图初步挖掘另一个富矿,即明代冯梦龙所辑撰之"三言"(《喻世明言》《警世通言》《醒世恒言》)以及凌濛初编著的"二拍"(《拍案惊奇》或称《初刻拍案惊奇》《二刻拍案惊奇》),两著共含故事整两百个(包括重复故事两个),被视为晚明市民文学的代表作,"极摩人情世态之歧,备写悲欢离合之致"(笑花主人《今古奇观序》),来自民众又流传于民众之间,较为全面、真实而切近地展现了市井小民的日常生活、市民社会的风情画卷。据笔者粗略统计,"三言""二拍"涉及法律问题的故事约八十个(三言中的多于二拍中的),还不包括同一卷(篇)里面有案

---

① 沈明:《法律与文学:可能性及其限度》,载《中外法学》2006 年第 3 期。

② 余宗其:《中国文学与中国法律》,中国政法大学出版社 2002 年版,第 91 ~105 页。

③ 苏力:《法律与文学——以中国传统戏剧为材料》,生活 · 读书 · 新知三联书店 2006 年版。徐忠明:《包公故事:一个考察中国法律文化的视角》,中国政法大学出版社 2002 年版。

中案的。这个比例在我国古代文学作品中是较高的。①

传统公案小说以刑事案件勘查与破获为叙事主体,渲染情节离奇性和曲折性,展示官员的破案智慧和清廉节操,而"三言二拍"故事涉及了更广泛、更日常化的法律领域。除涉及刑事诉讼的五十来个故事外,还有记录了普通市民为户婚、田土和钱债等产生的纠纷及其解决,以及契约文书订立等日常法律行为。其中,涉及户婚的约13件;涉及田土纠纷的二三件;涉及钱债、贸易等动产因素的约16件,涉及契约文书的约11件,其他内容4至5件(前述纠纷与刑事纠纷不乏在同一故事中发生的)。

诚然,"三言""二拍"多取材自前代史传、唐宋传奇、稗官杂记或民间故事,来源驳杂。由于思维方式、记叙方式等各方面的差异,这些经过文学加工的故事并不能如史书一般信而有征,其所表达的心态和意识也是文人阶层与市民群体的混合物,此种普遍性与代表性在反映明季民众法律意识上是否如斯可靠翔实也需要进一步考证。但正所谓"人不必有其事,事不必丽其人","事真而理不赝,即事赝而理亦真"(无碍居士《警世通言序》),从法律与文学的研究角度看,故事无论虚构与否在研究中并不存在本体论意义上的界限。②

而且,冯梦龙、凌濛初在利用前代文本资源加工改写时,不能不受其作为明人的主观世界之左右,也必然会受明季时代现实的拘牵。更兼通俗文学读物的内容是在迎合民众阅读要求下产生的故事,不仅需要有相当真实性、生活性才能为市场所接受,也必定在很大程度上符合民众的审美趣味和心理要求。这些故事会折射着法律条文之影响力,其在何种程度上被有效实施,对民众生活、心态等有何种影响等。③ 这些对民众日常生活之至关重要的社会面貌描绘,也较少为二十四史体

① 例如现存元杂剧160多种中,公案戏是22种,约八分之一强。参见王起等选注:《中国戏剧选·编者题解》,人民文学出版社1985年版。明代臧晋叔编的《元曲选》戏剧100种中,公案戏为七分之一强。这些所谓的公案戏"不都是有关司法裁判的戏剧,可能很大部分与司法审判问题无关"。参见苏力:《法律与文学》,三联书店2006年版,第118页。

② 沈明:《法律与文学:可能性及其限度》,载《中外法学》2006年第3期。

③ 瞿同祖:《中国法律和中国社会》,中国政法大学出版社1998年版,第5页。

系的正史所载。

此外,由于司法技术和资源的不足,承载道德教化功能的文学在古代同样扮演了进行社会控制的法律的作用,正统意识形态也会悄然成为文学作品的背景。① 故文学作品本身直接显示的对司法活动的感知和褒贬,亦反映了作为文学加工者的文人与作为文学原创者和接受者的公众之间的共识。

总之,"三言二拍"此种在传统市民文学中较具代表性的文本,会在人们理解明季普通民众的诉讼心态和法律意识及其成因时有较高的借鉴意义和参考价值。作为一项"文学中的法律"的研究,笔者也不揣鄙陋,将在覼缕小说文本材料的基础上抉发其中一二。②

二、民众的诉讼心态:好讼和惧讼

"听讼,吾犹人也,必也使无讼乎!"(《论语·颜渊》)孔子对诉讼态度的经典表达后来成为历代皇朝之司法意识形态的一个重要部分。官方以"道之以政,齐之以刑,民免而无耻;道之以德,齐之以礼,有耻且格。"(《论语·为政》作为"为政"的目标,希望通过道德教化,达到"使民无讼"的境界。

同时,根据孔圣人"君子喻于义,小人喻于利"(《论语·里仁》)的规训,为蝇头小利对簿公堂乃是小人作为,君子不为。"恶人先告状",首先兴起诉讼官司的当事人会受到道德上的贬抑。所谓"恶讼师",在现代社会看来是为当事人利益辩护的人在古代也常被认为是挑起事端

---

① 苏力:《法律与文学》,三联书店2006年版,第231~232页、第253页,详见该书第六章和整个第三编。虽然苏力老师的分析立足点是在戏剧,但在必须迎合大众而非自我抒情的文学体裁特质上,通俗小说与戏剧十分接近。"三言二拍"中每一则故事文字均有数千字,如不能反映当时社会的基本价值观,很难获得流传。

② 有鉴于该批作品的跨时代品格,及对前代作品(包括形式、内容与观念)的承继发展,本文不将民众法律观念的探讨限定于某个历史断代,而以"古代"笼统称之。当然,宋元明之法律观念仍是重点。

的罪魁。比邻而居的熟人社会结构也通常使纠纷当事人碍于或许是祖宗几代通家的脸面而选择息事宁人。

然而,“无讼”只是一种理想境界。“息事宁人”也并非意味着厌讼是古代民众的主流心态。① 尽管司法者通常采用道德教化和民间调解等非官方的手段来解决民众之间的纠纷。可利益当前,教化往往失效。一旦民间调解失效,衙门还得最终出手来解决纠纷。② 从“三言二拍”故事可以看到,市井百姓之中较为普遍地存在着好讼和惧讼的双重心态。好讼是处于对诉讼之正当性和作为一种纠纷解决机制的有效性之认可。惧讼则更多是出于对司法低效造成的成本和风险的担忧。

(一)好讼:对作为纠纷解决机制的司法的追求

中国古人的“好讼”态度从春秋时代有关邓析—这位最早意义上的讼师—的故事中已见端绪。③ 随着社会经济发展,内政外交需要,民众的义利观念开始产生变化。“神宗嗣位,尤先理财”(《宋史·食货下一》),由于王安石新党的影响,人们不再讳言财利,开始强调“利义均重”。这一思想在宋朝立法中也得到贯彻。④ 明以后追金逐利更加成为普遍现象,“争名争利,顾得什么朋友不朋友,薄情不薄情”。⑤ 虽然中国古代百姓的日常生活与经济交往,基本上是通过伦理道德、家规族法、乡规民约之类的社会规范与民间习惯等维系。但当民众的利益在上述调解体系下无法得到平衡,比如在家规族法调节无效时,便“未免两下搬斗,构出讼事”。亦即诉诸公堂,将纠纷提交上级权力机关——

① 徐忠明:《传统中国乡民的法律意识与诉讼心态》,载《中国法学》2006 年第 6 期。

② 徐忠明:《小事闹大与大事化小:解读一份清代民事调解的法庭记录》,载《法制与社会发展》2004 年第 6 期。

③ 徐忠明:《明清时期民间诉讼的态度和策略》,载《众声喧哗:明清法律文化的复调叙事》,清华大学出版社 2007 年版,第 189 页。

④ 赵昆坡:《中国法制史》,北京大学出版社 2002 年版,第 184 页。

⑤ (明)冯梦龙:《警世通言》(第十五卷),上海古籍出版社 2012 年版,第 165 页。鉴于本文在一定程度上将文学文本作为史料运用,并且有不少文字的直接引用,故不可回避版本校勘的问题,即选择何种版本的文本作为纳入考察的资料。然而,定本非笔者能力精力所能及。只能将版本选择托诸文献学专业人士。本文“三言”以及《拍案惊奇》版本据上海古籍出版社 2012 年版。《二刻拍案惊奇》则用人民文学出版社 1996 年版。下文若有重出,为注释简洁,将不注版本。

衙门,让官府主持公道,使自己的权利归属得到一个终局性裁判成为当时民众常见的正当选择。发现重大杀人命案自然需要首告;①家中觉察有人与女儿私定终生,他们会找县老爷官法定夺;②儿子不孝顺,他们“一径走到府里来”写一张状纸告儿子忤逆;③妻儿走失要递状到官;④家中财产归属不明确更是要靠老爷官断。⑤《醒世恒言》第三十四卷《一文钱小隙造奇冤》中的大户朱常更是“为人奸诡百出,变诈多端,是个好打官司的主儿”。

(二)惧讼:基于成本考量的远祸避害

惧讼和厌讼不同,二者在不发动诉讼、避免诉讼的结果上存在相似性,同好讼是相对的。但二者在对待诉讼的态度上却存在着根本的差异。后者在前文分析已指出是基于道德上的贬抑,对诉讼本身的价值是不认同的。但前者对诉讼本身的合理性并不表怀疑,之所以畏惧乃是由于司法流程中的不确定性所带来的成本和风险方面的顾虑。正是“若与他经官动府,虽是理上说我不过,未必处得畅快”。⑥

在杀人抢劫等恶性刑事案件上,市井小民提起诉讼追求的是“天理”、“公道”,或者说复仇的本能,而可能会不计成本。在诸多户婚、田土和钱债等民事方面的纠纷上,民众诉求的只是钱财、土地等现实利益。他们的诉讼行为基于理性选择,往往是在衡量了诉讼成本与回报之后做出。提起诉讼是积极地驱利,远离诉讼则是消极的避害。“随你官清如水,难逃吏滑如油”,“县官衙门八字开,有理无钱莫进来”,“公人见钱,犹如苍蝇见血”,诉讼过程中,民众要面对诸如官员索贿、差人讨钱以及关节打点等现实的利益损失。正如过老父对儿子的损友的心态:“欲要访问同游这班人,告官惩治,又怕反用银子,只得忍耐。”⑦

---

① “三言二拍”故事中涉及杀人之类恶性刑事案件的,多数有第一证人和邻里自发首告的情节。

② (明)凌濛初:《拍案惊奇》卷二十九,上海古籍出版社2012年版,第403页。

③ 《拍案惊奇》卷十三,第165页。《醒世恒言》第十七卷。

④ 《拍案惊奇》卷之八,第107页。

⑤ 《拍案惊奇》卷三十三,第459~470页。

⑥ 《拍案惊奇》卷十五,第195页。

⑦ 《醒世恒言》第十七卷,第274页。

除了诉讼成本外,更危险的是官府权力行使的不可控性。即便是“七品芝麻官”,也能令人家破人亡,即俗语所谓“破家县令”。在《醒世恒言》第二十九卷《卢太学诗酒傲王侯》中,浚县“世代簪缨,家资巨富”的卢楠与县令发生了误会和失礼,县令夫妇便“怒气冲天”,心想自己“横行直撞,少不得有人奉承”,居然被怠慢,“顿提起生事害人之念”,后来卢楠十年冤狱,几乎丧生。寻常升斗小民在县官面前的命运更是可想而知。

在中国古代政治和社会伦理中,忠孝本是同构。天下没有不是的父母,父母喜怒不定、惩戒责罚子女,乃天经地义的权力。父母官对子民亦如是,而且威力更大。居上位者刚愎自用,居下位者连申辩的权利都难得保障。“三言二拍”很多故事中,官员审案的第一道程序便是一顿“杀威”棍棒,“随你凶奸似鬼,公庭刑法不相饶。”案件尚未了结当事人便已经饱受皮肉之苦。牢狱中的恶劣条件和狱吏索贿等司法腐败也常令被拒者屡屡未等按案结便已殒命。如《一文钱小隙造奇冤》中的小二,“那顿板子,又十分利害;到了狱中,没有使用,又遭一顿拳脚。三日之间,血崩身死”。《卢太学诗酒傲王侯》中的卢楠被受指使的狱卒拉“到僻静处”,“把土囊压住口鼻”。

此外,由于传统司法体制下民事刑事不分,即使是原告和证人也可能在司法者的翻云覆雨手中顷刻变成被告而大吃苦头。有时一方抵死不招,便刑求另一方。所以好人也多敬衙门而远之。《初刻拍案惊奇》卷十六《张溜儿熟布迷魂局　陆蕙娘立决到头缘》提到很多人娶妻妾却入了圈套,人财两空。但“被赚之人客中怕吃官司,只得忍气吞声,明受火囤”。《一文钱小隙造奇冤》中,遇到家门口来历不明的死尸时,不同无辜者本能的反应均是惊恐:“到天明被做公的看见,却不是一场飞来横祸,辨不清的官司”(铁匠),“慌了手脚”、“欲待叫破地方,又怕这没头的官司惹在身上”(酒店主人)。

此外,宗法制下乡约族规的束缚也是民众对惧讼的原因之一,尽管畏惧的对象并非是官府。不少宗谱规定了族人纠纷的内部解决方式,甚至明确要求“宗人有事争论,宜先告宗房,从公评处,不得鸣官,有伤族谊。如有暴戾强横,不告宗房,妄行讼官者,重罚祭祖,以治其罪。不服,则重讦之于官。”①乡长族长之裁断成为阻断宗人涉讼的有效屏障。

三、民众的法律意识:对好讼与惧讼的进一步解释

诉讼心态是对民众的法律行为抽象之后概括出来的行为准则,体现的是民众对诉讼整体的必要性和可能性的模糊而潜在的心理。而法律意识则是民众在法律相关问题上较为明确和表象的观念和看法,这些观念和看法主要针对的则是常态生活下的法律调整机制——契约行为和非常态生活下的法律调整机制——诉讼行为。诉讼和契约是古代民众法律意识的核心内容,②相关法律意识也可以进一步解释好讼与惧讼的诉讼心态的并存。

对古代民众而言,诉讼、打官司是同衙门、官老爷、差役、状纸、刑讯、证人证词等一系列微观构成要素发生直接和间接的关系的活动的总称。我国古代并没有明显独立、体系化、制度化的司法活动,民众对诉讼行为的理解是零碎的,即诉讼就是上衙门——让青天老爷做主——来惩办罪犯或者坏人、对头——实现利益、出气等环节。与此相联系,可以发现民众敬畏官府裁决,崇尚官员智慧,追求实质正义以及扩大事件影响等有关诉讼的观念和策略,及对司法权力不测性的畏惧。而日常契约的缔结等维护权利的方式,也是在司法投射(in the shadow of)下的活动。

(一)民众对司法权威相当的服膺

古代民众主动选择官府衙门来解决自己生活之中纠纷,归根结底是缘于对官府裁决权威的公信力和终局性的信任。“三言二拍”故事中,不乏针砭官员贪弊的,但在大多数纠纷解决过程尤其是民事纠纷

① 浙江新昌县《沙溪朱氏宗谱·凡例》,民国二十七年印行(作者自行存档)。

② 徐忠明:《娱乐和讽刺:明清时期民间法律意识的另类叙事》,载《法制与社会发展》2006年第5期。

中,我们很少看到关于官员舞弊有偏的描写;相反,民众对官府的信任之词处处可见。官府判决特别是关于户婚、田土之类民事纠纷的,也通常得到了较好地遵守,"执行难"的问题不突出。

而"官断"的权威不仅在于它作为公权力的"一锤定音"功能,也来自作为社会精英阶层(在刑名师爷和胥吏等职业人士的帮助下)的官员在断案中体现的智慧与技巧。

1. 民众对国家统治权威的敬服——好讼的根源一

这一点主要来源于古代政治制度的构建,即集权和科举。

在集权体制下,行政首长对辖区有着全方位的管理,集公检法和行政权力于一身。① 地方官被称为"父母官"、"老公祖",且治权来自天子的授予,故对百姓的管理囊括民刑,从人身财产到婚丧嫁娶,涵盖了小民生活的所有的方面,一如父权。这种君权与父权的结合使州县官员的裁判是非的权力在小民眼中得到强化和神圣化。他们是事无巨细地荫蔽一方水土的"青天",具有处理社会纠纷的最大能力。或者说是在村落、社区、商业行会等自治组织不发挥或无法发挥作用的情况下的终局裁判者。这种唯一性使官员裁判最具有威慑效力。"爷爷分付,小人敢不遵依","老爷明断,小人怎敢违逆","被官府断了,怎敢不依"之类尊卑分明的言辞在故事中频频出现。

另外,于南北朝时期萌芽、隋唐发展定型、宋明完善并成为主导的科举选官制度下,官员大多是寒窗十年,三考出身,经过了朝廷严格遴选所产生的精英。同时由于各阶层晋身机会的极大平等,官员很多出自平民,了解民情。

"青天大老爷"兼具政治精英和文化精英的身份,在智识和道德上具有权威,又受到了公权力的支撑,则作为司法者不仅有还人清白,辨明是非的能力,也有这么行事的道德责任。这种权威性对于制度的形成和秩序的维系起了很大的作用。② 有个可以反证的例子是《喻世明

① 徐忠明:《包公故事:一个考察中国法律文化的视角》,中国政法大学出版社2002年版,第350~356页。

② 贺卫方:《中国司法传统的再解释》,载《南京大学法律评论》2000年秋季号。

言》第三十八卷《任孝子烈性為神》,临安府任珪因其妻子与人通奸、又诬蔑任父,遂杀了合谋欺侮自己的奸夫淫妇等五人,被判死刑。但他临刑前,风沙大作,端然坐化,而免于凌迟。玉帝还怜他是忠烈孝義之人,封为土地神。故事讲述者显然想歌颂任珪,不过也不曾游戏笔墨,直接违背人间刑法的规则与权威。

2. 民众对官员"超越法律"的裁判智慧的赞赏——好讼的根源二

"清官"成为一种文化现象大约是到宋代以后。清官意识和包公故事的流行大约始于十三世纪。[①] "清官"不能仅仅指、甚至主要不能指"清廉"、"清正",而指的是司法官智识能力上的"清楚""清醒"。[②] 如果司法官需要具备情感方面的素质的话,则应当是"仁恕哀矜"以"得情"。[③]

"三言二拍"故事中,官员若非因贪蠹被讽刺者,很少有涉及他们个人道德品质的描述,官员与权贵斗争的故事也不多。民众对官吏所关注的,更多的只是尽职责、依例律、保一方安宁即可。他们歌颂的官员多是能兼顾法理、天道和人情,既解决纠纷又令两造都能接受的。由于官员具有前述的道德和文化权威,所以他们有时的确能具备更高的智慧和较大的灵活空间来进行审判,不太受固有规则的羁绊,结果也会以让民众"喜出望外"的方式予以解决。

《蒋兴哥重会珍珠衫》中,一老人因为偷珍珠,在争执中被珍珠贩失手"拖翻在地"而死,但各目击者对是打倒还是推跌意见不一,合浦县令吴杰表示要尸检才能认定是打死,"有伤无伤,须凭检验"、"若不见贴骨伤痕,凶身怎肯伏罪?没有尸格,如何申得上司过?"证据意识和疑罪从无的观念鲜明,但死者儿子认为尸检有失大户人家体面。县令便开导说:"望七之人,死是本等。倘或不因打死,屈害了一个平人,反增死者罪过,就是你做儿子的,巴得父亲到许多年纪,又把个不得善

① 徐忠明:《包公故事》,中国政法大学出版社 2002 年版,第 373 页。

② 但苏力的研究并不强调这些官员的审判对情理法的结合,参见苏力:《法律与文学》,三联书店 2006 年版,第 195 ~ 196 页。

③ 徐忠明:《凡俗与神圣:解读明镜高悬的司法意义》,载《中国法学》2010 年第 2 期。

终的恶名与他,于心何忍?”同时又责令珍珠贩披麻戴孝赔礼并承担殡葬费用。遂令事情得到双方认可的解决。书中有诗赞:

公堂造业真容易,要积阴功亦不难。试看今朝吴大尹,解冤释罪两家欢。[①]

传统中国司法的常态是非逻辑化思维方式导致的非专业化知识的统治,[②]其根本原因在于司法官的非专业化和司法裁判的实质化,从而与现代西方的法官职业化和裁判形式化不同。[③] 苏力、徐忠明等学者都对包公故事中种种超越法律条文的办案方式多有过论述。而在“三言二拍”中,很多案件审理和纠纷解决过程同样几乎从未涉及法律条文(尽管或许本来就没有充分多的条文),也不谈什么正当程序。司法者有很大的个人发挥空间,可谓各显神通,窃听者有之,乔装获证者有之[④],甚至利用妓女[⑤]、男宠[⑥]等特殊群体破案的,只要能令真相大白,皆可被传为美谈。

例如,《滕大尹鬼断家私》讲述了司法者装神弄鬼还私藏书证、中饱私囊。明朝顺天府倪太守为保护幼儿,临终前将主要家产给了成年的长子,只留给小妾和幼子一张内藏玄机的图画。故事先通过倪太守的临终叮嘱“其中含藏哑谜,直待贤明有间在任,送他详审,包你母子两口有得过活,不致贫苦”暗示了最终审判这个案子的官员必定是贤明的,接着又通过旁人讲述滕大尹“分明鬼谷先师一般”的破案事迹。

---

① 《喻世明言》第一卷,第27页。

② 贺卫方:《中国司法传统的再解释》,载《南京大学法律评论》2000年秋季号;贺卫方:《中国司法的三大传统及其对当代的影响》,载《河南省政法管理干部学院学报》2005年第3期。

③ [德]韦伯:《儒教与道教》,洪天富译,江苏人民出版社1993年版,第120~124页、第154~156页、第172~175页。

④ 《喻世明言》第二卷《陈御史巧勘金钗钿》叙及陈御史就扮作布商得到了主犯骗取的钱财物证。

⑤ 《醒世恒言》第三十九卷《汪大尹火焚宝莲寺》写汪大尹施计令妓女(当时是合法职业)假扮良家妇女入住,从而获取寺中僧人借菩萨送子之名奸淫众多良家妇女的罪证。

⑥ 《拍案惊奇》卷二十六《夺风情村妇捐躯 假天语幕僚断狱》叙说林断事亦让自己男宠去寺院勾引和尚找到破案线索,“林公精明,能通天上,辨出无头公案,至今蜀中以为美谈”。

滕大尹参破图中暗层留下的遗言后，不直接出示书证，而是当众做戏假装见到了倪太守的鬼魂，这样既发掘了倪家老屋壁中所藏金银并予以分配，也假托“倪太守”之意大捞了笔酬银。对此，作者只是笑话“鹬蚌相持渔翁得利”，倪家长子“心太痴，忍以嫡兄欺庶母”，“何似存些公道好，不生争竞不兴词”。[①] 换言之，故事主旨是“劝人重义轻财，休忘了孝悌两字经”，但对司法者借机敛财，几乎是不置可否。

另一类有趣的故事是司法者无视“父母之命媒妁之言”的婚约之成效，而给予年轻人的爱情追求以正当性。这一方面体现了中国传统法官在法律与情理出现冲突时，倾向于情理，而不是法律；[②]另一方面则可能反映了宋明江浙商品经济发达地区市民生活中新起的价值观，即更愿意尊重青年男女的爱情。

一个例子就是著名的《乔太守乱点鸳鸯谱》，杭州一对原各自有婚约的年轻人因自家兄姐婚姻中的一些变故而见面、动情、许身，被告发到官府后，乔太守不仅承认既成事实、判为夫妇，还索性让他们未过门的配偶“兑换”配对。女儿被重新指配未婚夫的“徐雅见太守做主，怎敢不服？”太守亲笔写就的判词曰：

弟代姊嫁，姑伴嫂眠。爱女爱子，情在理中。一雌一雄，变出意外。移干柴近烈火，无怪其燃；以美玉配明珠，适获其偶。孙氏子因姊而得妇，搂处子不用逾墙；刘氏女因嫂而得夫，怀吉士初非炫玉。相悦为婚，礼以义起。所厚者薄，事可权宜。使徐雅别婿裴九之儿，许裴改娶孙郎之配。夺人妇人亦夺其妇，两家恩怨，总息风波。独乐乐不若与人乐，三对夫妻，各谐鱼水。人虽兑换，十六两原只一斤；亲是交门，五百年决非错配。以爱及爱，伊父母自作冰人；非亲是亲，我官府权为月老。已经明断，各赴良期。[③]

刘家女和孙家子违反了各自婚约，甚至有“奸夫淫妇”之嫌，但由

---

① 《喻世明言》第十卷，第 130～131 页。

② 孙笑侠：《传统中国法官的实质性思维》，载《浙江大学学报（社会科学版）》2005 年第 4 期。

③ 《醒世恒言》第八卷，第 141 页。

于各自尚未拜堂,两家未来的配偶彼此“也相貌端正,是个对儿”。由官家重新指婚,符合当时的礼法,也不明显损害具体个人的利益。赢家是少男少女的爱情,而输家不过是既有的婚约规则。在这里,天理人情大败法律,“相悦为婚”,权宜了礼义,顾及人情又不失公道,因而“街坊上当做一件美事传说,不以为丑”,“杭州府都说好个行方便的太守,人人诵德,个个称贤”。

在类似的故事中,浙东秀才张幼谦与罗惜惜情投意合,私定终身。但罗父将女儿受聘于辛家,张家虽然也曾提亲,可“只来口说得一番,不曾受他一丝,不为失约”。张秀才夜夜翻墙与罗女私会。罗家发现奸情后,将张秀才送官法办,辛家也递上状纸。县宰明知张秀才“理曲”,但见他“人才俊雅、言词慷慨”,青年男女又意志坚决,便“有心要周全他”。后来张父委托湖北帅府、州太守来说情,终于“了此一段姻缘”。①

上述两点,可以解释民众为何愿意兴讼,不仅是司法官具有权威,也由于他们能把权威用到民众乐意见到的方向上。

3. 民众对刑讯逼供的无奈接受与司空见惯——惧讼的根源

不过即便不考虑司法腐败的因素,睿智的官员也总是可遇不可求的,在古代刑事侦查技术不发达的情况下更是如此。口供仍然是“证据之王”。“三言二拍”五十来件刑事案件几乎最后都是以犯人招供结案。司法检验、勘察笔录、专家鉴定结论一类的证据形式出现得不太多。当然,这可能是和该作品的文学定位有关,即不宜引入太多技术性细节。毕竟南宋就已经出现了宋慈《洗冤集录》等优秀的刑事勘验鉴定著作。

刑讯逼供就是个明显的问题。尽管《尚书·吕刑》就提出“五刑之疑有赦,五罚之疑有赦”,《礼记·王制》则曰“附从轻,赦从重”,但实际上我国古代司法传统具有“有罪推定”和“非对抗性的司法过程”的特质。有罪推定意味着证明责任在被告方,而非指控方。被告需要提供证据证明作为消极事实的无罪,显然很难。非对抗性的司法又使审判

---

① 《拍案惊奇》卷二十九,《通闺闼坚心灯火 闹囹圄捷报旗铃》。

官与发生争讼的当事人之间是直线结构而不是三角形结构,导致官方的力量直接作用于百姓。[①] 被告不仅要向受害人证明自己的无辜,更要向咄咄逼人高高在上的审判官证明自己的无辜。审判官的思维一方面受实质正义观的影响,另一方面作为智力优越者和道德文教承载者的傲慢性,很容易使他们产生主观预断,并把当事人为自己辩解视为无理开脱、不老实、乃至和自己“作对”,从而不惮借助刑讯的手段来寻求“真相大白”。而且这种行为模式反过来可能导致司法官在改进、提高刑侦技术上的懈怠。

但从另一面讲,在刑侦技术水平确实较低、短期内通过正心诚意也无法提高的中国古代,通过拷打获取口供并定罪是一种在刑侦资源有限的情况下破获案件的相对节省成本的方法。[②] 很多坏人也确实是在大刑伺候下才原形毕露的。例如,在一起妻子控告发现丈夫一年多前曾做强盗杀人。此案物证早已湮灭,但把被告“用刑拷讯,与大娘子口词一些不差”,[③]也算办成了铁案。古代更是不禁用“毒树之果”,所以若能通过刑讯逼供起获物证,足以令司法官和民众都觉得此结果能正当化手段。[④]

因此,清廉高明如寇准(在《杨家将》中先是刑求潘仁美、后来通过装神弄鬼来诱供)、包拯[⑤]都会不时动用大棒,而在“三言二拍”中官员不分贤愚地为获取口供用严刑(不进行刑讯的前提也是因为犯人已经招认)也就不足为奇。“严刑拷打”、“几十大板”之类的言辞在普通民众看来,成了很普通的诉讼话语,拶子夹棍是寻常工具。“冬冬牙鼓

---

① 贺卫方:《中国司法传统的再解释》,载《南京大学法律评论》2000 年秋季号;贺卫方:《中国司法的三大传统及其对当代的影响》,载《河南省政法管理干部学院学报》2005 年第 3 期。

② 苏力:《法律与文学》,三联书店 2006 年版,第 117 ~146 页。

③ 《醒世恒言》第三十三卷,《十五贯戏言成巧祸》。

④ 元杂剧的作者和民众也“不反对清官搞刑讯逼供,只批评昏官搞刑讯逼供”,体现了一种后果主义和实用主义的哲学。苏力:《法律与文学》,三联书店 2006 年版,第 196 ~197 页。

⑤ 参见《包待制三勘蝴蝶梦》,其中甚至说“人是贱虫,不打不招”;参见[明]臧晋叔编:《元曲选》卷二,中华书局 1958 年版,第 637 页。

响,公吏两边排;阎王生死案,东岳摄魂台。"[①]刑讯俨然同样是审判"正当程序"的一部分。[②] 尽管法律规定"唯死罪并窃盗重犯,始用拷讯,余只鞭扑常刑",但实际上"挺棍、夹棍、脑箍、烙铁及一封书、鼠弹筝、拦马棍、燕儿飞,或灌鼻、钉指、用径寸懒杆、不去棱节竹片,或鞭脊背、两踝"等为"酷吏辄用"(《明史·刑法志二》)。

诚然,由于传统文学扬善惩恶的基本路线,"三言二拍"故事中受酷刑之犯人大多罪大恶极,不打就不老实招供,令人读之而后快。但也有不少故事中的主人公受冤被打,且审判官没有徇私枉法,只是"例行公事"地刑讯。犯罪嫌疑人也往往在棍棒之下难以坚持为自己辩解。著名的是《醒世恒言》第三十三卷《十五贯戏言成巧祸》[③](即"错斩崔宁")里,两无辜者被"死去活来,拷打一顿"后,"受刑不过屈招了"。不过作者并未表现地痛心疾首,而是颇有几分听天由命地感慨人世无常,"善恶无分总丧躯"。

当时人也知道无辜者会屈招,罪犯却能扛刑。在《醒世恒言》第二十九卷《卢太学诗酒傲王侯》中,一个被捕的强盗因故暗恨一屠户,便"咬定是个同伙,虽夹死终不改口",知县便把强盗经刑讯落实的口供为凭,将无辜屠户也被问斩。《警世通言》第二十四卷《玉堂春落难逢夫》中,毒杀亲夫的皮氏等人就抵死不招,最后靠书吏偷听才令真相大白。所以,刑讯在很大程度上只是一种例行公事罢了。《喻世明言》第二十六卷《沈小官一鸟害七命》描述的三次比较完整的庭审各有功效。知府第一次用刑是对一个后来证明被冤枉杀人的犯人,"再三拷打,打得皮开肉绽",导致犯人屈招被斩。正是"老龟煮不烂,移祸于枯桑"。第二次是对真凶,他"喝令好生打着。直落打了三十下,打得皮开肉绽,鲜血淋漓"。第三次则是对割下父亲的头颅诈称领赏的两兄弟,

---

① 《警世通言》第三十六卷,第460页。

② 近代以前的欧洲刑事司法也不免如此,福柯:《规训与惩戒:监狱的诞生》,刘北成等译,三联书店2003年版;苏力:《法律与文学》,三联书店2006年版,第128~132页。

③ 徐忠明:《从话本〈错斩崔宁〉看中国古代司法》,载《法学评论》2000年第2期,较为全面地分析了冤狱形成的原因,包括什伍连坐制度导致邻里诬告脱干系、官民地位差距、定罪依据众证、刑侦技术限制等。

“口不欲说，耳不欲闻，笔不欲书，就一顿打死他倒干净，此恨怎的消得！”“喝令手下不要计数先打一会，打得二人死而复醒者数次。”①尽管从字面上看，对待不同的犯人，知府拷打的程度是不同的，尤其到第三次，拷打不只是为了审案，更包含许多道德惩戒和个人情感因素。犯人总脱不了一顿好打。民众虽然不是不能接受之，总是会为之战栗，惧讼也就成了很正常的心态。

（二）民众对司法流程的策略性利用

在中国传统社会，普通民众平常处于以家族和宗族为基本层的社会组织网络中，并受到无违隐忍的道德教化的压制，提起诉讼或者伸冤需要较大的勇气，甚至具有冲破网罗的色彩，难度很大。② 司法流程中非逻辑化思维、非专业知识的统治带来的不确定性、不一致性迫使有能力、有智慧的诉讼发起人努力寻求特定的诉讼策略，以有效利用外部力量。具体策略包括状纸的书写方式，也包括通过扩大事件影响，将案件在一个新的外部力量、态势不同的环境中重新展现，以寻求翻盘机会。

如《沈小霞相会出师表》故事中，明朝权臣严嵩及其门徒陷害并发配沈小霞，又令差人张千、李万在押解途中将沈小霞害死，小霞和随行的小妾闻氏识破二人诡计，小霞设计脱身。闻氏“双足顿地，放声大哭”，拉住两个差人要丈夫，她的吵闹和被权臣迫害的冤屈引得周围邻人跟她出首，“去官府处叫冤”。③ 闻氏此举显然不是为了用法律手段制裁两个“杀夫犯”，但人命关天，非同小可，她能通过这种方式来呼唤社会关注，引入外部势力，来改变自己在原有微观环境下的弱势状态，惩治差人恶行。果然，受案的兵备道的思路是“那严府势大，私谋杀人之事，往往有之，此情难保其无”，而将此案发去本州勘审。

但前述种种值得“好讼”和“惧讼”的现象并存的情况导致的一个逻辑性结果便是：发起诉讼者的逆向淘汰和旨在操纵司法的证据伪造

---

① 《喻世明言》第二十六卷，第326页。

② 徐忠明：《明清时期民间诉讼的态度和策略》，载徐忠明：《众声喧哗：明清法律文化的复调叙事》，清华大学出版社2007年版，第217页。

③ 《喻世明言》第四十卷，第505～515页。

与敲诈性“私了”行为频发。《醒世恒言》第三十四卷《一文钱小隙造奇冤》就很是惊心动魄。“好打官司”的江西大户朱常与安徽大户赵完争地,朱把捡来的无名女尸诈称是在群殴中被赵家打死,“打着尸首赶到赵家,一路打将进去”,“初念只要把那尸首做个媒儿,赵完怕打人命官司,必定央人兜收私处”。不料赵家也是老手,打死了两人,却伪装成是被朱家打死,要围观“众人具个白昼劫杀公呈”。仵作验伤发现女尸确只有缢死绳痕。朱常遂下牢,打起了程序战“向本省上司去告准,捱到来年四五月,然后催关去审,那时烂没了绳痕,好与他白赖”。

司法中口供为王不等于书证和物证就不重要。中国人很早就有了证据意识。《周礼·地官·小司徒》云:“凡民讼以地比证之,地讼以图证之。”“三言二拍”故事中的人物也很注意书证和物证的作用,所谓“词中没个实证实据,乱行不得”。《卢太学诗酒傲王侯》中县令为了隐匿一涉案人的奴仆身份,骗得“佣工文券,只认作假的,尽皆扯碎”。《喻世明言》第二卷《陈御史巧勘金钗钿》、《醒世恒言》第十五卷《赫大卿遗恨鸳鸯绦》都靠关键物证推动了案件侦查。“轻伤尽报做重伤”虽然是惯用伎俩,但当前述《一文钱小隙造奇冤》中朱常买通了仵作再次验尸时,由于尸首竟然没烂,“绳痕转觉显明”,仵作也不敢再做欺瞒。

(三)司法投影下的民事活动:契约文书订立的普遍性与作用

种种合同文书的一个基本功效就是古罗马人所谓的“法锁”,通过明确权利义务来增加日后一旦需要上法庭时的胜算,同时也反过来降低上法庭的风险。日常民事活动,不过是在司法投影下运作的。民众对正式的司法流程中的做法的靠拢,值得关注。

据《说文解字》:“契,大约也。”段玉裁注云:“约,取缠束之意。”①通过一定形式来约束当事人,确保权利实现的行为古已有之。在商品经济已经较为发达的明代,各类文书的使用更为频繁。在“三言二拍”故事中可以找到诸多离婚协议/休书、财产分割协议、遗嘱、合同等等完整的文本。兹摘录其中部分有代表性的如下:

---

① (清)段玉裁:《说文解字注》,浙江古籍出版社2006年据经韵楼原刻本影印本,第493页。

《蒋兴哥重会珍珠衫》中有休书一份：

立休书人蒋德，系襄阳府枣阳县人。从幼凭媒聘定王氏为妻。岂期过门之后，本妇多有过失，正合七出之条。因念夫妻之情，不忍明言，情愿退还本宗，听凭改嫁，并无异言，休书是实。成化二年月日，手掌为记。①

《滕大尹鬼断家私》中有被继承人亲笔手书遗嘱一封：

老夫官居五马，寿逾八旬。死在旦夕，亦无所恨。但孽子善述，方年周岁，急未成立。嫡善继素缺孝友，日后恐为所戕。新置大宅二所及一切田户，悉以授继。惟左偏旧小屋，可分与述。此屋虽小，室中左壁理银五千，作五坛；右壁理银五千，金一千，作六坛，可以准田园之额。后有贤明有司主断者，述儿奉酬白金三百两。八十一翁倪守谦亲笔。年月日花押。②

《玉堂春落难逢夫》中有赎身文书一份：

"立文书本司乐户苏淮同妻一秤金，向将钱八百文，讨大同府人周彦亨女玉堂春在家，本望接客靠老，奈女不愿为娼……有南京公子王顺卿，与女相爱，淮得过银二万两，凭众议作赎身财礼。今后听凭玉堂春嫁人，并与本户无干。立此为照。……正德年月日，立文书乐户苏淮同妻一秤金。"

见人有十余人。众人先押了花。苏淮只得也押了，一秤金也画个十字。③

《转运汉遇巧洞庭红　波斯胡指破鼍龙壳》有合同文书一份：

"立合同议单张乘运等，今有苏州客人文实，海外带来大龟壳一个，

---

① 《喻世明言》第一卷，第 20 页。此条材料被当代研究者征引，认为其对离婚原因"本妇多有过失，正合七出之条"的点明，某种程度上比现实应用文本所载更具体。郭松义、定宜庄：《清代民间婚书研究》，人民出版社 2005 年版，第 293 页。需要注意的是，该故事形态在冯梦龙早期所编文言小说集《情史》卷十六有收，题为"珍珠衫"，蒋兴哥与王巧儿分别对应"楚人"及其妇人。当妇人被休，文中仅以"发函视之，则离婚书也"一笔带过。当小说被冯梦龙改编为话本后，休书发展为完整的符合现实应用的形态，想来是冯梦龙个人生活经验之结果。

② 《喻世明言》第十卷，第 128 页。

③ 《警世通言》第二十四卷，第 289 页。

投至波斯玛宝哈店,愿出银五万两买成。议定立契之后,一家交货,一家交银,各无翻悔。有翻悔者,罚契上加一。合同为照。”

且叙明定约细节与形式:

一样两纸,后边写了年月日,下写张乘运为头,一连把在坐客人十来个写去。褚中颖因自己执笔,写了落末。年月前边,空行中间,将两纸凑着,写了骑缝一行,两边各半乃是“合同议约”四字。下写“客人文实　主人玛宝哈”,各押了花押。①

此合同文书的订立堪为范型,故事中,“转运汉”文实(字若虚)在海外某岛上捡了一个大鼍龙壳,作为稀奇东西带回,被一波斯商人看到欲向其购买。文若虚开价不高。波斯商人便提议订立合同,意在使文若虚“万万不可翻悔”。果不其然,在波斯商人指破鼍龙壳中有无价珍珠后,有人就建议文若虚:“只是便宜了这回回,文先生还该起个风,要他些不敷才是。”意即文若虚可以要求波斯商人追加货款。不过文若虚没有“昧心争论”,而是坦然接受了事实。《拍案惊奇》的作者赞赏了其忠厚。

波斯商人专门订立书面合同,并利用“有翻悔者,罚契上加一”的违约金条款增加文若虚翻悔的成本,显然是一种行之有效的法律手段。物的瑕疵担保责任只适用于卖方对买方,在这个情境下,波斯商人对交易标的物真实价值的“知情不报”并不构成欺诈(可参照文物古玩市场的惯例)。文若虚不争,既有其道德良善,或许也不无惮于合同文书的制约因素。然而,无论是劝说他“起风”的旁人,还是“三言二拍”的作者似乎都没有对其中的法律文书因素太加注意,而只是强化了这个故事的道德说教性。

异于常规的合同安排也得到了官府的广泛认同。《张孝基陈留认舅》中,汉末时,过家的败家逆子逃亡后,为嫖赌所欠之债的债主纷纷上门,过老父不认账,被告到县里。县令实际上是很同情过老父的,他强调“父在子不得自专,各家贪图重利,与败子私自立券,其心亦是不

---

① 《拍案惊奇》卷一,第14页。

良”,并把居中介绍借债的人“重责问罪”。但古代毕竟没有严格区分家庭成员个人和家庭的财产与债务,债主文契在手,县令也不得不对过老父说:“这都是你儿子借的,须赖不得”,“汝尚不肯与子还债,外人怎肯把把银子与汝子白用”,“今照契偿还本银”,只是利息免去以惩戒债主,“银完之日,原契当堂销毁”。不知是否是吃一堑长一智,过老父临终前“遍请邻里亲戚到家”,“做个证明,将所有财产,尽传付女夫(女婿)”,并摸出遗嘱,请“列位各署个花押,倘或逆子犹在,探我亡后,回家争执,竟将此告送官司,官府自然明白”。[①] 可见他很明确遗嘱定分止争的作用,以及遗嘱继承优于法定继承,法定继承中儿子有份女婿没份等法律规则。过老父给儿媳妇也有一类似休书的执照。[②]

除了完整的文书样式,散见的合同、文书、休书更是比比皆是,《陈御史巧勘金钗钿》中梁尚宾与妻子争吵后,“说了尽头话,就憋了一口气,写了离书,手印付与田氏”。甚至于大字不识的农夫有心与妻子断绝婚姻关系,也会到大路上请人写休书,并与代笔之人润笔,履行法律程序。[③]

以上足可见随着商品经济之发展,通过订立文书来确认权利义务的书证意识深入市井小民人心。这种契约意识同他们的诉讼意识互相支持。订立契约有利于当事人预先防范诉讼,同时也意味着他们在发动诉讼时可以具有更多主动权和有利证据。不仅在城里,在农村,尽管没有人“送法下乡”,农户们也已经在主动习得法律知识了。

四、结语

“三言二拍”混杂了一两千年的历史长河中流传下来的故事,至少

---

① 《醒世恒言》第十七卷,第277~278页。

② 作者所在的明朝规定无子又无嗣子可立时,由女儿继承。而故事发生的汉朝法律规定继承权归儿子,但遗嘱声明财产归女儿也可。赵昆坡:《中国法制史》,北京大学出版社2002年版,第117页、第234页。

③ 《拍案惊奇》卷二十,第266页。

就公案故事而言,由于必须令读者信服,而不会在情境安排上过于脱离现实,故具有较强的写实性和代表性。总体而言,我们可以发现中国古代民众对较为正式的司法活动并不陌生,存在一定的好讼心态。在民商事争议中,司法机制是解决纠纷的途径之一,即便并不必然地处于道德上或技术上的优先或劣后地位,终究是国家提供的最终的正式救济手段。特别是在城市中,传统宗法氏族力量薄弱,人际关系纽带松弛,正式的政府裁决机制更为重要。

而在国家权力具有垄断性的刑事司法活动中,诉讼是必要的纠纷解决机制,但囿于司法制度资源的匮乏(如专属司法机构和司法人员的不足)、侦查和审判技术的简陋和司法腐败等因素,中国传统司法并非是一项公正高效的活动,而常常以简单粗暴不透明的方式进行。民众并没有现代意义上的基本诉讼权利和基本人权,对司法者的监督手段颇为有限,这种准客体的地位使得民众在是否选择司法时会出现一定的逆向淘汰问题,即良民畏惧官府权力的滥用而惧讼、避讼。

在整体法律意识上而言,民众对诉讼行为有具体而微、虽然零碎却有针对性的理解。除了服膺官府代表的国家暴力外,科举制下政治权力和文化权力合一的统治结构也令民众认同官员本身素质优越性,令他们服从和遵守官府裁决,崇尚官员的判决智慧,尤其推崇兼顾天道、法理、人情的司法模式和官员决策类型。

民众作为旁观者时对司法的兴趣点集中于种种戏剧性情节和具有实质正义的后果。刑讯逼供、诱供骗供有时虽然是“懒政”而被滥用,但毕竟能突破司法资源不足的限制,间或还是惩恶扬善的唯一手段,所以会被民众认可。毕竟,在任何时空下的司法流程中,实质正义与形式正义都存在着一种张力和隐约的冲突。实质正义与形式正义都无法确保始终被贯彻。而皇权统治下以教化讽喻为主要功能的文学作品,也会更多地对司法秩序表示认同和理解,①更侧重于歌颂裁判智慧和参

---

① 有的司法程序一时未能发现的问题,就用坏人内讧的方式来令其暴露,如《一文钱小隙造奇冤》中的赵家最终被绳之以法。

酌道德人情做出的实质化裁判,而非严格遵循条文做出的形式的裁判。①

司法制度在现实中的运作尽管不完美,其中体现的价值观和强制力仍产生了对民间交往规则的统摄。“三言二拍”故事也反映出古代民众有相当的法律意识,这些法律意识并不是朴素的正义观或民间法,而是对国家成文法、司法先例的有意识借鉴。特别是一些民众明显善于运用特定诉讼策略来巩固自己面对公权力时所处的地位,包括以订立契约文书的方式明确权利的归属。

虽然这些样本故事并不全面,也不能说有科学统计上的精确性,但对中华近古社会生活的描绘,应当是较为准确的。

---

① 关于这两种裁判类型的论述,可参见徐忠明:《清代中国司法裁判的形式化和实质化——以〈病榻梦痕录〉为中心的考察》,载《政法论坛》2007 年第 2 期。

《法律和社会科学》(2015)
第 14 卷第 1 辑,第 334 ~362 页

对话吴汉东:在知识产权与法学教育之间

熊　琦　陈柏峰　吴汉东　徐涤宇*

(一)知识产权漫谈

熊琦:各位同学,各位老师,大家晚上好!非常高兴今天看到这么多同学能够在这里参加和我们敬爱的吴老师对话的活动,对话的主题是"在知识产权与法学教育之间"。让我们以热烈的掌声,欢迎我们中南的传奇人物——吴汉东教授!(掌声)好,接下来我们开始进入正题,首先提问的是陈柏峰教授。

陈柏峰:我的问题是这样的:现在随着信息技术的发展,盗版、山寨产品泛滥,不仅在新兴经济体,全世界均是如此,即便是过去知识产权保护得比较好的国家亦然,这是实践层面;在思想层面,哥大法学院的莫格伦(Eben Moglen)教授发起了"开源运动",反知识产权保护,主张凡是值得复制的都值得分享,在全世界范围内影响巨大,导致很多人

---

* 熊琦为中南财经政法大学法学院副教授,陈柏峰为中南财经政法大学法学院教授,吴汉东为中南财经政法大学前校长、法学院教授,徐涤宇为中南财经政法大学法学院院长、教授。这次对话于 2014 年 9 月 23 日在中南财经政法大学文泓楼报告厅举行。

把软件的源代码全部公布，即大家都可以去抄袭，与过去的知识产权保护理念恰恰背道而驰。由于在实践和理论上的这种趋势，有人甚至激进地认为知识产权将来会终结，或者说知识产权至少会走向多元，出现保护和侵权并存的局面。请问吴老师，您怎么看待这种现象，这种实践和理论的发展？

吴汉东：我们现在已经进入21世纪，这是一个知识经济的时代，也是一个网络信息时代。这个时代应该说对我们的生产、生活和人们的交往方式都带来了急剧的变化。我想借用英国文豪狄更斯在《双城记》里说过的两句话。首先，“这是一个最好的时代。”正是因为有了网络技术，使得地球变成了地球村，信息在全球范围内更为广泛、更为便捷地传播。我们可以足不出户便晓天下事。同时，“这也是一个最坏的时代。”这是因为互联网技术对知识产权，特别是对著作权这种传统的制度带来了极大的冲击。它改变了过去创作者、传播者、使用者三者之间的权利义务关系。现在流行这样一句话，由于网络版权纠纷急剧增加，版权公司“痛心”，总是被侵权；网络公司“揪心”，天天当被告；版权律师“开心”，因为打官司需要请律师。网络技术、网络空间对传统制度带来了挑战，我们要直面这个现实。但是我以为，著作权乃至整个知识产权存在的合理性的根基并没有动摇。作为知识产权学人的任务是什么？他要反思和批判，但不是根除和埋葬。就柏峰教授刚才提到的问题，我认为那种主张信息共享，主张版权作品在网络空间不受保护地自由传播的思潮从来都没有停止过。在这里我想说一句民法的法谚：权利是可以放弃的，但义务是不能违反的。因此，我以为未来的知识产权制度应该是一种多元制度的融合。既要注重独占权利的保护，也要允许其他创新制度的创立，包括信息公开、知识共享等制度的建构。我前年在《法学研究》上写的一篇文章《知识产权的制度风险与法律控制》，①比较全面地反映了我的学术思想。我借助社会学的风险理论，运用民法学、知识产权法学和社会学的相关理论，对未来知识产权制度

① 《知识产权的制度风险与法律控制》，载《法学研究》2012年第4期。

的建构提出了我自己的一些看法。如果大家有兴趣,可以读读这篇文章。谢谢!

熊琦:谢谢吴老师。第二个问题是我提出的。我想站在学生和学者两个视角上,向吴老师提一个问题。现在知识产权被视为显学了,我们有知识产权学院、知识产权专业、知识产权的就业方向。但是知识产权为什么要缺一个“法”字?我们在座的大部分也是法科学生,并且吴老师最早从事的也是知识产权的法学教育。“知识产权法”和现在火热的“知识产权”之间,到底有什么样的关系?

为什么我要提出这样一个疑问呢?首先,从学生的角度出发,我遇到了很多学生在报考知识产权专业和在询问知识产权学习方法时,都要问到一个问题:“我不懂技术,我能不能学习知识产权?”这是很多向往知识产权的学生们很恐惧的一件事情,他们觉得知识产权是多么的“高大上”,自己要是不懂技术,怎么可能学会呢?但是其他的法学,比如说环境法,就不需要懂技术么?一样的需要懂技术。但为什么恰恰是知识产权这个专业把技术问题提得那么高?这是我站在学生的角度,替有此困惑的学生向吴老师提的一个问题,这是一种学习上的困惑。

其次,从学者的角度来讲。在研究上,我个人基于对如今知识产权学界的观察认为,知识产权和传统法学已经渐行渐远,这可以说是我自己的一个忧思。现在我们法学领域所讨论的法教义学、社科法学、法学方法,基本不会邀请知识产权学者参与,好像他们研究的不是法律,不需要用到法学方法似的,而且传统领域的法学学者也极少涉及知识产权的研究,知识产权的学者也避谈或者不谈传统法学的内容。本来按我的理解,知识产权法应该是法学中的一个部门法,它扎根于民法学,吴老师和我本人都是民法学博士,知识产权法学和民法学其实是有很深的渊源的。但是,如今传统法学学者和知识产权法学者在相互认识学习上有困惑,在研究方法和范式的贯彻上有分离。因此我想问一问吴老师,知识产权和知识产权法到底到了怎么样的境地,到底是什么样的关系?

吴汉东：这是非常宏大，但是很有现实意义的两个问题。我先回答第一个问题，熊琦老师的这个问题代表了很多学生的疑惑。我想谈两个观点，第一个是关于知识产权的学科定位；第二个是关于知识产权人才培养的基本模式。记得2004年国家教育部与国家知识产权局联合发布一个名为“加强高校知识产权工作的意见”①的文件，其中一句话是：“提高知识产权的学科地位。”换句话说，在此之前，知识产权法是法学门下的三级学科，归属于民商法这个二级学科之下。十多年过去了，在教育部公布的新的专业目录②中，知识产权已经成为了与民商法并列的法学的二级学科。与此同时，在管理学的门类之下，知识产权管理与工商管理也成为平起平坐的二级学科。当然，知识产权领域还可以开设知识产权政策、知识产权贸易，如此等等。曾几何时，知识产权学人有自己的学科梦，想把知识产权打造成与法学有相同位阶的一级学科。对这个问题，我慎重地反思过，但我没有贸然地行动，没有提出此类主张。目前整个学科设置有13个学科门类，那就是理工农医、文史哲、经法管、艺术学、教育学和军事学。如果把知识产权法律、知识产权管理、知识产权贸易、知识产权政策上升为或归并为知识产权作为一级学科，它（应该）归于哪个门类？这是一种追求，但在目前并不现实。我以为，最新的专业目录调整大大地提高了知识产权的学科地位。

对于第二个问题，是关于知识产权人才培养的基本模式。2008年“国家知识产权战略纲要”，③强调了要加强人才培养，把人才培养作为实施战略的一项重要举措。我记得，2006年我在中央政治局讲完课④以后，遵从有关领导的指示，专门向国家教育部和国家知识产权局写了一份报告，建议加强知识产权人才的培养。记得时任总书记的胡锦涛同志听完课后讲了一句话：“看来，知识产权人才，要懂科技、懂管理、

---

① 《加强高校知识产权工作的意见》（教技〔2004〕4号）。

② 《普通高等学校本科专业目录（2012年）》（教高〔2012〕9号）。

③ 《国务院关于印〈发国家知识产权战略纲要〉的通知》（国发〔2008〕18号）。

④ 2006年5月中共中央政治局第三十一次集体学习，主题“国际知识产权保护和我国知识产权保护的法律和制度建设”，载 http://news.xinhuanet.com/newscenter/2006-05/27/content_4608742.htm。

懂经济,当然要懂法律。”中国现在的知识产权人才培养,有一种多元化、系统化的发展趋势。比如说设置本科专业,从最初的几个学校,现在发展到54所。但是请大家注意,一流的法学院和多数政法大学是只在研究生这一项层次的知识产权人才培养。当国家教育部高教司的有关领导征求我的意见的时候,我说:“我相信很多学校不做知识产权人才的本科培养,但是我本人是一种开放的心态,不反对人家‘试水’。”我认为知识产权人才是复合型、应用型,也应该是高端型人才。本科培养可以作为试点,但是应该以研究生、博士生的培养作为主要的方式。”当然这里的研究生、博士生包括法律也包括管理。

刚才熊琦博士谈到,很多学生很忧虑:“我没有理工科的背景,能不能学习知识产权?”我的回答是肯定可以的。我以身说法,我和熊琦博士经历相似,本科生、研究生、博士生,都是学习的法律,一样研究知识产权。在德国,知识产权的法官、知识产权的律师,都是学法律出身的。况且未来我们要设置知识产权法专门法院,也会仿效日本和我国台湾地区的做法,聘请技术法官。所以我想,无论有什么样的知识背景,都可以学习知识产权法,但是要为自己设计良好的知识结构,肯定要懂法律,还有必要的多学科的知识要素,很好地塑造自己。

第三个问题,熊琦老师问的是关于做研究的问题。我想,知识产权不能与民法学渐行渐远,作为知识产权学人,应该与民法同行,“且行且珍惜”(笑声)。我认为高水平的研究文章,特别是涉及法律问题的文章是离不开民法的原理、原则、制度和规范的。换一句话说,知识产权问题研究,如果离开了民法,它会变成一个无源之水,无本之木,它找不到应有的学科归属,而且知识产权工作者,会由此失去一个共同对话的学术平台。所以我在这几十年的教学和研究生涯当中,努力地把民法学和知识产权很好地结合起来。同时我的体会是,知识产权问题的研究,应该以民法理论为基础,以多学科的知识为背景。我写了很多文章,闯进了陈柏峰教授的领域,闯进了戚建刚教授①的领域,研究了知

① 戚建刚,中南财经政法大学教授,博士研究生导师。

识产权的政策科学问题、人权问题、风险控制问题、法经济学问题,还有无形资产的管理问题,但是,万变不离其宗,始终没有离开法学或者说民法学这个基点,这是我的心得,和大家分享,也仅供参考。(掌声)

熊琦:我谈一点对吴老师刚讲话的感想。吴老师刚才是从学习和人才培养的角度,从研究的角度去论述。这告诉我们什么道理呢?如果你是学法学的,你就把“法”这个字在知识产权这个领域里做到极致;如果你是学管理的,那么你就把管理学在知识产权领域做到极致;如果你是学贸易的,就把贸易在知识产权这个领域做到极致。它既然是一个融通型的、海纳百川型的学科,那么就允许各学科的方法贯穿其中。俗话说,精通精通,唯有精才能通,下面在座的各位同学,无论你是学法学的、学管理学的,扎扎实实一步一个脚印把自己这个学科学好,把自己这个学科在知识产权领域的优势发挥出来,而不要一开始就贪多贪广,我们要做到由精到通。

吴汉东:很好(笑声),我希望今天不要成为男中音独唱,而应该成为二重唱、三重唱和混声合唱。(掌声)

熊琦:接下来,有请陈柏峰老师。

陈柏峰:熊琦讲的其实我不太同意(笑声),我响应吴老师的号召。吴老师讲的其实我也不那么同意(笑声)。当然我们从哪个学科出来会从这个学科去考虑问题,但是实际上就问题来说,就研究来讲,学科只是为了我们方便,最后它要指向的是问题,如果学科是成为问题的主义的话,那么这个学科可以不要了。当然,现在知识产权在传统的体系里面不一定能找到一个很好的位置,但是我想,有很多分类你仔细去想,它都不一定是符合逻辑的。就像政治经济与社会的这个分类,它只是为了我们方便,至于它们分类的界限到底是什么,谁也说不清。

我想追问吴老师,因为刚才熊琦在吃饭的时候就责怪我,我开法教育学与社科法学对话的时候没有邀请他,他现在又提到了这个问题。(笑声)我自己的感觉,知识产权法确实是脱胎于民法的。但是,从研究方法上来说,知识产权法其实是越来越脱离于传统的民法,传统的民法是法教义学的传统领地,可是知识产权法更多的是和公共政策联系在一起,尤其是现在的疑难问题。

而且我要质疑吴老师一点,吴老师刚才提到德国、我国台湾地区、日本怎么样,没错,他们都有很有特色的知识产权法院或者知识产权的这一套制度。可是今天,知识产权更有创新力或者说制度创新的地方,可能恰恰是在美国。而美国的知识产权问题更多的是一个公共政策问题,需要公共政策的判断。当然,我也不认为吴老师的研究是法教义学,可能更多的是靠近我们社科法学,但是他自己又宣称,他是属于传统的领域。(笑声)他到底有没有矛盾,我想请吴老师解释一下(掌声)。

吴汉东:我觉得现代学科的发展,有一种非常有趣的现象,朝着两端在延伸、在扩展:一个是精细化,学科的精细化产生了一些新的分支学科、新的独特领域。这是一个方向;另外一个方向,学科的发展在向融通化方向发展,我们看到了什么天体力学、生物化学,还有我们所谈到的法社会学、法经济学,这也是多个学科之间的嫁接和融通。因此学科发展的两个维度,我们都不能忽视。

就知识产权而言,我觉得一方面来讲它脱胎于民商法,现在独立于民商法,反映了它在向精细化、专门化、独立化方向发展。另外,知识产权又和经济学、管理学、社会学、政治学、人权科学乃至于一些技术科学相融合而存在。知识产权的公共政策问题仅仅只是其中的一个问题,而不是全部问题。我们现在的研究,应坚持自由探索与问题导向。

那么,如何来考量、设计知识产权制度?比如说制定知识产权公共政策体系、实施国家知识产权战略,这都属于政策科学的理论范围。但是我们也注意到,比如侵权责任法第 36 条,①关于网络技术服务的提供者所承担的法律责任,这是一个知识产权法律规范的适用问题。知识产权问题有一个多样化、复杂化的特点,不能一概而论。今年第 5 期

① 《中华人民共和国侵权责任法》第 36 条:"网络用户、网络服务提供者利用网络侵害他人民事权益的,应当承担侵权责任。网络用户利用网络服务实施侵权行为的,被侵权人有权通知网络服务提供者采取删除、屏蔽、断开链接等必要措施。网络服务提供者接到通知后未及时采取必要措施的,对损害的扩大部分与该网络用户承担连带责任。"

的《法学评论》将刊载我的一篇文章，①我写的是一个典型的法律适用问题，研究知识产权侵权诉讼中的举证责任问题。所以我觉得知识产权问题，具有这样一个多面性，所以要运用不同的研究方法。

徐涤宇：柏峰近来搞了法教义学和社科法学对话活动，这一段时间常常在沾沾自喜(笑声)，自认为社科法学对法教义学形成了一种包围趋势。其实我们搞法教义学的人，从某种意义上来说是把社科法学视作一种边缘学科了，因为他可能是或者归属于经济学或者是伦理学或者是哲学。我因此想到一个可能更根本的问题：我们作为一个法律人，到底怎么来界定自身？具体到知识产权，它到底在何种意义上属于法学，何种意义上属于管理学，何种意义上属于经济学？

我认为法律人可以分为两大类：一类是实务的，又可以分为立法者与法律适用者；另一类是理论的，对应着问题，要么是对立法的问题进行批判，要么是对司法的问题进行批判。

首先，法律是一个裁判规范，也就是说，司法者是没有立法任务的，他不需要进行价值判断，只要遵守就好。他的任务仅仅是，运用法律人的法言法语，通过解释保证法律得到正确适用。所以说，法律从来就不是首先约束老百姓的。它首先是约束的是谁？是裁判者。那么在这个意义上，知识产权案件到了法官那里，他要做的事情就是，如何将案件事实放到立法者规定的事实要件部分去，从而得出结论。当然，你们会说我很机械。但是，你们可以想象，如果每一个法官，他都能够赋予自己立法者的角色，动不动就进行公共选择，或者动不动就进行价值判断，把自己打扮成公平正义的化身，那么他就在个案中毁灭了普遍的规则。所以我很反对用所谓的公共选择，或其他的一些经济学、伦理学，甚至公平正义、孝义的借口来对于法律人本身的任务，就是司法者的任务，进行指手画脚。

其次，立法者的任务首先就是进行良法和恶法的判断，因此他必然要考虑到社会问题、经济问题、效率问题、公平正义的问题。他制定的

① 《知识产权侵权诉讼中的过错责任推定与赔偿数额认定——以举证责任规则为视角》，载《法学评论》2014年第5期。

规则只有经过这样一个道德伦理的、政治意识形态的乃至经济学的、效率的以及公平主义的所有的考量之后,才能成为一个好的法律。因此,从立法论的角度来说,我认为是可以进行多学科交叉的研究的,包括与公共政策、制度经济学、伦理学、管理学等交叉。

那么,法学理论研究的任务是什么?要么服务于法律的正确适用,成为解释论;要么服务于立法,成为立法论。当然,我和吴老师是在这两方面都很吃得开的。可以说,他更是一个顶层设计者的导师。也就是说,他既能从管理学、经济学等诸如此类学科出发,站在一个战略的高度来对立法进行批判,并思考如何制定一个非常好的知识产权;同时,他对法律实务也有很大的影响力:你走到哪个法院或者说知识产权局,要说不认识徐老师的,肯定是百分之百的可能,但是说不认识吴老师的,那是百分之百不可能的。

所以我回答这个问题,更多的是对社科法学的学子(笑声)进行一种回击,因为他们这段时间沾沾自喜。我给他们铸造了很多平台,包括给他们搞会议,因为我是学习吴老师的,主张一定要把年轻人挖掘出来,多给他们提供一些平台,才能使我们中南更有希望,所以我也是很开放的。但是,我基于我学科的角度,从民法的角度来说,如果我作为法律人,首先要做的是,承认我作为法律人最基本的标准就是我能够在这一个解释论上面用规范的法学理论进行研究,能够坚守我们法律人本身的正义。也就是说,法教义学永远是我们的正义。当然,我不排除用其他方法在立法论上进行研究。所以,这是我的一点感想,终于自己打破了打酱油的这么一个角色了(掌声)。

吴汉东:我再回应一下,非常感谢我的上司徐涤宇院长为我做的辩护(笑声),但是我也不是完全赞同你的观点(笑声、掌声)。这样的对话比较热闹了!我感觉到知识产权与传统的法律领域之间的差异。其实,我在很多场合在谈到法学教育的时候,多次谈到法律职业共同体这个概念,那么无论是立法者、司法者、律师乃至于法学教授,他们应该有共同的法治理想,有共同的法律知识结构,有共同的法律技能。之所以称为法律职业共同体,是因为他们有这么三个共同。他们的角色在很多法治国家可以互换，不像在中国是一定终身。但是，我认为知识产权职业共同体就比较复杂，它具有传统法律职业的立法、司法人员和律师，但也有很多人从事知识产权行政管理和企业管理。2011 年国家提出建构中国服务产业的四大支柱体系，其中一个体系就是建立知识产权的服务体系，①包括知识产权的信息、咨询、代理、评估、商务化服务，还有培训等。所以说，这是一个特殊的职业共同体，它不完全是法律人才，更多恐怕还是管理人才、经济人才。

我看了一个资料非常有感触，那就是 2013 年的美国品牌实验室公布了世界品牌 500 强，②中国 25 个入列，与我们作为全球第二大经济实体、最大的进出口贸易国、最大的工业制造国的地位是不相符的。这 25 个品牌是微不足道的，而且 25 个品牌很多都是资源性、垄断性的企业。仅仅进入前 100，没有进入前 50，排名最靠前的是中央电视台（笑声）、国家电网、中国工商银行、中国移动。品牌实验室评选委员会的主席是著名的经济学家、诺贝尔奖的获得者蒙代尔，③其中有个评委是耶鲁大学的教授，他谈了一句话："瑞士手表带动了瑞士品牌；韩国三星电子，彰显了韩国品牌。中国最有发展前途的是家电业，也许能够成长为未来的世界品牌，但是中国缺少具有国际水平的品牌运营的专家。"什么是品牌运营的专家？肯定要对知识产权和无形资产的管理和评估非常娴熟，所以在很多知识产权领域缺的是一种复合型、高端型、国际型人才。（掌声）

熊琦：把话题拉回来，（笑声）其实刚才三位老师谈的是两个问题，我大体归纳一下：第一个问题是知识产权法学与知识产权在法学学科内与学科外的问题；第二个，特别是刚刚徐老师谈到的，其实就是法学

---

① 中华人民共和国知识产权局：《国务院：建立完善服务业知识产权服务体系》，载 http://www.sipo.gov.cn/yw/2012/201209/t20120928_757029.html。

中华人民共和国知识产权局：《我国将知识产权服务领域纳入高技术服务产业》，载 http://www.sipo.gov.cn/yw/2011/201110/t20111021_624203.html。

② 美国品牌实验室：2013 年《世界品牌 500 强》排行榜，载 http://www.worldbrandlab.com/world/2013/。

③ 蒙代尔，1932 年 10 月出生于加拿大安大略省，著名经济学家，1999 年诺贝尔经济学奖获得者，哥伦比亚大学教授。

内的立法与司法,或者说是立法论与解释论的问题。一个是"敌我矛盾",另一个是"人民内部矛盾"。

我首先就知识产权和知识产权法的学科分工或者知识分工谈谈自己的感想。为什么要有知识分工或者是学科分工?刚刚徐老师说在法解释学这个层面上尽量不要引入多学科的背景,在立法论的层面上可以,我想谈的就是为什么会有这么细腻的学科分工:法学内部学科分得这么细,法学之外其他方面亦然。我的感觉是因为人的理性是有限的。进入21世纪这个知识爆炸的时代,很难有那种像康德、黑格尔、柏拉图那样百科全书式的学者出现,大量的学者是一种专、精、尖人才。这是为什么呢?因为学科的积累、知识的积累已经到了一个人穷尽一生都无法完全掌握某一门知识的地步,所以说我们需要有学科的分工、知识的分工,从而使某些学者能够投入到他最擅长、最热爱的领域中去,为这个领域做出贡献,因此我十分赞同陈柏峰老师的问题导向。

第二个更重要的原因,是学科分工为研究问题提供了一种特殊的方法、特殊的视角。多学科研究,多维度解读,就像做手术的无影灯一样,可以把一个问题放到不同的角度去照射、去研究,让它无死角。因为从一个角度出发,即使光线很强,照射很深,也会留下死角。这是任何一个学科所无法避免的:没有那种可以解决万事万物万能的学科,任何学科,既然有它的独到之处,必然也有它的弊端和死角阴影。所以我们学法学,研究知识产权法的也好,学经济学的研究知识产权经济的也好,学管理学研究知识产权管理的也好,大家要有自信,相信自己的学科不可替代,研究这个学科的问题需要自己的知识共享。

刚才谈到这个法教义学和社科法学在知识产权法领域运用的问题,其实就是一个学科内部的立法论和解释论的问题,同样是一个知识的分工和学科的分工。立法论首先要确认的是立法所调整的对象、问题,为这个问题树立一个基本的价值观。所以说立法者的研究视野可以更广、研究角度可以更多,引入的学科也可以更多。他是为这个学科、立法、法律引入一种价值观,为规则设计一个底线。而司法解释论的学者,是将现有的立法运用到现实社会的问题中。这个时候立法的价值已经设定、利益的分配已经设定。在这种情况下,不能说机械,因为解释绝对不是机械的。他必须遵循已经设定的立法价值,已经设定的利益分配机制,在这个框架内,针对具体问题,将抽象的条文化解为具体的判决。

所以说,社科法学和法教义学一个很重大的争议——包括知识产权——就是,要不要在解释论中过多地引用价值判断。在立法论中引入价值判断这是通说,徐老师也同意,陈老师应该也同意。但是在解释论中应不应该过多地引入价值判断呢?刚才徐老师的观点里说如果在解释中过多地引用价值判断或者过多地引入多学科视角,会破坏法律作为一种事前规则的稳定性——同案同判,特别是知识产权的问题,因为知识产权它的客体是无形财产,关于它价值的评估和损害赔偿的标准都是法官自由裁量权很大的一些领域。它不像你弄坏了我的手机,我的手机用了多久、值多少钱基本上能够评估出来。但是,如果你侵权了我一部电影、下载了我的一首歌,那么这首歌、这部电影,你如何判断它的价值、你如何赔偿。这个东西作为一个无形财产,它客体的边界非常模糊,权利的范畴不太稳定,那么在损害赔偿的问题上、在解释的问题上,给予法官的自由裁量权就很大,那么法官需不需要根据自己的理性判断,根据各个案中的主观动机,来进行独立裁量这种标准,要不要引入价值判断实现法官造法?我也想追问吴老师这个问题。

吴汉东:记得早些年间,北京大学的郑胜利①教授提出一个知识产权法定主义的话题,②崔国斌③博士在《中国法学》上也写了一篇文章,专门评述法官造法这个问题④。郑教授的这篇文章,如果作为民法学子,特别是像徐涤宇教授这样非常权威的年轻学者看来,知识产权法定主义,那不是跟物权法定主义是一个思路么?在我看来,凡是支配权、绝对权,它都应该采取法定主义的原则,特别是在大陆法系的国家(问

---

① 郑胜利,北京大学知识产权学院常务副院长、教授、博士生导师,中国法学会知识产权研究会副会长。

② 《论知识产权法定主义》,郑胜利教授2005年9月6日于"22届世界法律大会"发言,载《北大知识产权评论》(第2卷),法律出版社2002年版,第51页。

③ 崔国斌,清华大学法学院副教授。

④ 《知识产权法官造法批判》,载《中国法学》2006年第1期。

徐涤宇:同不同意这样的看法)(笑声)。我记得郑胜利教授好像是学工科出身的,他能够得出这样一个结论,真的是难能可贵。这个问题提出的起因是什么呢?那就是中国在“入世”前后,面临着一个与知识产权国际公约接轨的问题。一些法律落后于现实需要,不符合相关国际公约的规定。因此在很多案件中,一些法官就创设一些规则,通过个案的审理来创制出某些权利或权项。我保守地认为,这是不合时宜的。最高人民法院可以根据现行法的精神、原则,对某一个案件作出司法解释,那么这个司法解释具有适用于所有案件的效力。但是,不宜由法官在个案中来创制出新的权项,这不符合中国法的传统。(掌声)

陈柏峰:那么,我想再挑一个新的话题。(笑声)吴校长曾经在2006年左右给中央政治局上过课。我们一个很具有专业权威的专家去中央政治局上课,内容讲什么呢?你讲难了,他听不懂;你讲简单了,他自己找两本书也能看。所以问:讲什么?(笑声)我觉得这个场合有这么两个功能:第一,这是中央的一个姿态,表示尊重我们的专家,尊重知识分子,可能只是姿态(笑声);第二,他们实际上在这方面有一些思路,要通过权威的专家,以这种方式进行传达。我觉得这个可能是它最重要的一个功能。换句话说,也许不是吴校长去给中央政治局上课,而是中央政治局专门把吴校长叫去给他上了一堂课,那到底是不是这样的呢?我想听一听吴校长的说法。(掌声)

吴汉东:其实正如你所说,中央领导学习和了解知识产权知识,与在全社会倡导尊重和保护知识产权的目的,是同时存在的。我记得当年(2006年)2月接到这个任务,5月才讲。其中有一个插曲,那就是胡锦涛总书记访问美国,这个访问确实是有非常深刻的背景。自中美两国1978年签订双边贸易协定以来,中国一直是顺差,美国一直是逆差,所以每年美国国会开会,大概40%的议案与中国有关,40%的议案中60%又与中美贸易有关。中美贸易有两大障碍性问题:一个是贸易逆差问题,另一个是中国知识产权保护问题。吴仪副总理当时主管国际贸易,也主管知识产权。当时带了一个庞大的采购团去美国,其实也是去做工作。我们大概掏了160亿美元,买了80架波音飞机,采购了摩托罗拉的电信设备，购置了微软公司的正版软件。

这个讲座是在总书记访美之后进行的。这个讲座由我和郑成思[①]教授共同完成，他主要讲知识产权国际制度的发展、变化，我主要讲知识产权在中国目前的现状、存在的问题以及未来的若干建议。在政治局委员热烈讨论之后，总书记即兴讲话，作了学习总结，讲了三个问题，共20分钟。第二天见报的主要是胡锦涛总书记发表重要讲话，这个位置要摆正。（笑声）我认为，那一次讲座虽然是一个法制讲座，却是中央领导集体第一次谈知识产权问题。记得讲课之前，总书记兴致很好，讲到他的访美观感。这个课讲完了以后，总书记拉着吴仪副总理，又和我们谈起了国家战略的问题。那个时候，国家正在酝酿知识产权战略纲要[②]，这个纲要到2008年公布并正式实施。我以为，那次讲课向全社会释放了一个非常重要的信号：中央高层重视知识产权问题。这也是中国在2001年"入世"以后，展现出的一个世界大国信守国际公约、保护知识产权的国际形象。（观众掌声）

陈柏峰：我补充一个问题。我翻杂志有个习惯，凡是认识的人，都会看一下他文章的摘要。吴校长中南海讲课后有篇文章我看了，有个深刻的印象。讲到知识产权的属性，其中就讲到了它的私权属性和国际政治属性。对这个我印象特别深刻，因为我感觉过去大家（关注）较多的是权利属性，比较少讲的是政治属性。您提出这个新的观点跟那次授课有没有直接的关联？

吴汉东：柏峰的问题很有挑战性哪。（笑声）坦率而言，熊琦对我的这种研究的思路，也许更熟悉一些。我虽是学民法出身，但历来主张，要用一种多学科的视野来看待一个复杂的知识产权问题。应该说，我那个主张，就作为了讲稿，经过中办的审查，在这个为时一个半小时的讲课当中，我把我的观点讲给他们听了，那是我的观点，而不是受他们启发而得出的观点。（掌声）

---

① 郑成思，著名法学教授，博士生导师，法律委员会委员，中国社会科学院学部委员，中国社会科学院知识产权研究中心主任。2006年9月10日在北京逝世，终年62岁。

② 《国务院关于印发国家知识产权战略纲要的通知》（国发〔2008〕18号）。

我讲了知识产权的三个基本属性:第一,从私人视野来看,知识产权是知识财产私有的权利形态,这更多是借用民法学的理论;第二,从国家视野来看,知识产权是公共的制度政策工具,这应该更多是从政策科学而言;第三,从世界范围来看,知识产权是国际经贸领域的基本规则。所以我用了私人产权、政策工具、贸易规则这三个不同的属性来描述了知识产权的基本属性。

这三个基本观点,是我在政治局讲述的。其实知识产权的研究,我觉得不限于以上三个视角。在经济学看来,知识产权是一个信息财产;在管理学看来,知识产权是一个无形财产;在人权科学看来,知识产权也可以视为是一个特别人权。所以,我们可以用一个多菱镜来看待知识产权。但是我秉持这样一个基本观点:知识产权首先是一个法律制度。那么,对知识产权是不是保护?给一个什么样的水平来保护?国家立法者有政策考量,他是通过这个私权的制度设计来达致促进知识创造、促进知识传播这样一个政策总目标。所以知识产权法里,我概括出二元立法宗旨,那就是保护私人产权与促进知识广泛传播,这跟传统的民法是有所不同的。

熊琦:谈到知识产权公共政策的问题,我就顺着往下说。大概在十年前,当时的世界知识产权组织主干事鲍格胥博士①说过这么一句话,他说中国用二十多年的时间,走完了西方国家两百多年才走完的道路,他所描述的是中国的知识产权事业。这句话至今,仍然被频频引用,作为中国知识产权事业发展的一个证据,一个来自外国专家的证据。但是我们反过来看今天的中国知识产权现状。前两天马云已经成为中国首富,他所领导的阿里巴巴,也已经成为了仅次于美国谷歌公司的全球第二大市值的互联网公司。但是,马云的阿里巴巴每年都会上美国的301报告,这个报告是什么呢,吴老师最清楚,每年四月底公布。美国贸易委员会公布的,关于知识产权盗版侵权的重点观察国家、重点观察对象。美国人认为,淘宝上假货很多,知识产权侵权泛滥。所以说,即

① 阿帕德·鲍格胥,1919年出生于匈牙利,1973年至1997年间任世界知识产权组织总干事。2011年9月19日逝世。

使他是中国首富,即使他领导的所谓世界第二大互联网公司,但是折射出的却是中国知识产权保护的严峻现状。经历了近三十余年的发展、制度建设、司法推进、行政保护的推进之后,仍然处于一个被西方国家攻击、批评、质疑的地步。

我和一些国家机关,我和政府下设的知识产权研究机构的研究人员交流时,他们提到一个悲观的看法。他们认为,这三十余年的知识产权保护并没有对中国经济起到有益的帮助,这是他们私下的一个观点。至于我们官方为什么都宣传知识产权保护取得的成就,那是出于一种对西方质疑的一种严正回应,我们保护了知识产权,我们促进了知识产权的发展。但是知识产权、企业、知识财富、知识产权所带来的效益,那些研究人员认为不但没有给中国经济的高速发展带来助力,相反从某种程度上提高了中国经济发展的困难程度,中国仍然或说主要依赖于投资驱动、资源驱动,包括劳动力密集产业驱动这么一种经济发展模式。那么短时间内要改变扭转这种发展模式,事实上非常难。所以说回过头看那句话:中国用二十余年的时间走过了西方国家二百多年的路,你等于说要让一个两岁的小孩儿去做一个二十岁的人做的事情,从某种程度上说是不可能的任务。所以说这个地方我也想请教一下吴老师,在这个转型过程中,中国为什么对知识产权事业的前景的看法有这么多不同的认识或截然相反的观点?

吴汉东:首先我要申明,我不太赞成刚才熊琦老师引述的那位人士对中国知识产权事业的基本评价。从国际上来看,发达国家对知识产权是典型的实用主义态度,顽强的国家利益立场。知识产权制度产生发展到今天,不过四百年的历史。不像所有权、债权和继承权可以追溯到古代社会。美国、日本号称是知识产权强国,在它们的历史的发展过程中,对知识产权的的保护都有一个从低水平保护到高水平保护、从选择保护到全面保护的这样一个漫长的过渡期和准备期。美国 1790 年效仿英国制作的著作权法和专利法,那个时候 19 世纪美国版权保护非常之低,要求外国人的作品在美国出版才享有美国版权。要求外国人申请美国专利所缴纳的费用,欧洲人是美国人缴纳费用的 2 倍,英国人是美国人的10倍。那个时候他们有国民待遇吗?日本在明治维新以后,1875年制订专利法,长期不保护化学物质专利,一直到1965年才保护药品专利。所以说,他们对知识产权的保护有相当漫长的、渐进的过渡期。对包括中国在内的发展中国家而言,没有这么长时间的准备。

中国的知识产权制度在20世纪80年代起步,90年代初完成,仅十多年的功夫,而且一开始就要求我们按照当时国际公约的高水平保护来制定知识产权制度。由此产生了1992年的中美第一次知识产权冲突,这时我刚好在美国留学,在报上发表文章批评美国,他们是时隔105年才参加《伯尔尼公约》①,美国现在强大了,要求高水平的保护。对中国来说,我们用了十多年的时间,建立了知识产权制度;用了二十年的时间,从本土化到了国际化。原国际知识产权协会主席、也是斯坦福大学法学院的教授波顿先生有句话,他说发展中国家与发达国家在知识产权方面的差距,不在于制度本身,而在于我们运用制度的经验不足。这种情况对我们国家带来了很大挑战,一方面我们取得了最惠国待遇,世界市场向中国打开;与此同时,我们要接受国际公约较高水平的保护知识产权。

接下来,我来评价一下中国特别是"入世"这十多年来,我们的知识产权事业是一个什么水平。坦率地说,首先还是应该基本肯定,同时并不讳言矛盾和问题。"入世"十多年来,中国以9.2万亿美元的经济规模,成为全球第二大经济实体;同时以4.5万亿美元的规模,成为世界最大的进出口贸易国;而且以19.8%的份额取代美国成为最大的工业制造国。伴随中国经济社会发展的同时,是知识产权事业的进步。三十年前谁都不知道知识产权,而现在则取得长足的进步,成为世界上知识产权大国:第一,就发明专利而言,去年据WIPO②的统计,全球有效发明专利是230万件,中国占到了27.8%,美国(占到了)23.1%,日

---

① 《伯尔尼公约》,全称为《保护文学和艺术作品伯尔尼公约》,是关于著作权保护的国际条约,1886年9月9日制定于瑞士伯尔尼。

② WIPO,即"世界知识产权组织",英文全称"World Intellectual Property Organization"的缩写。

本(占到了)14.6%,韩国(占到了)8%。十年前讲发明专利申请,美国是全球的1/3,中国只有它的1/3,所以现在我们在量的问题上首先实现了超越;第二,从版权来看,这几年,版权产业的发展,包括它的增长率、对GDP的贡献率,都达到了前所未有的高度。去年,版权产业的整个贡献率占到了GDP总量的7%。在中国,一个产业如果(GDP占有率)能达到5%的话,就是支柱型产业;第三,再说说商标,我国商标数量,无论是注册商标申请量、累计注册商标量,还是有效注册商标量,十几年来一直是世界第一。另外关于植物新品种,集成电路布图设计,正是有了知识产权,都有了很大的发展。

同时我们要看到存在问题、矛盾很多。2014年9月,我应十六大、十七大、十八大中央文件的主要起草者郑必坚①同志的邀请,跟他谈了三个小时的知识产权,在那之后我向中央写了4000字的报告,中心几个青年学者都帮助我起草这个报告。我不知道中央高层是怎么来看待这个报告,但是我以为多少还是起点作用。“全面深化改革”②的文件强调“加强知识产权运用和保护”。这说明什么?运用和保护是中国实施国家战略的两个最突出的短板,是必须解决的关键问题。21世纪的第二个十年,中国要从一个世界大国变成世界强国。强国之路怎么走?创新驱动发展!创新驱动发展的基本方略必定是知识产权。从国际经验来看,无论是近代英国,现代美国、日本,还是当代韩国,走的都是这条路,中国也是这条路。所以中国要善用知识产权制度,这两大问题在未来的七八年间必须解决。一个是运用问题。取得知识产权不是为了好看,是为了促进生产力的提高,实现经济和社会的发展。有两个数据,我觉得应该引起我们的反思,那就是中国发明专利的数量、规模尚可,而质量、水平有差距(我们的关键技术、核心技术没有专利,或者说专利不多)。另外就是实施、转化的问题,据世界银行统计,中国包括专利技术在内的科技成果的转化率,只有20%。相形之下,美国68

---

① 郑必坚,1954年中国人民大学政治经济学系研究生毕业,中共重要理论专家之一,参与了十四大至十八大全会文件的起草工作,曾担任中宣部副部长,中央党校副校长。

② 十八届三中全会通过的《中共中央关于全面深化改革若干重大问题的决定》。

个知识产权密集型产业对全美经济增长的贡献率达到34%,出口份额占到60%以上。以上谈的是运用问题。关于保护,我认为问题更大。坦率地说,公民意识对知识产权认同度较差,整个社会没有形成一个尊重知识、崇尚创新、保护知识产权的这样一个法律文化。在(知识产权)法律执行方面,问题更多。我讲一个数据,这是官方数据,97%的商标侵权案、专利侵权案,79%的版权侵权案,由于不能按照权利人的利益损失、侵权人的非法所得,也不能按照许可使用的合理倍数来计算,只能由法官进行裁量,这就是法定赔偿。平均一个案件赔多少钱呢?专利8万元、商标7万元、版权1.5万元。只有30%的案件才能达到权利人的赔偿请求。这么低额的赔偿不足以遏制侵权人的盗版和假冒,不足以弥补权利人的损失。我再讲另外一个数据,美国从1992年到2012年的专利案件赔偿额,平均是450万美元。大家都知道柯达,柯达由于"立拍得"的一次成像技术侵犯了宝丽来公司八个专利,这个诉讼打了八年,赔了9.8亿美元。那么最近发生的苹果诉三星侵权案件,三星败诉。三星涉案侵犯6个专利,3个外观设计,3个发明专利,判赔了5亿美金。中国应该加大知识产权保护力度。我想,为什么把版权、专利和商标这种相关的产业称为知识产权密集型产业?这因为这类产业是以权利的存在为基础,以权利的交易为纽带,以权利的保护为后盾。如果山寨大国、仿冒大国的帽子戴在我们的头上,中国的创新发展永远无从谈起,谢谢!(鼓掌)

陈柏峰:听吴老师讲话,我有两个很深刻的体会,第一个他脑子里装了很多数字,信手拈来。[徐老师:有没有考据他的正确性?(笑)吴老师:可以见诸官方和新闻媒体文件]我觉得这个可能好多人都做不到,像我就做不到。我觉得谈点意见可以谈,要我立刻拿数据作证(很难做到)。

吴汉东:我插一句。我曾经评价苏力教授①写的《送法下乡》,包括

① 朱苏力,北京大学法学院教授,博士生导师,2001年至2010年任北京大学法学院院长。

陈小君教授①写的《农村土地》，包括你写的法社会学的一些文章。那些文章我都看过，应该肯定你们的研究方法。我觉得，我们缺乏的是什么呢？法学研究过去比较注重规范分析，但我们现在要引进经济学、管理学的研究方法，进行实证分析，凭数据说话。我过去也是很条文的，很会这一套的，也有方法；但是我觉得搞知识产权不够，你不拿数据说话，那是不能够说服人家的。（鼓掌）

（二）法学教育探析

陈柏峰：第二个深刻感觉，就是吴老师的激情四射。这次也是我第一次近距离的感受。我想，因为时间问题不能继续讨论知识产权问题，要转入下一个话题了，我们还没谈法学教育问题。从我 1998 年到这里来读本科的时候开始（吴老师当时是我们的院长、校长），到现在 16 年时间，吴老师一直是我们法学的学科带头人。我想到未来很长一段时间，他都会是我们的带头人。当然，在座的徐老师现在还不能叫带头人，只能叫守门人。（笑）作为带头人，您觉得到底在学校里面要教什么，学生要学什么？我这个困惑是从我自己的个人经验来的。我给同学们讲课的时候都会给他们讲，在大学要务虚，就是不要想以后走上社会该怎么办。在学校的任务就是学习，学习那些看起来没有用的东西。可是我们往往会有这样的体会，你到社会上去接触实践部门，见到院长庭长，他们也许会说："咦？你是中南财经政法大学的？我们这里有个毕业生还不错，但是就是有个这样的问题，她上手得慢了一点，来了半年才慢慢会写判决书。你们这个法学教育是不是应该给我们培养更完整的、一来就能给我们写判决、给我们应对庭审的人才？"这里面有一个张力，您怎么看待这个问题？

吴汉东：柏峰揭示了我们法律学子如何来塑造自己的问题。其实在法律界，我自称是与法同行、以书为伴 30 多年了。在法学这个园地里，首先要入门，其次在这个基础上要做到出世，要把握好这两个不同的意境。在学院里，我觉得基本理论、基本技能都需要掌握。从某种意

① 陈小君，原中南财经政法大学副校长、党委常委。

义上说,我比较赞同柏峰的那些话,中南学生的功底是比较扎实的。但是坦率而言,由于扩大规模的招生,使得教学质量严重下降,我非常惭愧。我做校长17年,副校长3年,20年做牛做马都没有做好。我们的法学教育处于这样的局面,可以说是前有标兵,后有追兵。中南大没有地利,也未尽天时,求的是人和,师生共进,教学相长。因此我觉得,有个很好的理论功底,有个完善的知识结构,对我们学子来说是非常重要的。坦率而言,我接触的知识产权,并不是坐而论道,而是非常务实的。高,可以顶天;低,可以立地。中央高层的战略设计,包括"十二五"、"十三五"的规划,都有我和我同事的思想贡献。同时,这种研究也接地气,像最近几年的"苹果案"、"乔丹案"、"荣华月饼案",还有《人在囧途》案,我们都是发表意见的。所以我非常赞同柏峰刚才谈的观点,我们的研究生和博士生,有过去为了挣学费而兼职,现在我觉得助学金、奖学金足以弥补上学的各种开销,在这种情况下应该全神贯注地读书,我想在这里用一句我认为有点启示性的格言来告诉大家:"人生的路很长很长,但关键的就是那几步。伟大的目标必须全力以赴来追寻。"谢谢。(掌声)

熊琦:无论是本科生,硕士生,博士生,有这样的问题其实很正常的。不怪大家。因为社会浮躁、社会功利不可避免地要侵入到校园生活中来,导致我们坐不下来、看不进去。我自己也是给本科生与研究生上课,我每次给大一的学生讲民法总则的时候,第一节课的第一个问题,我提出来的并不是民法是什么,而是法学学什么。法学不是学法条,从技术层面来看,它训练的是我们的法律思维。如果说有一个学院学习的东西必然会过时,那肯定是法学院。为什么呢?因为哲学院的学生现在还可以讨论康德、讨论黑格尔,但是,法学院的学生,学的必然是今天的法律,到明天你毕业的时候,法律可能会被修改、会被推翻,可能会被新的法律所替代,这个时候难道大家还回来继续学吗?重新学吗?不是。因为大家在法学院已经掌握了一种法学方法、法学思维,这种思维和方法才是大家将来安身立命的核心竞争力,才是作为法科学生区别于其他非法科学生而拿到司法从业人员证书的人的重大区别、重要优势。我觉得这是从职业条件、职业规划的角度来看我们大学学习的。

大学学习第二个方面就是如陈柏峰老师所言，我们大学要学一些没有用的东西。我们现在千万不要考虑这本书有没有用，将来能不能为我创造财富，让我找一个好工作，大家千万不要这样想。为什么呢？因为大学第二个目标是人格的塑造，你的人格提升了，在将来的生活中，应对困难或者是应对其他的问题，都比较从容、比较镇定。我推荐大家去看一篇文章，去年登载在《三联生活周刊》上的《哈佛学什么》①。这篇文章就是专门针对哈佛学生、针对哈佛大学的学科设计，里面谈到哈佛大学作为一个世界顶尖的、一流的大学，在培养人才上为什么要设置那么多戏剧、文学、文艺的课程，而不是说像我们现在某些教育家，某些人所提倡的那样，把整个大学教育变成一种职业教育。你刚进入法院不会写判决书，不会做一些事情很正常。这些操作性、程序性的东西本来就是你去实务部门后，去参加工作后慢慢上手的。大学不是教育的结束而是教育的开始，它告诉你的是如何去独立的自学一个东西。你去了那个地方，两三个月之后、半年之后，你的优势就应该体现出来了，因为你有一种法律思维，当你掌握了这种程序性的东西之后，你能够独立判案，独立的去分析问题、发现问题、解决问题。那么这是我自己作为一个年轻的法学教育者的一点感悟。（掌声）

徐涤宇：我追随吴老师20多年了。1988年进入学校学习，1992年留校，他一直是我的领导，从他身上我学习了不少东西。现在他把中南法学院院长的职务交给我，是对我的鼓励。其实，在我看来，吴老师真的不仅仅是一个法学家，也是一名法学教育家。法学教育家一般分为三个层次，第一个层次是园丁式的，其实很多老师都做得到，一般影响他所认识或者成为他学生的人，也就是我们所说“桃李满天下”。第二个层次的是制度设计型的，是能够把他自己的理念影响到制度设计上的，因为吴老师他本身也是教育部法学教职委的副主任委员，他本身也

---

① 《在哈佛学什么》，载 http://www.lifeweek.com.cn/2013/0627/41233.shtml。

是中国法学教育的顶层设计者之一。法学教育应该如何走,如果给很多时间,我想吴老师他会侃侃而谈。从这个角度来说,他可能是在时空上更超越,对于中国的法学教育有影响力的人。第三个层次可能是一种思想型的法学教育家,他可能是超越时空的,不仅仅影响这个时代、这个空间的的特定的法学职业者,可能会影响下一个时代和另一个空间的人。昆德拉有一本小说叫《不朽》,里面谈到不朽分为两种,一个是小的不朽,另一个是大的不朽。小的不朽就是让那些认识你的人记住,大的不朽就是让不认识你的人记住。所以说,这种教育理念,可能是贯穿于他几十年的教学行政管理乃至在制度设计层面,他现在把这个东西交给我们。中南大的法学教育,不仅仅是要老师把 GDP 搞上去,因为更重要的是培养中南大未来杰出的校友,而你们在座的每一位同学都有望成为杰出校友。

我自己对法学教育的理解是这样的:其实,大学教育首先是不是一种职业教育。我刚才已经给大家说了,我们法学教育的第一个任务肯定是一种职业教育,因为我们培养的大多数人以后会精神抖擞斗志昂扬地去为权利而斗争、为中国的法治事业而斗争。因此,作为一个职业人、一个法律人,如果你连最基本的技能都没有学会,就是不称职。所以说,你就是要以司法考试为终极目标,才能成为一个职业人。中国的这种职业教育是远远不够的。按吴老师的说法,现在几个人就能办一个法学院,办一个法学专业,我们的职业准入门槛是很低很低的。在西方国家,即使说是一种职业性的教育,这种教育首先在大学阶段的时候可能也是像我们一样的,这么多学生听一个教授讲课。当然,它也融进了一种学徒式的教育在里面,比方说他们用案例去讲课,讨论就这一个民事案例,请求权基础是什么?如果我是一个法官或者律师,我应该从什么角度切入,如何寻找支持我的请求权的法律规范?他是必须熟练地掌握这种技能的。这就是他们自发形成的一个学习之外为未来的职业方向进行的预演。

但是,这还是不够的,是吧?我们现在的学生也特别多,尤其是有些老师上课,很有激情,一下子容纳四五百人。这其实是不符合学徒式教育的这种模式的。但是即使在西方发达国家,其实法律的学徒式教育真正起作用的时候是在学习毕业之后。他要进行的第二步就是通过司法考试,取得初步的从业知识。但是请大家注意,这个时候才真正地进入到一个职业阶段:进入司法培训所或各种律师事务所进行实习,不达到一定经验就不能出师而从事这个职业。而在我们国家,我们的法学的职业教育从某个意义上说,一般把任务全部交给了大学。但是我们大学就像南方职校一样,培养的都是厨师级的法律人,也就是说,学什么的你都能进,只要你有本科文凭、大专文凭或考一个司法考试。它没有准入资质的要求。那么我们法学教育又能怎么样呢?我们只能跟着这个指挥棒走。

但是,我们中南财经政法大学法学院是多少年的资质了?我们是有贵族血统的,我们是名门望族。当然这不是我说的,这是吴老师带领我们奋斗多少年积累下来的。我相信,就像柏峰说的,你到底是培养学理型的还是马上就得写判决书的,两者不是截然分开的。中国的法学职业教育已经沦为一种厨师教育或者说是一种驾校教育。大家宁肯去考驾校,觉得考试难,考一个驾校好像找工作就容易一些,因为你可以给老板开车。(笑声)你如果做可口的饭给他吃,好像也是吃的开心些,庭长也会欣赏一些。但是它没有中南财经政法大学这种气质。我们一方面从树人的角度进行精英式的教育,就是你说的务虚,把你法律人的理念、法律人的精神、中南财经政法大学法学院的这种气质给锻炼出来;第二方面,要搞职业培训。当然我们道路还比较漫长。我们还有一些校友、一些学者就像柏峰、熊琦一样的励志于在法学方面能够做出成绩做出贡献的人,他们也是我们需要的。从这个角度来说的话,大家也是可以以他们为志向、以他们为标杆前进,但我觉得这方面的人才是越来越难,从事这一块的研究竞争也是比较激烈。总的说来,我觉得我们的法律教育务虚是一块,务实肯定也是一块。那么我们怎么走下去,也是在慢慢地摸索。

吴汉东:我再接着再聊几句法学教育。中国的高等法学教育,在改革开放以后,走过了三十多年的历史,发展到今天确实令人惊诧,我们大概举办了全球最大规模的法学教育。曾几何时,从中专、大专、本科、研究生到博士生以至于博士后,恐怕是世界上系统层次最为复杂的法学教育。经过教育部和法学教育指导委员会这么十多年的励精图治,我们把法律教育界定为以本科教育为起点,建立了一个本科生、研究生和博士生的人才培养体系,我以为是符合法律人才的培养需求的。现在的问题在哪里呢?规模扩张太快。在21世纪初的时候,全国是两千多所法学院,到今天为止,是六百五十多所(法学院),在校学生七十万人,其中本科生近四十万人。中南大的法学教育向何处去?我们不能独此几家,别无分店,不准人家也办法学教育。我以为,提高中南大的法学教育水平,提高每个法学学子的核心竞争力就显得特别重要。

在此我觉得两个关系要处理好:一个是法学教育的普及化和精英化的关系。现在我们已经进入到高等教育大众化这样一个阶段,适龄人口的入学率超过了27%,所以法学教育也随之扩张非常厉害。在任何一个国家特别是在现代法治国家,法学教育门槛是高的,培养的标准是严的。所以我们无论是做老师还是当学生,你可以没有社会精英的派头,但一定要有社会精英的追求,社会精英的气质。因为你这一辈子是为神圣的法律事业而战,你不同于一般社会职者的担当,所以你要做国民表率、国家栋梁。第二句话是法学教育的本土化与国际化的关系。在中国举办法学教育,理所当然是为中国的社会发展与法治进步来培养专门的人才,这种人才必须是立足本土,为中国的事业而奋斗。在当今这种情况下,我觉得还要具备国际视野、熟悉国际法则,把本土化与国际化很好的结合起来。无论如何我想说的是,今天在座的几位,包括徐涤宇教授、戚建刚教授、陈柏峰教授和熊琦副教授,就是以他们为中坚的这一群人,中南大法学教育事业的脊梁,希望在他们身上。我曾经说过,中国高校的竞争说到底是人才的竞争,人才竞争的关键是青年教师的竞争。最后我想说的是,对于所有中南大已经毕业和在读的学子,我们应该为你们叫好,为你们感到骄傲,今天中南法院桃李芬芳,明天国家法治大厦栋梁!谢谢。(掌声)

熊琦:我们下面进入提问环节。

提问者:我上大二的时候,有一位法学老师上课时给我们讲过,现在的大学生,尤其是我们法学院的大学生,听讲座和看书的时间特别少,因为按现在的教育体制,我们有很多学科不得不去学,比如说毛概之类的(笑声)。我们不得不去学,也不得不去上(课),因为它有2个学分,甚至3个学分,如果老师再那个一点的话,堂堂课点名,不得不去,当然去了之后可能有收获吧,但是真的收获甚少。像今天晚上的讲座,我也是逃课来的,因为我也有课,但是它是一门通识,在我的价值选择里面,我觉得这场讲座更值得我来听。然后我就想问,大学生对这样一套教育体制该怎么办?他不得不去做一些选择,像我们从大一开始就(每学期)30多个学分往上,感觉天天都在上课,但觉得很多课都没有必要。当然像你刚刚说的有一个完整的学科系统,我真的想问这些学科在我们这个系统中充当着什么角色?

陈柏峰:我来回答这个问题(笑声)。我个人的看法向来是——绝不是开玩笑啊,徐老师可以给我作证——这门课很有必要开。我们的思想政治教育现在有许多问题,这个问题主要是老师的,未必是教育部的。我个人认为这门课程的设置有它的道理。很多老师把马列主义、毛泽东思想这些完全讲成了教条,不能与社会相结合,所以同学们不感兴趣。实际上毛泽东思想里面有很多精髓,一定要把它和经验问题结合起来。我给你们举个例子,简单说,毛主席讲要把支部建立在连上,这是三湾改编的时候提出来的,对不对?支部为什么要建在连上?这是违反一般军事规则的,它导致了双头制。部队里面一般只能有一个长官,可是三湾改编以后,支部建在连上,一个单位除了有连长以外还有指导员,除了团长以外还有政委,这是不符合军事规则的。可是为什么共产党靠这套体制能打到天下?这是需要我们去思考的。如果能把这个问题讲出来,《毛泽东思想概论》就变成了管理学(笑声,掌声)。我们的老师还要继续提升自己的水平,把这些课讲得更生动。同学们也可以找更多的书来深化这些认识。这是我的看法。

徐涤宇:我补充一下吧。当时我没推荐他上(毛概),我推荐他上的是另外几门课,最主要是我推荐他上了好几门课,他自己撂挑子那个毛概还需要重新备课,所以这个我重新解释一下啊(笑声)。按照吴校长您当时的设计,这是属于试验田,是吧?以此摸索怎么来开展一些改革。我这里补充一下。

陈柏峰:我再补充一句啊(笑声)。我有一个师弟,他学社会学的,结果他找工作的时候去了华中科技大学马克思主义学院,他刚工作的时候就很胆怯,问我怎么办?我跟他说,你把你所看的书籍的思想融入到你讲课当中去,并且把平常调研的成果融入到你讲课当中去,而他现在,已经成了华中科技大学的明星教师,并且到其他的院里给老师们巡讲,讲马克思主义的课程,网上有他的视频,你们可以去找,他叫杨华。

熊琦:首先,我鼓励你作出自己的选择(笑声)。学生有用脚投票的权利(笑声),这是我向来的看法。我上课从来不点名,这是我向吴老师学的(笑声),如果你用点名留下他(她),你就失败了,是老师的失败,所以说我绝不会点名,我让学生们作自己的选择。比尔·盖茨和乔布斯都是翘课出身的,我大学逃的课比上的课还多,真的是这样(笑声)。可是,关键是你逃了课以后,你去干什么了。这一点是我觉得每一个同学都要去考虑清楚的一个问题,你的时间成本花费到什么地方了?逃课不可怕,如果你上课听的知识你觉得你能接受,课下自己能够自学,能够学到一样的东西的话,完全没有必要学。我在每一个课堂上都有跟学生说,假如你课上的知识你自己能够学会,那么这节课就不用来了,我绝对不会因为你不来而对你有偏见。同时我们要看到的是,在美国等一些发达国家的大学,学法学的学生,无论是在课堂内外,比我们的学生辛苦多了,他们不但课多,老师课下布置的任务更多。而我们这边老师在这方面我觉得做得不够,对课外的实践,学术文献的阅读,课外文书写作,论文写作等指导不够,布置的任务引导也不够。去年的《三联生活周刊》上有一篇文章,叫作《哈佛学什么?》,大家现在拿出手机就能搜索到此文,里面给我们介绍了哈佛大学的课程设置和教育理念,很清晰地告诉了我们在大学里究竟应该学些什么,教些什么,我想推荐大家读一读此文,会有启发的。总之,我对学生逃课是宽容和理解的,可是关键是你一定要想清楚,你逃课后准备要去干什么,如果能去做比课堂收获更大学得更多的事情，那就绝对是值得的（掌声）。

徐涤宇：一个是基于法学院长的身份，另一个是基于法律人的身份（笑声）。我觉得你这是公开的违法（笑声），而且是传授违法方法（笑声）。我更赞成柏峰教授的观点。逃课是违法的，本来按照管理的规定是要接受处罚的。如果你作为一个法律人做这样一种事情，那还不如换一种方式，去阅读有关这门课的一些书籍以及一些研究方法，起码你能够从这本书里面，从另外一个角度去探索这门课，我觉得这是一种更科学的方式。所以在这里我还是要“批评”一下，你以为所有老师都像你那么牛气吗？口才好、课讲得好、学生喜欢、还愿意为你宣传，所以你不害怕逃课。北京大学钱理群教授说学生都是非常功利的，他说过一句话，现在的教育体制培养的就是一批精致的利己主义者，他们擅长利用体制，精于计算地达到自己的目的，为什么这么说呢？比方说，这个老师课上的好，但是他分给的低，你绝对不选他的课，也就是说你翘了你选的（给分高却没讲好的）课而跑去上他的课堂，这件事情本身从诚信，从法学，伦理学各种角度，你觉得说得过去吗？（掌声）据我所知以前范忠信老师跟我说过，选他课的人没几个，来上课的人却一大堆（笑声）。而其他像是分数给的高的一些老师，选课的一大堆，结果呢，听课的没几个。所以我就是想说明一下为什么我的课堂才 25 个选我课的学生，达到有史以来我的一个“耻辱”（掌声，笑声）。为什么呢？我问了他们学生，他们说道理很简单，因为你是院长，第一节课是你，第二节课可能就是你的研究生了。所以你们真的是一批精致的利己主义者，擅长利用体制来达到自己最佳的设计，所以后来我也庄重地对学生许诺，我坚持一定要把这门课上下去，不会让其他人上课。不过最后搞了一个但是，除非是特殊的情况（全场大笑）。但是到现在为止，我还没有翘课。我也是用这个事实反驳一下熊琦，你是属于几重效果都好的，既有学生选你的，又有学生不翘你课的，同时还到处为你做宣传的，确实是非常难得的，但在我们学校也是凤毛麟角的。所以大家既然是法律人，还是要遵守规则的。这也是我作为院长对大家的一个寄语。

提问者：各位老师好，首先非常感谢各位老师带来的精彩的演讲。

然后我想问的是关于务虚的问题:我是今年法学法硕14级的研究生,那对于我们的教学体制是应该更注重教学技能还是法学素养的提高与综合呢?还有一个问题是现在这个学校对我们专业硕士的态度是什么样的?是否有专门针对我们的教学方式?

吴汉东:在社会科学中,法学应该是一个实践性很强的学科,应该把理论和实践很好地结合起来。刚才我和柏峰教授谈了一个务虚的问题,它是一个借用,强调学生在有限的时间里要训练自己的法律思维,加固自己的法学理论功底,然后完善自己的知识结构,当然包括你刚才说的一定要有一个训练有素的法律技能,这几者之间都是必不可少的。我觉得学生在本科生阶段只是取得了法律职业共同体的准入资格。在研究生阶段和博士生阶段,对他的要求又有所不同了。在研究生阶段,恐怕就是要提炼自己的专业方向。那么到了博士生阶段,要更多的提高自己的学术水准。不同的学习阶段应该有不同的要求,但总的说来,本科生的素养功底的训练更重要。名校与一般学校法科学生的比较,我认为前者可以立马分出高下,而后者可以通过实践后学。

熊琦:几个小时过得很快,我相信大家下面还有很多问题没有来得及提出来。以后还有时间。我看到今天的题目是法学青年学者沙龙。所以坐在这的都是青年咯,包括吴老师。(笑声)所以说我们以后还有很多时间向吴老师请教,希望以后吴老师能够更多地给我们上课,给我们的同学做讲座,让我们的同学有更多的时间接触他,让他继续带领我们中南的法学前进。今晚就到这里,谢谢大家!

《法律和社会科学》(2015)
第14卷第1辑,第363~365页

编辑手记

与上一辑(第13卷第2辑)“边疆的法律”主题相呼应,这一辑的主题是“法律的边疆”。这里的“边疆”不是地理意义上的,而是非主流的意思。非主流包括两个方面:第一,研究对象上的非主流,比如,讨论林权纠纷、幸福感、监狱生活和男风犯罪的议题;第二,研究方法上的非主流,比如,运用认知科学、实验法律经济学、心理学的研究方法。不夸张地说,这一辑的作者阵容强大,代表了国内跨学科法律研究的新水平。

葛岩海外游学多年,获得匹兹堡大学艺术考古学博士,长于从实验心理学的角度研究传播行为和效果。这次他与秦裕林、林喜芬跨界合作,从文化、认知、神经和遗传的角度分析了人们自愿守法的原因,进而提出如何制定诱导人民自愿守法的策略建议。对于较少接触认知研究的读者来说,可能得花一番工夫去阅读。与这篇文章相关,柯振兴写的是纠纷解决的心理学研究述评,也是从认知和情感的角度去认识纠纷解决机制。读者可以将这两篇文章对照阅读。

同样是纠纷解决研究,人类学者赵旭东采取的是其所擅长的个案研究方法。他将关注点放在“争”的意义上。与所谓“自愿守法”形成对比,

“争”才是“公正”观念的表达。本辑还有一位人类学者——宋立军,他研究了监狱中的人际交往。这些人际交往如何受到各种因素制约,从而形成自己的“活法”制度。不同于人类学方法研究监狱问题,陈寒非从社会法律史的角度讨论了清代的男风犯罪。他发现,由于诸多原因,清代对于男风犯罪的规制,始终徘徊在严控与失控之间。不同于在监狱中所追求的有限幸福,赵雷研究了房产对于中国国民幸福的重大意义。他主张,应该通过法律政策提升国民的幸福感。

本辑的几篇文章还集中于法学教育和法学研究即法学的知识社会学讨论。例如,我们有机会与吴汉东对话知识产权与法学教育。吴老师不仅担任过中南财经政法大学的校长,还是著名的知识产权专家,这篇对话集中展示了他作为法学家和法学教育家的心路历程。《法律和社会科学》去年曾发表美国学者明克胜(Carl Minzner)对中国法学教育的批评。[①] 有意思的是,在本辑中,中国学者沈明批评了美国的法律教育:市场竞争格局的不公平、法学院社会功能的严重错位。有兴趣的读者,可以进行比较阅读。关于法学的学术影响力的研究,国内已有一些。郭旨龙则运用H指数方法重新统计了中国法学的高影响作者。这其中有不少有趣的新发现。

几年前,张巍也做过一项法学作者影响力的定量研究。[②] 但这次他的文章主要讨论法律经济学在中国司法实践中的可行性,并且对桑本谦“法律人思维”的观点进行了集中批评。[③] 张巍的基本看法是,法经济学与法教义学的解释同样面临诸多困境,并无优劣之分。尽管法律经济学在中国司法实践中作用有限,但这并不妨碍学者运用法律经济学分析司法问题。在本辑中,刘庄的研究就采用法律与金融学派的研究方法,讨论了司法信任与经济发展的关系。他通过数据和计量分

---

① 明克胜:《中国法学教育的潮起潮落》,载《法律和社会科学》(第13卷第1辑),法律出版社2014年版。

② 张巍:《“海龟”比“土鳖”跑得更快吗?——针对中国一流法学院师资学术表现的一个计量研究》,载《光华法学》第4辑,法律出版社2009年版。

③ 桑本谦:《“法律人思维”是怎样形成的——一个生态竞争的视角》,载《法律和社会科学》第13卷第1辑,法律出版社2014年版。

析，认为较高的司法信任水平能够促进一国的经济发展。同样是讨论司法信任，梁苍泱则从法律与文学的角度，分析了“三言二拍”中的民众为何同时具备好讼和惧讼的两种矛盾心态。

《法律和社会科学》从2006年创办至今，已经是第10个年头。它已经成为国内跨学科法律研究的重要交流平台，以此为基础，我们还成立了“社科法学连线”，开展一系列学术活动。作为亲历者，我感到个人力量虽然有限，但只要大家凝聚起来，就一定能够做成事。所以，也感谢这么多年来，一直参与其中的各位作者、编者以及读者朋友们。

侯　猛

2015年6月于北京大学陈明楼

图书在版编目(CIP)数据

法律和社会科学.第14卷.第1辑/苏力主编.—北京:法律出版社,2015.8
ISBN 978-7-5118-8351-3

Ⅰ.①法… Ⅱ.①苏… Ⅲ.①法律—文集 Ⅳ.①D9-53

中国版本图书馆CIP数据核字(2015)第197206号

法律和社会科学
(第14卷第1辑)

苏 力 主编

责任编辑 韩满春
装帧设计 马 帅

开本 720毫米×960毫米 1/16
印张 23.25 **字数** 306千
版本 2015年9月第1版
印次 2015年9月第1次印刷
出版 法律出版社
编辑统筹 学术·对外出版分社
总发行 中国法律图书有限公司
经销 新华书店
印刷 固安华明印业有限公司
责任印制 陶 松

法律出版社/北京市丰台区莲花池西里7号(100073)
电子邮件/info@lawpress.com.cn
销售热线/010-63939792/9779
网址/www.lawpress.com.cn
咨询电话/010-63939796

中国法律图书有限公司/北京市丰台区莲花池西里7号(100073)
全国各地中法图分、子公司电话:
第一法律书店/010-63939781/9782
西安分公司/029-85388843
重庆公司/023-65382816/2908
上海公司/021-62071010/1636
北京分公司/010-62534456
深圳公司/0755-83072995

书号:ISBN 978-7-5118-8351-3
定价:60.00元
(如有缺页或倒装,中国法律图书有限公司负责退换)